KB037604

넷플릭스의 시대

넷플릭스의 시대

THE AGE OF NETFLIX

팬덤북스

차례

3부 내로우캐스터이자 글로벌 행위자로서 넷플릭스

진정 넷플릭스의 시대이다. 우리가 2014년 이 작업을 막 구상하던 무렵, 당시 넷플릭스는 이제 갓 5,000만 명의 글로벌 가입자를 넘기고 있었다. 넷플릭스 라이브러리에는 오리지널 텔레비전 프로그램이 극히 적었고 오리지널 영화의 수는 거의 존재하지도 않았다. 회사는 전 세계 현지화의 주도권을 이제 막 쥐려고 하고 있을 뿐이었다. 그런 넷플릭스가 불과 5년 만에 전 세계 가입자수를 3배로 끌어올려 글로벌 오리지널 콘텐트 투자비용을 기하급수적으로 늘리고 급기야는 할리우드에서 **고유한** 인력_{위力}이 되었다.

한국에서 넷플릭스의 확장은 그것의 가속화된 성장 사이클을 완벽하게 설명해준다. 회사는 지난 3년간 200만 명 이상의 가입자를 유치했고, 〈킹덤Kingdom〉, 〈화유기A Korean Odyssey〉, 〈밥 잘 사주는 예쁜 누나Something in the Rain〉 같은 시리즈를 성공시켰다. 2019년 6월, 넷플릭스는 한국 현지 네트워크와의 협업, 완전 넷플릭스 오리지널, 그리고 미국판 〈지정생존자Designated Survivor〉의 한국 버전 등을 포함하여 한국 시장에서의 새로운 투자구상을 발표했다. 〈지정생존자〉의 경우 미국 ABC 방송사에서 방송이 취소된 것을 넷플릭스가 부활시킨 것이다. 이렇게 콘텐트 개발에 대한 다각적인 접근은 넷플릭스의 전 세계적 부상을 크게 도우면서 회사가 거의 모든 유형의 수용자들에게 무엇이든 될 수 있게 했다.

넷플릭스의 세계적인 성장은 우리 책에서 다룬 이슈에 더욱 천착할 것을 요구한다. 몰아보기는 전례 없이 많아져 이제는 기본적인 시청양식으로 간주되고 있다. 이 책의 각 챕터들은 일상생활, 대인관계, 그리고 이데올로기에 미치는 몰아보기의 영향력을 살펴보고 있다. 이는 글로벌과 하이퍼 로컬hyper-local 모두와 비서구적 차원에서 향후 탐구할 만한 가치가 있는 주제들이다. 이 책에서 말하는 또 다른 핵심 주제인 넷플릭스의 다양한 배급전술은 소비자들이 언제, 어떻게, 그리고 얼마나 많이 좋아하는 TV 시리즈와 영화를 볼 수 있는지에 점점 더 많은 권력을 행사하고 있다. 이 책은 이런 이슈들에 대한 한국 독자들의 이해를 도울 뿐만 아니라, 책이 쓰인 지 불과 몇 년 사이에 넷플릭스 전략이 진화한 지점도 밝혀준다. 〈하우스 오브 카드〉, 〈오렌지 이즈 더 뉴 블랙〉, 〈못말리는 패밀리〉 등 초기 넷플릭스 오리지널 시리즈 시대에 대해서도 이와 똑같이 말할 수 있다. 이들 시리즈들은 지난 20여 년간 존재해왔던 양질의 대본 텔레비전이라는 서구적 이상에 아주 잘 들어맞는다. 이제 넷플릭스는 너무 많은 콘텐트를 제작하고 스트리밍하고 있어, 더 이상 하나의 프로그래밍 유형으로 정의되지 않고, 그것이 작동하는 순전히 과잉excess과 규모scale로 정의된다. 한국 시장은 넷플릭스가 대규모 스케일에 입각한 계획을 재생산할 수 있다고 믿는 곳 중의 하나다. 최근의 역사는 ─ 멕시코에서의 넷플릭스를 다룬 이 책 마지막 챕터를 포함해 ─ 한국이 그런 곳임을 시사한다.

영화산업과 영화제 흥행경로에 미치는 넷플릭스의 커지고 있는 영향력부터 돈이 되고 독점적인 개발거래가 가능한 라이언 머피Ryan Murphy, 숀다 라임스Shonda Rhimes 같은 강력한 쇼러너의 사인에 이르기까지, 이 책에서 다루지 못한 넷플릭스와 관련된 수많은 연구 영역들이 존재한다. 글로벌 미디어 생산과 배급, 홍보, 소비 등에 미치는 이 회사의 영향력은 지속적으로 탐구될 가치가 있다. 우리는 이 책이 이런 주제에 대한 지적 탐구의 첫 물결 중 하나라는 것에 전율을 느낀다. 그리고 한국의 새로운 독자들이 한국적 맥락은 물론 그 너머의 관련 논쟁과 사례연구에서 응용될 수 있는 바를 찾기를 희망한다.

2019년 8월 2일

코리 바커 브래들리대학교 커뮤니케이션학과 교수

옮긴이의 글

스트리밍, 몰아보기, 빈지, 일괄출시, 요약물, 비동시성, 현재성, 시간리듬, 개인화, 공동체 TV, 라이브러리, 초월적 시간성, 스포일러, 온라인 윤리, 연속시청, 확장된 포맷, 서사극, 서사극적 시청, 타임라인, 양질의 TV, 실용재, 망 중립성, 비선형, 반-공공, 쇼러너, 유연성, 플래시백, 촘촘히 보기, 선집적 포맷, 유희적 경험, 분절화, 부티크 다큐, 맞춤화, 후 재생, 프로파일, 온디맨드, 어포던스, 밀레니얼, 우연한 시청, 우발성, 취향, 내로우캐스팅, 계획된 시청, 주목도, 복잡성, 편의성, 권능의 부여, 현명한 수용자, 표준 텔레비전, 배급, 순환, 유포, 확산성, 인스턴트 텔레비전, 빅데이터, 알고리즘, 피처, 인공지능, 추천, 현지화 전략, SVOD, 오리지널 콘텐트… 이 책은 쏟아지는 새로운 개념들과 함께 펼쳐지는 스트리밍 미디어의 지평을 해명한다. 넷플릭스는 그런 세계의 아이콘이다.

내가 처음 넷플릭스를 경험한 것은 2013년이었다. 때마침 넷플릭스 본고장에 잠깐 머물고 있으면서 그 즈음에 출시된 〈하우스 오브 카드〉 시즌1을 시청할 수 있었다. 캐빈 스페이시의 간악한 정치적 행보는 연기력 때문인지 몰아보기 때문인지 모르지만 짧은 청취력으로도 그 힘을 느낄 정도였다._{본문은 후자 때문이라고 말한다.} 당시 나는 잠깐 가족과 떨어져 있었고, 밤마다 지인으로부터 받은 약 30여 센티미터 두께로 쌓인 CD 영화를 즐기고 있었다. 한편으로, 그보다 더 많은 라이브러리를 가진 넷플릭스도 있었지만 기존의 지상파와 케이블 '방송'은 없었다. 케이블에서 간혹 스포츠를 보곤 했으니 이 책이 말한 그대로 전통적인 방송은 경험적 대체물이 되고 있었다. 이렇게 나는 부지불식간에 '몰아보기'를 하고 있었는데, 그 경험은 분명히 자명해 보였던 가족 텔레비전, 흐름, 유동성의 사사화 등의 종언 또는 재적용을 의미했다. 텔레비전을 둘러싼 가족, 여가, 오락의 가치는 나, 문화적 향유, 취향, 충족으로 대치되는 듯했다. 미디어 전공자로서 텔레비전에 대해 다시 써야 한다는 막연한 의무감 같은 것이 내 안에 깃들었던 것 같다.

넷플릭스의 시대에 방송이란 무엇이고 텔레비전이란 또 무엇인가? 학위를 마치고 방송사에 잠시 몸담았던 시절 미래 방송통신 융합의 결과물이 방통사일지 아니면 통방사일지 상상해 본 적이 있다. 그런 미래는 멀지 않아 곧 현재가 되었다. 그 답은 '우리가 아는' 방송broadcasting은 더 이상 유효하지 않다는 것이다. 포스트 밀레니얼 세대는 분명히 우리가 아는 '그것'을 알지 못할 것이다. 이 책 역시 텔레비전 현상을 방송이라 칭하지 않는다. 현실의 용어법에서도 방송은 레거시 미디어로 한정되거나, 보다 폭넓은 문화적 행위로서 각종 동영상 서비스를 관례적으로 지칭할 때 사용될 뿐이다. 본문에 따르면 "방송은 죽었다"broadcasting is dead. 그런 점에서 〈넷플릭스의 시대〉는 반드시 나왔을 그런 책이다.

물론 그런 시대라고 해서 방송이 떠맡았던 기능이나 역할, 산업적 비전마저 사라진 것은 아니다. 다만 전통적인 방송'사'가 아닌 것이 대신할 따름이다. 그런 점에서 이 책은 두 가지 측면에서 분명한 덕목을 가지고 있다. 먼저 이 책은 21세기 미디어텔레비전 연구자를 위한 중요한 통찰을 제공한다. 대표 편집자의 말에 따르면, 이 작업은 2014년에 기획되어 4년이 지나서야 완성되었다. 챕터 별 저자는 전 세계를 가로지르는 각기 다른 층위의 연구자들이다. 새로운 현상에 대한 지혜로운 식견이 쉽지 않았음을 뜻한다. 그런 점에서 이 책은 대담하고도 글로벌하며 시의적절하다. 또한 모든 저자들은 현장의 전문가이거나 신진학자, 심지어 여러 필자들은 발간 당시 박사 과정생이었다. 그러면서도 견고하고 일관된 논점을 잃지 않는다. 도전해야 하는 새로운 미디어, 새로운 연구 주제만큼이나 새로운 연구 세대의 출현을 짐작할 수 있는 대목이다. 미디어 연구자는 물론 특별이 미디어 테크놀로지에 관심을 둔 사람들이라면 미래 텔레비전에 대한 젊고 도전적인 비전을 흥미롭게 읽을 수 있을 것이다.

이 책은 또한 네트워크와 플랫폼 분기turn가 연출하고 있는 스트리밍 미디어 산업은 물론 레거시 미디어 종사자들에게도 필요한 전략적 통찰을 제공한다. 위계화된 미디어 조직문화가 가장 쉽게 범하는 무지함과 용맹함이 뒤섞인 오류가 있다. "우리도 OTT 서비스를 해", "우리 앱에도 빅데이터가 있어", "최근 뽑은 신입사원에 데이터 전공자가 있다던데", 심지어 "자금만 많으면 그깟 콘텐트 다 만들 수 있어"라든가 "잘 만든 알고리즘을 사면 돼" 등등. 잘 알겠지만 자본과 인력과 기술 그 자체가 서비스의 성공을 보증하지는 않는다. 인공지능은 국경이 없지만 그것이 다루는 정보는 국경에 예민하다. 이 책은 새로운 미디어 지평에 대해 눈과 귀를 막고 있는 미디어 올드보이는 물론 변화의 한 맥을 잡고 자만에 빠진 디지털맨에게조차도 그들이 수행해갈 실천을 뒷받침해줄 통찰을 제공한다.

작업을 하면서 문득 인터넷이 학문 영역으로 들어오던 시대의 '인터넷 연구하기'Doing Internet research가 떠올랐다. 공교롭게도 〈인터넷 연구하기〉Steven Jones라는 담론이 나온 지 올해로 정확하게 20년이 되었다. 강산이 두 번 변하는 동안, 넷플릭스뿐만 아니라 그에 못지않게 독자적인 지평을 열어가는 유튜브, 그런 것들의 뒤섞임 등으로 인해 미디어 풍경은 몇 곱절 더 변했다. 미디어 충격의 여파가 실시간을 넘어설 정도여서인지 최근에는 넷플릭스조차도 위기라는 예측이 맴돈다. '넷플릭스'의 시대는 분명 영원하지 않을 것이다. 하지만 넷플릭스가 창출해낸 넷플릭스의 '시대'는 그보다 오래갈 것이다. 2019년 지금 '넷플릭스 연구하기'Doing Netflix research가 넷플릭스만의 연구가 아니라 새로운 미디어 연구를 위한 문지방이라는 것은 의심할 여지가 없다. 이 책은 이러저러한 작은 상황이나 조건과 무관하게 유용하다.

이 책은 우리 문화에 익숙하지 않은 코드의 콘텐트와 그런 콘텐트 비평 사이트, 해외에서의 미디어 기업 간 경쟁과 협력에 대해 다룬다. 누구나 취향에 따라 특정 콘텐트를 즐기지만 그것의 해석과 수용방식은 문화권마다 다르기 때문에 때로는 직관으로 이해되지 않는 경우도 더러 있다. 또한 급격한 변화로 인해 각종 지표는 시시각각 변한다. 이에 따라 나는 필요하다고 여겨지는 곳에 독자의 이해를 높이기 위한 '역자 주'를 달았다. 도움이 되길 기원한다. 나는 또한 독자가 책의 순서대로 읽을 필요 없이 관심이 가는 챕터부터 읽어나가길 권한다. 전체 챕터는 일관된 논지를 유지하지만 반드시 앞의 챕터가 뒤의 챕터를 유도하는 것이 아니기 때문이다. 아울러, 해외 작품들 가운데 국내에 소개된 작품은 알려진 제목을 기재했으며, 소개되지 않은 작품의 경우, 원제목을 번역하였음을 알린다.

번역작업은 지난해 12월 갑작스레 결정되어 쇄도하는 학교와 학회 일 사이로 급하게 진행되었다. 게다가 챕터별로 각기 다른 저자의 각기 다른 주제, 각기 다른 글쓰기 방식이어서 의도한 바를 충분히 따라잡았는지 염려가 크다. 그것이 충분하든 부족하든 오롯이 역자의 잘잘못이다. 혹시 오역과 오문이 있다면 미리 양해를 구한다. 고마운 사람이 참으로 많다. 어려운 조건임에도 미디어 연구 후원을 아끼지 않은 방송문화진흥회와, 함께 고민하며 번역에 동참해준 팬덤북스에게 감사드린다. 그리고 교정과 의견을 마다치 않은 제자 이혜민 님과 후배 유지수, 이소현 교수님에게도 고마움을 전한다. 더불어, 미디어 연구의 새 비전을 함께 고민하고 동고동락의 마음을 보여준 한국언론학회 집행부와 방송과 뉴미디어 연구회 식구들에게도 감사를 전한다. 무엇보다 바쁜 바깥일에 이 작업까지 겹쳐 함께 놀 시간을 인내심 있게 기다려준 아들 지헌이와 자신에게 주어진 새로운 일을 헤쳐 나가는 아내 서라에게 변함없는 사랑과 용기를 보낸다. 그렇게 오래된 것이 떠나는 자리에는 늘 새로운 것이 채워진다. 우리가 할 일은 그런 변화로부터 얻어지는 것들을 소중히 하는 것뿐이다.

2019년 9월
군자동 연구실에서 임종수

프롤로그: 넷플릭스, 새로운 미디어 유전자

코리 바커 & 마이크 비아트로스키

2016년 미국과 전 세계 시민들은 그들 안에 깊이 뿌리내린 정치적·경제적·문화적 분열에 직면해야 했다. 미국에서의 충격적인 선거결과와 영국의 유럽연합 브렉시트에서부터 소셜미디어의 "가짜 뉴스"와 "필터 버블"에 대한 뜨거운 논쟁, 국가주의와 혐오, 음모론적 사고에서 자라난 과격 집단의 재등장에 이르기까지, 현대 사회는 그 어느 때보다 격동 속에 있었다. 하지만 현실 세계의 이런 갈라치기에도 불구하고, 어떤 하나의 실체가 지속적으로 우리를 하나의 족속으로 묶고 있었다. 2016년 초 이미 미국에서 어마어마한 기록을 세운 넷플릭스가 130여개 국가로 진출한 것이다.[1] 2016년 10월 3/4분기 보고서에서 상세히 기술된 바와 같이, 이 회사는 9개월 만에 최소 1,200만 명 이상의 신규 가입자를 성공적으로 추가했다. 이로써 전체 유료 가입자계정이나 패스워드를 공유하는 것은 제외하고가 거의 8,700만 명에 이르렀다넷플릭스는 2016년 글로벌 진출과 함께 2019년 현재까지 폭발적으로 팽창했다. 통계포털 스타티스타Statista에 따르면 2019년 1/4분기 넷플릭스 가입자는 1억 4,800만 명을 넘겼고, 그 중 약 60%가 미국 외 점유율이다. – 역자 주.[2]

넷플릭스의 전략에서 탁월한 점은 스트리밍 비디오 라이브러리가 통일된 콘텐트 저장고 **없이** 전 세계에 흩어져 있는 각기 다른 집단에게 어필하는 일을 해내고 있다는 데 있다. 실제로 넷플릭스는 미세하게 타깃화된 수용자 그룹에게 다양한 유형의 콘텐트를 구매, 개발, 배급하기 위해 정교한 알고리즘과 무한한 자원을 활용하는 역발상의 접근법을 취하고 있다.[3] 이 데이터 주도의 내로우캐스팅narrowcasting은 고품격 드라마 〈하우스 오브 카드House of Cards〉2013~2018와 〈블러드라인Bloodline〉2015~2017, 다시 재개된 멀티 카메라 시트콤 〈풀러 하우스Fuller House〉2015와 〈원 데이 앳 어 타임One Day at a Time〉2016~, 슈퍼 히어로 프랜차이즈 장르인 마블사의 〈데어데블Daredevil〉2015~과 〈제시카 존스Jessica Jones〉2015~, 〈루크 케이지Luke Cage〉2016~ 등을 포함해 특정 수용자들에게 최적화된 다양한 프로그래밍 장르에서 두각을 나타내고 있다. 넷플릭스는 2016년 프랑스의 〈마르세이유Marseille〉2016~, 브라질의 〈3%〉2016~와 같이 비영어권 시리즈에도 이런 접근법을 도입함으로써 자신의 세력을 전 세계적으로 확장했다.

넷플릭스의 전 세계적 확장으로 이 회사는 보다 분명하게 우리의 일상생활 안으로 깊이 통합되고 있다. 넷플릭스의 위상은 물리적인 비디오 대여에서 고해상도 스트리밍 플랫폼으로 획기적으로 전환한 후 더없이 높아졌다. 북미에서 이 회사는 그 끝이 가늠되지 않는 산업, 문화, 경제, 기술, 정치적 발전의 지렛대에서 자신을 발견해가고 있다. 스트리밍 영상의 대중화에서 넷플릭스의 역할은 일반적으로 우리가 미디어를 보고, 토론하고, 소비하는 방식을 근본적으로 바꾸어 놓았다. 몰아보기binge-watching와 암호공유의 대두에서부터 스포일러 에티켓에 대한 토론, 한꺼번에 출시되는 프로그램에 대한 비평가들의 대처 방식 등에 이르기까지 넷플릭스는 동시대의 미디어 소비경험에서 중심적인 동력이다. 이 회사는 텔레비전과 영화를 어떻게 제작, 배급, 마케팅 할 것인지에 대해서도 적잖은 영향력을 가지고 있다. 대규모의 자본력으로 무장한 넷플릭스는 여러 영화제에서 독립영화에 아낌없이 투자했을 뿐만 아니라 A급 탤런트 리스트업에서는 HBO를 능가하는 등 2012년부터 할리우드 내부 서클에서 자신의 입지를 향상시켰다. 최근 몇 년간 아마존, 훌루Hulu, 심지어 HBO가 수행한 작업 중 많은 부분이 넷플릭스 오리지널이나 넷플릭스 독점 콘텐트에 대한 대응이었다. 이로 인해 가장 가치 있는 가입자 스트리밍 비디오 서비스를 주조해내기 위한 군비경쟁이 가동되었다.

그런 중에 넷플릭스 프로젝트는 수용자의 취향 이력을 염두에 두고 세밀하게 타깃팅될 뿐만 아니라, 빈틈없이 판매되고 "이벤트화"되어 현대 대중문화의 불투명한 혼란상태를 헤쳐나간다. 한꺼번에 모든 시즌을 출시하는 이 회사의 스트리밍 방식은 콘텐트 배급을 **필수 시청**must-watch**과 필수 완료**must-complete의 일이 되도록 자리매김했다. 이런 방식은 지상파와 케이블 채널이 최근 거꾸로 흉내내는 전략이다.[4] 게다가 끊임없이 변화하는 넷플릭스 라이브러리라는 실체는 롱테일 현상과 잘 맞아 떨어져, 소비자들이 최초 출시 후 수년 동안 '그들에게 새로운' 또 다른 시리즈나 영화를 언제라도 시청할 수 있게 했다. 결국 넷플릭스는 소비자들로 하여금 그들의 라이브러리가 항구적이며 개인화된 개척지라는 느낌이 들도록, 이론적으로 말하자면, 매월, 매년 구독을 끊지 않고 유지할 수 있을 정도의 콘텐트의 양을 제공한다.

넷플릭스에 쏟아지는 많은 관심이 주로 소비자와 업계의 관행에 관한 것이지만, 넷플릭스의 영향력은 다른 영역에서도 비슷하게 걸쳐져 있다. 지난 5년간 쇄도했던 코드 커팅cord cutting이 – 소비자가 종래의 케이블 패키지를 해지하는 것 – 발생한 이유는 스트리밍 비디오, 보다 구체적으로는 넷플릭스 때문이었다.[5] 케이블과 인터넷 기업은 넷플릭스 시험판을 **포함한** 묶음상품으로 고객을 유인하려 했다. 그러나 최근에는 개인화된 맞춤형 넷플릭스 경험을 좋아하면서도 여전히 ESPN의 라이브 스포츠를 보고 싶어 하는 사람들에게 보다 저렴하고 타깃이 명확한 "스키니 묶음상품" 옵션을 발굴하는 쪽으로 방향을 선회했다.[6] 넷플릭스가 스트리밍 비디오를 끌어안은 대신 DVD 대여사업에 등을 돌린 것은 물리적 미디어의 죽음을 앞당긴 촉매제였던 것으로 확인되었다. 이에 따라 문화비평가와 학자 들은 오래되고 칙칙한 영화와 TV 시리즈 시청이 줄어들 것이라고 비판했다. 할리우드와 소비자들이 넷플릭스로 몰려가고 물리적 미디어에서 더 많이 멀어짐에 따라, 저작권 이슈, 전환 문제, 인지된 수요가 부족할 것이라는 인식때문인지 어떤지는 몰라도 보다 많은 콘텐트가 넥스트 플랫폼으로 뛰어 들지 못하고 있다.[7]

넷플릭스 또한 망 중립성net neutrality과 데이터 자본주의를 둘러싼 논란의 중심에 있다. 이는 가입자들에게 넷플릭스 콘텐트를 "더 빠르고 안정적인 속도"로 수신할 수 있게 한 컴캐스트Comcast와의 협정으로 널리 알려졌다.[8] 넷플릭스 경영진은 계약 체결 후 망 중립성을 지지하는 의사과정을 수차례 조치했다.[9] 그러면서 이와는 반대로, 넷플릭스는 특정한 지리적 장소의 바깥에 있는 사람들이 콘텐트에 액세스할 수 없도록 단행했다. 흔히들 "지리적 차단"geo-blocking 이라고 알려진 VPN가상사설망, Virtual Private Network 을 통한 시청을 금지한 것이다.[10] 한편, 캘리포니아의 파사데나Pasadena 같은 미국 내 도시들은 늘어난 코드 커팅으로 인한 세수 감소를 보전하기 위해 이른바 "넷플릭스 세금"Netflix tax을 제안했고, 시카고는 넷플릭스와 같이 "전자적으로 전송되는" 스트리밍 서비스에 자체 "클라우드 세금"cloud tax을 성공적으로 설치했다.[11]

전체적으로 이러한 노력들은 몰아보기와 일괄출시all-at-once release 전략을 너머에 있는 넷플릭스의 탁월함을 예증한다. 넷플릭스와 정책 당국자들은 누가 스트리밍 라이브러리에 접근할 수 있으며, 사람들이 그렇게 하는 데 요구되는 것이 무엇인지, 또는 그런 접근을 가능하게 하는 데 드는 비용이 어느 정도여야 하는지에 대해 서로 상반된 시각을 보여왔다. 마찬가지로 넷플릭스가 "발 빠른 성장"get big fast이라는 현대 실리콘밸리의 정신에 입각한 기술기업이어서인지 몰라도, 위대한 스트리밍 비디오 1인자를 향한 행보에서 넷플릭스가 과연 어떤 콘텐트를 남길지에 대해서는 별로 관심을 두지 않았다.

이처럼 뉴스 헤드라인을 장식하는 데이터 문제와 무용담들이 넷플릭스로 인한 문화혼란을 강조하지만, 정작 넷플릭스가 기존의 비즈니스 모델이나 업계 관행 위에 구축한 놀라운 능력에 대해서는 거의 말하지 않고 있다. 기존의 DVD 대여 서비스는 비디오 가게를 아마존의 전국 배송 서비스와 결합했다. 스트리밍 비디오로의 이주는 애플의 아이튠스 스토어와 미국과 영국 방송사들이 개발한 유사 스트리밍 플랫폼을 동시에 따른 것이다. 라이센스 콘텐트에서 오리지널 콘텐트로의 방향 전환은 HBO에서 TNT, MTV에 이르기까지 셀 수 없이 많은 미국 케이블 채널이 밟아간 경로를 모방한 것이나 다름없다. 이러한 현실은 현대적 삶에 있어서 넷플릭스 중심성을 가로막지 못하지만 그것은 또한 리사 기틀만Lisa Gitelman의 주장처럼 "미디어는 그 자체가 과거의 귀화인이다"라는 점을 상기시킨다. "오늘날 가장 최신의 미디어조차도 어딘가에서 파생된 것이다. 그곳이란 넓게 보면 사회적 필요성에 부수한 결과물이며, 좁게 보면 어떤 유명한 드로잉 보드와 한두 차례의 베타 테스트와 관련하여 설명될 수 있다."[12] 따라서 이 책은 왜 넷플릭스가 우리의 일상생활 도처에 존재하는지를 탐구하는 한편, 이 기업이 어떻게 과거와 다른 문화현상을 불러일으키는지를 보여준다. 이 책은 기틀만이 프로토콜이라고 부른 것, 다시 말해 "규범적인 규칙과 기본 조건이 기술적 중심부 주변에 불투명한 성운처럼 모여들고 들러붙어 거대한 혼란상태에 있는 것"에 초점을 맞춘다. 프로토콜은 이러한 스트리밍 플랫폼의 출현으로 변경, 교체, 그것이 아니면, 새로이 삽입되기도 한다.[13] 하지만 이 책의 저자들은 변화하는 프로토콜 중에서 넷플릭스가 유일한 힘이라고 선포하는 것에 선뜻 동의하지 않는다.

  이 점을 염두에 두고, 이 책은 전 지구적으로 넷플릭스가 지닌 광범위하면서도 때로는 모순적인 영향력을 강조하는 세 부분으로 구성되어 있다. 각 파트는 넷플릭스가 어떻게 많은 것이―기술기업, 미디어 복합기업, 정책 이해관계자 등―되기 위해, 그리고 소비자가 축복하기도 하고 비난하기도 하는 상품과 프로토콜을 생성하기 위해 어떤 노력을 기울였는지를 다룬다.

1부 "파괴자이자 문화적 제도로서 넷플릭스"에서 저자들은 넷플릭스가 최근에 이뤄낸 성공의 결과인 세 가지 핵심적 발전을 조명한다. 첫 번째 글에서 저스틴 그랜디네티Justin Grandinetti는 한 번에 전체 에피소드를 공개하는 일괄출시 모델과 그것이 소비자들에게 미치는 영향을 분석하면서도, 비평가들이 텔레비전 시즌 전체에 대해 주말 내에 써야 하는 도전에 직면했다거나 TV 커버리지가 만들어내는 웹트래픽을 잃어버릴 위험에 처해 있다고 말한다. 여기서 넷플릭스는 디지털 미디어 기업들에게 수익을 올려주는 대중적인 TV 비평 스타일을 뒤흔듦으로써 파괴적 힘으로 작용한다. 한편, 작가들은 에피소드의 요약물과 변형물을 만들어내고, 그 연장선에서 시청자들이 댓글로 에피소드에 대해 토론할 수 있게 해준다. Television Without Pity, The A.V. Club 같은 웹사이트는 이런 스타일을 대중화하여, 디지털 환경에서 다소 강박적인 형식의 휴게실 잡담water cooler conversation, 회사의 탕비실과 같은 곳에서 격이 없이 나누는 대화. ─ 역자 주을 복제해낸다. 시청자들이 수년 동안 이런 디지털 휴게실 잡담의 도전을 항행해가고navigating 있음으로 인해 ─ 스포일러 에티켓과 팬덤 내 파벌논쟁 등을 포함하면서도 이에 국한하지 않는 ─ 전체 시즌의 일괄출시와 그 적용은 독자와 비평가 모두에게 그런 도전을 가속화한다. 그랜디네티는 넷플릭스의 일괄출시 초기 단계에서 두 그룹의 코멘트를 살펴보면서, 전통적인 TV 배급 스케줄과 온라인 대화의 참여 욕구 사이에서 공동체 텔레비전의 윤곽이 어떻게 재정의되는지를 설명한다.

조이미 베이커Djoymi Baker는 넷플릭스의 또 다른 핵심인 몰아보기binge watching를 집중 조명한다. 하지만 베이커는 소비자들이 어떻게 이런 시청관행을 받아들였는지를 세밀하게 기술하기보다, 넷플릭스가 어떻게 자사의 오리시널 프로그래밍을 몰아보기할 만한 **것으로** 틀지었는지에 주목한다. 넷플릭스에게 시즌 에피소드의 일괄출시는 몰아보기를 불러일으키는 전략의 일부일 뿐이다. 넷플릭스의 수많은 오리지널 시리즈들은 홀로 우뚝 선 에피소드를 최소화하고 더 많은 장면들의 조합이 서서히 클라이맥스로 옮겨가는 전개방식을 채택해 전통적인 TV의 산포된 에피소드 구조를 피해간다. 또한 넷플릭스는 A급 캐스팅, 풍부한 예산, 그리고 끝없는 마케팅 자원을 활용하여 오리지널 콘텐트를 반드시 시청해야 할 이벤트인 것으로 브랜드화한다. 넷플릭스는 단지 몰아보기만을 부추기지 않는다. 다시 말해 넷플릭스는 베이커가 비비안 소백Vivian Sobchack에게서 차용해온 이른바 "서사극적 시청"epic-viewing이라는 것을 정교하게 만들어낸다. 베이커에 따르면, 넷플릭스의 접근법은 HBO가 약삭빠르게 마케팅한 "TV가 아닌"Not TV; 1996년부터 시작한 HBO의 슬로건 It's Not TV, It's HBO를 일컫는 것으로, 종래의 TV와 차별화된 고품질의 프로그래밍을 지향하는 창의성과 전략적 비전을 대표하는 말.－역자 주 시대뿐만 아니라, 1970~80년대 방송 텔레비전의 서사극 미니시리즈를 떠올리게 한다. 넷플릭스의 생산과 홍보 관행을 살펴 본 베이커는 텔레비전이 총망라의 텍스트exhaustive text, 서사극 텍스트epic text가 벌어지는 곳이라는 소백의 "시간성의 과잉"excess of temporality 개념을 넷플릭스가 어떻게 확장했는지를 강조한다.

　1부의 마지막 글은 망 중립성 논쟁에서 넷플릭스의 입장에 관한 것이다. 조셉 도니카Joseph Donica는 그 시작을 논란이 많았던 컴캐스트와의 합의를 이용하여, 현재의 인터넷 구조에서 – 그리고 잠재적인 미래에서 – 넷플릭스의 보다 광범위한 역할에 대해 탐구한다. 넷플릭스는 "개방형 인터넷" 지지자들과 같은 편이 되어 스스로를 가장 낮은 단계 이상의 것에 눈길을 주는 일종의 "좋은" 기업으로 자리매김하고 있다. 그럼에도 불구하고 넷플릭스는 수직적으로 통합된 경쟁자들이 탈규제의 혜택으로 수익을 내고 있다는 점에서 시장 내 자신들의 입지 보호를 위해 망 중립성을 분명히 표명한다. 이런 모순적인 입장이 도니카의 분석의 핵심이다. 거기에서 넷플릭스는 "해커 윤리"의 기업문화에 우호적인 개방형 인터넷이라는 것과, 언제나 그렇듯이 입으로만 떠드는 기업에게서 더 많은 것을 기대하는 좌파그룹의 비판적 표적이라는 양극단을 모두 아우른다. 도니카는 넷플릭스가 어떻게 의도치 않게 망 중립성 논쟁에서 중심 주자가 되었는지, 그리고 이따금씩 자유와 자본주의에 대한 실리콘밸리의 모호한 이해방식을 해명하는 데 어떤 행동을 취하는지를 자세하게 고찰한다.

　2부 "생산자이자 배급자로서 넷플릭스"는 세 개의 핫한 넷플릭스 프로젝트에 주목한다. 오리지널 시리즈인 〈오렌지 이즈 더 뉴 블랙Orange Is the New Black〉, 폭스의 리바이벌 시즌인 〈못말리는 패밀리 Arrested Development〉2013, 그리고 선댄스 영화제 다큐멘터리 〈더 스퀘어The Square〉2014가 그것이다. 여기서 저자들은 파트너로서 넷플릭스라는 존재가 어떻게 생산과 배급, 수용의 과정을 변형시키는지 고찰한다. 앞서 그랜디네티, 베이커와 같이, 마리아 산 필리포Maria San Filippo는 넷플릭스의 배급 모델이 어떻게 텔레비전의 공동체적 시간 리듬의 경험에 영향을 미치는지에 대해 주목한다. 〈하우스 오브 카드〉의 첫 방영이나 〈못말리는 패밀리〉의 화려한 복귀와 달리, 〈오렌지 이즈 더 뉴 블랙〉의 첫 시즌은 2013년 상대적으로 많지 않은 광고와 선전으로 넷플릭스에 등장했지만, 이후 넷플릭스 오리지널 시리즈들 가운데 가장 열정적인 반응을 불러일으켰다. 이 시리즈가 갈채를 받은 이유는 뛰어난 드라마 프레임워크 안에서 재현의 다양성과 경계를 넘나드는 초월적인 정신을 보여줬다는 데 있다. 산 필리포는 퀴어 시청자들이 〈오렌지 이즈 더 뉴 블랙〉과 이 드라마의 일괄출시에 얼마나 자유로워지면서 얽매이는지 이 모두를 탐구하는데, 사실 이것은 주류 할리우드 조직에서는 하나같이 무시되었던 것이다. 산 필리포는 넷플릭스의 출시와 함께 터져 나온 열정적인 온라인 대화의 물결을 지적하면서, 퀴어 시청자들이 그들의 하위문화 정체성의 요체인 "체화된 상호작용"의 일부를 상실했다고 주장한다. 산 필리포는 등장인물의 아크와 줄거리를 분석하면서, 이 시리즈가 시간리듬과 연속성이라는 텔레비전 구조의 **퀴어스러움**queerness**과 퀴어하기**queering의 다면적인 표현을 제공하고 있음을 보여준다.

폭스의 컬트 시트콤 〈못말리는 패밀리〉의 리바이벌 버전은 넷플릭스가 배급자에서 생산자로 옮겨가는 것을 진지하게 고민했던 첫 번째 신호 중 하나였다. 폭스에서 미치 허비츠Mitch Hurwitz는 시트콤의 기본 관습에 머물러 있었지만, 허비츠와 그의 창작팀프로듀 서인 론 하워드와 브라이언 그레이저를 포함하여은 넷플릭스의 자유로운 분위기에 힘입어 새로운 시즌 제작을 위해 더 많은 위험을 감수하는 것을 마다하지 않았다. 이런 위험은 마이라 비안치니Maíra Bianchini와 그의 동료들이 쓴 글에 오롯이 담겨 있다. 저자들은 폭스에서의 〈못말리는 패밀리〉 편성 역사를 시작으로, 허비츠와 넷플릭스가 어떻게 이 시리즈를 베리떼verité 스타일영화, 텔레비전 프로그램에서 리얼리즘과 자연주의를 강조하는 스타일. - 역자 주로 발전시켰는지, 그리고 이후 어떻게 자기 의식적이고 충화된 시각을 훨씬 더 파편화되고 참조적인 퍼즐referential puzzle로 변화시켰는지를 보여준다. 저자들은 어떻게 이전의 프로젝트들과리얼리티 텔레비전 방식의 〈EdTV〉(1999)에 대한 하워드의 작업 생산과정에서의 장애물들이대형 출연진들의 촬영 스케줄 〈못말리는 패밀리〉의 모든 시즌에 대한 실험에 골고루 영감을 주었는지를 보여준다. 그러므로 넷플릭스가 존경받을 만한 파트너이기는 하나, 텔레비전의 가장 독특한 프로젝트의 하나를 주조해내는 유일한 힘은 아니라는 것을 알게 된다.

최근 넷플릭스의 성공요인을 텔레비전 생산자로서의 역할에 두기도 하지만, 넷플릭스는 원래 그 족적의 확장을 초연 영화의 배급자로 시작했다. 돌이켜 보면, 넷플릭스 전략의 핵심 요소는 통상적인 할리우드 관행에서 빌려온 것이다. 넷플릭스는 2013년 1월 다큐멘터리 〈더 스퀘어〉를 데뷔시킨 선댄스 영화제를 포함해 전 세계 메이저 영화축제의 대장주가 되었다. 2014년 아카데미상 후보로 지명된 〈더 스퀘어〉는 2011년 타히르Tahrir 광장에서의 소요로 시작한 이집트 혁명을 그려낸다. 제임스 N. 길모어James N. Gilmore는 넷플릭스와 같은 디지털 플랫폼에 날카로운 정치적 메시지를 다룬 〈더 스퀘어〉가 유통되는 것이 어떻게 헨리 젠킨스Henry Jenkins 등이 말한 "미디어 확산성"media spreadability이라는 잠재적 힘을 대변하는지를 검토한다. 길모어는 이 영화의 DIY 생산미학과 행동 촉구 분석을 통해 〈더 스퀘어〉가 웹과 소셜미디어에 배포되도록 맞춤 제작되었다고 주장한다. 그에 따르면, 넷플릭스도 똑같이 진 세계에 정치 다큐멘터리를 보급하여 콘텐트의 시민적 영향력을 극적으로 확장할 수 있는 위치를 점하게 되었다.

마지막 3부 "내로우캐스터이자 글로벌 행위자로서 넷플릭스"는 작은 규모와 보다 큰 규모 모두에 미치는 넷플릭스의 영향력을 살펴본다. 앞의 두 챕터는 시청자 반응의 관점에서 넷플릭스가 추동하는 몰아보기와 알고리즘 추천을 고찰한다. 이 두 챕터는 회사의 실무적 관행이 자신의 일상생활을 바꾸어 놓았다고 말하는 넷플릭스 이용자의 다각적인 인터뷰와 저널쓰기journaling를 통해 관찰된 것이다. 에밀 스타이너Emil Steiner는 넷플릭스의 부상으로 가장 두드러진 현상이 바로 몰아보기라고 전한다. 스타이너는 "바보상자", "거대한 쓰레기더미"라는 텔레비전의 지위에서부터 몰아보기를 둘러싼 불명예스러운 낙인에 이르기까지 일련의 인식의 끈을 그려내면서, 미디어가 어떻게 대중문화popular culture에 반하는 비판의 중심부에서 오랫동안 생존해왔는지를 해명한다. 스타이너 연구의 참가자들은 몰아보기에 대한 문화적 평가를 균형있게 체화하고 회피하는데, 이는 넷플릭스의 실무적 관행이 어떻게 시청자들의 시청습관과 주의집중, 그리고 프로그래밍에 대한 전반적인 관계를 재공식화하는지를 알려준다. 그러나 스타이너와 그의 인터뷰이들은 얼마만큼의 몰아보기가 과도하게 많은 것인지와 같은 예민한 주제를 다각도로 살펴보면서, 다른 모든 시청활동이 그렇듯 몰아보기에는 일반화된 경험적 잣대가 없다는 것을 확인한다. 넷플릭스 이용자들은 몰아보기를 한편으로는 축복으로, 다른 한편으로는 부끄러운 것으로 본다. 그렇게 그들은 따라잡기, 무료한 시간 보내기, 다시보기, 그리고 공유하기를 위해 몰아보기를 한다.

스타이너가 시청의 실무적 관행에 대한 역사적인 논쟁 안에서 넷플릭스의 위치를 추적한다면, 앨리슨 N. 노박Alison N. Novak은 넷플릭스의 데이터 주도적 접근이 이전 세대의 내로우캐스팅과 어떻게 비교되는지를 탐구한다. 소매점 브랜드, 잡지 출판사, 그리고 예전의 케이블 채널과 마찬가지로, 넷플릭스는 무수히 많은 이용자들에게 내로우캐스팅한다. 그리고 아마존, 구글과 마찬가지로, 넷플릭스는 데이터 수집과 정교한 알고리즘에 깊이 의존하여 각기 다른 이용자 집단에게 개인화된 추천을 생산한다. 노박은 내로우캐스팅, 추천 엔진, 알고리즘 등 신생 디지털 생태계에서 왁자지껄한 기표로 자주 언급되는 것들이 실제로 어떻게 작동하는지 설명한다. 노박은 자신의 연구를 넷플릭스 추천에 대한 밀레니얼 세대의 반응에 한정해서 고찰한다. 밀레니얼은 가장 선망 받는 인구통계학적 집단이기는 하지만, 노박은 밀레니얼들 또한 자신이 소비하는 모든 것에 데이터 수집이 얼마나 영향을 미치는지 잘 인지하고 있음을 보여준다. 한편으로 대부분의 밀레니얼 응답자들이 넷플릭스가 그들의 취향 프로파일을 배양하는 방법에 대해 거부감이 없고 인지하고도 있기 때문에, 노박 연구의 참가자들은 개인화된 추천을 점점 더 평범한 것으로 받아들인다. 다른 한편으로 이들 참가자들은 넷플릭스가 보여주는 것은 내로우캐스팅과 기술적 패턴의 일부라고 단언하면서, 넷플릭스가 더 치명적인 형태의 인공지능과 컴퓨터 학습으로 이어갈 것이라고 확신한다.

3부의 나머지 두 에세이는 미국 이외에서 점점 더 커지는 넷플릭스의 영향력에 대한 것이다. 여기서 저자들은 넷플릭스가 최상의 혁신가라기보다 영국과 멕시코의 광범위한 기술적·산업적 동향 안에서 핵심 행위자라는 입장이다. 가령 영국 텔레비전 산업에서 넷플릭스는 혁신적인 쌍방향 위성 디지털 텔레비전 서비스인 스카이 디지털Sky Digital의 뒤를 이어 시장에 진출했다. 2000년대 중반 스카이 디지털의 출범과 관련된 소비자 반응을 조사한 바 있는 비비 테오도로파울루Vivi Theodoropoulou는 넷플릭스가 새로운 세대를 위해 스카이 플레이북을 어떻게 반영하고 확장했는지를 분석한다. 테오도로파울루는 넷플릭스와 관련된 우리의 일반적인 습관과 현상이 스트리밍 플랫폼이 자리잡기 훨씬 전부터 어떻게 존재해왔는지를 보여주기 위해 과거와 현재의 인터뷰를 병치한다. 또한 이 인터뷰는 모든 종류의 비디오 라이브러리, 즉 콘텐트의 가용성과 관련된 중요한 논쟁을 보여준다. 스카이 디지털과 넷플릭스는 이용자들에게 그들이 원하는 것은 무엇이든 언제든지 볼 수 있다는 점을 약속하지만, 테오도로파울루는 두 세대 모두 주어진 시간에 이용가능한 것에서 여전히 제한적이라는 것을 보여준다. 넷플릭스 인터뷰이들에게는 콘텐트에 대한 접근이 항상 그들의 통제 너머에 있는 협상의 결과라는, 경험을 통해 구축된, 확고한 믿음이 있다. 결국 테오도로파울루는 개별적인 새로운 기술적 발전을 통해 우리가 인내해야 할 것은 – 플랫폼이 아니라 – 다름 아닌 콘텐트라고 주장한다.

마지막 글은 글로벌 확장의 시대에 넷플릭스의 미래에 대한 비전을 제시한다. 넷플릭스는 2016년 대대적인 성장 캠페인을 하기에 앞서 멕시코를 비롯한 몇몇 지역으로 매우 조심스러운 행보를 보였다. 엘리아 마르가리타 코넬리오 마리Elia Margarita Cornelio-Marí 는 특별히 이 기업이 직면했던 산업적·규제적·문화적 도전들에 초점을 맞추어 2011년 넷플릭스의 멕시코 진출을 탐구한다. 코넬리오 마리는 넷플릭스가 멕시코를 엄청난 잠재적 수입처로 지목했지만, 이 스트리밍 거인이 진출과 동시에 지역 콘텐트에 목말라하고 해적행위에 동조하는 수용자를 만나게 된 것을 보여준다. 이 에세이는 가격 책정, 새로운 마케팅 기법의 수립, 해외 콘텐트 더빙, 현지 콘텐트의 육성 등에 대한 넷플릭스의 깊은 통찰을 상세히 설명하면서, 미국 바깥의 환경에 빠르게 적응하는 넷플릭스를 집중 조명한다. 넷플릭스가 새로운 지역에 간다는 것은 단순히 넷플릭스나 그들의 새로운 고객들에 대해 이야기하는 것에 그치는 것이 아니다. 오히려 그것은 또한 그 지역 경쟁자들과 입법자들의 대응에 관한 문제이기도 하다. 그렇기 때문에 코넬리오 마리는 수직적·수평적으로 통합된 기업들이 넷플릭스와의 경쟁수준을 높이기 위해 얼마나 방대한 기반 자원과 현지 지식을 활용하기 시작했는지를 보여준다. 결국 멕시코 사례연구는 넷플릭스에게 전 세계적 확장이 마냥 쉬운 일이 아닐 것임을 깨닫게 한다. 넷플릭스는 또 다른 지역으로의 확장에서 어려운 일일 수밖에 없는 도전인 로컬과 글로벌 간의 균형 맞추기를 타개해 나가야 한다.

넷플릭스 같은 주제를 가지고 이야기할 수 있는 것은 끝이 없다. 그 중에서 이 책은 현대문화에서 넷플릭스의 위치에 관한 현재진행형의 담론에 참가하려 한다. 이 책에 실린 10개의 에세이는 넷플릭스와 같은 혁신적인 기업을 가장 잘 이해하기 위해서 우리는 기술과 미디어 산업에서의 전례를 되돌아보면서 전망하는 작업을 이어가야 함을 확고히 하고자 한다. 거기에서 우리는 산업적 관행, 소비자 습관, 정책 등의 전면적 변화는 지극히 희소한 일이고, 미래를 향한 세분화된 여정의 일부라는 것을 상기하게 된다. 거기서 우리는 넷플릭스가 질서 파괴자이자 문화적 제도로서, 생산자이자 배급자로서, 그리고 내로우캐스터이자 글로벌 행위자로서 그 입지를 굳힌 것처럼 보이지만, 이 기업이 직면할 미래 역시 불확실하다는 점도 상기하게 된다.

1부

파괴자이자 문화적 제도로서 넷플릭스

Chapter. 1

주시청 시간대에서
모든 시간대로

스트리밍 비디오, 시간리듬,
그리고 공동체 텔레비전의 미래

▶

저스틴 그랜디네티|Justin Grandinetti

스포츠와 대중문화 웹사이트인 '그랜트랜드'Grantland의 텔레비전 비평가 앤디 그린왈드Andy Greenwald는 넷플릭스의 오리지널 시리즈 〈하우스 오브 카드〉의 첫 시즌 출시 한 달 후, 어느 프로그램 비평에서 "나는 일요일 밤에 첫 번째 시즌의 13회이자 마지막 회를 다 봤는데, 그것이 이 갈림길에서 저를 앞서게 할지 절망적으로 뒤처지게 할지 알 수가 없다"라고 말했다.[1] 이 코멘트는 텔레비전의 시간적 정기성이 전체 시즌을 한 번에 출시하는 새로운 넷플릭스 모델로 인해 완전히 뒤죽박죽되어 수많은 엔터테인먼트 비평가, 기자, 블로거 들에게 최대의 난제를 부여하고 있음을 암시한다. 더욱 중요한 것은 이런 일괄출시 모델이 시청자에게도 영향을 주어 디지털 스트리밍 혁명의 한 가운데에서 공동체 텔레비전의 경험을 재형성하고 있다는 점이다.

넷플릭스는 2012년 2월 노르웨이풍의 〈릴리해머Lilyhammer〉 2012~2014로 오리지널 편성으로의 진출을 시작했다. 케빈 스페이시와 로빈 라이트가 주연을 맡은 정치 드라마 〈하우스 오브 카드〉는 그로부터 1년 후에 출시되었다. 일방향 텔레비전의 주 단위 편성과 비교했을 때, 시청자는 〈하우스 오브 카드〉가 출시되는 바로 그 날에 13개 전체 에피소드를 볼 수 있었다. 넷플릭스는 이후 컬트풍의 고전물 〈못말리는 패밀리〉2003~2006, 2013 네 번째 시즌과 인기 오리지널 시리즈 〈오렌지 이즈 더 뉴 블랙〉2013~, 이하 〈오렌지〉을 포함해 일괄출시 방식의 시리즈를 대폭 확대했다. 이들 시리즈는 비평가들의 환호를 받기는 했지만, 그와 동시에 공동체 텔레비전 시청의 지속가능성에 새로운 의문을 제기하기도 했다. 가장 주목되는 것은 넷플릭스의 일괄출시 모델이 시청자와 언론사 모두에게 이 새로운 현실에 어떻게 적응할 것인지에 대한 질문뿐만 아니라, 이들 집단의 반응이 결과적으로 미래의 넷플릭스 프로그래밍을 구성하는 방법에도 질문을 남기고 있다는 점이다.

이어지는 글에서 나는 '벌처'Vulture, '더 에이브이 클럽'The A.V. Club, 그리고 '그랜트랜드'와 같은 온라인 간행기관의 글들을 수사적으로rhetorically 분석한다. 그 결과 나는 넷플릭스와 같은 스트리밍 플랫폼에 의해 촉발된 몰아보기 행동이 공동체 텔레비전 시청의 본성을 근본적으로 재형성하고 있으며, 수용자 참여라는 "웹2.0"의 초기 여정에서는 볼 수 없었던 어떤 반감을 불러일으키고 있음을 주장한다. 좀 더 구체적으로 말하면, 이들 웹사이트의 엔터테인먼트 기자와 시청자들 간의 상호작용은 제라드 하우저Gerard Hauser, 에린 맥클레런Erin McClellan, 랄프 신트론Ralph Cintron 등이 주장하는 통속적 언어의 수사학vernacular rhetoric 이론을 확장할 수 있는 공간을 제공한다. 이러한 온라인 활동들이 텔레비전에서 변화하는 시간리듬temporality과 공동체적 경험의 새로운 발전상을 보여주기 때문이다.이 장에서 뿐만 아니라 다른 장에서도 temporality와 그 변용어가 수차례 등장하는데, 텔레비전이 일방향적 시간편성에서 추천에 의한 공간편성으로 바뀜으로 인해 발생하는 미디어상의 시간리듬의 재구성과 그런 시간리듬과 상호작용하는 현실세계 시간리듬의 재구성을 지칭한다. 글의 맥락에 따라 시간리듬 외에 시간구성, 시간제약, 시간성, 일시성 등의 용어로 번역된다. ─ 역자 주.

물론, 이러한 이벤트가 순수하게 인과관계적 방식으로만 작동하는 것은 아니다. 넷플릭스의 일괄출시 전략에 대한 수용자들의 반응은 미래의 생산과 배급 전략에 지속적으로 영향을 미칠 것이며, 궁극적으로는 이제 견고하게 성장하고 있는 온라인 공동체들 사이의 담론을 가이드할 것이다. 따라서 이 글은 쌍방향의 전자적 환경이 공공의 결texture에 미치는 영향에 대한 학제적 논의에 참여한다. 더 나아가 〈못말리는 패밀리〉와 〈오렌지〉가 최초의 넷플릭스 오리지널 시리즈들 중의 하나였기 때문에, 이 글에서 분석된 이들 프로그램에 대한 대응방식은 텔레비전의 시간리듬 붕괴에 대한 전위적 반응의 한 단면을 보여준다. 이들 시리즈에 대한 비평가와 시청자들의 반응은 모두 그들을 온라인에서 주목받게 했으며, 이렇게 널리 퍼진 변증법적 표현들은 이들 프로그램들을 그에 앞서 출시된 몇 개 되지 않는 초기 넷플릭스 시리즈와 차별화했다.

텔레비전 경험의 관점에서 변화하는 시간리듬에 대한 수용자 반응을 이해하기 위해서는 날마다 발생하는 공간에서 수사적 기능이 작동하는 방식에 관한 이론을 탐구하는 것이 중요하다. 그래서 이 글은 인터넷을 가장 많이 에워싸고 있는 공공적·공동체적 포럼에서의 이용자 코멘트에 초점을 맞춘다. 현대 민속지학적 연구에서 신트론은 "누구에게나 비판적 연구를 수행할 수 있는 것은 중요한 지점이 있다. 간단히 말해, 수사적 분석은 전문가들만이 아니라 일상적인 사건에 대한 시도이다"라고 쓰고 있다.[2] 이렇게 구어체적이고 공동체적인 인터넷 코멘트 공간에서, 넷플릭스 수용자들은 변화하는 텔레비전 시간리듬에 대해 함께 의미를 만들어내고 교섭해낸다. 더 나아가 이들 공간에서 진화하는 통속적 언어활동은 다음과 같은 하우저의 이론을 보여준다.

> 그들이 이웃이거나 계급이거나 관계없이 보통 사람들은 통속적 언어를 수사적 특징으로 발전시키고 또 의존한다. 비록 권력과 관료주의적 담론은 아니지만, 그럼에도 불구하고 그것은 예의바름이라는 근본적인 수사적 요구를 고수한다. ⋯ 통속적 언어의 교환은 우호관계의 유대를 나타낸다 ; 그들은 가치를 공유하고 결속을 다지는 읽기 쉽고 명료한 수사로 말한다.[3]

여기서 "수용자"라는 용어를 간략하게나마 정의하는 것이 중요하다. 넓게 말하면, 이들 프로그램의 수용자란 그것을 보기로 선택한 일체의 개인들이다. 그러나 넷플릭스 프로그래밍을 둘러싸고 공동체적 토론을 할 때는 여가시간에 어떤 시리즈를 보는 시청자와 그 편성에 대해 전문적으로 글을 쓰는 엔터테인먼트 기자들 간에 분명한 차이가 존재한다. 이런 구분은 이 글에서 매우 중요하다. 왜냐하면 이들 두 수용자들 간의 권력관계가 균질하지 않기 때문이다. 그럼에도 불구하고, 연구를 위해 내가 선택한 온라인 간행기관의 모든 넷플릭스 수용자들은 공동체 텔레비전 경험의 진화하는 속성에 기여하고 교섭적인 통속적 언어를 사용하여 서로에게 커뮤니케이션하는 기회를 분명히 가지고 있다. 더 나아가,

> 모든 형식 면에서 통속적 수사에 관한 연구는 공무적이거나 공식적인 수사적 상대자들보다 한층 더 날 것 그대로 드러내 보이는 방

식으로 이해를 구하는 과정을 보여준다. 그것은 경험적 방향으로 수사적 비평을 하는 것으로, "공식적" 수사에 대한 수용자 판단뿐만 아니라 그들 자신의 수사적 문화의 구성도 포함한다.[4]

종합해보면, 이러한 온라인 담론에서의 이용자 수사전략에 대한 탐구는 넷플릭스와 같은 온라인 플랫폼에 의해 촉진된 몰아보기 패러다임에서 공동체 텔레비전 경험이 어떻게 진화하는지를 이해하는 하나의 방법을 제공한다.

진화하는 통속적 수사와 인터넷

나는 '벌처', '더 에이브이 클럽' 그리고 '그랜트랜드'의 조사를 통해 진화하는 공동체 텔레비전 경험에 관한 구체적인 사례를 탐색한다. 이들 웹사이트를 선정한 이유는 그것이 디지털 환경으로 전송되는 엔터테인먼트 리뷰 장르를 대표하기 때문이다. 더욱이 이들 각각의 공간에서 작가 또는 비평가 들은 일괄출시된 텔레비전 시리즈 리뷰로 인해 야기된 혼란에 어떤 질서를 부여하기로 한 그들의 결정을 공개적으로 성찰한다. '벌처', '더 에이브이 클럽'은 모두 수용자들이 사이트 리뷰에 코멘트를 달도록 독려하는데, 이것은 진화하는 공동체 텔레비전 경험에 대한 연구조사를 가능케 한다. 대부분의 미디어를 지배해온 전통적인 텔레비전 출시 일정은 연속화된 편성방식을 고수해왔다. 이런 출시 패러다임에 익숙한 텔레비전 시리즈는 전형적인 주간 개봉 일정에 따라 새로운 에피소드를 공개해왔다. 성공한 프로그램은 여러 시즌 동안 방송되는데, 수많은 새로운 에피소드가 몇 달 동안 일주일에 한 번씩 방송되었다. 하지만 이런 모델의 수명은 이제 의심스러워 보인다. 왜냐하면 새로운 데이터들은 수용자들이 이른바 "몰아보기" 방식으로 콘텐츠를 소비하는 것을 선호하고 있음을 보여주기 때문이다.[5]

텔레비전 프로듀서와 쇼러너showrunner는 수용자가 선호하는 소비방법을 깨닫기 시작했다. 이제는 그것을 더욱 발전시키기 위해 그들이 만든 시리즈를 모델화하고 있다. 2013년 《뉴스위크 Newsweek》는 "〈브레이킹 배드Breaking Bad〉2008~2013와 〈왕좌의 게임Game of Thrones〉2011~ 등이 방송된 이후, 제작자들이 지상파가 지금껏 우리에게 밀어붙인 어떤 것보다 훨씬 더 몰아보기에 좋은 – 다시 말해 보다 추동력 있고 다음 편을 기대케 하는 – 이런 시리즈들을 디자인하고 있다"라는 기사를 실었다.[6] 더 나아가 〈브레이킹 배드〉의 창작자 빈스 길리건Vince Gilligan은 "나는 나의 프로그램이 과잉 시리즈화된 것으로 보지 않는다고 항상 말해왔다. 솔직히 말하면 10년, 15년 전에는 내가 그렇게 하는 것이 허락되지 않았다"라며 몰아보기를 옹호하는 설명을 덧붙였다.[7] 결국 몰아보기는 다층적인 실체들, 그러니까 수용자, 창작자, 스트리밍 플랫폼 등이 상호협력적으로 교섭한 것으로 볼 수 있다. 더욱이 수용자들의 시간리듬 재설정에 관한 연구들은 "수많은 텔레비전 프로그램의 구조 안에서 이런 동시성이 … 쌍방향 온라인 디지털 기술의 비물질성immateriality과 초월적 시간성

timelessness에 대한 수용자들의 점점 더 높아지는 관심과 나란히 하는 것이다"는 점을 보여준다.[8] 텔레비전 프로그램에 대한 마라톤식 소비는 제작자가 수용자들의 수사적 인식에 대해 더 잘 알게 할 뿐만 아니라, 스트리밍 플랫폼에서의 프로그래밍이 확대됨에 따라 자연스러운 텔레비전 경험으로 진화하고 있다.

비록 이런 텔레비전 스트리밍 혁명이 인간 본성과 욕망에 따라 발생했다고 하더라도, 그 어떤 갈등도 없이 자연발생적으로 나타난 현상은 아니다. 시청자들은 몰아보기 프로그래밍에 대한 동시대적 갈증과 텔레비전을 통해 대규모 공동체의 일원이 되고자 하는, 오랜 세월 동안 정립해온 욕망 사이에 묶여 있었다. 이러한 갈등은 수용자와 전통적인 텔레비전 모델, 소셜미디어, 블로그 간에 수 만 가지의 교섭을 불러일으켜 왔다. 단순하게 보면, 전통적인 텔레비전 경험이 제공했던 공동체를 향한 욕망과 몰아보기 방식으로 콘텐츠를 소비하고자 하는 – 빠르게 변화하는 기술적 풍경으로 재촉받은 듯한 – 인간의 욕망 사이의 양극단은 우리를 미래 텔레비전의 십자로로 이끌었다. 앞으로도 전통적인 텔레비전, 수용자, 그리고 김을 푹푹 뿜어내는steaming 플랫폼은 변화하는 시간리듬의 개념에 맞게 잘 적응해갈 것이다.

이러한 연구 공간은 신트론의 주장을 뒤따른다. 그는 "수사적 분석은 일상적 언어사용을 이해하는 데 도움이 된다. … 수사적 분석은 유명한 해변과/또는 문어체 단어에 대한 것일 필요가 없다. 사실 그것은 전혀 논증적일 필요가 없고, 오히려 비논증적이고 수행적이다"라고 말했다.[9] 그렇게 수용자와 블로거의 코멘트는 넷플릭스의 오리지널 시리즈가 만든 몰아보기 패러다임에 대응하여 만들어진 새로운 시간리듬과 그것에 대한 통속적 수사의 교섭방식을 이해하는 데 이상적인 영역이다. 내가 〈못말리는 패밀리〉와 〈오렌지〉에 대한 반응을 분석했을 때 곧바로 네 개의 주제 즉 시간리듬의 교섭, 몰아보기에 대한 반응, 스포일러 항행하기, 온라인 윤리의 배양이 도출되었다.

시간리듬의 교섭

텔레비전의 시간리듬에 관한 연구는 다른 사람들의 시청습관에 대한 인지와 기대가 집단적인 텔레비전 경험의 조정과 산물에 영향을 미치는 방식을 조사해왔다.[10] 거기에 더해, 이론가들은 텔레비전 서사에서 분열된 시간리듬이 점점 더 많이 사용되고 있음을 지적해왔다. 예컨대, 〈못말리는 패밀리〉 시즌4 서사는 프로그램 내 특정 등장인물에 초점을 맞춘 것으로 알려져 있다. 개별 에피소드는 선형적인 스토리를 구성하지 않는다. 그 대신 시청자들은 가장 중요한 줄거리를그리고 수없이 반복되는 농담을 완전히 이해하기 위해 그 시리즈를 전체적으로 소비할 것을 요구받는다. 이러한 시간의 환치는 포스트모던적 정신분열증의 결과일 가능성이 있다. 거기에는 "'과거'와 '미래'의 감각은 없고 즉시적이고 진공적인 '현재'의 감각만이 존재한다."[11] 이런 "진공상태의 현재"는 정보의 압도적인 활용가능성과 개인의 자유로운 시간 선택의 결과이다. 결국 지금 수많은 프로그램에 투사된 어긋난 시간 배열은 공동체 텔레비전 경험의 굴절된 속성을 반영한다. 이렇게 분명히 시간적 기준을 상실하고 있음에도 불구하고, 수용자들은 소비적인 시청 패턴에 동조하는 것에 계속 적응해 가고 있다.

이런 연구들은 새로운 기술이 특정한 리듬을 따르는 미국 가정의 시청 패턴에 영향을 미치고 있음을 발견했다.[12] 더욱이 수용자들은 시청활동 사이의 시간을 채우기 위해 여러 기술을 사용하면서도 또한 온디맨드 기술을 활용하여 그런 시간을 어느 정도 의미 있게 만들 수도 있다.[13] 더불어 시청 패턴은 "보다 큰 사회적 집단에 의해 – 개별 가구를 넘어선 확장된 집단 – 영향을 받는다."[14] 수용자들은 핸드헬드 장비와 초고속 인터넷을 통한 텔레비전 시청의 유연성이 더 많은 개인화된 일정을 가능하게 해주는 것을 받아들이면서도, 다른 사람들의 시청습관에 대해 예민하게 인식하는 모습도 보인다.

'더 에이브이 클럽'은 〈오렌지〉 시즌1 중에서 한 번에 두 개의 에피소드를 다루었다. 이들 2부작에 대한 리뷰는 7일마다 공개됨으로써, 코멘트 섹션에서 시리즈에 대해 토론하기를 원하는 사람들에게 그런 일정이 부과되었다. 하지만 코멘트 섹션 분석은 시청자들에게 두 개의 에피소드로만 노출하려는 시도가 도전이라는 것을 곧바로 알려주었다. 대부분의 시청자들이 전체 시즌을 몰아보기 때문이다. 더 많이 시청한 사람들은 다른 사람들의 논평에 답할 때 13부작 시즌의 첫 두 에피소드에서 무슨 일이 일어났는지 추적하는 데 어려움을 겪었다. 이런 상호작용 가운데 이용자 K가 있었다. 트레이스Thrace는 되풀이되는 등장인물이 나타났을 때 "수녀가 그 에피소드에도 나왔나요? 까먹었네요. 어쨌든 그녀는 멋지죠"라고 질문해야 했다. 다른 코멘트들에서도 이 시리즈를 몰아보기한 시청자들이 〈오렌지〉에 대해 전체적인 느낌으로 대화하고 싶어 하는 것처럼 보였다는 점에서 이런 감정을 반영하고 있었다. 하지만 '더 에이브이 클럽'의 리뷰는 시청자들에게 전통적인 패러다임을 부여했다.

아래 평론가 맥넛Myles McNutt과 사이트 코멘터mouse clicker 간의 상호작용 코멘트를 보면 알 수 있듯이, 코멘터들은 일주일에 두 회만 리뷰하라는 이 사이트의 강제성에 이따금씩 다른 이슈를 제기한다.

MylesMcNutt: 처음 두 에피소드에 대해 이야기하는 것의 단점은 제가 세 번째 에피소드가 지금껏 본 것 중에서 가장 강력한 것이라고 – 아니면 적어도 가장 두드러진 것이라고 – 주장했을 때, 그것이 당신에게 두 에피소드 이후 코멘트를 멈추도록 한다는 겁니다. 저는 당신이 그것을 검토해보고, 생각을 바꾸게 할지 어떤지 살펴볼 것을 요청드립니다.

mouse clicker: 글쎄요, 저는 이미 앞의 두 에피소드를 시청했고, 리뷰를 읽기 전에 계속 시청하지 않기로 마음먹었죠. 제 아내가 진짜로 그것을 좋아하는 것 같아서 아마 세 번째 에피소드를 볼 지도 모르겠네요. 하지만 그녀가 곧바로 〈위즈Weeds〉2005~2012에도 푹 빠져서, 저는 두 번째 시즌 전까지 그 쇼를 진짜로 즐길 수가 없었어요.

이것은 코멘터들이 '더 에이브이 클럽'의 리뷰 방법에 따라 포스팅한다는 것을 증명한다. 그 시리즈가 세 번째나 그 이후 에피소드에서 꽃을 피운다고 생각했던 사람들은 그 사이트가 시청자들이 계속해서 시청하도록 독려하는 데 제 할 일을 다하지 않는다는 류의 불평들을 쏟아냈다. 이런 상호작용은 "거기서 기성의 것과 주변적인 것이 권력을 위해 경쟁하는 공식적인 커뮤니케이션과 세속적인 커뮤니케이션 사이에 논쟁 지대를 만들어낸다. 그들의 투쟁은 대중의 충성과 정당성을 추구하는 수사적 양식의 대비를 통해 발현된다."[15] 그러므로 '더 에비브이 클럽'은 좀 더 전통적인 시청 패러다임을 작동시키는 입장인데 반해, 일부 시청자들은 보다 완전한 방식으로 이 시리즈를 옹호함으로써 다른 사람들이 계속 시청하도록 그리고 심지어는 몰아보기를 통해 따라잡도록 설득한다.

'그랜트랜드'의 작가들은 〈오렌지〉에 대한 찬사를 아끼지 않았지만, 넷플릭스 출시 모델에 대해서는 다양한 감정을 드러냈다. 일부 사이트 기여자들은 몰아보기 모델을 칭찬했는데, 렘버트 브라운Rembert Browne은 "넷플릭스는 그 전체적인 존재라는 것이 몰아보기에 기반해서 만들어졌고, 천재의 풍모를 보이면서 세상에 태어났지요. 넷플릭스는 올해도 손쉽게 컴백의 이야기를 쓸 수 있는 기업 중 하나입니다"라고 주장했다.[16] 하지만 다른 사람들은 〈오렌지〉와 같은 프로그램 배급에 불만을 토로했다. 그린왈드Greenwald는 그 해의 텔레비전에 대해 회고하며 다음과 같이 썼다. "〈오렌지〉는 TV가 다양한 이야기를 흥미롭고 새로운 방식으로 들려줄 수 있다는 신념을 다시금 굳건하게 만들었습니다. 그리고 나는 옥상에서, 적어도 감시탑에서라도 크게 외치고 싶었죠. 시즌을 끝내기 위해 늦가을까지 기다려야 한다니 너무 좋지 않아. 그때까지 말할 사람이 아무도 남아 있지 않단 말이야 라고요."**17** 결국 그린왈드와 여타 사람들은 〈오렌지〉 자체가 아니라, 넷플릭스의 출시 모델에 불만을 갖고 있었다이런 불만은 일괄출시로 인해 많은 에피소드가 제공되지만, 바로 그것 때문에 콘텐트가 순식간에 소비됨으로써 다음 번 이야기를 일주일이 아니라 한 시즌 단위로 기다려야 하는 상황을 일컫는다. – 역자 주. 그는 2013년 초반 무렵부터 이 시리즈에 대해 다음과 같이 말했다.

> 저는 넷플릭스 공급 모델과 그 방식이 싫습니다. 그것은 몇 주마다 한밤중에 콘텐트 트럭에 싣고 13시간짜리 산업적 텔레비전을 쏟아내죠. 나는 이렇게 수에 대한 강조가 어떻게 그것을 고려하거나 심지어 맛보는 데 필요한 양질의 시간적 질료를 빼앗아 가는지, 그리고 어떻게 그것이 최근 TV 주변에 생겨난 거대한 대화의 벌집을 벙어리로 만들고 고독한 리모콘의 외롭고 은밀한 클릭으로 대체했는지에 대해 장황하게 기술한 바 있습니다. 우리가 배부르기 위해서만 먹는 것이 아닌 것처럼, 예술을 그런 식으로 소비해서는 안 됩니다. 무엇이든 먹을 수 있는 뷔페에서 발견되는 일품요리마저도 당신이 주문하지 않을 이유는 있기 마련이니까요.**18**

비록 시간리듬의 파괴가 – 일부 불평에도 불구하고 – 넷플릭스 시리즈를 마라톤 식으로 맹렬히 소비하는 팬들에게 환영받는 것처럼 보일지 몰라도, 비평가와 블로거 들은 그리 열광적이지 않다. 이런 점에서, 블로그/웹사이트는 하우저가 연구장소라고 말한 곳, 즉 "장소와 공간의 통속적 수사가 행해지는 곳, 다시 말해 포함과 배제, 공동체 공간의 사용과 오용의 지역문화가 매일매일 발생하는 도시 광장 같은 곳, 그리고 그런 도시 광장을 이용하는 사람들이 공공적 수행으로서 자신들이 생각하고 행동하는 것을 말할 수 있는 곳"을 대표한다.[19] 전통적인 텔레비전 리뷰 모델에서 공간의 힘과 통제는 작가들에 의해 결정되었는데, 이들 작가들은 네트워크와 채널에 의해 확립된 제한적인 시간리듬의 지원을 받는다. 하지만 몰아보기 모델은 시청자들에게 보다 큰 힘을 부여한다. 왜냐하면 그들은 엔터테인먼트 생산 세계가 부여하는 시간구성과 무관하게 그들 자신의 일정에 따라 시리즈를 시청하기 때문이다.

전통적인 텔레비전 모델에서 작가는 정기적으로 시청자에게 권력을 행사할 수 있는 위치에 있었다. 텔레비전에 대해 기술하는 사람들은 콘텐트에 일찍 접할 수 있는 내밀한 관계에 있었다. 그렇게 그들은 다수 시청자들이 시청하기 전에 프로그램에 대한 자신만의 의견을 면밀하게 공식화할 수 있는 기회를 가질 수 있었다. 이것은 거꾸로 보면 전문가적 신뢰성을 축적할 수 있는 방법이기도 했다. 새 편성에서 남들보다 빨리 하는 리뷰는 독자들의 시각을 바꿀 수 있는 기회를 가진다. 그래서 프로그램에 대한 독자들 자신의 경험은 타인의 의견에 의해 형성될 가능성이 열려 있다. 하지만 넷플릭스 모델 하에서, 엔터테인먼트 기자들은 시청자와 동일한 개봉의 기회를 부여받는다또는 적어도 전체 시즌이 개봉되기 하루 또는 이틀 전에 일부 에피소드에 대한 접근이 부여될 뿐이다. 따라서 코멘트 섹션에서 댓글을 쓰는 일부 시청자가 기사를 쓴 기자보다 해박할 – 그리고 그 시즌에 보다 깊이 천착할 – 개연성은 충분히 있다. 비평가와 독자 간의 역할그리고 범위와 권위 전도의 가능성이 극히 미세하고 평화스러워 보일 수도 있지만, 그 영향은 공동체 텔레비전 경험의 외연을 진일보시킨다.일반 시청자가 시간적으로 전문 평론가와 같은 조건이라는 것 외에 집중시청, 반복시청 등 다양한 몰아보기 기법을 통해 영화나 시리즈, 다큐멘터리에 대한 안목을 키우는 것 역시 수용자 권력이 강화될 수 있는 조건이 될 수 있다. 유튜브에 올라 있는 숱한 리뷰 콘텐츠를 떠올려 보라. - 역자 주.

몰아보기에 대한 반응

때때로 고질적이고 반사회적인 활동으로 보일 수 있지만, 사실 텔레비전을 시청하는 것은 크게 보면 공동체적 이벤트이다. 텔레비전은 "전통적으로 사회적 상호작용과 대중들의 대화 소재를 위한 중요한 촉진제였다."[20] 더욱이 SNS의 등장은 수용자가 물리적 장벽을 넘어 텔레비전을 "함께" 시청할 수 있게 한다. 이렇게 텔레비전을 시청하는 새로운 관행은 두 가지 요소, 즉 텔레비전 시청과 인터넷을 통한 반응의 실시간적 공유를 하나로 묶은 의사pseudo 공동체적 시청경험을 만들어낸다.[21] 이런 시간구성의 교섭은 텔레비전에 있어서 새로운 모습이 아니다. 미디어는 항상 공간을 가로질러 수용자를 결속시켜왔다. 하지만 기술의 진보는 고정적인 시간 개념을 파괴한다.

수많은 학자들이 텔레비전이라는 존재와 발전, 그리고 공동체 텔레비전 경험과 관련해 "현재성"또는 생생함, liveness이라는 개념을 논의해왔다. 닉 쿨드리Nick Couldry는 현재성이란 "일반적인 생각을 자연스러운 것으로 만드는 어떤 범주, 즉 미디어를 통해 우리가 한 사회인으로서 우리에게 중요한 '현실들'realities에 대한 공통된 관심을 성취해낸다는 어떤 생각의 범주"라고 말한다.[22] 그런 식으로, 실시간적 전송을 경유한 현재성은 그것이 시청자에게 중요한 현실임을 지각하게 함으로써, 시청자들을 공유된 사회적 관계로 이끌어간다.[23] 그렇지만 텔레비전 기술의 변화는 현재성의 공식을 바꾸어왔다. 가령 그래엄 터너Graeme Turner는 많은 사람들이 현재성과 공유성sharedness을 텔레비전 경험에서 핵심적인 것으로 생각하지만, 이런 속성은 프로그램을 녹화하고 재생하는 능력이 널리 유포됨에 따라 저지되어 왔다고 자신 있게 말한다.[24] 그와 동시에 척 트리온Chuck Tryon은 새로운 기술적 관행이 텔레비전 시청의 사회적 의례를 뒤엎을 수 있다고 지적한다. 하지만 "음료 휴게실"water cooler 잡담 수준의 텔레비전 대화는 트위터와 같은 소셜미디어 수단과 실시간 시청을 독려하는 겟글루GetGlue와 같은 "체크인"check-in 서비스로 인해 충분히 유지된다.[25] 종합해보면 다음 말에 공감하게 된다.

지속적인 연결성의 가장 일반적인 느낌으로 현재성은 현대 미디어의 소중한 특징으로서 사라질 것 같지 않다. 왜냐하면 현재성은 사회적 세계의 시공간적 조직화를 이뤄내는 미디어의 역할과 밀접하게 연결되어 있는 범주이기 때문이다. "현재성"이라는 범주는 모든 형식에서 "연결된"connected 상태에 있다는 성질을 만드는 데 기여한다. 비록 우리가 보아왔던 현재성의 유형이 지금 다른 방향으로 나아가고

있을지라도 말이다.[26]

　현재성은 텔레비전과 공동체 텔레비전 경험에 필수불가결한 것이지만, 넷플릭스의 초고속 스트리밍 기술을 포함하여 중요한 기술적 변화로 인해 그 형식은 지속적으로 더욱 새로운 것으로 변화하고 있다.

　주 단위 스케줄의 제한에서 자유로운 넷플릭스 편성은 전통적인 현재성의 감각과 공동체 텔레비전에 반테제이기는 하지만, 그렇다고 모든 수용자들이 이런 기발한 공급 형식에 반응하는 것은 아니었다. 넷플릭스 모델은 텔레비전의 미래를 대표할지도 모른다. 그것은 또한 시청자들이 텔레비전 경험에서 기대했던 핵심적인 시간적 규칙성과 꼬리에 꼬리를 무는 공유성을 결여시킬 지도 모른다. 요컨대 우리는 텔레비전 시청의 사회적 역동성의 측면에서 일종의 교차로에 있다수용자 개개인이 넷플릭스와 같은 비동시적 방송 플랫폼이 조건화하고 있는 시간 리듬에 다양한 반응을 보임으로써 새로운 시청문화를 형성하고 있는 중이다. – 역자 주.

　몰아보기의 개념은 텔레비전 소비의 스트리밍 모델에 중대한 것이다. 2013년 해리스 인터랙티브Harris Interactive 연구는 "인터넷에 접근하는 미국 성인의 거의 80%가 가입자 기반의 온디맨드 서비스와 케이블 온디맨드, DVR과 같은 시간이동time shift 장치로 TV를 시청한다"는 것을 발견했다. "TV를 시청하는 사람들의 62%는 시청욕구가 있을 때는 언제든지 두 개 이상의 에피소드를 연달아서 본다."[27] 게다가 어떤 사람들은 몰아보기가 일종의 인간진화와 해부학적 징후라고 주장한다. 뉴욕에 있는 성 루크-루즈벨트 의료원의 정신병리학 학과장 리차드 로젠탈Richard Rosenthal은 "당신이 〈브레이킹 배드〉 에피소드를 '딱 하나만 더' 시청하기로 결정하는 것이나 데킬라를 '딱 한 잔 더' 목구멍으로 넘기는 것은 뇌의 특정 부위에서 동일한 배열이 활성화되는 것"이라고 설명한다.[28] 뇌 속의 도파민 방출은 TV 프로그램 시즌 전체에 보다 쉽게 접근하는 것과 연결되어, 몰아보기의 증가를 설명하는 동일한 원리로 간주된다. 종합해보면, 이러한 데이터와 생리학적 논거는 스트리밍 서비스 이용과 제 마음대로의 시청방법 모두가 지속적으로 증가하고 있음을 방증한다.

엔터테인먼트 사이트 '벌처'에 대한 분석은 수용자들이 낯선 몰아보기 형식을 교섭하는 방식을 보여준다. '더 에이브이 클럽'과 마찬가지로, '벌처' 비평가들은 〈오렌지〉에 대한 개별 에피소드 리뷰를 반정기적으로 할 수 있게 되어 있는데, 각 리뷰는 이전 에피소드 요약물이 있기 3~5일 내에 나온다. 이 사이트 코멘터들은 넷플릭스의 배급전략에 좀 더 개방적으로 자신들의 감정을 드러냈다. 아래 내용은 사이트의 첫 번째 에피소드 리뷰이다.이 글의 인용사례들이 여전히 전통적인 드라마 시간구조에 입각한 비평 상황에서 넷플릭스의 일괄출시를 초기에 접하던 때라는 것에 주목하자. 몰아보기와 스포일러 현상에 익숙한 독자들, 특히 몰아보기에 우호적인 독자들은 본문의 인용이 다소 생경할 것으로 판단된다. - 역자 주.

> Jarira: 이런 어이없는 프로그램 같으니라고! 전 이번 주말에 최고이자 최악의 폭주 잔치를 벌였어요. 지금 내 눈은 불타지만 그럴 가치는 충분히 있었지요.

Typicaliowa: 이 쇼에 대한 당신의 요약물이 저의 한 주를 재미있게 해줬네요. 저는 이미 월요일에 그 시즌의 몰아보기를 끝냈어요. 모든 에피소드를 재연하고 해부하고 싶어 미치겠어요!

Bookles: 저는 전체 시리즈가 아주 좋았던 것 같아요. 그것은 너무 잘 만들어져서 결국 넷플릭스의 일괄출시 형식에 문제가 있다는 것을 알아차렸죠. 이제 다음 시즌을 볼지 알 수 있을 때까지 기다려야 해요. 적어도 그것이 전통적인 형식이었다면 새로운 시즌은 이미 촬영했을지도 모르죠. 그때까지 다시보기를 해야 할 것 같네요.

이런 코멘트는 〈오렌지〉의 배급방식과 관련해 시청자들이 겪는 갈등관계를 보여준다. 수용자가 몰아보기에 대해 한탄하는 것처럼 보일지 모르지만, 그것은 그냥 하는 농담인 경우가 허다하다. 진짜 불평은 대체로 시리즈가 너무 몰입적이어서 개인이 자신의 자유 시간을 들이더라도 계속해서 시청하고픈 압박감을 느낀다는 푸념이다. 마지막 코멘트는 시청자가 그 시리즈를 좋아했지만, 그녀/그가 새로운 시즌을 기다리는 전통적인 시간리듬의 패턴이 몰아보기 모델로 인해 심각하게 방해받고 있음을 말하고 있다.

특별히 시청자들은 스포일러와 포스팅 에티켓을 위한 비공식적인 공동체 규칙을 만들어야 했다. 하지만 이런 상호작용이 갈등 없이 지나간 적은 거의 없었다. 두 명의 코멘터 간에 오고간 대화가 그 증거인데, 아래 내용에는 이에 대한 길버트 크루즈Gilbert Cruz 편집자의 의견도 확인할 수 있다.

> misspam: 스포 조심. 모든 사람이 첫 번째 에피소드를 본 건 아니죠. 요약물은 진짜로 한 번 보기용인가요 아니면 몰아보기용인가요?

> im10ashus: @misspam43 – 그래서, 요약물을 올리기 전에 모든 사람들이 다 볼 때까지 기다리라는 건가요? 여기에 사람들이 많은 프로그램 요약본을 올리는 것 잘 아시죠?

> Gilbert Cruz: 만약 당신이 첫 번째 에피소드를 못 봤다면 이유 여하를 막론하고 기사를 클릭해서는 안 됩니다. 잘 아시죠?

여기에서 misspam은 코멘트 섹션의 많은 포스트가 스포일러를 포함하고 있다는 것을 공동체에 경고하려 한다. misspam 또한 사이트의 리뷰가 몰아보기 시리즈에 최상의 방식으로 수행되는지 어떤지 복잡한 생각을 하고 있다. 하지만 misspam의 코멘트는 빈정거림과 실용주의적 반응, 즉 '벌처'의 리뷰를 따라잡든 아니면 미리 알아내든 그저 기사를 읽지 않든, 그것은 전적으로 개인의 책임이라는 의견에 맞닥뜨리게 된다. 그렇게 볼 때 '벌처'의 리뷰가 지속적으로 진화하는 수사적 통속성의 공간을 대표한다는 점은 분명하다. 이 공간에서 작가와 이용자는 모두 전통적인 텔레비전 시간리듬으로부터 자유로운 시리즈를 논평하고 대화할 때 최상의 방식으로 그들의 의견을 표현한다. 결과적으로, 다양한 수준의 반응은 이들 통속적 공간의 불안정한 속성을 보여준다. 시청자들에게 어떤 시간성을 부여하는 사이트의 결정력은 긴장감을 불러일으키는 지점으로, 이는 코멘트 섹션 안에서 교섭된다. 더 나아가 이런 코멘트는 또한 타인의 민감한 것들을 건드리지 않기 위해 개인이나 공동체 또는 간행기관 자체에게 부담일지 아닐지에 관한 대화와도 연결되어 있다.

마지막으로, 일부 코멘터들은 코멘트 섹션에서 포스팅하는 다른 사람들이나 수사적 통속성의 한계에 좌절감을 비친다. 그런 코멘트 중 하나로 이용자 dgoings는 "당신이 몰아보기를 하는지 어떤지 아무도 신경 쓰지 않아요. 요/약/되고 있는 에피소드와 관련이 없다면 혼자만 알고 계세요"라고 쓰고 있다. 이 코멘트는 리뷰를 넘어 에피소드에 코멘트한 이용자들에게 짜증을 내는 것이지만, 그렇다고 다른 많은 사람들이 자제하지는 않는다. 이 특정 리뷰가 매우 다양한 에피소드를 본 이용자들에 의해 읽혀졌다는 사실에도 불구하고, 많은 코멘터들은 다가올 시리즈에 대해 토론하는 것에 흥분을 감추지 못한다.

그 외에 '벌처'의 코멘트 섹션은 공동체 텔레비전 경험의 분열된 시간리듬에 대한 이용자들의 교섭을 보다 풍부하게 보여준다. 이렇게 끊이지 않는 코멘터들의 상호작용은 "통속적 언어 교환의 극작법이 지도자들의 공식적인 수사에만 주목해 온 연구들이 놓친 동적인 수사적 수행성에 대해 깊은 통찰을 제공한다"라는 하우저의 관찰을 물화해 보인다.[29] 이들 코멘트 섹션의 수사학적 공동체에서 이용자들은 공동체가 받아들인 통속적 언어와 대화의 새로운 규칙을 항행해야ⁿᵃᵛⁱᵍᵃᵗᵉ 한다. 공동체는 넷플릭스의 일괄출시 전략으로 야기된 시간리듬의 혼란에서 질서를 구축하려 하는 데 반해ᵇᵉˡ 처'의 리뷰 체계와 이용자 코멘트를 통해, 개인 코멘터들은 이런 기대에 순응하지 않는다. 과도한 선을 넘는 것에 대해 미안해하기도 하지만, 어떤 사람들은 〈오렌지〉를 정기적으로 일정이 짜인 텔레비전과 똑같은 방식으로 리뷰하는 것에 공개적으로 문세를 제기하기도 한다.

'그랜트랜드'에 대한 탐구는 넷플릭스 프로그래밍에 대한 취재를 재조정해야 하는 작가와 편집자의 사고방식에 통찰력을 제공한다. 미디어 비평에서 이 새로운 배급전략은 "인간의 상징적 활동에 대한 급진적이고도 새로운 사고방식이 어떤 문지방을 넘어 거리로 옮겨가는 것과 같다. 거기에서 시시각각 일어나는 상호작용의 미시적 실천들은 문화의 유기적 특성에 기여함은 물론 수사학적으로 분출하는 의미와 영향력에 중요한 원천이 됨"을 뜻한다.[30] 이렇게 작가들은 이런 – 또는 모든 – 종류의 구조를 회피하는 미디어인 스트리밍 콘텐트 배급에 규칙적인 시간성을 재확립하도록 힘을 기울여야 한다.

'그랜트랜드'는 〈못말리는 패밀리〉의 새로운 시즌을 매주 두 개씩 리뷰한다. 몰아보기의 가능성에도 불구하고, 이 사이트는 전형적인 주 1회 에피소드 출시 스케줄과 가장 유사한 주 단위 스케줄을 부여한다. 〈못말리는 패밀리〉 시즌4의 첫 번째 에피소드 리뷰에서 콕스ᴬⁿᵃ ᴹᵃʳⁱᵉ ᶜᵒˣ는 "당신은 주말에 〈못말리는 패밀리〉의 새 에피소드를 전부 몰아보기를 했나요? 누구나 제 멋에 사는 거죠. 우리는 좀 천천히 볼려구요. 일주일에 에피소드 두 개, 한 번에 하나

씩. 그게 미치Mitch가 원하는 거죠"라고 쓰고 있다.[31] 여기에서 미치
는 〈못말리는 패밀리〉 작가인 미치 허비츠Mitch Hurwitz를 가리킨다.
그는 넷플릭스에서 개봉 전에 이렇게 말했다.

> 저는 어떤 형태로든 규칙을 가지고 시청해야 한다는 잘못된 생각
> 에서 벗어날 수 있는 것이면 정말로 무엇이든지 합니다. 저도 한 때
> 는 의욕이 넘쳤었는데, … 넷플릭스에서는 에피소드들을 한꺼번에
> 볼 수 있을 뿐만 아니라 등장인물들의 인생을 동시간대로 망라합
> 니다. 그렇게 해서 당신은 조지 마이클의 에피소드에, 그 다음에는
> 버스터의 에피소드에 원하는 어떤 순서로도 뛰어들 수 있죠. 그러나
> 저는 여기 있는 모든 것들이 이야기를 들려주는 순서에 관한 것이
> 라는 걸 곧바로 알아차렸죠. 당신이 약간의 정보를 알아내고 나중
> 에 그 장면에 다시 방문하고 그리고 더 많은 정보를 얻게 되고 …
> 하는 그런 프로그램 말입니다. 그렇습니다. 저는 이건 논쟁거리가
> 아닐 거라고 생각했습니다.[32]

허비츠는 시리즈 몰아보기에 대한 질문에 대해서도 "어느 누구
도 몰아볼 수 없을 겁니다." 왜냐하면 "피곤해질 테니까요"라고 답
했다. '그랜트랜드'는 시청자들이 자신의 시리즈를 어떻게 경험해
야 하는지에 대한 확고한 관점이 있는 창작자와 마찬가지로 독자
들에게 반정기적인 일정을 부여한다. 시청자들은 시리즈를 연달
아 즐길 수 있지만, 그것은 텔레비전 시청의 보다 전통적인 공동체
적 측면을 희생시킬 개연성이 높다. 동시적 시청이라는 수용자 공

동체적 생각은 미국 시청자들에게 선천적으로 각인된 힘을 가지고 있는데, 이는 허비츠와 '그랜트랜드'가 시청자들이 〈못말리는 패밀리〉를 볼 때 기억하도록 촉구했던 바로 그 힘이다여기서 '그랜트랜드'와 같은 간행 기관은 정상적인 배급모델을 더 좋아한다는 것을 주목해 볼 필요가 있다. 왜냐하면 그것이 그들로 하여금 개별 에피소드 리뷰를 발표하여 좀 더 긴 시간 동안의 웹 트래픽과 클릭수를 위한 창구를 확대할 수 있게 해주기 때문이다.

스포일러 항행하기

  방송날짜나 개봉일 이후 곧바로 텔레비전 프로그램을 보지 못한 시청자들은 주요 이벤트가 너무 서둘러 공개되거나 그들이 소셜 미디어를 꼼꼼하게 보는 중에 "스포일될" 가능성에 노출되어 있다. '더 에이브이 클럽'의 코멘트 섹션에서 이용자는 곧바로 스포일러 에티켓이라는 통속적인 수사를 받아들였다. 대부분의 이용자들은 대문자 "SPOILERS"라는 단어를 사용하여 코멘트를 남기는 공동체적 배려를 하고 있었다. 이것은 곧 시리즈를 보려는 사람들에게 의심의 여지없는 경고신호가 되어 그들이 그 포스트를 읽지 않도록 유도한다. 이 에티켓이 지켜지지 않았을 때, 이용자들은 곧바로 통속적 언술의 위반에 불평의 목소리를 쏟아냈다스포일러 항행은 뚜렷한 좌표 없는 온라인 코멘트 섹션에서 일괄출시로 인한 스포일러의 위험을 회피하거나 거꾸로 그것을 찾아내는 과정을 의미한다. 본문은 이 과정에서 발생하는 통속적 언어의 수행성을 설명한다. –역자주.

YO MOMA...cuz im secure like t: 오케이, 다들 어디에 있나요. 열 번째 에피소드를 시작할까 했는데 부모님께서 과도하게 성적인 콘텐트를 들을까 두렵네요. 그래서 … 내일까지 기다려야겠어요.

저는 진짜 진짜로 그것을 좋아하죠. 하지만 저는 이것이 "마라톤 최고" 탓도 있다고 봐요. 저는 에피소드에서 무슨 일이 일어났는지 기억하는 게 하나도 없어요.

편집: 스포일러에 대해 진심으로 죄송해요. 첫 번째 6개의 리뷰는 잠정 삭제입니다. 다시 한 번 죄송합니다.

MylesMcNutt: 저는 그런 사람이 되는 게 싫어요. 그렇지만 – 당신의 스포일러를 보았지만 안 보았더라면 하는 생각에 – 그것을 삭제할 것을 제안합니다. 특별히 주요 인물의 전개와 관련된 것이 아닌, 어떤 종류의 특별한 세부 사항 중에서도 미래의 미세한 줄거리에 대한 대화 라인이 없었으면 합니다.

저는 당신이 어디쯤에 있는지 말하고 싶어 하는 걸 알아요. 저는 이런 리뷰가 같은 속도로 움직일 수 있다는 걸 말하고자 해요. 그러나 이제 당신이 조금만 인내할 수 있다면, 전체 시즌 리뷰가 필요할지도 몰라요.

이런 상호작용에서 이용자 YO MOMA는 사이트의 코멘트 섹션에서 개발한 대화규칙을 따르지 않는 것에 대해 공개적으로 비난받고 있다. 편집자 코멘트에서 보는 바와 같이, 그녀/그는 이런 위반을 수차례 사과하고 터무니없는 스포일러를 삭제하기도 했다.

이런 상호작용은 하우저와 맥클레란의 생각, 즉 "우리는 통속적 언어수행이 그런 현상을 지지할 수도 노골적으로 무시할 수도 있다고 규정한다. 그런 언어수행은 낯선 사람들과 어떻게 상호작용하는지 보다 큰 이해에 필연적으로 영향을 미친다."[33]라는 생각을 예증한다. 이 가상의 공동체에서는 통속적 언어수행의 상호작용 규칙이 그들이 직접 대화할 때와 똑같은 방식으로 많은 지지를 받는다. 이것은 상호작용 중에서 선택된 하나의 예에 불과하지만, 이와 유사한 일상적 언어수행이 온라인에서는 정기적으로 일어난다.

마지막으로, 이용자는 앞서 언급한 스포일러 알림 또는 윤리나 신뢰의 배양에 관한 어떤 형식을 사용했다. 많은 사람들은 '더 에이브이 클럽' 리뷰 구조 앞에 자신의 상태를 표시하기 위해 "세 개의 에피소드만 봄"이라거나 "방금 전체 시리즈 마침"과 같은 구절을 함께 포스팅했다. 궁극적으로 이런 전략은 독자들에게 맥락적 정보로 기능하면서 '더 에이브비 클럽' 웹사이트의 〈오렌지〉 리뷰에서 반복적으로 사용되었다.[34] 하우저는 이렇게 "시간적 참조와 같이 유용한 기능은 시간이 문자 그대로의 의미가 아니라 맥락으로 포착될 수 있음을 보여준다"라고 가정한다. 코멘터들이 이 새로운 공동체 텔레비전 대화의 일원이 되고자 하는 욕망을 발휘하기 때문에, 그들이 담론 공동체의 통속적 언어수행을 채택하는지, 그들의 코멘트가 스포일러와 타자들의 각기 다른 시청 패턴 모두의 맥락적 인지를 분명히 담아내는지는 중요한 일이다.

온라인 윤리의 배양

디지털 공간에서 개인의 신뢰성은 많은 경우 식별이 불가능하다. 작가는 그들의 정체성을 보여줄 능력을 가지고 있지만_{그리고자신의신임장을내밀으로써}, 코멘트 섹션에 포스팅하는 이용자들은 이런 수사적 어필을 가질 여지가 없다. 하지만 웹사이트에서 이용자들은 동료 코멘터들을 설득하기 위해 윤리를 배양하는 전략들을 빠르게 개발할 수 있었다. 〈못말리는 패밀리〉 시즌4에 대한 '더 에이브이 클럽'의 코멘트 섹션 조사는 이런 상호작용이 수사를 생성하기 위한 공간이라는 것을 더 잘 이해할 수 있게 해준다. 하우저의 통속적 수사는 "수사의 범위에 통속적 언어교환의 사례를 포함하여 그 범위를 넓히고, 그들을 통속적 언어 교환으로 드러내어 집단적 논의과정에 주목하도록 유도하며, 여론과 공통의 이해를 창출하는 과정을 밝혀내고, 통속적 대화를 여론이 전개되는 의미 있는 방식으로 간주한다."35 통속적 수사의 생성은 '더 에이브이 클럽'에서 추출한 코멘트와 언어교환에서 분명히 확인된다.

〈못말리는 패밀리〉에 대한 많은 코멘트는 주로 시리즈의 초기 에피소드에 대한 시청자의 실망감에 맞춰져 있다. 아래에 주고받는 글과 같이, 이 사이트 초기의 〈못말리는 패밀리〉 리뷰 코멘터들은 최초 몇 편의 에피소드만 본 시청자들의 우려에 답함으로써, 다른 사람들의 의견에 영향을 주어 그들이 또 다른 시리즈를 보도록 확신을 부여했다.

Tim Lieder: 저도 역시 그렇게 생각했어요. 그게 제가 첫 번째 에피소드를 좋아하지 않는 가장 큰 이유죠. 왜냐하면 마이클이 나머지 블러쓰 가족들처럼 미치광이에 자기중심적이라는 이 칼럼의 작가에 공감하지만, 그의 어리석은 행위가 보일 듯 말 듯하고 그가 정직한 사람인척 한다고 할 때 훨씬 더 재미있다고 생각하기 때문이죠. 그래서 저는 에피소드를 전부 다 보았고 다시보기를 시작했어요. 지금은 참 재밌어요.

ButlerWhoGooglesThings: 모든 것이 어떻게 진행되는지를 알면 이 두 에피소드가 훨씬 더 좋을 것 같아요. 개별 에피소드 각각이 끔찍했다는 말이 아니라 맥락으로 인해 에피소드들이 개선된다는 뜻이에요. 'Sweat and Squeeze' 속에서 조지 시니어George Sr.는 완벽한 인물을 보여주었고, 마이클이 투표에서 탈락되는 것은 그들이 지금까지 해온 어떤 것보다도 강렬한 장면이었어요.

이런 코멘트는 통속적 수사가 대중의 여론을 움직이는 데 도움이 된다는 하우저의 주장을 예증한다. 다른 사람들이 이 시리즈를 계속 시청하기를 원하는 코멘터들은 처음에는 실망스러웠다는 의사를 표시한다. 그런 다음 그들은 시즌의 전개에 따라 그것이 얼마나 재미있었는지를 말하면서, 때때로 호소력 있는 우스꽝스러운 상황을 미리 살짝살짝 보여주면서 나머지 사람들이 계속 시청하도록 유도한다.

그 외에도 코멘터들은 〈못말리는 패밀리〉 시즌의 에피소드 진행에 대해 언급하면서 코멘트 섹션의 윤리를 배양할 수 있었다실시간적동시성의 시간이 지배하는 전통적인 텔레비전 경험과 달리, 일괄출시는 먼저 보았거나 몰아보기 한 사람과 지금 시청 중인, 또는 이제 막 시청하려는 사람들 간에 복잡한 이해관계와 그에 따라 복잡한 상호작용의 형식들을 구성해낸다. 누구나 콘텐트를 평가할 수 있는 온라인 공동체에서의 상호작용은 대체로 후발 시청자들에게 때로는 스포일이 될 수 있는가 하면, 또 때로는 시청의 가이드라인이 되어 시청의 즐거움을 배가해 줄 수도 있다. 따라서 온라인 공동체에 참가한 사람들은 각기 다른 시간리듬의 교직에서 만나는 자신의 즐거움과 타인의 즐거움을 적절하게 교섭해내는 윤리적인 표현방식의 배양이 중요하다. ─역자 주.

> Tearinitup Drifter: 이게 도움이 될지 모르겠지만, 대학에서의 일들은 첫 회 시작 장면의 사건이 발생하기 6개월 전에 일어나요제 생각은 그래요…. 저는 이 두 개의 에피소드만 봤어요.

> spicoli323: 거의 시즌 전체를 다 보았는데. … 당신 말이 맞네요.

> MothaF_NDixon: 지금까지 10개의 에피소드를 보았는데, 초기 에피소드들은 당신이 나중에 더 많은 정보와 장면들을 얻은 후에 확실히 "단단해지죠." 저는 틀림없이 이것을 다시 볼 것예요. 첫 번째 시청만큼이나 즐거우면서도 완전히 다른 이유들도 있기 때문이죠.

이런 상호작용에서 응답replies은 자신의 진술문에 "보았음"Having seen을 띄우면서 시작한다. 이런 경고는 〈못말리는 패밀리〉에 대해 코멘트할 때 신뢰와 이해의 위계를 구축한다. 더 나아가 비슷한 언어를 사용하는 것이 이 특별한 공적 공간에서 통속적 수사가 사람들에 의해 곧바로 채택될 수 있는 방법임을 보여준다. 공동체 텔레비전 경험에서 혼란에 빠진 시간구성에 질서가 부여되기를 열망하는 것이기도 하다.

'벌처' 코멘트 섹션에 대한 탐구는 '더 에이브이 클럽'의 코멘트에서 발견된 주제가 이어지고 있음을 보여준다. 하지만 '더 에이브이 클럽'의 리뷰 구조와 달리, '벌처'의 리뷰어들은 같은 날에 총 15개의 리뷰를<못말리는 패밀리> 시즌4의 각 에피소드 당 한 개 남겼고, 앞으로 몇 주 동안 보다 심도있는 요약물을 약속했다. 따라서 이 사이트는 전통적인 주간 또는 격주간이라는 제한을 두지 않고 즉각적인 담론공간을 요구하는 팬들을 만족시킬 수 있었다.

이런 공간에서 코멘터들은 계속해서 동료 시청자들에게 격려의 글을 보여주었고, 그러면서 이 시리즈의 전개와 더불어 생성된 윤리성을 완성해 나갔다. johnnyb0731은 비평가이자 코멘터인 사이츠Matt Zoller Seitz와 상호작용하면서 이렇게 썼다.

> 저는 당신이 그 시즌을 즐겨서 기뻐요. 저는 일요일에 전 시즌을 다 보았는데, 첫 번째 두 에피소드가 느리다고 생각했지만 그 이후부터는 좋았어요. 구조적 차이와 농담이 어떻게 셋업되고 층을 이루는지에 적응하느라 시간이 좀 걸렸던 것 같아요. 저는 많은 비평가들의 부정적인 반응에 적잖이 놀랐어요. 프로그램이 내가 생각했던 것보다 더 잘 돌아왔다고 생각하거든요.

여기에서 이용자들은 그녀/그가 시즌4 전체를 볼 뿐만 아니라 하루만에 그렇게 했다고 말함으로써 신뢰를 구축할 수 있다. 비록 그 코멘트가 특정 이용자와의 대화를 위한 것이기는 하지만, johnnyb0731은 그 시리즈가 "느리게 시작한다"는 공동체의 우려를 잘 알고 있다. 이것은 시청을 이어가는 것을 주저하는 사람들에게 힘을 주는 데 도움이 된다. 이런 격려는 첫 번째 에피소드에 대한 사이트 리뷰에서 두 이용자 간의 상호작용에서도 계속된다.

> AaronKT: 저는 처음에 이 에피소드에 대해 별로 신경 쓰지 않았어요. 거기에 빠져들기 위해서는 몇 개의 에피소드가 필요했죠. 그러나 전체를 다 보고 에피소드1을 다시 보면서는 에피소드 내내 낄낄 댔죠. 만약 이번 시즌의 에피소드도 보다 더 조밀하다면, 이 에피소드는 … 쇼스틸러 프로 트레일 버전이 최고의 개그일 거예요.

> backinstolaf: @AaronKT 그래요, 당신이 전체 시즌을 보고 다시 보기 시작했다면, 시청을 훨씬 즐겁게 해 줄 많은 사소한 것들을 잡아낼 거예요!!

다시 한 번 말하지만, 많은 이용자들이 시리즈 전체를 이야기하는 공간을 원한다는 것은 분명하다. 그러나 일부 코멘터들은 아직 전체 시리즈를 보지 않아서 스포일러나 기준 프레임이 될 가능성이 있기 때문에 서로 상호작용하기 어렵다. 이렇게 얼마나 많은 에피소드를 보았는지는 이 통속적 언어 공동체에서 중요한 한정자qualifier이자 자아 식별자self-identifier가 된다.

전체적으로 보면, 작가와 코멘터 들 모두의 이같은 적응은 텔레

비전 세계에서의 후기 시간리듬post-temporal의 원시적 단계를 보여준
다. 그렇지만 넷플릭스와 여타 스트리밍 서비스에 대한 엔터테인
먼트 간행기관의 조정은 계속될 것으로 보인다. 불안정한 시간적
속성과 시청자 참여는 작가와 수용자 모두에게 무수한 문제를 야
기한다. 지금의 작가와 수용자 들에게는 다른 사람들이 그들 자신
이 좋아하는 프로그램에서 만들어낸 진척상황을 참조할 만한 틀이
없다. 종합해보면, "통속적 수사연구는 현재 진행중인 사회적 담론
이 사람들의 생각과 행동에 대한 영향력의 양식mode of influence으로
작용하는 방식에 새로움을 제공한다."[36] 이러한 온라인 담론 공동
체에서 코멘터와 비평가 들 간의 상호작용을 탐구함으로써, 통속
적 수사의 구성체에 대한 진일보한 이해를 구할 수 있다. 궁극적으
로 이런 탐구는 넷플릭스의 콘텐트 출시 모델로 야기된 현재 진행
중인 시간리듬의 교섭과 공동체 텔레비전의 경험을 조명해낸다.

결론: 일괄출시와 몰아보기, 그리고 텔레비전 시간리듬의 재조정

넷플릭스의 배급 관행에 대한 수용자와 비평가 들의 반응을 탐
구하는 이 글은 새로운 공동체 텔레비전 시청경험이 통속적 수사
에 의한 교섭이라는 통찰을 제공한다. 전통적인 공동체 텔레비전
경험은 정기적인 에피소드 공급일정에 따른 시간성에 입각해 있어
서 예측이 가능했다. 공동체 대화공간으로서 인터넷의 등장과 함

께 이들 수용자 시간리듬이 새로이 강제되었다. 수용자들이 이전에 비해 훨씬 많은 이용자들과 정기적으로 예정된 토론에 참여할 수 있기 때문이다. 하지만 넷플릭스의 관행은 오랜 세월 유지되어 온 배급 모델의 시간성뿐만 아니라 대화의 공동체적 경험마저도 교란시켰다. 이 에세이는 이렇게 진화하는 반응의 일부를 탐구한다. 하지만 그것은 이들 사이트, 리뷰, 넷플릭스 시리즈, 그리고 코멘트 등 온라인에서 끊임없이 정기적으로 일어나는 대화의 단편일 뿐이라는 점에 유념해야 한다. 그럼에도 불구하고, 이런 상호작용은 공동체 텔레비전의 변화하는 시간리듬과 그에 부수되는 공동체 텔레비전의 경험과 관련하여 새로운 진화를 보여준다.

텔레비전의 역사적 맥락에서 볼 때, 넷플릭스의 일괄출시 전략은 여전히 개체 발생적 단계에 있다. 확실히 브랜드이자 콘텐트 제작자로서 넷플릭스는 이전에는 한 번도 실현하지 못했던 방식으로 수용자를 이해하는 것처럼 보인다. 전통적인 텔레비전 모델 하에 있는 네트워크 방송사들은 어마어마한 양의 소비자 데이터에 접근하는 온라인 스트리밍 서비스와 비교해 태생적인 취약성을 가지고 있다. 거꾸로 말하면, 넷플릭스는 이러한 강점을 지렛대 삼아 인기를 높이고 거의 보증된 히트 프로그램을 출시할 수 있었다. 전통적인 텔레비전은 새로운 출시를 위해 오랫동안 확립되어온 우연성의 모델haphazard model을 지속해온 반면, 넷플릭스는 사람들이 새롭고 효율적인 방식으로 시청하는 프로그램에 대한 데이터를 수집할 수 있었다.여기서 우연성의 모델이란 시청자가 무엇을 좋아하는지 제작자가 어떤 통찰에 의해 찾아지고, 그들이 만든 콘텐트 또한 구체적으로 누구에게 도달하는지 모르는 상태를 의미한다. 이는 복잡계에서 데이터 분석을 통한 맞춤화된 시청행위를 설명할 때 사용하는 우발성contingency과는 다른 개념이다. 사실 넷플릭스와 같이 미디어 수용자의 실행 데이터를 분석하는 미디어는 시청자로부터 어떤 형식의 콘텐트를 누가 주연으로 하면 좋아하는지, 그렇게 만들어진 콘텐트를 누가 언제 어디서 어떻게 보는지까지 상세하게 파악한다. 필연성의 모델이라고 해도 크게 무리가 없을 것이다. 하지만 그 필연성 역시 복잡계적 관점에서는 우발성, 즉 우연의 무한한 반복이 빚어낸 결과이다. - 역자 주. 최근 데이터에 따르면, 13세에서 54세 사이의 미국 소비자의 35%가 한 달에 적어도 한 번은 넷플릭스를 이용한다고 한다.[37] 가입자들은 일주일에 평균 다섯 개의 시리즈와 네 개의 영화를 본다.[38] 요점만 말하면, "넷플릭스는 우리가 무엇을 시청하는지만 아는 것이 아니라 언제, 어디서, 어떤 종류의 디바이스로 시청하는지도 알고 있다. 이것은 동작을 멈추는 - 또는 재감기를 하거나 빨리감기를 하는 - 시간, 그리고 얼마나 많은 사람들이 몇 분간 본 후에 프로그램을 아예 포기하는지에 대한 시간도 기록한다는 것이다."[39]

그런 관점에서 〈하우스 오브 카드〉를 만드는데 1억 달러를 투자하는 "위험"은 전혀 위험이 아니었다. 넷플릭스는 데이빗 핀처David Fincher 감독과 케빈 스페이시Kevin Spacy 배우뿐만 아니라 오리지널 BBC 버전을 사랑하는 수용자가 있다는 것을 알고 있었다. 말하자면 도박은 없었다. 즉 알고리즘은 이 프로그램을 위한 수용자가 있다는 것을 보여주었다. 넷플릭스가 수용자의 요구에 - 일괄출시된 텔레비전을 한번에 몰아보는 것과 공동체적 텔레비전 경험이라는 동시에 존재하면서도 상충하는 욕망 - 어떻게 지속적으로 적응하는지는 두고 볼 일이다. 그렇지만 최근 넷플릭스가 취해온 많은 행보는 거대 미디어 기업에 의한 분쟁을 중요하게 생각하고 있는 것으로 보인다.

넷플릭스는 텔레비전에 대해 쓰는 웹사이트와 그것을 시청하고 코멘트하는 시청자 간의 관계를 인지하고 있다. 〈하우스 오브 카드〉의 두 번째 시즌이 출시되었을 때, 일부 리뷰어들은 넷플릭스가 해당 시리즈 출시일 전 첫 4회의 에피소드에 대한 리뷰를 금지하는 강압적인 엠바고 협정을 준수하도록 요구했다고 지적했다.[40] 팸 브라운Pam Brown에 따르면, 그 협정은 애매하지만 기분 나쁜 조항, 가령 "나는 이러한 조항을 어기면 금전적 회복만으로는 불충분한 그리고 돌이키기 힘든 피해를 초래할 수 있다는 것을 이해하고 동의한다"라는 것을 포함하고 있었다.[41] 여기에서 넷플릭스는 시즌의 놀라운 내용이 시청자에 의해 스포일될 수 있다는 우려를 나타냈다. 더 큰 의미에서, 넷플릭스의 행보는 전통적인 공동체 텔레비전 모델뿐만 아니라 텔레비전 비평가와 시청자 간에 고정된 권력관계를 지속적으로 허물어뜨렸다. 적어도 한 명 이상의 작가가 넷플릭스의 요청을 무시하고 첫 번째 에피소드에 대한 리뷰를 조기에 공개한 것도 주목해 볼 가치가 있다.[42] 그렇게 보면, 적어도 현재로서는 이른 접근에 의존하는 - 그리고 여론을 주도하는 능력이 - 경력이 있는 사람들이 넷플릭스가 친숙한 공동체적 텔레비전 모델을 변화시키는 방식에 가장 우려하고 있는 것으로 보인다.

공동체 텔레비전 경험의 붕괴로 인해 넷플릭스가 이득을 본다는 점이 지적되어야 한다. 이 기업의 프로그래밍은 대단한 성공을 거두었고, 이후 출시 때마다 얻은 명성은 넷플릭스의 오리지널 시리즈에 대한 지속적인 흥미를 불러일으켰다. 게다가 앞서 언급한 연구들은 텔레비전 시청자들이 몰아보기를 선호한다는 것을 보여준다. 이는 전통적인 공동체 텔레비전 모델과 비교해 네트워크와 케이블 텔레비전은 할 수 없는 방식으로 시청자를 이해하고 만족시키는 미디어 거인의 한 본보기이다. 변화의 주체로서 넷플릭스는 공동체적 경험의 느낌을 창출하는 데 도움이 되는 피처들features을 만들어냈다. 미디어 플랫폼에서 영화와 시리즈는 오랫동안 지속해 온 "당신 지역에서 인기 있는 콘텐트"Popular in Your Area와 최근에 테스트되는 "지금 뜨는 콘텐트"Trending Now를 포함한 여러 범주들로 분류된다. 2015년 4월 현재, "지금 뜨는 콘텐트"는 여전히 베타 테스트를 거치고 있어 모든 사용자들이 이 기능을 이용할 수 있는 것은 아니다2019년 7월 현재 이 피처는 작동되고 있다. 넷플릭스의 이런 기능들은 개별적인 취향에 따라 시청하는 시청자들에게 전통적인 텔레비전의 공동체적 경험을 새로이 유도해내는 시간리듬의 구성방식이라 할 수 있다. – 역자 주. 넷플릭스의 공식적인 발표에 따르면, 회사는 이런 피처가 "우리로 하여금 하루의 어느 시간, 일주일의 어떤 하루와 같은 맥락에 따라 이러한 행렬row, 넷플릭스 공간편성에서 개인화된 편성을 위해 제시되는 기능들. – 역자주을 개인화할 수 있게 해줄 뿐만 아니라, 오스카나 할로윈과 같은 실제 이벤트에서 집단적 관심의 급격한 변화에 대응할 수 있게 해준다"라고 말한다.[43] 넷플릭스의 비실시간적인 몰아보기 모델이 라이브 이벤트와 큰 규모의 텔레비전 공동체에게 저주로 보일지 모르지만, 넷플릭스는 수용자들이 더 많은 연결과 그런 업적을 성취하는 피처에 열린 마음으로 대한다는 것을 알고 있는 듯하다.

마지막으로, 넷플릭스의 영향력 있는 배급 전략은 이제 영화 개봉에도 영향을 미치기 시작했다. 2013년 연설에서 넷플릭스의 테드 사란도스Ted Sarandos는 "우리가 TV에서 하고 있는 모델은 영화에서도 작동되어야 합니다. 영화관에 개봉하는 날과 똑같은 날에 넷플릭스에 영화를 개봉하지 않을 이유가 무엇이란 말입니까?"라고 말했다.⁴⁴ 이런 진화는 영화가 어떻게 배급되는가에 대한 기념비적인 변화로서, 분명히 영화에 대한 공동경험에 어마어마한 영향을 미칠 것이다. 이 변화는 이 연구의 범위를 넘어서지만, 텔레비전과 영화 모두가 엔터테인먼트의 보다 큰 우산 안에 포함되어 있기 때문에 학자들이 수행해야 할 미래연구 분야임에 틀림없다. 더욱이 그것은 엔터테인먼트 미디어로서 공동체적 경험의 시간적 속성에 미치는 스트리밍 서비스의 영향력이 계속 펼쳐지고 있고, 급속한 기술적 진보와 편의성에 대한 욕망으로 끊임없는 유동적 상태에 놓여 있음을 보여준다.

진화하는 공동체적 텔레비전 경험으로서 시간리듬의 특징은 하우저, 맥클레란, 신트론 등이 가정했던 통속적 언어의 수사 이론을 확장할 여지를 보여준다. '벌처', '더 에이브이 클럽', '그랜트랜드'에서의 상호작용이 증거하듯, 비평가와 작가, 코멘터 들 간의 지속적인 상호작용은 수사적 탐구를 위한 개발 영역의 선봉이다. 더 나아가, 이들 엔터테인먼트 간행기관은 효과적이고 수용할 만한 수용자 토론의 공동체적 공간을 처리해가고 있다는 측면에서 볼 때 여전히 미개척지이다.

넷플릭스는 수용자에 대한 보다 큰 이해를 통해 곧바로 전통적인 텔레비전에 라이벌이 될 수 있었다. 몰아보기를 하는 수용자들은 편리함에 이끌려 있지만, 동시에 그들은 이 새로운 모델과 조화를 이루기 위해 소셜미디어, 블로그, 여타 온라인 미디어로의 끊임없는 경유로 그들에게 친숙한 공동체적 경험에 적응하도록 압박받고 있다. 이와 같이 넷플릭스는 디지털과 물리적 세계 모두에서 시간구성에 혁명적인 영향을 끼쳤다. 더욱이 온라인 공동체의 혼란스러움은 통속적 언어의 수사를 싹 틔우는 공간을 창출해냈다. 수용자와 블로거 들이 전통적인 규칙성이 사라지는 것에 적응하고자 고군분투하기 때문이다. 이러한 변화들 가운데 많은 것들이 여전히 초기 단계에 있지만, 넷플릭스와 여타 스트리밍 미디어가 시간리듬과 공동체 텔레비전 경험 모두를 영구히 변화시켰음은 분명하다.

Chapter. 2

과잉의 용어들

넷플릭스 시대,
서사극적 시청으로서 몰아보기

▶

조이미 베이커Djoymi Baker

'몰아보기'라는 용어는 텔레비전 산업, 대중지, 그리고 학자들이 몇 개의 연속적인 에피소드나 심지어 어떤 프로그램의 시즌을 한 번에 모두 시청하는 것을 기술하기 위해 채택되었다.[1] 지금 미국 시청자의 70%가 자신을 텔레비전을 몰아보는 사람이라고 생각한다.[2] 빈지binge라는 용어는 지금의 학문체계에서 이론화 과정에 있고, 과잉 소비를 연상시키는 부정적인 연관성은 확실히 좀 더 면밀한 연구를 필요로 한다. 이 글은 넷플릭스의 서사, 홍보, 개봉 전략이 시청자의 인내심에 그 속성을 두고 있는 '서사극적 시청'epic-viewing이라고 했을 때 더 잘 인식될 수 있다고 주장한다. 넷플릭스는 다양한 장르를 가로지르는 라이선스 프로그램의 백카탈로그부터 〈하우스 오브 카드〉, 〈못말리는 패밀리〉, 또는 〈마르크 폴로Marco Polo〉2014~2016와 같은 인하우스 제작에 이르기까지, 시청자가 그들 생산물을 하나의 서사극 텍스트만큼이나 최상의 경험을 하는 것이라고 인식하도록 유도함으로써 자신의 브랜드 이력을 창출해내고 있다. 2013년 2월 〈하우스 오브 카드〉를 방영할 때, 넷플릭스는 한 번에 첫 시즌 전체를 볼 수 있게 했다. 당시 다른 서비스들은 새로운 프로그램을 할부 지급 방식처럼 제공하였고, 단지 구작들만이 전체 시즌으로 공개되었을 뿐이었다. 넷플릭스는 즉각적이고 연속적인 서사극을 제공하는 새로운 패러다임을 쓰고 있었다서사극은

장쾌한 스타일로 쓰인 장편 서사시문학에서 시작한 것으로, 19~20세기 전후 영화에 적용될 때 장시간에 볼거리와 현실감 있는 액

션, 이국적 풍경, 그에 따라 많은 수의 캐스팅과 대량의 예산을 투여하는 것이 특징이다. 주인공은 큰 나라, 세계, 우주를 아우르고, 거대한 배경 하에서 한 국가나 사람들의 역사에서 중요한 일을 수행해낸다. <서사극영화백과사전The Encyclopedia of Epic Films >(2014)에 따르면, 서사극 영화는 <바람과 함께 사라지다>(1939), <아라비아의 로렌스>(1962)와 같이 3~4시간짜리 단편영화에서 시작해 현대에 와서는 <해리포터>, <반지의 제왕>, <어벤져스>와 같이 시리즈물로 진화하고 있다. 즉 미디어 서사극은 미디어 환경과 그것을 즐기는 신세대의 취향에 따라 유지, 정제, 현대화되고 있다. 이 글은 넷플릭스 콘텐트가 전통적인 서사극 시청과 유사한 '서사극적 시청' 경험과 그런 시청 경험을 유도하는 콘텐트의 서사 전략에 초점을 맞춘다. 그런 점에서 실제로 서사극을 시청하는 '서사극 시청'과 시청경험을 강조하는 '서사극적 시청'은 구분되어야 한다. 본문의 내용은 주로 후자에 해당된다. 결국 넷플릭스는 자사의 오리지널 콘텐트가 일괄출시와 몰아보기에 적합한 서사극적 시청의 속성이 무엇인지를 발견하려 한다. 그런 점에서 일괄출시, 몰아보기, 서사극적 시청은 넷플릭스를 대표하는 텔레비전 시청 양식이라 할 수 있다. ─역자 주.

몰아보기

2014년 OxfordDictionaries.com은 "binge-watch"를 이와 동일 계열의 사촌인 binge-view를 포함하여 독립된 신생 단어로 추가하면서, 그 활용이 1990년대 동사로 거슬러 올라간다고 보고했다. 그러면서 보도자료에서 다음과 같이 말했다.

몰아보다binge-watch라는 단어의 사용은 지난 2년간 확고한 증가세를 보여 왔는데, 넷플릭스가 2014년 2월 <하우스 오브 카드> 시즌2와 2014년 6월 <오렌지 이즈 더 뉴 블랙> 시즌2 출시 전후로 눈에 띄게 사용량이 증가했다. 옥스퍼드 언어 모니터링 프로그램에 따르

면, 몰아보기의 사용은 2014년 2월에 4배, 2014년 6월에는 3배 늘 어났다.[3]

몰아보기는 아직은 옥스퍼드 영어사전에 들어가지 못했지만, 이 제 회사가 그것에 생산과 마케팅 모두를 위한 콘셉트를 장착한, 넷 플릭스 브랜딩에 있어 아주 본질적인 요소가 되었다. 옥스퍼드 영어사전은 몰아 보다binge-watch와 스포주의spoiler alert 를 각각 동사와 명사로 2018년 6월 업데이트로 추가했다. 여기에서 몰아보기란 TV 쇼의 다수 에피소드를 연속적으로 확장하여 시청하는 것으로 정의된다. -역자 주.[4]

빈지라는 단어는 확실히 훨씬 긴 역사를 갖고 있다. 원래는 19세기 선박의 침몰을 일컫는 말이었지만, 지금은 누군가가 알코 올에 흠뻑 취한다는, 말하자면 '과도하게 소비한다'는 의미의 슬랭 어가 되었다.[5] 이 단어는 점차 과도한 탐닉, 우선 먹고 보고 그 다 음에 여타 활동을 하는 형식에 붙게 되었다.[6] 용어의 역사와 그것 의 문화적 의미에 기대어 볼 때, 빈지는 의심스런 사람의 제안과 심지어 잠재적으로 자기파괴적 행동을 수반하는 것과 같이 '과잉 과 방임'과 결부되어 있다. 비록 대중적이고 학구적인 작업에서 몰 아보기를 가벼운 어조로 사용하여 그 부정적인 의미가 문화적 전 환을 겪고 있지만, 그럼에도 불구하고 우리는 현재적 맥락에서 이 용어의 사용에 대한 함의를 통해 무언가를 생각해 볼 필요가 있다. 데브라 램지Debra Ramsay가 말한 것처럼, 우리는 "몰아듣기"binge-listening 나 "몰아읽기"binge reading 라는 말을 찾지 못하는데, 이는 텔레비전 시 청에 붙은 이 용어가 "미디어 자체에 대한 막연한 혐오를 암시함을 뜻한다."[7] 특히 텔레비전 몰아보기에 대한 학술적 연구가 이 단어를 일반적인 용법에서 채택된 의미로 탐구하지 않았기 때문에, 우리가 지금 미디어와 관계된 방법을 생각하고 알리는 데 있어서 이 용어의 역할에 대해 질문하는 것은 지극히 시의적절하다. 만약 몰아보기가 **과잉**소비를 시사하는 것이라면 이제 이런 질문이 남는다. 어떤 과잉을 말하는가?

텔레비전 시청방식에 대한 재고

넷플릭스와 몰아보기의 관련성과 프로모션은 보다 넓은 텔레비전의 역사 그리고 수용자와 변화하는 관계성의 역학 안에서 이해되어야 한다. VCR과 DVD 박스, 그리고 지금의 스트리밍 서비스의 등장이 시청자에게 보다 많은 시간 동안 하나의 프로그램에 집중하는 능력을 제공했음에도, 이런 기술들은 존 엘리스John Ellis가 '산만한 TV 보기'distracted TV glance라고 말한 지배적인 담론 안에서 자신의 자리를 찾고 있다.[8] 미디어 역사를 통틀어 텔레비전과 시청자 사이의 관계변화는 라디오, 영화, 심지어 소설과 같은 올드미디어 형식에 의해 일관되게 틀지어져 왔다. 볼터David Bolter와 그루신Richard Grusin은 뉴미디어가 이전의 올드미디어와의 비교를 통해 자신의 타당성을 구축한다고 주장하는데, 이는 뉴미디어가 자기 자신을 "재매개"라고 말하는 개조와 개선의 과정으로 위치짓는 것을 뜻한다.[9] 초기 텔레비전 시대부터 넷플릭스에 이르기까지 텔레비전의 역사는 옛것을 참조하여 새로운 것을 이해하는 방식을 보여주면서도, 다른 한편으로 넷플릭스의 몰아보기 경험을 설명하고자 하는 접근에서 그 개념적 한계를 보이기도 한다.

순수하게 이름 붙이던 시대의 텔레비전은 원래 "보이는 라디오"visual radio라 불렸는데, 그것은 당시의 지배적인 가정 미디어와 호흡을 맞춘 것이었다.[10] 실제로 라디오 방송사는 1920~30년대 개발시대에 텔레비전에 진출한 주요 투자자였다. 전후 텔레비전은 여전히 라디오 광고수입으로 재정을 충당했지만, 1940년대 후반에서 1950년대 초반 재정적으로 자립하면서 라디오와 영화, 극장 등의 대체 미디어로 그 가치가 확실히 강조되면서 시장을 창출했다.[11] 린 스피겔Lynn Spigel은 1950년대 광고물이 어떻게 텔레비전을 "'가족 극장', '비디오 극장', '안락의자 극장', '거실의 극장' 등" 라이브 극장과 영화 극장으로 그 생명력을 불어넣었는지를 말했다.[12] 텔레비전은 극장보다 더 나은 것으로 홍보되었다. 왜냐하면 텔레비전은 움직임에 대한 완벽한 화면은 클로즈업을 통해 인물과의 친밀감을 제공할 수 있었기 때문이다.[13] 더 이상 극장의 최고 좋은 자리를 예매하려고 안달할 필요도 없어졌다. 이미 가정에 그것을 가지고 있기에 말이다. "보이는 라디오"와 마찬가지로, 텔레비전에 대한 이런 개념은 가정 미디어의 장점을 강조했다. 그러나 연출 관련 문헌은 텔레비전의 문화적 가치가 비가정적 미디어와의 비교를 통해서만 옹호될 수 있다고 평가절하했다.

존 하틀리John Hartley와 톰 오리건Tom O'Regan은 텔레비전 시청이 여전히 특별한 사건으로 간주되던 초기 시절, 텔레비전 시청방식이 보다 넓은 사회적 측면과 그들이 "유사 영화적"quasi-cinematic이라고 말한 속성을 띄었다고 주장한다.¹⁴ 고가의 텔레비전 수상기를 어렵사리 구매했던 초기 거리의 사람들의 신기효과는 지역 공동체로서 이웃이 텔레비전을 시청하도록 초대될 것임을 암시했다.¹⁵ 시간이 흘러 수상기를 가진 사람들이 흔해지면서 이런 공동체적 시청은 개인과 가족 시청에 자리를 내주었다. 존 엘리스가 방송 텔레비전을 "어떤 특별한 이벤트라기보다 친밀하고 일상적인 가정사의 한 부문"으로 정의한 것은 친숙한 가정 내구재의 한 종류로서 텔레비전의 지위를 일컫는다.¹⁶ 텔레비전은 사람들의 모든 관심을 필요로 하는 사치품에서 단순한 또 하나의 내구재로 변모했다. 엘리스가 텔레비전을 산만한 보기로 특징지은 것은 부분적으로 이같은 가정적 맥락에 기인했다.¹⁷ 그는 다음과 같이 썼다.

> 그러므로 텔레비전 시청 체제는 영화와 매우 다르다 : TV는 동일한 수준의 시청 집중도를 요구하지 않는다. 거기에는 어두움도 없고, 익명의 동료 시청자도 없으며, 큰 화면도 없고, 오고가는 사람들도 없으며, 몰두하는 집중도 없다. TV는 유일한 것이 아니고, 어떤 경우 그것은 심지어 중요한 물건도 아니다. TV는 집중받기보다 무심결에 있는 것으로 취급된다. 그것은 특별한 이벤트이기보다 최후의 리조트와 같은 것이다그래서 오늘밤 TV에 뭐하지?. 시청자의 지속적인 관심도 면에서 TV는 낮은 수준에 머물러 있지만, 영화보다 더 많은 시청 시간과 빈도를 보인다.¹⁸

"보이는 라디오"에서 시작해 "비디오 극장"을 관통하고 최종적으로 가정 내구재로 이전해 가면서, 텔레비전의 재매개는 텔레비전에 대한 수용자 관계의 변화뿐만 아니라 비교의 조건이 변화하고 있음을 보여준다.

어떤 시각에서 볼 때, 가정환경에서의 산만한 텔레비전 보기의 모델은 지금 시대에 훨씬 더 산만한 것으로 보일지도 모르겠다. 그런 점에서 〈하우스 오브 카드〉의 배우 케빈 스페이시는 2013년 가디언 에딘버러 국제 텔레비전 축제의 제임스 맥태가르트James MacTaggart 기념 연설에서 텔레비전 시청 방식의 변화를 다음과 같이 특징지었다.

저는 지금 40여 년 전의 맥태가르트 연설이 어땠는지 생각합니다. … 전 수용자들은 … 아마도 집에 갔을 것이고, … 그리고 모든 가족들이 텔레비전 수상기 주변에 모였을 때 예전부터 내려오던 영예로운 시간의 전통을 공유했을 것이라 상상해 봅니다. … 오늘 여러분 모두가 어떻게 집에 갈지를 생각해 보죠. … 여러분들은 이미 〈멋진 인생It's a Wonderful Life〉1946을 당신의 DVR에 녹화해두었을 겁니다. 이제 차고로 쓰였던 곳에 설치해둔 대형 영화 스크린 주변으로 가족들을 모이도록 하겠죠. 그런 다음 여러분은 당신의 자녀들이 어디에 있는지 페이스북에서 찾으려 할 것입니다. 여러분의 파트너에게는 그들이 방금 주문한 음식 사진을 … 인스타그램에 올리는 것을 멈추라고 말할 지도 모르죠. … 그런 중에 할머니는 핀트레스트 페이지에 고양이 사진을 필사적으로 꽂아두려 할 것이고,

여러분의 아들은 조용히 그러면서도 은밀하게 그의 전체 브라우저 역사를 정리할 것이며, 여러분의 딸들은 〈멋진 인생〉이 얼마나 지루한지 트위터를 할 것입니다. … 여러분 또한 우리가 기본적으로 서로에게 무신경하면서도 모두 함께 모이는 때가 가족들의 소중한 시간을 불태운 따뜻함의 시간이었다고 느끼실 겁니다.[19]

만약 우리가 스페이시의 시각에서 본다면, 우리는 우리 자신을 극도로 산만하게 멀티태스킹하는 텔레비전 시청자로 볼 것이다. 물론 엘리스의 산만한 텔레비전 시청자 개념은 항상 텔레비전 시청 사이사이 ‒ 또는 시청 중에 ‒ 이러저러한 가정사적 활동을 하는 태생적인 멀티태스커의 그 모습이다. 그렇다면 차이는 멀티태스킹 그 자체가 아니라, 다양한 미디어 플랫폼을 가로지르는 동시적 멀티태스킹이다. 로츠Amanda D. Lotz가 주장하듯이, "우리는 계속해서 텔레비전을 시청할 것이지만, 우리에게 이용가능한 새로운 기술들은 이용의 의례를 요구한다."[20]

스페이시가 상상한 지금 시대의 가족 수용자는 뉴미디어 이론가인 댄 해리스Dan Harries가 언급한 "올드미디어 **시청하기**와 '시청하기'로서 뉴미디어 **이용하기**"의 경계 붕괴를 떠올리게 한다.[21] 그것은 스티븐 다인하르트Stephen E. Dinehart가 제시한 시청자/이용자/플레이어VUP를 반영한다. 스페이시는 산만함의 담론 안에서 멀티태스킹 가족을 바라봤지만, 우리가 텔레비전을 시청하는 동안에 사용하는 다른 미디어 역시 우리가 시청 중인 시리즈와 관련이 있을 가능성이 ‒ 그리고 실제로 점점 더 그럴 가능성이 ‒ 있다.[22] 이것은 텔레비전 텍스트에만 집중하는 것에서 우리의 관심을 딴 데로 돌리면서도 시리즈에 대한 우리의 참여적 속성을 확장한다. 산만한 텔레비전 시청은 여기에서도 여전히 작동하지만, 새로운 미디어 환경에서 그것은 훨씬 더 복잡하다.

초산만hyper-distracted이라는 현대 텔레비전 시청자 개념에 맞서서, 우리는 거의 반대 쪽, 그러니까 맹렬하게 몰아보기에 몰두하는 것이 있다는 것을 상정해야 한다. 스케치 코미디 시리즈인 〈포틀랜디아Portlandia〉2011~는 "One Moore Episode"2012 편에서 이런 맹렬함이 터무니없이 극단으로 치닫는 모습을 보여준다. 거기에서 한 커플은 다시 시작하는 〈배틀스타 갤럭티카Battlestar Galactica〉2004~2009에 너무나 매료되어 쉬지 않고 몰아보기를 해 – 욱신거리는 눈과 방광염을 포함해 – 모든 신체적 불편함을 겪을 뿐만 아니라, 급기야 일자리마저 잃게 된다. 이러한 특별한 형태의 텔레비전 폭식은 영화의 등장인물보다 더 집중적이고, 더 맹렬하며, 더 소모적이다. 비록 우리가 지속시간이라는 실천적 요소만을 – 말하자면, 한 번의 시청에 소요되는 전체 시간 – 고려한다 할지라도 텔레비전을 가정 내 산만한 보기로 특징짓는 관점은 이런 맥락에서 재조정된다. 가정은 우리가 하나의 프로그램에 지속적으로 시간을 쏟을 수 있는 공간이다. 그래서 우리는 집에서 좋아하는 프로그램을 맘껏 볼 수 있다. 왜냐하면 우리는 침실에서 파자마 바람으로 편안하게 있을 수 있거나, 또는 누구의 시선도 의식하지 않고 지저분하고 난잡한 – 〈포틀랜디아〉에서처럼 – 상태로 있을 수 있기 때문이다. 또한 우리는 시청활동을 다른 곳으로 시간이동time-shift과 공간이동spaceshift 해낼 수 있고, 넷플릭스의 경우, 매우 쉽게 우리가 중단했던 지점을 찾아낼 수 있다.

대중매체와 학술 논문에서 많은 평론가들은 몰아보기가 우리의 텔레비전 **경험 방식을** 바꾸고, 다른 미디어를 활용하여 여러 형태의 텔레비전 시청방식을 재형성했다고 말했다. 뉴먼Michael Z. Newman과 레빈Elena Levin은 "방해받지 않는 맹렬한 시청은 TV 쇼의 경험을 좀 더 책이나 영화처럼영화의 그것처럼 만들고 있다"고 주장한다.[23] 이런 일반적인 비교는, 보다 넓게는 텔레비전 재매개의 지속적인 과정은, 시청방식에서의 전위轉位를 파악하려는 시도다. 하지만 여기서 우리는 산만함의 담론을 완전히 무시하는 것을 경계해야 한다. 〈포틀랜디아〉 속 커플은 〈배틀스타 갤럭티카〉를 시청하는 그들에게 누군가가 연락하고 싶어 성마른 행동을 보이는데, 그들 또한 여전히 테이크아웃 주문을 하는가 하면, 사교적인 행사에 참석하지 않으면서도 친구들에게 문자를 보낸다. 텔레비전 텍스트에서 〈포틀랜디아〉 커플은 맹렬하게 빠져들고 그로부터 산만해지고 싶지 않은 마음이 있지만, 다시 말해 비록 그들이 터무니없이 텔레비전을 우선시하더라도, 그들의 텔레비전 시청에 대한 가정적, 사회적, 그리고 미디어적 방해를 완벽하게 차단하지는 않는다. 그래서 오늘날 우리는 동일한 문화적 계기에서, 심지어는 잠재적으로 동일한 시청자에 공존하는 기술로 인해 초산만의 시청자와 집중적으로 몰아보는 시청자 모두를 가지고 있다.

DVD 박스 세트와 스트리밍 서비스를 이용하기 전 텔레비전 텍스트에 대한 팬의 참여는 미디어가 항상 우리의 주목을단지 별생각 없이 휠

꽂 보는 것이 아니라 끄는 능력이 있었다는 것을 시사하는데, 이는 특정 프로그램에 대한 우리의 흥미 수준에 따라 달랐다. 매트 힐Matt Hill은 DVD 박스 세트의 등장은 "팬이 자신의 콘텐트 소비 속도를 설정할 수 있도록 만들었고, 만약 서사의 견인력이 충분하다면 한 번에 여러 편의 에피소드를 보는 시리즈 '폭식하기'를 할 수 있게 한 했다"고 주장한다.[24] 그러나 로츠가 주장한 것처럼, 방송 텔레비전, 케이블, DVD는 "시청자가 가능한 한 빨리 보는 것과 한 번에 모든 것을 보는 것과 같은 상반된 팬들의 동기를 협상할 것"을 요구한다.[25] 이것이 넷플릭스가 파고든 지점이다. 즉 넷플릭스의 마케팅 전략은 그런 갈등을 해결하는 것에 아주 잘 맞춰져 있다. 이 시대에 몰아보기는 더 이상 그 자체를 팬덤으로 특징지을 특별한 이유가 없는 것이다. 그것은 단지 당대의 시청규범일 뿐이다. 〈포틀랜디아〉에서 몰아보기는 그 커플이 더 많은 에피소드를 쓰도록 압박하기 위해, 우연히 〈배틀스타〉의 수석 제작자이자 작가인 로날드 D. 무어Ronald D. Moore의 이름을 공유하게 된, 남자를 아무런 의심 없이 찾아 나서는 것에서 보듯 강박적인 형태의 팬덤과 연결된다. 〈배틀스타〉에 대한 〈포틀랜디아〉 커플의 집착은 새로운 프로그램이 – 〈닥터 후Doctor Who〉1963–1989, 1996, 2005– – 몰아보기 할 만하다고 판단되면서 연기처럼 사라진다.[26] 만약 대다수의 시청자가 지금 몰아보기에 참여한다면, 그것은 주변적인 팬 활동이 시간이 경과하면서 메인스트림이 되는 경향이 있다는, 사실 홍보 전략으로 인해 점점 더 그렇게 되도록 고무된다는 힐스Matt Hills와 젠킨스Henry Jenkins, 그린Joshua Green 등의 주장을 보여주는 한 사례일 것이다.[27] 몰아보기

가 보통의 상태를 향해 전환해가고 있는 것은 우리가 몰아보기를
– 그리고 사실은 팬덤을 – 개념화하는 방식에 있어서 중요하다.
왜냐하면 과잉과 관련된 것들은 유지하기가 더욱 어려워지기 마련
이기 때문이다. 그렇다면 무엇이 텔레비전 시청의 측면에서 과잉
을 구성한다고 누가 말하고 있는가?

서사극적 시청

넷플릭스는 자신을 이전의 지배적인 시간적 기준을 넘어선 새
로운 텔레비전 형식으로, 더 나아가 과잉을 긍정적인 것으로 위치
지음으로써 스스로를 "텔레비전의 미래"라고 홍보한다.[28] 비비안
소백Vivian Sobchack은 영화와 텔레비전에서의 서사극에 대한 연구에
서, "시간의 과잉은 **확대된 체류시간**extended duration에서 그 형식이
발견되거나 통상적인 러닝타임을 넘어 가는 것, '바로 그것이다'"
라고 제안한다.[29] 특히 소백은 장르로서 서사극에 주목하면서, "시
간성의 과잉excess of temporality이라고 **표기하는** 것은 보편적이지 않으
며 문화적·역사적 관점에서 이해되어야 한다"고 주장한다.[30] 〈하우
스 오브 카드〉와 같이 연속적인 시청을 가정하고 독려하는 작품을
디자인·출시하는 넷플릭스의 전략은 소백의 용어에서 시간의 과
잉을 대표하는 새로운 기표 중 하나가 되었다.

2015년 5월에서 6월까지 오스트레일리아에서 삼성전자는 6개

월 동안 무료로 넷플릭스를 볼 수 있는 UHD TV 공동 프로모션을 진행했다. 지상파와 유튜브 광고는, 〈하우스 오브 카드〉의 프랭크 언더우드와 같이, "한 에피소드만 더"를 외치며 "잠의 필요성"에 대해 질색하는 커플을 그려냈다.[31] 만약 HBO에서는 〈왕좌의 게임〉 에피소드를 한 편 더 보기를 원하면 일주일을 더 기다려야 한다. 반면, 〈하우스 오브 카드〉는 그냥 클릭해서 보기만 하면 된다. 그러므로 넷플릭스의 마케팅과 전송 모델은 경쟁자의 시간구성을 앞지르는 소비양식을 가정하고 독려하는 데 바탕해 있고, 그럼으로써 텔레비전을 위한 새로운 시간 규범을 통합한다. "넷플릭스처럼" 한 번에 모든 것을 이용할 수 있는 〈트랜스패런트Transparent〉2014~를 제작한 아마존 프라임과 함께 〈아쿠아리스Aquarius〉2015~2016 전체 시즌을 출시하는데 "넷플릭스에서 힌트를 얻은" NBC, 이 두 스트리밍 업체와 방송 텔레비전 업체는 모두 이 모델을 모방하기 시작했지만, 게임을 바꾸는 능력은 항상 넷플릭스에게 있다.[32]

소백에게 있어 일차적인 참조틀은 서사극 영화epic film였다. 그래서 그녀는 1970~80년대 텔레비전 장르가 미니시리즈 형식으로 전환한 것을 "해당 장르의 형식적 변조"라고 주장한다.[33] 그녀는 또한 무료 지상파 텔레비전을 "낮은 기대 수준"을 가진 미디어로 간주했다.[34] 소백에게 있어 지상파 미니시리즈는 할리우드 역사 서사극의 "시간장"temporal field을 공식적으로 "일화적이고 파편화된 나열"로 바꾼 것이다.[35] 이것은 공간적 측면에서 화면 크기의 축소와 시간적 측면에서 텍스트 길이와 응집의 축소, 그리고 시청방식 측면에서의 축소를 뜻한다. 영화적인 서사극에 대한 텔레비전의 대응의 역사는 – 텔레비전이라는 큰 한계에도 불구하고 – 사실 어린이 프로그램과 1회물 특집이 서사극의 인기에 편승하려 했던 1950년대와 1960년대로 거슬러 올라간다.[36] 이런 역사적이면서도 편견 없는 관점에서 볼 때, 1970년대와 1980년대 미니시리즈는 오히려 스케일의 확장을 이뤄낸 것이다.[37] 하지만 소백은 텔레비전은 서사적 영화의 경험에 필적할 수 없다고 말하는데, 그 이유로 서사적 영화는 신체적으로 시간의 지각력을 높이는 관객의 인내력을 필요로 하기 때문이라는 것이다.[38]

> 한편, 이 특별한 영화적 길이를 경험하면서 몸의 주체로서 관객은 그 또는 그녀의 신체적 존재에 대해 평소보다 더 현재적으로 의식하게 된다. – 실제로 관객은 현재적 상태에 "묶여" 있고, 영화 상영 시간만큼 육체적으로 "시험받는다." 하지만 다른 한편으로, 현재적 상태에서 영화를 인내하는 것은 현재를 초월하는 가능성의 무감각, 문자 그대로 영화를 **끊지 않고 끝까지 보는** 어떤 인간의 육체적 능력의 무감각을 몸에 각인시킨다.[39]

소백이 예리하게 지적하듯이, 우리 자신의 시간성에 대한 의식은 항상 "문화적으로 코드화되어" 있기 때문에, 문화와 시대 내에서 그리고 그것을 가로질러 나타나는 변화에 영향을 받는다.[40] 지금 우리 시대에서 고도화된 시간성은 〈포틀랜디아〉 희극과 삼성의 넷플릭스 프로모션 모두에서 에피소드를 단지 하나 더 보는 것만으로는 결코 충분치 않은 텔레비전 인내라는 위업을 보여준다. 텔레비전을 연속해서 시청하는 미국 시청자의 70%는, 비교컨대 분명히 – 영상의 규모와는 무관하게 – 영화가 시간적으로 매우 짧게 느껴지며, 영화의 서사와 등장인물의 전개가 2~3시간 안에 압축된다고 생각할 것이다.[41] 그러므로 "개인적인 시간성의 고도화와 탁월함"이라는 소백의 말은 연속적인 텔레비전 시청에서 새롭고 심지어 확장된 표현을 발견하게 된다.[42] 소백이 특유의 주제와 상징적 특징을 가진 장르로서 서사극에 주목했다면, 지금의 **서사극적 시청**은 장르를 초월하는 소비양식이며, 우리가 어떤 서사극적 범주에서 그것을 경험할 때 다양한 유형의 프로그램에 걸쳐 뚜렷하게 부각되는 "시간성의 과잉"이다.

고도화된 시간성이 모든 텔레비전 몰아보기의 특성에 적용될런지는 모르지만, 그것은 특별히 연속적인 스트리밍 세션을 가정하고 그런 작품을 보도록 촉구하는 넷플릭스 생산모델에 적합하다. 우리는 이미 DVD 박스, 케이블 마라톤 또는 녹화된 콘텐트, 스트리밍 "박스 세트," 그것이 아니면 넷플릭스의 어마어마한 라이선스 카탈로그를 활용하여, 어떤 장르의 어떤 프로그램도 장시간 인내하며 탐닉할 수 있다.[43] 넷플릭스의 제공방식은 여러 미디어 플랫폼에서 중단한 곳을 손쉽게 찾을 수 있도록 하여, 한 번에 앉아서 보든 나눠서 보든, 처음 시청하는 것과 이어서 시청하는 과정 모두를 쉽고 편리하게 만든다. 그런 점에서, 넷플릭스는 초기 미디어 형식보다 훨씬 더 능률 있는 텍스트적·시간적 경험을 제공한다. 넷플릭스는 확장된 시청 경험과 이 브랜드의 새롭고 고급스런 콘텐트 무매개성 사이에서 균형점을 설정했다.본문에서는 넷플릭스 시청행태를 확장된 시청extensive viewing 이나 확대된 체류시간extended duration, 확대된 포맷extended format 등의 용어로 설명한다. 여기서 '확장' 또는 '확대'란 용어는 일차적으로는 다양한 장비와 시공간적 활용, 그리고 이어보기, 따라잡기, 몰아보기 등의 활동을 뜻한다. 더불어 자동화된 미디어인 넷플릭스는 시청자들의 이같은 과정으로부터 특정한 시청 패턴을 읽어내어 또 다른 '확장된' 콘텐트 경험을 유도해낸다. 그런 점에서 이 용어는 특정한 '취향'을 가진 수용자들이 최대한 오랫동안 넷플릭스에 머물면서 개별 수용자와 수용자들이 '취향의 계열'을 형성하는 것을 함축한다. – 역자 주.
넷플릭스 경쟁사들이 선두의 장점을 뒤좇는 데 치중하는 동안, 지금의 넷플릭스는 많은 새로운 프로그램을 시즌 완전체로 제공할 수 있고, 그런 후 확장된 라이브러리를 이용하여 시청자들이 2차 브랜딩 포인트를 유지할 수 있게 한다. 이에 따라 2015년 3월 호주에서 넷플릭스가 론칭할 즈음 모든 광고물들은 〈하우스 오브 카드〉를 전면에 내세웠다. 하지만 호주 넷플릭스 웹사이트에 방문했을 때 홈페이지는 라이브러리의 보유 깊이비록 호주 넷플릭스가 미국 넷플릭스보다 현저히 작음에도 불구하고를 강조했다.[44] 이런 이중성에 대해 넷플릭스 콘텐트 수석 책임자인 테드 사란도스는 〈하우스 오브 카드〉는 새로운 시청자들을 끌어들이기 위한 넷플릭스의 "브랜드 대사"인데 반해 라이선스 콘텐트는 그들을 유지하는 것이 목적인 2차적 매력이라고 설명했다.[45] 넷플릭스는 자신들이 소유한 프리미엄 타이틀을 일차적으로 강조한다. 그것이 넷플릭스가 새롭고 고급스런 콘텐트에 대해 즉각적이면서도 확장된 시청의 즐거움의 매력을 모두 강조할 수 있기 때문이다이는 앞서 폭넓은 시청을 설명하는 것으로서, 넷플릭스는 시청자의 취향에 입각해 오리지널 프로그램을 먼저 시청하도록 유도하고 그것과 어떤 식으로든 연결되는 라이선스 프로그램을 2차적 시청 지점으로 설정한다. – 역자 주.

시청자 경험에 대한 소백의 현상학적 주목은 빈지라는 용어의 다른 측면을 이해하는 데 도움이 된다. 빈지라는 용어가 대중매체와 학술적인 작업에서 매력을 얻었다는 사실은 서로 다른 미디어에 위치한 취향의 위계뿐만 아니라, 때때로 텔레비전 과잉시청에 대한 불편한 감정우리가 본 것을 추적하고 처리하는 것이 어렵다는 것이 발견되기 시작할 때, 그리고 다음에 무슨 일이 일어나는지 알기 위해 계속해서 시청하고자 하는텔레비전을 끄는 것을 힘들게 하는 욕망을 말해준다. 몰아보기를 둘러싸고 있는 이런 상반된 경험과 감정은 그 현상을 묘사하고 설명하기 위해 현재 사용되고 있는 수많은 용어들에서 확인할 수 있는데, 그 중 빈지가 가장 널리 알려져 있다. [46]

로츠Lotz는 "연속적인"successive 시청이라고 말하는 것을 선호하는데, 이는 확실히 훨씬 더 중립적인 용어이다.[47] 그것은 아마도 경험이 아니라 실천을 묘사하기 때문에 지나치게 삼가서 말하는 것 같다. 구어체적 용어로서 마라톤 시청이 대안으로 사용되기도 한다. 이는 수용자 입장에서 긴 인내심, 다시 말해 시청자를 이겨내는 도전이기보다 시청자가 마주하고 극복하는 도전을 시사한다.[48] 마라톤은 애씀, 기진맥진, 그리고 아마도 자부심까지 내포한다. 텔레비전 마라톤이란 건 껄끄러운 즐거움guilty pleasure의 자백이 아니라 자랑스럽게 떠벌리는 무엇인가를 뜻하는가? 그것은 심지어 시청행위가 즐거움뿐만 아니라 – 또는 즐거움보다 – 힘든 일이 될 수 있음을 의미하는지도 모른다. 소백은 서사극의 확장된 체류시간이 수용자를 육체적 인내로 혹사하는 것이지만, 바로 이런 인내가 장르의 즐거움 중 하나가 되고, 시간과 역사의 감각을 생성하는 데 기여한다고 강조한다.[49] 서사극적 시청은 서사극 **장르**의 제한을 **넘어서** 있기 때문에, 그것은 – 특히 연속적으로 몇 시간 동안 시청하도록 특별히 설계된 방대한 텍스트를 시청하는 것 - 인내를 강조하는 마라톤 시청과 그 의미를 공유한다. 텔레비전 마라톤이라는 용어는 1980년대 중반부터 케이블 텔레비전이 **스케줄링** 관행을 지시할 때 사용된 바 있는데, 비록 특정장르를중심으로한 방송 프로그램이나 영화에서 주제별 블록 스케줄링을 지칭할 때 사용되기도 했지만, 그것은 특정 시리즈의 연속적인 블록 재방송을 포함하는 것이었다.[50] 마라톤 시청은 민망한 표현일 수도 있는 빈지나 지나치게 중립적인 연속 시청과는 분명히 다른 연관성이 있지만, 스케줄링 관행과 영화 프로그래밍과의 크로스오버의 역사를 감안할 때, 그것의 사용에는 다소 주의깊은 설명이 필요하다. 더욱이, 마라톤 시청은 시청 관행을 말하는 것이지만 반드시 거기에 최적화된 특정 텍스트 유형을 상정하는 것은 아니다. 그러므로 마라톤 시청이라는 개념은 보다 넓은 서사극적 시청의 **한 측면**에 지나지 않는다.

사실은 소백이 말하는 "시간성의 과잉"은 단순히 시청시간의 함수만이 아니다. 오히려 서사극의 확장은 또한 텍스트 구성과 홍보의 물질성을 통해 만들어진다. 이를 고려할 때 지금 회자되는 또 다른 구어체 용어인 '캐논볼 던지기'cannonballing 또한 이런 시간적 영역을 창출함에 있어 넓은 의미를 포괄하지 못한다.[51] 캐논볼 던지기는 시리즈를 통한 **과속하기**의 느낌이나 거기에 뛰어드는 느낌을 불러일으킨다. 마라톤이 경주를 떠올리지만 그것의 결정적인 특징은 속도보다 길이와 인내이다. 그렇게 볼 때, 캐논볼 던지기는 표면적으로는 동일한 활동을 기술하지만, 텍스트의 시간적 확장과 그것에 대한 우리의 경험을 강조하기보다 가장 적은 수의 시청으로 가능한 빨리 하나의 시리즈를 해치우는 것을 강조한다. 마라톤 시청과 캐논볼 던지기는 각각 확장된 시청에 참여하는 동안 각기 다른 시간성을 인식하는 것을 의미하지만, 텍스트 자체가 구조화되고 마케팅되는 방식과 관련해서는 부족한 점이 있다.

텔레비전 관습 재목적화하기

넷플릭스는 자신의 인하우스 시즌을 한 번에 모두 볼 수 있도록 하기 위해, 높은 비율의 시청자들이 복수의 에피소드를 연속해서 시청할 것이라는 가정에 기초해 프로그램 구조와 채널 전송을 체계화하고 특정한 시청경험 형식을 우선순위로 한다. 가장 악명 높은 것은 2012년 넷플릭스가 한 에피소드에서 다음 에피소드로 자동적으로 계속 재생되도록 하는 "후 재생"post-play 디폴트 시스템을 설정한 것이다.[52] 엔딩 크레딧 시퀀스, 그러니까 전통적으로 텍스트의 끝에서 다음 텍스트로 유도하기 위해 표시하는 안내 텍스트를 시청자가 시청상태를 유지할 수 있도록 짧게 잘라버렸다.[53] 당신이 원하면 크레딧이 제공되지만, 그 기능이 속도감과 분위기를 망친다고 느낀 일부 고객의 성화로 인해 불필요한 것으로 여겨졌다. 이에 대한 반발의 결과로 2014년 1월 넷플릭스는 시청자들이 원한다면 이 기능을 끌 수 있게 했다. 후 재생은 단지 우리가 계속 시청하게 하는 여러 방법들 중 하나이다. VHS, DVD, 시간이동 기술, 전체 시즌 스트리밍 등이 있기 전에, "서사적 끌어당김"narrative pull은 시청자들의 관심을 한 주에서 다른 주로 계속 유지하도록 설계하는 것이었다. 여기에는 시청자들이 다시 돌아오도록 하기 위해 개별 에피소드나 시즌에 벼랑끝과 같은 공식적인 장치를 두는 것을 포함한다.[54] 텔레비전 시청이 로츠가 말한 "미뤄두기" 그리고/또는 "연속"일 수 있는 시대에, 후 재생 기능이 제대로 활성화되어 있다면, 이렇게 똑같은 벼랑끝 장치는 시청자가 동일한 세션에서 계속 시청할 수 있도록 자극할 수 있다.[55] 이 경우, 전통적인 구조화 장치는 스트리밍하기 적합하게 재적용되었고 다른 것들은 버려졌다. 이것은 현재 연속극 제작의 모든 방식에서 사용되고 있는 공식적 구조와 크게 다르지 않다. 오히려 벼랑끝 장치와 서사적 끌어당김은 서로 관련되어 있지만, 약간 다른 결과를 얻기 위해 상호 의존적이다. 말하자면 **한**자리에서 계속 시청하는 넷플릭스 모델을 만드는 것이 어딘가 다른 곳에서 이용할 수 있는 새로운 콘텐트를 다음 주로 **연기하여** 시청하는 것보다 바람직하다는 것이다.

넷플릭스는 고객들이 서사극을 **시작에서 끝까지** 한 번에 시청할 때 자사의 상품이 최고로 경험된다는 생각이 들게끔 홍보한다. 방송 텔레비전 초기 시대, 지속적인 시청sustained viewing이란 레이몬드 윌리엄스Raymond Williams가 텔레비전 "흐름"이라는 이름붙인 것으로 연속적으로 이어진 다른 단편들광고와 특집뉴스를 포함해을 시청하는 것을 의미했다.[56] 그러므로 윌리엄스는 텔레비전을 시청하는 것은 특정 프로그램을 시청하는 것이 아니라 사실상 텔레비전 흐름을 시청하는 것을 의미한다고 주장했다.[57] 비교컨대, 지금 시대의 몰아보기는 한 에피소드를 보고 나서 동일한 시리즈의 또 다른 에피소드를 보는 것과 관련 있다. 힐스는 DVD 박스 세트가 텔레비전 프로그램을 개별적인 텍스트로 분리시켰는데, 이는 프로그램을 전통적인 방송흐름의 기본 맥락에서 떼어놓는 것이라고 평가한다.[58] 박스 세트는 시청자의 주목을 고립시킬 수 있다. 넷플릭스의 후 재생은 시청자의 집중을 유지시키는 능력을 갖고 있다비록 시즌말미에 또 다른 프로그램으로 옮겨가도록 제안할지라도 말이다. 광고 없는 스트리밍으로 디자인된 텔레비전 프로그램은 광고 휴식 전에 미니 벼랑끝mini-cliffhangers을 둘 필요가 없으며, 방송 텔레비전 흐름에 적합한 전통적인 에피소드 구조를 두는 것도 장려되지 않는다. 넷플릭스 오리지널 콘텐트는 방송 스케줄에 맞출 필요가 없으며"당신의 스케줄에 맞춰서 TV를 보세요"라는 마케팅 캐치프레이즈처럼, 고정된 에피소드나 시즌 길이를 가질 필요도 없다.[59] 넷플릭스의 인하우스 생산과 몰아보기 사이의 고도화된 연결성은 부분적으로 그것의 전송 모델에 맞게 시리즈 구조를 최적화하는 능력에 달려 있다. 그것은 반복적인 제시exposition는 최소화하고 우리가 스트리밍 흐름의 형식이라고 생각하는 것을 최대화하는 것이다. 이렇게 최적화된 **스트리밍 흐름**의 형식은 우리가 텔레비전 텍스트를 개념적으로나 말 그대로 확장된 전체로 보게끔 유도한다. 만약 소백에게 있어 방송 미니 시리즈가 서사극과 전반적인 "시간장"을 분절화하고 그럼으로써 그것을 **축소하는 것이라면,** 나는 넷플릭스가 적용한 공식적이고 기술적인 장치를 통한 몰아보기의 배양은 그것의 시간장을 **바깥으로** 한 번 더 이동시키는 것이라고 말하고자 한다.[60] 지금의 서사극적 시청은 텔레비전 텍스트를 전체로, 서사극적 완전체로 인식되도록 하는 속성이 있다.

이런 시청형식을 만족시키는 것은 재정압박을 야기시키기 때문에 텔레비전 관습의 변화를 가져온다. 서사극화된 시리즈는 에피소드를 연속적으로 시청하는 지금의 다수 미국 시청자들에게 어필할 뿐만 아니라, 프로그램이 초기 주 단위 방송에서 이후 연속 시청으로 이동하도록 추동한다.[61] 결국 네트워크와 케이블 텔레비전의 많은 작가들은 이제 그들의 시리즈를 두 가지 유형의 시청 – 주 단위와 연속적 시청 – 모두를 만족시키도록 구조화하려 한다.[62] 이것은 넷플릭스와 같은 서비스 제공업체를 통한 라이센싱을 포함해, 2차 시장을 확보하는 데 특히 중요하다. 실천적인 측면에서 오류가 연속시청에서 더 많이 나타난다는 것을 염두에 보면, 이것은 연속성에 훨씬 더 주의를 기울여야 한다는 것을 의미한다. 제이슨 미텔Jason Mittell의 주장에 따르면, 에피소드 도입부에서의 요약물, 에피소드 내 설명적 제시explanatory exposition가 그런 것처럼, "DVD에서의 몰아보기는 주 단위 시청자를 위해 고안된 서사적 중복을 강조할 수 있다."[63] 따라서 만약 우리가 도중에 집중력을 잃게 되면, 그것은 성가신 반복이 되거나 환영의 이정표가 될 수 있다.[64] 이렇게 상충하는 요구를 절충하는 것이 당대의 제작자와 작가 들에게 재정적으로 도움이 되지만, 넷플릭스는 인하우스 콘텐트의 즉각적 출시를 통해 이런 딜레마를 피할 수 있다.

넷플릭스의 서사극화된epic-enabled 프로그램 모델은 전통적인 텔레비전이 구조화하고 있는 장치들에서 급진적으로 이탈하는 것이 아니라, 오히려 스트리밍에 이어지도록 재적용하는 것이다. 〈못말리는 패밀리〉가 폭스에서 넷플릭스로 이전한 것이 그 증거다. 폭스의 〈못말리는 패밀리〉 시즌1~3은 에피소드와 시즌을 넘나드는 장기간에 걸친 개그를 선보였기 때문에 세밀하게 시청하는 시청자를 필요로 했다.[65] 그럼에도 불구하고, 마라이크 제너Mareike Jenner가 비교한 바에 따르면, 넷플릭스로 옮겨간 시즌4는 "이후 몇몇 에피소드까지 문제가 해결되지 않는 장면 중간에 자주 미니 벼랑끝을 장치하는," 보다 자유로운 이야기 구조를 장착했다.[66] 비록 미텔이 앞선 시즌이 가지고 있었던 긴 형식의 조크 구조를 지적하고 있지만, 넷플릭스 시즌4는 전체 에피소드 논리를 개조하면서 그런 장치를 고도화시켰다. 시즌4를 통해 우리는 노부인 루실 블러쓰Lucille Bluth, 제시카 월터Jessica Walter 분 트라이얼에서 블러쓰 가족이 사라진 이유를 점진적으로 알게 되는데, 이는 선형적인 진행이 아닌 겹치기overlapping의 서사와 타임라인의 시리즈이기 때문에 가능했다. 이 구조가 명확해지면서, 시청자들은 개별적으로 시청되는 각각의 에피소드가 그 의미와 그것이 다른 서사에 들어맞는 방식을 완전히 드러내지 않는다는 것을 곧 깨닫는다. 그것은 우리가 시즌 전체에 걸쳐 함께 하도록 초대되는 진행형의 퍼즐을 만들어낸다. 제너는 미니 벼랑끝 구조는 여러 에피소드를 가로지르며 "'몰아보기'를 유도하고자" 정교하게 의도된 것이었다고 말한다.[67]

소백은 서사극이 ─ 육체적인 경험의 시간이 증대됨에 따라 ─ 관객의 인내를 요구한다고 말했는데, 〈못말리는 패밀리〉 시즌4는 이러한 인내가 그 자체의 즐거움으로서 서사적 퍼즐을 통해서뿐만 아니라, 프로그램의 장르 특화적 즐거움에서 – 말하자면 서사의 특별한 효과가 시리즈를 가로지르는 희극적 "일치"를 지지하는 방식 – 보상받도록 구조화되어 있다.[68] 〈못말리는 패밀리〉의 넷플릭스 시즌은 미텔이 "일화적인 형식과 연속적인 형식" 간의 "균형점의 이동"을 반영하는 이 시대 텔레비전의 "서사적 복잡성"이라고 말한 것의 가장 최신 형식이 되고 있다.[69] 시즌4는 퍼즐의 서사구조를 채택하고 있으면서 미텔이 말한 "서사의 특별한 효과를 도입하고 있다. 이러한 계기는 조작의 미학을 전면으로 내세워 서술의 구성적 속성에 대한 주의를 환기하고, 우리로 하여금 작가들이 어떻게 그것을 이뤄냈는지 경탄할 것을 요구한다."[70] 미텔이 〈못말리는 패밀리〉 초기 시즌에서 플롯의 상호교차점을 언급한 것을 염두에 볼 때, 우리는 넷플릭스의 시즌4를 서사의 특별한 효과를 더욱 증폭시키는 것으로, 즉 만약 우리가 그 프로그램을 면밀하게 연속해서 시청하면, 보다 쉽게 이야기 진행을 따라잡을 수 있는 겹치기의 타임라인을 가진 캐릭터 특화적character-specific 에피소드 형식으로 재구조화하는 것으로 바라봐야 한다.[71] 〈못말리는 패밀리〉 시즌4를 넷플릭스가 권장하고 선호하는 연속 모드로 소비하는 시청자는 복잡하게 겹치는 서사와 시간의 그물망을 보다 더 잘 조립하게 된다. 그렇게 함으로써 그들은 집중적인 시간투자에 대한 보상을 받는다. 비록 그들이 육체적으로 경험을 인내하고 정신적으로 집중을 유지할지라도 말이다.시리즈 제작자 허비츠가 언젠가 우려를 표명했던 이슈.[72]

에피소드의 서사구조를 개조하겠다는 욕망은 또한 케빈 스페이시가 그의 책임 제작자들과 함께 왜 〈하우스 오브 카드〉를 넷플릭스로 가져갔는지를 어느 정도 설명해준다. 데이빗 핀처와 비우 윌리몬 그리고 스페이시는 그 콘셉트를 다른 메이저 네트워크로 가져가려 애썼지만, 그들은 모두 제작 전 파일럿을 요구했다. 스페이시와 그의 동료들은 파일럿 포맷에 필요한 제시 수준과 인위적인 벼랑끝을 피하고, 전체적으로 등장인물과 줄거리 라인을 좀 더 점진적으로 펼쳐지도록 시리즈를 확장된 시간 프레임으로 가져가는 것을 선호했다.[73] 넷플릭스는 관객들의 데이터에 근거해 파일럿 없이 이 시리즈를 구매하겠다고 결정했다. 인터넷이 비록 광범위한 유통 잠재력을 가지고는 있지만, 이것은 대중 수용자에게 방송하는 것이 아니라 틈새 수용자에게 내로우캐스팅하는 접근법이다.[74] 넷플릭스는 〈하우스 오브 카드〉를 위한 보다 더 느린 서사적 제시를 용인하면서, 그 시리즈가 여전히 핵심사건시즌1 말미에서의 살인과 같은의 지류를 **이어지는** 다음 시즌으로 뻗어나갈 수 있도록 유도했다. 이는 시청자들을 다시 돌아오게 하는 구식의 벼랑끝 기법이다. 그러므로 넷플릭스 접근법은 텍스트가 여전히 벼랑끝과 같은 전통적인 서사장치를 사용하면서도또는 〈못말리는 패밀리〉에서 재작업하면서, 텍스트의 전개를 좀 더 빈틈없이 최소화하고, 하지만 속도감 면에서는 보다 자유로운 형식이 되도록 설계하는 것을 뜻한다.[75] 〈소프라노스The Sopranos〉1999~2007나 〈더 와이어The Wire〉2002~2008 같은 구작 프로그램에서 나타나는 케이블 프로그래밍의 서사적 복잡성에서 볼 때, 결국 우리는 이러한 서사전략이 특별히 새롭다고 간주하는 것을 경계해야 한다. 시청자들에게 장차 있을 에피소드나 시즌에 복귀하도록 권장하는 것은 기본이다. 시청자들에게 시즌 전체를, 끊김 없이 시즌을 보게 하는 것이 서사극의 힘이다. 간단히 말해, 왜 기다리는가?

비용의 미학

텔레비전 텍스트를 넷플릭스 모델에 맞게 재배치하는 것, 그리고 시청자의 인내를 배양하고 보상하는 것은 또한 품질과 취향의 위계를 둘러싼 현재 진행중인 담론의 일부가 되었다. 그리고 또한 이런 가치들이 브랜드 활동으로 신중하게 홍보될 수 있는 다양한 방식이 되었다. 티모시 토드리스Timothy Todreas는 디지털 텔레비전의 시대에 "거대한 가치가 도관conduit에서 콘텐트로 이동하고 있음"을 목격해왔다고 주장했다.[76] 콘텐트에 대한 새로운 관심과 함께, 그것은 개별 타이틀 판매를 위한 중심점이 고사양 텔레비전high-end TV이라고 묘사한, 그리고 더욱 빈번히는 양질의 텔레비전quality TV이라고 묘사한 쪽에서 집중적으로 일어나고 있다. 비록 후자가 지금의 스트리밍 시대에 앞서 다소 복잡한 역사를 가지고 있기는 하지만, 여기 우리의 목적상 양질의 TV 담론과 몰아보기 할 만하다는 인식 사이에는 어떤 교차점이 있다는 것에 주목할 필요가 있다.[77] 논란이 되는 특징 중에 양질의 텔레비전은 높은 예산, 비평적 찬사, 그리고 매력 있는 고소득 수용자, 특히 그렇지 않았다면 미디어를 시청하지 않았을 시청자들에게 홍보하기 위한 편성 및 마케팅 전략과 관련이 있다.[78] 마리오 클라러Mario Klarer는 "10년 20년 전과 달리, 오늘날 거의 모든 네트워크나 프리미엄 채널"이 "그들의 포트폴리오에" 고품질의 연속드라마 "플래그십"을 원한다고 쓰고 있다.[79] 그것은 특정한 인구사회학적 시청자를 이끌어낼 뿐만 아니라 그들의 브랜드 지위를 향상시킨다. 다소 경솔할지도 모르지만, 그래서 스페이시는 〈하우스 오브 카드〉를 "양질의 텔레비전 황금시대"에 속한 것으로 본다.[80] 뉴먼Newman과 레빈Levine이 주장하듯이, 그것은 "황금시대"에 걸맞게 품질이 확인된 유일하게 확실한 프로그램 유형이다.[81] 이런 양질화를 염두에 보면, 비록 과도한 이용의 시대에 들어간다 하더라도, 우리는 서로 다른 시대에 걸쳐 존재할 수 있는 시장주도적고품질 생산유형과 홍보전략이라는 측면에서 양질의 TV를 바라볼 수 있을 것이다. 텍스트가 지속적으로 주목받을 만하다고 여겨져야 하기 때문에, 연속적인 시청은 특히 "양질의 TV" 개념과 결부되어 왔다.[82]

넷플릭스는 경쟁시장에서의 브랜드 차별의 핵심 포인트로서 망설임 없이 출시한 자사의 플래그십 상품〈하우스 오브 카드〉, 〈오렌지〉와 같은을 이용했다. 훨씬 더 많은 수의 라이선스 콘텐트와 비교했을 때, 넷플릭스의 오리지널 콘텐트는 소수에 지나지 않았고, 시청자들은 온 디맨드로 연속적으로 시청할 수 있었다. 그럼에도 불구하고, 광고는 프리미엄 브랜드 창출을 위한 트렌드로서 넷플릭스의 오리지널 상품에 주로 초점을 맞췄다. 다른 제공업체들도 고품질의 오리지널 상품을 보유하고 있다는 점을 고려하면, 넷플릭스는 자사의 프리미엄 상품이 모두 일괄출시에 즉시적이고, 거대하며, 확장적인 서사극적 시청 경험을 즐길 수 있기 때문에 태생적으로 우월한 것으로 위치짓고자 한다. 경쟁사들이 임의적으로 이 모델을 모방함에도 불구하고, 이런 일괄출시 방식을 둘러싼 대중적 담론은 항상 넷플릭스로 귀결되고 있다. 현재 넷플릭스는 전송과 시청의 새로운 모델의 본고장으로서 대중적 명성을 널리 유지하고 있다.

소백은 확대된 체류시간이 서사극이 시간성의 과잉을 적용하는 주된 수단이기는 하지만, 사실 시간 과잉 자체를 의미하는 많은 방법들이 있다고 지적한다.[83] 〈하우스 오브 카드〉의 타이틀 시퀀스는 사진작가 드류 그레이스Drew Grace가 6개월 넘게 HDRHigh Dynamic Range, 밤과 낮 샷 사이의 다양한 광도를 기록한 것 기법으로 찍은 120개의 사진에서 선정된 37개의 워싱턴 D.C. 타임랩스 사진 시퀀스를 피처링한 것이다.[84] 타임랩스 사진은 풍부한 시간을 포착하여 압축하는데, 시간에 대한 능숙한 기술조작을 통해 공식적이고 미적인 즐거움을 주는 장소가 되도록 한다. 존 엘리스는 네트워크 프로그램이 타이틀을 단순한 타이틀 카드로 축소하는 데 반해, 비용을 더 들이는 케이블 제작은 확장된 타이틀 시퀀스를 고품질의 지표로 사용한다고 지적한다.[85] 넷플릭스 서사극의 전체 시즌 경험에서 각 에피소드마다 길고 반복되는 타이틀 시퀀스는 대체로 반복으로 보인다. 왜냐하면 시청자가 그 시리즈가 시작한다는 것을 상기할 필요도 없고 오프닝 시퀀스를 생략할 수도 있기 때문이다.[86] 그럼에도 타이틀은 브랜드 품질에 기여하고 있으며, 그렇기 때문에 그 역할이 과소평가되고 있는 새로운 시대임에도 텍스트에 대한 우리의 기대를 자극한다. 〈하우스 오브 카드〉의 타임랩스 이미지는 그것을 생산한 시간과 돈의 투자를 체현한 것으로, 시간과 돈에 대한 우리 자신의 투자를 받기 위해 전체적으로 프로그램에 그럴 가치가 있음을 강력하게 역설한다.

〈하우스 오브 카드〉의 타이틀 시퀀스는 로케이션 촬영에 대한 기대를 고양시키는데, 이는 시리즈에 들인 높^은 예산과 그에 따른 높^은 품질을 웅변한다. D.C.는 캐피털부터 강가에 버려진 쓰레기통에 이르는 풍경으로 표현된다. 타이틀 시퀀스는 버려진 오물을 따라 펼쳐지는 정치권력의 자리, 그와 동시에 아름답게 명멸하는 불빛들, 서늘한 느낌의 HDR 사진미학 등 쓰레기조차 미학적으로 느껴지도록 만든다. 이 이미지는 외양을 조작하는 언더우드Underwood, 〈하우스 오브 카드〉의 주인공, 케빈 스페이시 분-역자 주의 능력이 그들의 밋밋한 현실의 삶보다 더 강력하다는 것을 증명하는 정치 드라마를 투영해낸다. 그 드라마는 다름 아닌 타이틀과 서사에서 말 그대로 사람들을 제거하는 것을 보여주는 풍경으로서, 타이틀은 타임랩스 샷에서 캡처된 사람들을 올바른 분위기를 만들기 위해 타이틀 시퀀스에서 사라지게 하는 식으로 연출된다.⁸⁷ 시즌2에서는 이런 불모지가 앙상한 나무의 겨울 이미지로 미세하게 이동하여 확대되는데, 이는 시즌 내내 언더우드의 점점 더 무자비한 공작과 어울리는 메마른 환경을 암시한다.⁸⁸ 특정 프로그램의 장르적 연관성과 주제적 관심사를 그려냄으로써, 〈하우스 오브 카드〉의 전체 타이틀 시퀀스말 그대로 더 가난한 사촌인 짧은 타이틀 카드와는 반대로는 이미지와 소리의 품질이 즐거움의 한 형태가 될 수 있다는 우리의 시청관을 만들어낸다.

또한 〈하우스 오브 카드〉의 케빈 스페이시나 〈다운타운 애비

Downtown Abbey〉2010~2015의 매기 스미스Maggie Smith 같이 오스카상을 받은 배우들이 명백하게 품질지표를 과시해주었기 때문에 이들 스타들도 비용 이미지의 한 부문으로 보아야 한다.[89] 영화제 시상식에서 상을 받은 배우들을 고가의 텔레비전 제작으로 끌어들이는 것은 '영화적 TV'cinematic TV 하이브리드 인식을 제고하고 브랜드 자산을 더하는 데 도움이 된다.[90] 실제로 브렛 밀스Brett Mills는 "양질의 TV"라는 용어는 영화적 TV와 곧잘 함께 발견되는데, 그 이미지가 "관객들이 초대되어 거기서 즐기는 프로그램의 한 요소로 작용한다"는 점에서 단순하게 보면 비싸 보이는 프로그램과 동일시되는 경향이 있다고 말한다.[91] 영화적 TV 개념은 학자들과 대중매체의 관심을 끌고 있지만, 그런 만큼이나 많은 비판에 휩싸여 있기도 한다.[92] 양질의 TV 개념과 마찬가지로, 밀스는 "확실히 '영화적'이라는 용어는 품질의 위계성과 관련 있으며, 텔레비전에 전유되었을 때 분명히 칭찬하는 것으로 인식된다"고 지적했다.[93]

《뉴욕타임스》의 데이비드 카David Carr는 미학적이고 문화적인 가치의 징후로서 고사양 제작high-end production의 명백한 지표에 주목하면서, "텔레비전의 거대한 쓰레기더미"가 시청자가 따라잡기 어려운 "뛰어남의 **과잉**으로 대체되어 왔다"고 선언했다.[94] 카는 넘쳐나는 양질의 TV라고불리는것의 공급은 당신이 텔레비전을 보는 것에 대해 문화적으로 죄책감을 느끼지 않고, 오히려 당신이 최신의 뛰어난 수작을 따라잡지 못했을 때 당혹감을 느끼게 되는 것과 같은 "지적인 신뢰성"을 가져왔다고 주장한다.[95] 이것은 취향의 관점에서 미디어 위계의 전환을 보여주지만, 이런 텍스트와 관련해 영화적이라는 것과 빈지라는 말을 계속 사용하는 것은 서로 좀 다른 이야기를 하는 것이다. 어떻게 보면 예전부터 벗어나지 못했던 사고방식으로서 영화가 텔레비전 위에 있다는 것, 그래서 텔레비전 텍스트를 계속해서 시청하는 것은 죄책감의 용어, 그러니까 정크 푸드나 알코올로 건강을 해치는 방임 등과 동일한 용어로 치부된다는 것이다.

넷플릭스는 자신들의 프로그램 전송 형식을 "텔레비전의 미래"로 마케팅함으로써, "빈지"의 부정적인 의미뿐만 아니라 이같은 위계적 접근을 표면적으로 비켜섰다.[96] 이렇게 스트리밍 TV의 상승은 HBO의 예전 구호였던 "TV가 아님"Not TV과 비교해 함축적으로 보면 더 나은 것으로 보인다Not TV는 1996년부터 시작한 HBO의 슬로건 It's Not TV, It's HBO를 일컫는 것으로, 종래의 TV와 차별화된 고품질의 프로그래밍을 지향하는 창의성과 전략적 비전을 대표하는 슬로건이다. – 역자 주.[97] 넷플릭스 포맷과 전달방식에 대한 차별적 특징을 설명하려고 할 때, 창조적인 직원들은 그럼에도 불구하고 계속해서 구식 미디어 형식과의 비교에 의지한다. 〈못말리는 패밀리〉의 창작자 미치 허비츠는 넷플릭스로의 시리즈 이전을 "바뀐 것을 보면 그건 소설"이라고 말했다.[98] 이와 비슷하게, 〈하우스 오브 카드〉의 쇼러너 윌리먼은 이 프로그램을 한 번에 읽거나 원하는 대로 쓸 수 있는 소설과 비교한다.[99] 이런 논평은 텔레비전 도입 이래 계속되어 온 재매개를 형성하지만, 또한 지금 시대의 설렁설렁 시청과 맹렬한 시청 사이의 진동을 개념화하려는 시도를 보여주는 것이기도 하다. 소설적이고 영화적이라는 용어의 사용은 품질과 취향의 담론 안에서 순환하는데, 이것은 부분적으로 "몰아보기"라는 용어의 부정적인 낌새를, 더 넓게는 텔레비전 연속시청 행위 그 자체의 부정적인 느낌을 회복하기 위한 시도로 보일 수 있다. 특별히 넷플릭스의 인하우스 상품에서, – 애초부터 매우 길고, 후 재생의 서사극 텍스트로 즐길 수 있도록 설계된 – 텍스트 자체에 대해 인식된 그리고 주장된 품질과 텍스트에 참여하는 우리의 특별한 의례가 교차한다. 서사극화된 텍스트와 그에 대한 우리의 지속적인 참여는 프리미엄급 "텔레비전의 미래"로 자리 잡아가고 있다.

특히 넷플릭스는 느슨한 역사 서사극 〈마르크 폴로Marco Polo〉의 홍보에서 확장된 포맷, 소설, 그리고 영화 사이의 연관성을 분명히 보여주었다. 창작자 존 푸스코John Fusco는 "이것은 기본적으로 10시간짜리 영화입니다. 문학과 같은 거죠. 매우 소설적인 형식입니다"라고 말했다.[100] 이런 연관성은 다양한 제작사들과의 다른 인터뷰에서도 반복되어 왔다는 점에서 상당히 고심한 마케팅 전략이라고 생각된다. 〈하우스 오브 카드〉는 넷플릭스의 플래그십 프로그램이기는 하지만, 비용미학의 최전선은 〈마르코 폴로〉를 둘러싼 떠들썩한 홍보와 비교했을 때 유보적이다. 왜냐하면 그것이 넷플릭스의 국제시장으로의 확장을 위한 브랜딩 활동으로 해석되었기 때문이다.[101] 넷플릭스가 〈마르코 폴로〉의 첫 시즌 10부작에 9천만 달러를 썼다고 보도되었고, 이 시리즈를 둘러싼 홍보 인터뷰도 이 프로젝트의 규모와 비용을 강조했다. 넷플릭스의 콘텐트 수석 책임자인 사란도스는 이 시리즈의 제작자들과 함께 26개 국어를 구사하는 800명의 강력한 팀원, 예술 파트 소속 팀원 160명, 건설에 400명, 그리고 "말레이시아의 51세트를 포함한, 세트들과 거기에 소요된 130톤의 회반죽, 1.6톤의 실리콘" 등을 강조했다.[102] "크기와 규모"에 대한 이런 강조는 역사 서사극에서 새로운 것이 아니다.[103] 소백은 "이 장르는 **생산과정**과 **그것의 재현양식** 모두에서 서사의 **역사적 내용**으로 인해 수반되는 급상승, 화려함, 사치스러움, 인간의 노동 그리고 자본의 비용 등을 **공식적으로 반복한다**"라고 주장한다.[104] 제작비용과 규모는 홍보자료와 텍스트 자체의 시각적 구성물에서 강조되었는데, 그렇게 **생산의 역사**와 **역사의 생산**이 서로 얽히게 된다.[105] 1990년에 쓴 글에서 소백은 TV 서사극 미니시리즈에 투자된 노동자들이 마케팅 전략으로 공개적으로 찬양되지 않는 경향이 있다고 말한 바 있다.[106] 확실히 이제는 더 이상 그렇지 않다. 〈마르코 폴로〉를 둘러싼 홍보는 이미지를 보여주는 데 소요되는 비용과 크기, 그리고 그것을 제작하는 데 수반되는 작업들뿐만 아니라 10시간 동안의 러닝타임으로 감명 받고 즐거움을 느끼도록 우리를 초대한다. 따라서 소백이 주장하듯이, 서사극의 "시간성의 과잉"은 "돈과 인력과 관련한 규모, 수량화, 소비 등 경험적으로 입증가능한 물질적 초과로 기호화"된다.[107] 이것은 영화적 텔레비전이라는 미심쩍은 개념으로 돌아가자는 제안이 아니다. 오히려 영화적인 것과 서사극의 개념이 〈마르코 폴로〉의 홍보에서 계획적으로 사용되는 방식에 주목하자는 것이다. 리뷰는 호의적이지 못했고, 프로그램에 상당한 비용이 소요되었다는 점을 감안할 때 "B급 영화 클리셰"라는 말은 특히 아픈 상처임에 틀림없다.[108] 여기서 우리의 목적을 위해 중요한 것은 〈마르코 폴로〉의 성공이나 수용이 아니다. 더욱이 우리가 전에 본 적이 있는 〈로마 Rome〉(2005~2007)와 같은 프로그램에서 유사 역사적quasi-historical 주제에 대한 최고

사양의 제작도 아니다. 무엇보다 중요한 것은 넷플릭스가 그 시리즈의 홍보를 위해 틀지었던 방법, 즉 〈마르코 폴로〉의 규모와 비용의 장대함을 서사극적 전체로서 그 프로그램을 경험하는 장엄함과 연결시켰다는 데 있다. 이는 다른 서비스 제공자에게서 시리즈를 시청하는 것이 시청 스케줄이 짜인 시간적 제약으로 곤궁해지고, 텍스트 분절화와 기다리는 행위로 인해 머뭇거려진다는 추론을 유도해낸다.

실제로 소백은 자신의 연구목적이 서사극 영화 자체보다 홍보자료와 리뷰를 포함해, 영화의 대중적 경험, 다시 말해 서사극의 시간성이 가지는 문화적·경험적 영역을 둘러싼 언어라고 지적한다.[109] 소백은 서사극 영화의 생산에 대한 텍스트의 외적 담론은 "시간장"을 창출하고 확장하는 고유한 부분이라고 설명한다.[110] 〈마르코 폴로〉가 홍보되는 방식에서 드러나는 것은 소백이 논의하는 할리우드의 역사 서사극 장르에 공통적인 마케팅 전략임은 물론, 넷플릭스가 브랜드로서 일관되게 동력화하려고 노력해온 최고점이다. "평범한" 텔레비전 시청보다 더 크고 우수한 것으로서, 이벤트이자 경험으로서, 웅장하면서도 인상적인 것으로서, 바로 그런 서사극적 시청으로서 연속적인 스트리밍 시청의 감각을 주도하는 것이다. 말하자면, 서사극에 대해 넷플릭스가 호소하는 것은 장르 영역 그 자체의 확대도 중요하지만, 더 나아가 보다 넓은 브랜딩 전략과 특정한 시청방식을 알리려는 것이다.

결론: 서사극과 서사극적 시청

서사극적 시청은 확장된 텍스트에 대한 시청자의 인내력, 그러니까 텍스트의 구성이 인내할 가치가 있는 즐거움의 장소로 다른프로그램에 걸쳐서는 다른 방식이기는 하지만 알려진 것에 그 속성이 있다. 넷플릭스의 글쓰기, 마케팅, 전달방법 등은 특별히 시청자들에게 그들 프로그램을 서사극적 텍스트로 개념화하도록 유도한다. 다른 서비스 제공자들이 이 모델을 모방하기 시작하는 가운데, 아마존 스튜디오의 코미디 부문 책임자인 조 루이스Joe Lewis는 "우리는 사실상 이 새로운 형식의 스토리텔링을 만들어내는 작업을 하고 있다. … 그것이 생각할 수 있는 유일한 방법이다. 나는 그것을 빈지라고 생각하지 않는다. 우리는 그것에 맞는 새로운 단어를 찾아내야 한다"라고 말했다.[111] 소백의 작업을 확장하면서, 나는 고도화된 시간구성과 관련하여 루이스가 찾고 있는 용어로 서사극적 시청을 제안했었다. 그러므로 **장르**로서 서사극은 서사극적 TV 시청의 한 가지 징후일 뿐이다. 넷플릭스 모델은 **그 어떤** 텔레비전 시리즈 또는 일화적/연속적 혼합물도 전체적이고 확장적인 서사극적 텍스트로 개념화되는 시청경험을 설정한다. 우리의 육체적 피로가 이 새로운 서사극 패러다임의 시청 즐거움과 결합하고, 부분적으로 그런 즐거움을 지지하면서, 서사극적 시청은 장시간에 걸쳐 육체적으로 경험되는 여정이 되고 있다.

Chapter. 3

스트리밍 문화

인터넷의 원심력적 발전과
불확실한 디지털 미래[1]

▶

조셉 도니카Joseph Donica

우리는 왕과 대통령, 투표를 거절한다. 우리는 대략적인 합의와 운영 법규를 믿는다. - 1992년, 인터넷공학 TF팀, 데이비드 클락

양적인 것이 질적인 것으로 되는 순간들이 있다.

- 2014년, 《21세기 자본》, 토마 피케티

인터넷의 역사에서 자니 라이언Johnny Ryan은 "부상하는 디지털 시대의 패턴에 대한 정의"를 "중앙점의 부재"로 기술했다. 웹과 네트워크는 그런 중앙을 대체했다. 그는 "이 이야기는 중앙의 소멸과 네트워크화된 시스템에서의 상업적이고 정치적인 삶의 발전에 관한 것"이라고 말한다. 또한 이것은 효력 있는 참여와 창의성에 대한 새로운 생명력의 단위로서 네트워크화된 개인 권력의 도래에 관한 이야기이기도 하다.[2] 인터넷이 어떻게 불리게 될지 그 해결책을 찾고자 했던 초기 엔지니어들이 당면한 문제는 기존 커뮤니케이션 시스템의 구심력적centripetal 속성이었다. 벨과 에디슨이 전신을 기반으로 하여 커뮤니케이션을 중앙집중화하고자 한 이래로 커뮤니케이션이 그토록 급진적으로 재인식되었던 적은 없었다. 인터넷을 존재하게 한 발전과 함께 커뮤니케이션 또한 대중적 유용성이 있어야 하고 원심력적centrifugal 원칙에 입각해 운영되어야 한다는 생각도 있었다. 원심력적 통신망을 공공 실용재public utility로 보는 생각

은 2차 세계대전 이후 중심에서 벗어나고자 하는 시민 영역에서의 열망에서 비롯되었다. 원심력은 단순히 말하면 회전하는 몸을 회전의 중심에서 멀어지게 하는 힘이다. 인터넷의 발달에서 중심에서부터 멀어지는 이런 움직임은 빅비즈니스의 발전과 정부 모두를 좌절시켰다. 그에 따라 이들 두 세력은 이제 막 웹의 원심력적 속성을 전복시킬 방법을 찾기 시작했다.

넷플릭스가 컴캐스트 고객들에 대한 접속료를 지불하기 시작했을 것이라는 논란은 광범위한 항의와 이의제기를 촉발했다. 그것은 또한 "망 중립성"net neutrality에 대한 대화, 즉 모든 콘텐트 제공자들은 사용자에게 동등한 접근권을 부여해야 하고, 반대로 사용자는 콘텐트에 동일한 접근권을 가져야 한다는 생각의 촉매제가 되었다. 망 중립성을 적용함에 있어 핵심 이슈는 인터넷에서 공유한 데이터를 정부가 어떻게 처리해야 하는가이다. 망 중립성 지지자들은 정부가 사용자의 신원이나 서비스 제공자의 상태에 관계없이 모든 데이터를 동등하게 취급하기를 원한다. 이 용어는 2003년 컬럼비아대학교 법학과 팀 우Tim Wu 교수가 "커먼 캐리어"common carrier에 대한 연구 과정에서 개발해냈다. 커먼 캐리어라는 것은 재화의 운송업자에게 전송을 의뢰하는 측에 대한 고려 없이without regard 그 전송을 보장하도록 책임을 지우는 미디어 법상의 개념이다. 우 교수는 인터넷이 다른 공공 실용재와 마찬가지로 규제되어야 한다고 주장한다. 여기에서 계층화된tiered 지지자들과 근본적인 의견 불일치가 존재한다. 이 개념이 인터넷에 적용되는 방식은 케이블이나 모뎀과 같은 인터넷의 "배관"을 제공하는 회사들은 사람들이 그것을 사용하는 방법을 제한하는 능력을 가져서는 안 된다는 논리로 귀결된다.[3] 《뉴욕타임스》의 제프 소머Jeff Sommer는 이런 논쟁에 포함된 첨예한 이해관계를 다음과 같이 설명한다.

> 연방통신위원회는 케이블과 전화 회사가 국민들의 가정으로 전송속도를 올리기 위해 넷플릭스, 구글, 야후, 페이스북과 같은 콘텐트 회사에 요금을 부과할 수 있는 권리를 부여하겠다는 의사를 밝혔다. 그리고 이것은 FCC가 컴캐스트와 타임워너케이블의 합병을 승인할지 여부를 고려하는 가운데 발생했다. 이 합병은 단일 회사가 미국 가정의 40%에 이르는 인터넷 파이프를 장악할 수 있게 한다.[4]

논쟁에서 주요 업체들의 반응은 엇갈렸지만, 페이스북의 마크 주커버그는 "전체 인터넷을 무료로 제공하는 것은 지속가능하지 않다"라고 말하면서 접근성에 있어서 변화의 필요성을 강조했다.[5] 넷플릭스 중립성 사례는 디지털의 미래를 모양 짓는 논쟁에 통찰력을 제공하기 때문에 중요하다. 넷플릭스는 그런 미래 발전에 있어 거대 행위자이다. 인터넷 발전의 역사는 – 넷플릭스가 그 역사의 중심으로 부상하는 – 우리가 이런 현대적 논쟁에서 발생했던 급진적인 변화를 이해할 수 있게 해주었으며, 이전에 분산되고 거의 규제되지 않았던 인터넷을 근본적으로 재형성하고 있다.

넷플릭스는 컴캐스트와 거래하기 전에도 – FCC가 결국 파기한 거래 – 이용자에 대해 보유하고 있는 것으로 추정되는 익명의 정보로 인해 비판을 받았었다. 놀라울 것도 없이 해커들은 손쉽게 프로필의 익명성을 해제하고 이용자 정보에 접근할 수 있는 방법을 찾아냈다. 그러므로 인터넷 행동가들은 진정한 망 중립성을 요구하기 전부터 이용자 데이터를 보호할 수 있는 개방성을 요구했다. 하지만 그런 데이터를 견고하게 보호하면서도 인터넷이 모든 이용자에게 열려 있도록 보장하는 정책이란 것은 어떤 것이고 어떻게 되어가고 있는가? 두 가지의 유명한 프로필 데이터 유출사건은 대중에게 정부가 통제하는 사이트와 정부의 인터넷 사용이 이용자 데이터에 대한 보호를 보장하지 않는다는 것을 여실히 드러내 보였다. 이것은 정책이 궁극적으로 모든 이용자 데이터 보호를 보장하지 않을 것처럼 보이게 한다. 등급화된 정보를 위키리크스를 통해 유출한 첼시 매닝Chelsea Manning과, 그리고 글렌 그린왈드Glenn Greenwald, 로라 포이트라스Laura Poitras, 유원 매카스킬Ewen MacAskill, 바튼 겔먼Barton Gellman 등에게 국가안전보장국NSA 문서를 공개한 에드워드 스노든Edward Snowden은 빅데이터 시대에 시민의 역할이 실로 복잡하다는 사실을 보여주었다. 이런 복잡성은 시민들이 기본적인 상업거래를 하는 과정에서 많은 정보를 공공기관과 기업에 – 대부분 무의식적으로 – 공개한다는 사실에서 발생한다. 소비자들은 음악과 팟캐스트의 다운로드, 세금 신고, 온라인 소매업체에서의 쇼핑 등 단지 새로운 소프트웨어를 사용하고 일상 업무를 마치기 위해 서명하는 서비스 계약 조건보다 더 멀리 볼 필요가 없다. 일부 기관과 정책 입안자들은 컴캐스트와 넷플릭스가 제안한 제한된 인터넷 모델에 대항하는 개방형 데이터 이니셔티브를 연구하고 있다.[6] 그럼에도 불구하고, 데이터는 디지털 시대에 가장 가치 있는 상품이며, 기업들은 가능한 한 많은 데이터를 획득하려 골몰하고 있다. 망 중립성에 대한 넷플릭스의 입장은 디지털 미래에 대한 중요한 통찰을 제공한다. 일차적으로 넷플릭스가 그런 미래에 중요한 역할을 하기 때문이다. 그러나 넷플릭스가 창립 이래 지금껏 해온 것으로 볼 때, 인터넷을 개방적이고 민주적인 – 때로는 혼란스러운 – 공간이게끔 유지하는 데 어떤 역할을 할지는 아직까지 불확실하다. 이 글은 그 불확실성uncertainty을 다루고 있다.

　원심력은 인터넷의 탈중앙화된 경험을 정의하기 때문에 우리가 알고 있는 인터넷의 발전을 기술하는 데 도움이 된다. 원심력은 물리학과 고전 역학에서 주로 사용되는 개념으로, 물체가 원형운동을 할 때 중심에서 밀려나는 경향을 가리킨다. 물체에 가해지는 유일한 힘은 그 자체의 중력이기 때문에 물체의 크기가 클수록 물체는 중심에서 더 멀리 밀려나려 한다. 회전목마를 타는 아이와 어른을 생각해보라. 회전목마를 도는 아이는 어느 정도의 힘만으로 중앙에서 바깥으로 밀려나게 되고, 어른은 어른의 몸무게가 중심에서 더 많은 힘을 만들어내기 때문에 더 큰 힘으로 중심에서 밀려나게 된다.[7] 나는 이 원심력의 개념을 우리가 알고 있는 것처럼 인터넷을 만든 컴퓨터 공학과 소프트웨어 개발 동향을 기술하기 위한 디지털 문화 개념으로 옮긴다. 거기서 나는 가장 먼저 이용자들에게 안전한 "개방형 인터넷"이 인터넷 자체의 과정과 구조 내에서 발전할 수 있는 몇 가지 방법들에 대해 검토한다. 이어서 나는 어떤 중심에서의 데이터 통제도 불안정하게 한다는 것을 의미하는 원심력적 커뮤니케이션 아울렛으로서 인터넷의 발전에 대해 살펴 본다. 그리고 이것이 결국 파기된 컴캐스트와 넷플릭스 사이의 거래에 대한 논쟁에 어떤 영향을 미치는지를 고찰한다. 마지막으로, 넷플릭스의 기업문화를 – 넷플릭스 본사에서 해크 주간을 엶으로써 "해커 윤리"를 촉진하는 문화, 그러면서도 인터넷이 구축한 기본 프로토콜을 훼손한다는 해킹 커뮤니티로부터 비판을 받는 문화 – 살펴봄으로써, 넷플릭스가 인터넷의 진로를 변경하는 방법에 대해 설명한다. 월가 점령Occupy Wall Street 운동이 넷플릭스와 구글이 좀 더 개방적인 인터넷을 지지할 것을 요구했고, FCC는 그런 기준을 고수하고 있는 것처럼 보인다. 하지만 인터넷의 미래는 불확실하고, 크게 보면 넷플릭스와 같이 결과를 결정하는 힘 있는 거대기업에 달려 있는 것처럼 보인다.

인터넷의 원심력적 발전

놀랍게도 책이 될 만한 길이의 인터넷 발전에 관한 연구는 거의 없다. 그 가운데 대부분은 전체 인터넷 역사가 아닌 인터넷 발전의 한 측면만을 조명하고 있다. 인터넷에 대해 포괄적인 역사가 없는 이유는 – 분명한 역사가 있음에도 – 시시각각 변하는 주제를 가지고 인터넷의 역사를 기록해야 하기 때문이다. 그런 책을 다 쓰는 순간, 그것은 이미 시대에 뒤떨어진 것이 되고 만다. 역사가 가지는 제도적 목표가 사건의 의미를 보여주는 것이라 할 때, 인터넷이 우리의 삶에 얼마나 깊이 영향을 미치는지, 그리고 수 년 내에 어느 정도까지 바꿀지를 결정하는 것은 여전히 어려운 일이다. 그러나 대부분의 이들 역사에서 나타나는 인터넷 발달의 한 측면은 인터넷을 현대생활의 원심력이 되도록 구축했던 기술자와 개발자 들의 탈중앙화의 정신이다. 인터넷의 역사에 대해 라이언은 이 발전 모델의 중요성을 "개인의 손에 권력을 쥐게 하고, 국가에조차 도전하게 하고, 전 세계 시장을 놓고 경쟁하고, 새로운 형태의 미디어를 요구하고 창조하며, 사회를 전복시키는 것 ― 또는 대통령을 선출하는 것"이라고 설명했다.[8] 사회와 정치를 이런 방식으로 근본적으로 변화시키는 어떤 한 기술의 잠재적 영향력아마도 인터넷 초기 개발자들조차 상상할 수 없었을은 이제 일상생활의 일부분으로 이해되고 있다. 그러나 엄청난 영향력과 힘에도 불구하고 인터넷은 이제 막 권리, 접근의 자유, 그리고 누가 정보를 통제해야 하는가에 대한 질문에서 가장 논란이 되는 장소가 되고 있다. 이는 초기 비정치적인 인터넷 기술자들이 문제를 발견했거나 최소한 이상하다고 여겼을 발전 상태이다. 넷플릭스와 컴캐스트의 사례에서, 이용자 접근성을 위해 인터넷을 중립적으로 유지하도록 한 FCC의 결정은 인터넷 애플리케이션이 아닌 인터넷 자체가 규제감독을, 즉 인터넷이 어떻게 작동하는지 바로 그 구조를 바꿀 수도 있는 감독을 받은 첫 번째 사례라고 할 수 있다. 라이언은 인터넷이 원심력적이고 이용자 주도적이며 개방적인 기술의 집합소임에도, 세계가 "새로운 세계적 공통점, 유동적인 정치와 미디어 시스템"에 적응함에 따라 투쟁과 고통이 가중될 것이라고 말한다.[9] "경쟁력 있는 창의성의 미래"를 위해 경

쟁할 수 있는 기업이 이 시스템을 정의한다.[10]

라이언이 개괄해주는 것처럼, 인터넷은 제2차 세계대전 직후 미국과 소련의 냉전시절에 해리 S. 트루먼 대통령의 전략 자문가들이 전례 없는 양의 정보를 기존 네트워크의 노드와 노드끼리 전송할 수 있는 빠른 통신 형태를 찾던 중에 개발되었다. 그들의 주된 관심사는 핵 격납고끼리의 의사소통이었다. 소련의 공격 위협이 있을 경우, 핵 통제관들에게 허위 경보를 알리는 데 실패하게 되면 핵전쟁을 초래할 수 있기 때문에 현장과 중앙사령부 사이 의사소통은 매우 중요했다. 대통령 자문가들은 중앙 허브가 없는 시스템을 제안했다. 만약 공격으로 인해 중앙통신 허브가 파괴되면, 원격 핵공격 운영자들은 중앙지휘부의 어떤 지시도 받지 않는 상태가 될 것이기 때문이었다. 제안된 시스템은 미국의 싱크탱크인 랜드RAND의 폴 바란Paul Baran이 처음 스케치한 것으로, 인간의 두뇌구조를 기반으로 했다. 기존 아날로그 통신 시스템에 대한 그의 선택은 "제어점에서의 원심력적 분산, 즉 중앙지점이 공격받지 않고 중복redundancy에 의존할 수 있는 분산형 네트워크"였다.[11] 바란의 목표는 전쟁을 피하기 위해 통신망을 늘리는 것이었지 전쟁수행을 더 쉽게 하는 것이 아니었다.[12]

인터넷의 역사를 이런 식으로 기술하는 라이언의 목표는 인터넷이 구축된 구조가 오늘날에도 여전히 그것의 프로토콜과 소프트웨어를 이끌어가는 원심력적 원칙임을 보여주려는 데 있다. 그러므로 결국 인터넷이 만들어지도록 여러 기술들을 구축한 엔지니어들은 그 어떤 종류의 중심점도 아닌, 각 노드가 다른 노드와 같은 수준이 되도록 노드 수준에서의 책임감에 힘을 부여했다. 바란의 개념은, 그리고 궁극적으로 인터넷은 중앙-대-중앙 커뮤니케이션이 아니라, 이용자-대-이용자의 커뮤니케이션 모델이 되었다. 당시 이 개념은 급진적이어서 공군이 바란의 시스템을 시험하려 했을 때 AT&T는 노골적으로 무시했다.[13] AT&T가 상상력의 실패로 인해 바란의 아이디어에 대한 시험을 거부한 후, 그 프로젝트는 어떤 네트워크가 될 수 있는지에 대한 열린 비전을 가진 팀이 구성될 때까지 보류되었다. 1962년 바란이 분산 통신망 메모의 끄트머리에서 제기한 질문에서 보듯이, 그런 시스템에 대한 비전은 핵 방지 네트워크 그 이상이었다. 바란은 "이제 새롭고 존재하지 않을 수도 있는 공공 실용재, 즉 특별히 대규모 가입자 사이의 디지털 데이터 전송을 위해 설계된 일반 이용자들의 디지털 데이터 플랜트에 대해 생각해 볼 때가 되었는가?"라고 물었다.[14]

인터넷 이전의 역사인 아르파넷ARPANET, 국방부의 첨단연구기획국Advanced Research Projects Agency에 의해 개발된 네트워크은 라이언과 여타 작업에 상세히 기술되어 있다. 여기서 나는 개방성과 분산적인 구조를 이끈 아르파넷 개발에서 몇 가지 특징들을 지적하고자 한다. 첫째, 아르파는 연구 자금을 가진 자율성의 실험실 문화를 가지고 있어서 연구자들이 개발한 기술에 어떤 응용이 필요한지에 대한 제약이 거의 없었다. 둘째, 인터넷을 정의하기 위해 나온 초기 프로토콜네트워크의 기계들이 서로 커뮤니케이션할 수 있게 하는 코드은 비공식적이었으며 합의에 의해 실행되었다. 스티브 크로커Steve Crocker는 UCLA에서 학부과정을 마친지 1년 만에 첫 번째 프로토콜 세트를 개발했다. 그는 훗날 아파트를 나눠 쓰는 다른 아르파 개발자들의 수면을 방해하지 않기 위해 화장실에서 그것들을 개발했다고 회상했다. 이 프로토콜들은 향후 반세기 동안 인터넷을 통해 기계들이 커뮤니케이션하는 방법을 정의하게 될 것이었다.[15] 크로커가 첫 번째 프로토콜을 작성한 직후 보낸 메모에서 그는 미래 발전을 위한 개방적인 분위기를 설정했다. 메모에는 "기계설계를 개방적인 상태로 두는 것은 그런 설계를 둘러싼 사회적 과정 또한 그렇게 하는 것과 밀접하게 연결되어 있습니다. 거기에 참여하는 누구라도 환영받을 것입니다"라고 쓰여 있다.[16]

인터넷의 하부기반을 개발하고 거기에 들어간 많은 연구들을 지원하는 데 정부의 개입과 자금 지원이 있었음에도 불구하고, 엔지니어들은 인터넷 문화를 개방적인 것으로 유지해 나갈 수 있었다. 그들이 추진한 가치는 보편적 접근universal access이었다. 논란이 있기는 했지만, 이러한 개방성과 접근성은 궁극적으로 그것과 연결되는 기계의 가격을 떨어뜨렸다. 이같은 초기 개발에서 성장한 기업들뿐만 아니라 정부마저도 좌파 엔지니어와 디자이너 들은 물론이거니와, 활동가적 의제를 가진 완전한 수준의 기술 아나키스트와의 협력에 의존했다. 그런 협력은 소셜 컴퓨팅을 낳았고 훗날 인터넷의 주요한 이용이 되었다. 초기 엔지니어들이 네트워크를 통해 컴퓨터를 사회화한 주된 동기 가운데 하나는 게이머들이 서로 쉽게 연결할 수 있도록 하는 것이었다. 아르파가 CSNET컴퓨터과학네트워크, Computer Science Network처럼 특정 이해관계가 있는 노드에 자신의 네트워크를 확장하기로 합의함에 따라, 로버트 칸Robert Kahn 국장은 서비스 가입자들이 "트래픽 요금을 부과받지 않을 것"임을 보장했다. 이것은 개방성에 대한 새로운 분위기를 자아냈고, 제한된 자금을 가진 실험실과 개인들이 기존의 전화 시스템을 통해 연결할 수 있도록 했다.[17]

중앙으로의 회귀 : 넷플릭스와 개방형 인터넷의 문제

지금 우리는 온라인에서 콘텐트를 생산하거나 소비하는 이용자를 차별하지 않는 개방형 인터넷에 대해 이야기하고 있다. 그러나 "개방"의 의미가 변하고 있어서 수세기 동안 논의해온 다른 좀 더 익숙한 생각으로 발을 옮겨갈 필요가 있다. 그것의 문화적 어원학이 망 중립성 이슈와 인터넷 발전의 역행적 계기로서 넷플릭스의 역할을 통해 생각하는 데 도움을 줄 수 있는 두 가지 가정이 있다. 첫 번째는 지난 반세기 동안 미국 사회와 대부분의 유럽 국가들이 정책의 기초로 삼았던 평등equality에 대한 가정이다. 평등은 지난 10년 동안 많은 논평가들이 그리 깊게 천착하지 않았음에도, 어떤 권력집단이 정당성을 부여받았다고 여겨지는 문화에서는 논쟁거리였다. 짧은 역사에도 불구하고, 인터넷은 최소한의 기술을 가진 사람이라면 누구나 겉보기에 가장 안전해 보이는 디지털 구조에 도전할 수 있는 불안정한 메커니즘을 제공해왔다. 2014년 인터넷 도메인 이름 시스템 기구인 인터넷주소관리기구ICANN, Internet Corporation for Assigned Names and Numbers는 악성 프로그램으로 가득 찬 이메일에 속은 직원들로 인해 해킹을 당했다.[18] 점령운동의 압박과 소비자보호주의에 대한 매사추세츠주 상원의원 엘리자베스 워렌Elizabeth Warren의 관심은 포퓰리즘 쪽으로 방향을 잡은 정치적 수사에 힘을 가했다. 버니 샌더스가 2016년 민주당 경선에서 급부상한 것은 이런 변화를 보여주는 명백한 증거다. 힐러리 클린턴도 월스트리트와 거리를 두려 포퓰리즘에 고개를 끄덕여야 했고, 2016년 미국 대선에서 공화당 후보마저도 가장 포퓰리즘적 후보로 보이고자 경쟁했다. 현실은 지금의 정책이 미국에서 유례없을 정도로 직접적으로 소득 수준을 나눈다는 것이다.

지난 15년 동안 미국과 유럽의 경제적 불평등에 대한 권위자 토마 피케티Thomas Piketty는 오로지 수입에 바탕을 둔 이 두 세계의 출현을 몇 가지 이유를 들면서 설명한다. 두 세계의 출현에는 중요한 촉매제가 있는데, 그것은 인터넷을 창조시킨 촉매제이기도 했다. 제2차 세계대전의 결과로 미국과 그 동맹국들은 그들이 적합하다고 생각하는 대로 세계의 많은 부분을 조각했다. 그렇게 해서 만들어진 세계는 권력이 집중되고 개발을 위한 계약이 최고 입찰자에게 주어지는 그런 곳이었다.[19] 그렇지만 1990년대 말까지 인터넷 초기발전 과정은 정부규제에서 상대적으로 자유로운 상태였다. 1996년 통신품위법Communication Decency Act으로 음란물과 그래픽 이미지를 규제하려는 시도는 대법원에 의해 체계적으로 기각되었다.[20] 아동 포르노의 제작과 소유를 다루는 일부 행위가 결국 법으로 제정되었지만, 의회는 아동 포르노 관련 이슈 외에 인터넷 콘텐트 제공자나 이용자를 규제하려는 법안들을 대부분 회피했다. 특히 의회는 콘텐트가 제공되거나 배포되는 **방식**을 외면해왔는데, 그렇기 때문에 망 중립성에 대한 최근의 접근방식은 관점과 정책의 주요한 변화로 인식된다.

여기에서 도움이 되는 두 번째 가정 또는 질문은 미국에서 무엇이 진정으로 "공공"이라고 불릴 수 있는가에 대한 질문과, 그에 연장해서 무엇이 기존의 공공적 실체로의 참여를 만들어내는지에 대한 질문이다. 인터넷의 공공재/권리로서의 문제는 많은 사람들이 망 중립성 소송에서 중요한 것으로 보고 있는 것이다. 공공재a public good의 출현은 예외 없이 현대국가의 부상과 관련이 있다. 대중의 이름으로 행해진 일과 대중의 승인으로 행해진 일 사이의 긴장이 계속되고 있다. 이 문제는 누가 공공의 일원이 될 자격을 부여받았는가에 달려 있다.[21] 이 개념을 "공공재"를 구성하는 것으로 한정하는 것은 용어가 너무 자주 부정확하게 사용되기 때문에 좀 곤란하다. 경제학자인 사무엘슨Paul A. Samuelson은 공공재라는 아이디어를 고안해낸 것으로 널리 인정받는다. 그의 설명에 따르면, 공공재는 한 집단의 소비가 다른 집단의 이용 가능성을 감소시키지 않는 재화이다. 공공재의 예로는 신선한 공기, 지식, 국가 안보, 가로등 등이 있다.[22] 캘리포니아의 물 "전쟁"에서 입증된 것처럼, 신선한 물은 사무엘슨의 정의에 따르면 분명히 공공재가 아니다. 물은 실용재a utility이다. 공공재는 사회에 널리 도움이 되는 것, 즉 "공익"the public good이라는 개념과 자주 혼동된다. 전자는 사물이고 후자는 묘사다. 그러나 주 공무원들이 알면서도 주민들에게 납 오염수를 마시게 하고, 그들을 가까운 미래에 깨끗한 물 공급원이 없게 내버려

둠으로써 발생한 미시간 주 플린트 시의 물 위기는, 공공재와 실용재를 사회 전반적으로 이익이 되는 것으로 바라 볼 필요가 있다는 국가적 논의를 촉발했다. 위기에 대한 후속 보고가 확대되면서 우리는 이제 미시간 주 플린트가 진지하게 타협한 수원水源을 가진 유일한 도시가 아니라는 것을 안다.[23] 초고속 인터넷에 대한 광범위하고 증가하는 접속은 현재 이 두 범주에 모두 들어맞는다. 인터넷 접속은 한 그룹의 사용이 다른 그룹의 이용가능성에 영향을 미치지 않는 상품이다. 모든 것에는 함정이 있기 마련이지만, 대부분의 사람들은 인터넷이 보다 넓은 대중을 위해 아주 좋은 변화를 만들었다는 것에 동의할 것이다. 이로써 망 중립성 논쟁은 다소 복잡해진다. 다중 계층화된 인터넷 지지자들은 인터넷을 가지는 것은 좋지만, 기본적으로 모두에게 동등한 이용이 지속가능하지 않다고 주장하면서 첫 번째 범주평등한 인터넷 - 역자주에서 인터넷 접속을 제외하려는 움직임을 보이고 있다.

공공재의 보안이 국가의 주요 목표로 널리 인식되고 있다. 이러한 가정은 국가가 국민을 대신해 행동한다는 정치적 수사에서는 물론 대중적 사고에서도 그 생각을 이끌어냈다. 디지털 네트워크로 연결된 사회에서 정보의 흐름은 그 사회의 지속성은 물론 그 구성원들이 네트워크의 자연스러운 흐름에 참여할 수 있는 능력에 중차대한 것이다. 그 구절의 기본적인 정의에 의하면 인터넷은 공공재라고 할 수 있다. 그럼에도 불구하고, 우리의 현대적 커뮤니케이션이 구축되는 네트워크는 여전히 개운치 않은 의심의 여운을 남긴다. 20세기 중반에서 후반 사이에 존재했던 배제와 특권의식

이 다시 떠오르는 듯하다.[24]

망 중립성은 통신 회사가 소비자에게 한 가지 요금으로 광대역과 전화접속을 제공한다는 식으로 겉보기에는 간단한 문제로 곧잘 제시되곤 한다. 의회에서 중립성 입법을 통과시키려는 시도가 다섯 번 실패한 후, FCC는 2015년 2월 인터넷 접속을 공공 실용재public utility로 정의하는 데 성공했다. 여러 달 동안 망 중립성 문제에 대해 침묵한 후, FCC의 톰 휠러Tom Wheeler 의장은 "광대역 망 사업자가 지불을 대가로 특정 웹 사이트를 차단, 속도 저하 또는 가속화하는 것을 방지하는 목적"이라는 성명서를 발표했다.[25]

넷플릭스의 아이디어가 아니다

10여 년 동안의 블로그 콘텐트와 기술 소송으로 한정해 보면, 넷플릭스가 2014년 8월 비디오 스트리밍을 대폭 개선하고자 컴캐스트 고객들에게 보다 직접적인 접근 비용을 지불하기 시작하면서 망 중립성은 귀에 익은 용어가 되었다. 망 중립성에 관한 중심 이슈는 인터넷 트래픽 규제와 특정 고객에 대한 속도를 다룬다. 넷플릭스를 중립성 문제와 동의어로 만든 용어는 "지불 우선권"paid prioritization, 지불에 따른 우선권, 즉 콘텐트 사업자가 망 사업자에게 별도의 비용을 지불함으로써 망 사용에 우선적인 권리를 획득하는 것을 말한다. - 역자 주이다. 언론에서 보도된 것과 달리, 넷플릭스가 그 거래에서 먼저 우선권을 제안한 것이 아니다. 만약 넷플릭스가 네트워크에 그렇게 많은 데이터를 부가한다면, 컴캐스트는 넷플릭스가 그에 대한 대가를 치러야 한다고 주장했다. 컴캐스트 대변인 세나 피츠마우리스Sena Fitzmaurice는 "그들은 우리에게 트래픽이 부가되는 길을 선택하고 있습니다. 그들은 혼잡을 피하거나 아니면 그것을 야기하는 쪽을 선택할 수 있을 겁니다"라고 말했다.[26] 그 거래의 기술적 결과는 넷플릭스에게 특별했다. 넷플릭스가 컴캐스트에 비용을 지불한 지 일주일 만에 비디오 화질이 고화질 수준으로 치솟았다. 이 거래 이후 넷플릭스는 타임워너 케이블, AT&T, 버라이즌 고객에 대한 유사한 접근 비용을 지불하기 시작했다.[27]

넷플릭스를 망 중립성에 관한 이야기에서 원흉 기업으로 만드는 것은 너무나 쉽다. 이 회사는 전례 없는 낮은 가격으로 세계적인 수준의 스트리밍 콘텐츠를 소비자들에게 전달함으로써 수많은 인터넷 회사 이상의 것을 해왔다. 이 글을 쓰는 지금 미국에서 넷플릭스의 가장 저렴한 멤버십은 한 달에 9.99달러이다. 넷플릭스 스트리밍 서비스는 10년 전 스트리밍 기업으로 전환하던 당시에는 듣지도 상상하지도 않았던 규모의 콘텐츠를 제공한다. 이 콘텐츠의 품질은 2013년 오스카상 후보에 오른 다큐멘터리 〈더 스퀘어〉뿐만 아니라 〈못말리는 패밀리〉, 〈하우스 오브 카드〉, 〈오렌지 이즈 더 뉴 블랙〉 등의 오리지널 시리즈로 다양한 상을 수상하며 외부기관에서 인정받고 있다. 하지만 그 거래를 인터넷의 원심력적 발전에 명백하게 역행하는 계기로 보지 않는 것 또한 위험하다. 넷플릭스는 컴캐스트 고객에게 계층화된 시스템이나 별개의 더 나은 접근을 모색하지 않는다. 넷플릭스에 부과된 수수료는 애초에는 벌금으로 부과된 것이었다. 그러나 이 사례는 인터넷의 접근성, 불평등, 그리고 미래의 시스템 설계방식에 제기하는 질문으로서 그 의미를 갖는다. 결과적으로 이 일과 동시에, 심지어 FCC의 결정 이후에도, 넷플릭스는 망 중립성 논쟁에 얽힌 이슈에서 상징적 심벌이자 전쟁터, 그리고 희생양이 되었다.

광대역망 사업자는 망 중립성 규칙에 가장 공격적인 반대자였다. FCC에 의해 정리가 되었음에도, 공공 실용재로서 광대역망의 지위가 여전히 통신사에게는 열려 있는 문제이기 때문이다. 망 중립성 반대자들은 계층화된 서비스를 위해 몇 가지 주장을 내세웠다. 어떤 것은 이전의 선례보다 강력했다. 그 주장들 가운데 하나는 1980년대 후반 상업적인 사용이 가능해진 이래로 인터넷은 대체로 규제가 없는 공간이었다는 것이다. 물론 이것은 바란이나 크로커와 같은 엔지니어와 개발자 들이 아이디어와 정보의 교환을 위해 근본적으로 열려 있는 공간을 상상한 덕분이었다. 이것은 인터넷이 보여준 실질적인 혁신이다. 얄팍하게 베일에 싸인 자본주도적 기술혁신 ISP들이 창조성이나 경쟁을 명분으로 계층화된 서비스를 옹호할 때 요구하던 지지가 아니다. 하지만 인터넷은 아동 포르노를 제외하고 콘텐트가 규제되지 않는 몇 안 되는 공적 공간 중 하나다. 미국 대법원은 참수나 다른 형태의 폭력을 묘사한 동영상을 게시하고 재포스팅하는 사람들의 권리를 일관되게 지지한다.[28] 악명 높은 우익계 그룹인 번영을 위한 미국인들Americans for Prosperity은 "인터넷 전복 반대"라는 역설적인 타이틀로 반중립성anti-neutrality 사이트를 설립했다. 중립성 반대론자들의 대응에는 의문점이 있다. 그들은 누가 인터넷의 전복을 막아주기를 원하는가? 하지만 망 중립성 반대자와 지지자 들이 사용하는 언어는 어떤 콘텐트가 우선시되어야 하는지에 대한 이슈를, 그리고 아마도 더 중요한 것들도 해결되지 않은 채로 남겨두고 있다.

넷플릭스의 인터페이스, 이용자 경험, 그리고 심지어 기업문화 이 모두는 미래의 비디오 전송과 그리고 점점 더 콘텐트 생산의 한 부문이 되고 있다. 예컨대 CEO 리드 헤이스팅스Reed Hastings는 프로그램 제작방식을 혼란스럽게 만드는 넷플릭스의 전략은 콘텐트의 효율성보다 유연성을 우선시하는 데 있다고 말했다.[29] 그 회사는 이미 일반적인 시리즈 제작과 공급과정을 필요 없게 만들었고, 그 대신 한 번에 전체 에피소드를 촬영하고 출시했다. 하지만 이 회사가 미래를 어떻게 그리고 있는지는 불분명하다. 미래에 대한 열쇠를 쥐고 있는 넷플릭스는 공개적으로 지불 우선권에 대한 입장을 변경했다. 이 시대의 공기 속에 있는 포퓰리즘은 넷플릭스와 여타 기업의 마음에 급진적인 반전의 불씨를 지폈다.

그럼에도 불구하고, 기업들은 콘텐트 접근성에 대한 그들의 입장에 대항하는 포퓰리스트들의 공격적 반발에 직면해 있다. 온라인해적금지법Stop Online Piracy Act, SOPA과 IP보호법Protect IP Act, PIPA에 대한 대응이 이런 반응의 주요 사례다.[30] 넷플릭스/컴캐스트 거래에 그것이 처음 도입되었을 때, AT&T, 컴캐스트와 같이 많은 지불 우선권 지지자들은 망 중립성에 대한 입장을 바꾸어 그들의 웹 사이트에 모든 소비자들을 위한 공개접근을 지지하는 성명을 올렸다. 그러나 2015년 12월 FCC는 망 중립성에 찬성했음에도,《LA타임스》

는 FCC 의장 톰 휠러가 T-모바일, AT&T, 컴캐스트에 편지를 보내 "그들이 하고 있는 혁신적인 일들 중 일부"를 논의하는 회의를 요청했다고 보도했다. 여기에서 "혁신적인 일"이란 스트리밍 비디오를 위한 데이터 한도를 가리킨다. 그런 한도에 대한 대안적인 해결책으로 소비자들이 넷플릭스나 훌루 같은 사업자의 스트리밍 비디오를 무제한으로 시청할 수 있도록 한 T-Mobile의 "몰아보기 탑재"Binge On가 있다.[31] 망 중립성을 지지하거나 반대하는 데 사용되는 언어의 변조는 교활하다. 예상대로, 지불 우선권을 지지하는 기업들은 망 중립성 법이 산업의 혁신에 해롭다고 주장한다. 그에 반해 인터넷 중립성을 지지하는 사람들은 그것이 소비자를 보호하고 인터넷을 자유롭고 개방적인 상태가 되도록 한다고 피력한다.

인터넷을 공공재로 간주하는 것은 상품으로서 정보information-as-commodity에 대한 철학과 긴장관계를 야기한다. 이 철학은 소비자로서 살아가는 대부분의 인터넷 이용자들이 대부분의 인터넷 역사에서 수행해왔던 신념이었다. 시위대가 1999년 시애틀에서 열린 세계무역기구WTO 회의에 항의하는 순간은 인터넷을 광범위한 정치적 목적으로 처음 사용한 것이다. 시위대가 온라인에서 그들의 입지를 발전시키는 것을 도왔던 기관 가운데 하나는 "수익이 아닌 사람을 위한 인터넷"이라는 슬로건을 사용했는데, 이 슬로건은 10년 후 점령운동에서 되풀이 되었다. 미국과 캐나다 당국자들은 정교한 반체제 인사들의 지하세계가 온라인에 존재한다는 사실에 놀랐다. 그들은 테크노-기업 관계를 벗어난 인터넷의 역사를 이해하지 못했다.[32] 시애틀의 순간은 우리가 지난 10년 동안 발생한 더 넓어

진 불평등의 서사 안에서 망 중립성 논쟁을 이해할 수 있음을 보여
준다.

자유와 책임: 넷플릭스의 기업문화

앞서 언급했던 것처럼, 인터넷의 역사는 초기 엔지니어들을 추
켜세우고 인터넷의 발전을 예언적으로 해석하는 경향을 띤다. 창
립 엔지니어와 디자이너는 비전을 가진 사람들이었지만, 그들 중
어떤 사람이 오늘날과 같은 거대한 네트워크 인프라를 상상했는지
는 말하기는 쉽지 않다. 인터넷의 미래를 생각하는 것은 생소한 일
이며, 지금부터 10년 혹은 그 이상 동안 온라인 경험이 어떻게 바
뀔지 상상하는 것은 어려운 일이다. 넷플릭스와 컴캐스트 사이의
거래가 증명하듯이, 데이터의 전달방법과 소프트웨어, 품질은 매
달 바뀐다. 2000년대 두 가지의 기술 거품은 - 실리콘 밸리의 폭
발적인 성장을 주도했고 그 중 넷플릭스가 탄생했다 - 디지털 발
전이 아주 짧은 시간 내에 발생할 수 있다는 증거이다. 게다가 인
터넷 인프라의 다른 부분들은 시시각각 변한다. 단순히 지난 30년
동안 인터넷에 업로드되고, 다운로드되고, 연결된 데이터 양을 생
각하기 위해서는 소규모 데이터 양과 비교할 필요가 있다. 실제 양
을 짐작하기가 어렵기 때문이다. 그렇지만 인터넷의 미래에 대한
추세를 예측하고 보다 광범위한 사회적 이익을 위해 그 미래를 개

방적으로 유지하는 정책을 만들고자 애쓰는 조직과 시도들이 있다. 《유럽 디지털 아젠다 : 유럽 2020 발의Digital Agenda for Europe: A Europe 2020 Initiative》는 사회적 상품으로 작용하지만 지금의 정책적 발의를 통해 만들어지고 개인 사용자를 포함한 이해관계자들의 우려를 감안하는 미래의 인터넷을 상상했다. 그것은 아래에서 위로의 발전 전략이다. 그들은 "이 프로젝트는 사회적 네트워크의 비공식적 특성과 선견지명의 방법론적 접근방식을 결합시킨 온라인 플랫폼, **푸투리움**Futurium의 지원 하에 이해관계자들이 그들이 원하는 미래의 공동창설에 참여한다"라고 설명한다.[33]

다른 프로젝트와 센터로는 남캘리포니아 대학교 아넨버그 스쿨의 디지털미래센터Center for the Digital Future도 포함된다. 그들의 작업은 "메이저 미디어와 마케팅 회사 CEO로 구성된 주지사 회의체를 통해" 감독된다.[34] 이 발의가 그들의 장기적인 수사와 일치하는지는 의문이다. 하버드의 디지털미래컨소시엄Digital Futures Consortium은 그들이 말하는 "진정으로 현장을 변화시키는 기술의 적용"을 끊임없이 주시하고 있다.[35] "혁신적"이라는 단어가 전 세계에 걸쳐 있는 대학, 연구소, 센터 등에 던져지면서, 기술을 흉내내지 않고 진정으로 혁신적 기술을 발현해내는 싱크탱크를 가지는 것은 여러모로 도움이 된다. 퓨리서치센터, 엘론대학교, 국립과학재단NSF 같은 기관들이 운영하는 다른 센터들도 있다. 이들 센터는 모두 전문 기술을 갖춘 전문직 종사자와 학자 들이 있는 엘리트 기관이다. 월가 점령과 아랍의 봄 사건들이 보여주듯이, 인터넷의 미래를 창조하는 사람들은 – 또는 적어도 현실 세계에서 기술을 사용하여 미래를 이끌어가는 사람들은 – 사회적 상태에 대한 해결책을 찾고 있다. 라호르Lahore, 파키스탄의 도시 – 역자 주와 카이로Cairo에 있는 많은 사람들은 그들의 혁명이 "페이스북 혁명"이라 불리는 것을 알고 깜짝 놀랐다. 《뉴요커》의 말콤 글래드웰Malcolm Gladwell은 CNN에서 "사람들은 페이스북이 발명되기 전에도 항의하고 정부를 전복시켰다. … 그들이 어떻게 그것을 선택했는지는 애초에 그들이 왜 그렇게 하도록 내몰렸는지에 비해 별로 흥미롭지 않다"라고 비판했다.[36] 점령과 아랍의 봄에서 인터넷을 적용한 것은 그 중 가장 혁신적인 것일지도 모른다. 적용된 기술은 – 주로 소셜미디어 – 그것이 사용되던 당시에는 파괴적이지 않았지만, 공유된 거버넌스에 참여하려는 아이디어와 의지 두 가지 모두에 인터넷의 미래가 어떠할지, 또는 – 글래드웰이 주장하는 것처럼 – 인터넷이 무엇을 **할** 것인지에 대한 세계적 상상 속에서 끊임없이 중요성을 부여했다.

이같은 모든 프로젝트의 문헌에는 흥미로운 강조점이 보였다. 그것들은 모두 장기적인 피드백과 이용자 주도적 정책의 중요성을 강조한다. 인터넷의 미래는 정부와 연구소들이 개발을 위해 광범위하고 대중적인 합의를 추구하는 몇 안 되는 정책 중 하나이다. 누군가는 그토록 많은 사람들이 자신의 삶에서 그것을 사용한다고 말한다. 하지만 이것은 또한 도시의 급수 시스템에 대해 말하는 것일 수 있다. 도시는 그 시스템에 대한 입력을 거의 추구하지 않는다. 대중적 합의에 대한 관심을 보다 철저하게 설명하는 것은 두 가지 추세를 고려한다. 첫째, 인터넷은 모든 분야의 경제발전에 있어서 뜨거운 상품이다. 인터넷은 "쿨한" 요소를 갖추고 있어 비즈니스와 기업은 디지털 경쟁 분야에서 서로를 넘어서려 경쟁한다. 소셜미디어 마케팅 스타트업 시장의 출현과 포화는 익숙하지는 않지만 존재의 필요성이 널리 인정되는 플랫폼을 두고 서로 경쟁하는 비즈니스가 있다는 명백한 증거이다. 대중적 공감대가 형성되는 두 번째 이유는 물과 같은 다른 실용재와 달리, 인터넷 개발자들이 인터넷을 자유롭고 공개적인 상태에서 공공재 또는 실용재로 제시하며, 그것을 구조화하도록 세심하게 조작하는 데 있다. 넷플릭스는 1980년대 이후 미국에서 기하급수적으로 늘어난 사회적 불평등의 현실이 디지털 세계로 확산될 것인지 여부를 확인할 수 있는 첫 번째 시험사례 중 하나이다.

넷플릭스의 기업문화는 우리에게 실리콘밸리 비즈니스 문화의 윤리 안에서 사회적인 것과 디지털적인 것의 교차점에 대한 증거를 부분적으로 보여준다. 개방성에 고개를 끄덕이는 언사와 사건들의 이항대립적 혼합이 넷플릭스 문화를 특징짓지만, 그러한 언사는 이 기업이 상상하는 종류의 인터넷 현실에, 그것이 아니면 적어도 대중이 이 거래에 항의하기 전에 상상했던 인터넷에는 맞지 않는 것처럼 보인다. 헤이스팅스는 망 중립성에 관한 FCC 케이스에 격려를 보내면서 개방적인 인터넷을 보장하는 좀 더 엄격한 규제를 요구했다. 넷플릭스가 자신의 기업문화를 묘사하기 위해 사용하는 키워드는 "자유와 책임"이다. 이 말은 헤이스팅스가 만든 슬라이드에서 음양체 위에 강조되어 표시된다.[37] 수많은 실리콘밸리 회사들이 그런 것처럼, 넷플릭스는 《포춘》지 선정 500대 기업의 전통적인 약육강식 문화에 맞서 그들의 기업문화를 정의하고자 갖은 노력을 기울여왔다.

　넷플릭스 기업문화에서 자유라는 개념을 제시한 두 가지 시도로 넷플릭스 상Netflix Prize과 넷플릭스 해크 데이Netflix Hack Day가 있다. 넷플릭스 상은 2009년 넷플릭스 자체 알고리즘을 능가하는 최고의 협력적 필터링 메커니즘 개발을 위해 개최한 공개경쟁이었다. 우승팀에게는 100만 달러가 주어졌다.[38] 또한 회사는 직원을 포함해 누구에게나 개방하여 24시간 동안 넷플릭스가 사이트에 심어둔 것을 해킹할 수 있는 넷플릭스 해크 데이많은 실리콘밸리 회사들이 그렇게 하는 것처럼를 정기적으로 개최한다. 넷플릭스의 자체 기술 블로그에 따르면, "해크 데이는 우리 제품개발 직원들이 일상업무에서 벗어나 즐기고, 실험하고, 협업하고, 창의적이게 만드는 방법이다."[39] 일부 해킹 프로그램들은 최신 넷플릭스 오리지널의 몰아보기 과정에서 계정 파트너들이 다른 파트너들보다 앞서 나가지 않고 함께 보도록 하기 위해 PIN을 입력해야 하는 기술적 방법을 만들어냈다. 넷플릭스 브라우징을 기존의 TV 서핑과 유사한 경험으로 변형하는 "스마트 채널"은 넷플릭스 이용자의 인터페이스 환경을 상당 부문 향상시켰다.[40]

　넷플릭스가 적극적으로 장려하는 해커 문화는 인터넷 접근에서 그런 불균형에 대한 ─ 유엔이 반복적으로 인권이라고 부르는 접근 ─ 유일한 억지책 중의 하나일 지도 모른다.[41] 앞서 언급했듯이, 인터넷주소관리기구는 과거에 해킹을 당했다고 발표했다. 미래 인터넷의 측면에서 이렇게 높은 수준의 해킹이 소수의 능숙한 이용자만이 아닌 모든 사람들에게 적용되는 것은 무엇을 의미하는가?

이런 불평등한 접근을 유지하기 위해 인터넷의 구조가 다시 만들어져야 하는가? 인터넷 자경단주의vigilantism는 기업뿐만 아니라 개인에게도 많은 문제를 야기했지만, 해커의 윤리는 ― 인터넷을 구축한 바로 그 기술자들에게서 유래하는 ― 간단한 수집 메커니즘을 통해 이용할 수 있는 방대한 양의 데이터를 남용하는 회사나 정부에 대한 저지선일 수도 있다.[42] 2009년 듀크대학교의 국토안보문제연구소Institute of Homeland Security Solution는 인터넷을 통한 사회적 동원의 실질적 위협이라는 것을 분명하게 지적하면서 그렇게 믿는 것에 대해 우려의 목소리를 냈다. 이 보고서는 "인터넷은 이전에는 정치적 행동을 할 수 없었던 단체들이 목소리를 낼 수 있게 했으며, 이것은 인터넷의 잠재적 역할을 급진화로 이해하는 데 타당성을 부여할 수 있다"고 주장했다.[43]

잠재적인 급진주의에 대한 우려, 인터넷 개발자들이 바로 그 인터넷 프로토콜 안에 심어둔 잠재력은 또 다른 층위를 끌어당기고 우리가 그 거래에 대한 표면적 논쟁 너머를 볼 수 있게 해준다. 아마도 넷플릭스/컴캐스트 거래에 대한 국가적 차원에서 대화의 근본적인 기저는 망 중립성에 관한 것이 아닐 지도 모른다. CNET의 기자 리어든Marguerite Reardon은 우리가 두 기업 간의 거래를 잘못된 언어로 논의하고 있다고 말한다. 그는 "넷플릭스와 컴캐스트 사이의 분쟁은 넷플릭스가 일단 컴캐스트 광대역통신망에 접속하게 되면 넷플릭스의 트래픽을 처리하는 방식과 관련이 없기 때문에 망 중립성 문제가 아니다"라고 주장한다.[44] 오히려 "그것은 넷플릭스가 컴캐스트의 네트워크에 어떻게 연결되어 있는지에 대해 두 회사가 가지고 있는 사업상의 분쟁으로 인해 생긴 것이다."[45] 그러나 FCC 조차도 이 논쟁을 망 중립성의 언어로 만들었다. 2015년 2월 FCC 는 광대역망을 전기 또는 수도와 다르지 않은 공공재로 분류하는 개방형 인터넷 명령Open Internet Order에 대해 투표했다. 화려한 홍보 활동을 하는 넷플릭스 또한 그 거래를 망 중립성의 언어로 틀짓는 데 책임이 있었다. 두 회사 간의 거래와 공개토론 모두 극도로 복잡하다는 것을 인정한 리어든은 그 논쟁을 다음과 같이 분석한다.

> 비디오를 스트리밍해 본 사람이라면 누구나 알고 있듯이, 비디오를 스트리밍하거나 다운로드하는 데 필요한 대역폭 양은 그러한 비디오를 요청하는 데 요구되는 대역폭 양을 훨씬 넘어선다. 그리고 그 결과 광대역 네트워크로 들어가는 트래픽에 엄청난 불균형이 발생한다. 이로 인해 넷플릭스와 다양한 광대역통신사 간에 상업적인 상호연결 협정이 필요해지게 된다.[46]

넷플릭스는 비디오 스트리밍 품질이 고객에게 가치 있는 것으로 분명히 보고 있으므로, 통신사들은 이에 대해 추가 요금을 부과해서는 안 된다. 몇몇 소규모 통신사들은 넷플릭스의 조건에 동의했다. 그러나 주요 통신사인 컴캐스트와 버라이즌은 넷플릭스가 상호연결에 대한 비용을 치를 것을 주장했다. 헤이스팅스는 2014년 3월 블로그에 올린 글에서 분쟁과 망 중립성 이슈 사이의 정당성에 논란이 있는 연관성을 고안해냈다. 그는 "망 중립성의 본질은 AT&T나 컴캐스트와 같은 ISP들이 소비자가 선택하는 것을 제한

하거나 영향력을 행사하거나 간섭하지 않는다는 데 있다. 최근 버라이존 소송으로 뒤집힌 전통적인 망 중립성 형식이 중요하지만 충분하지는 않다"고 말했다.[47] 이 포스트에서 헤이스팅스는 의도적으로 넷플릭스를 사용자들과 혼동하는 주장을 한다. 그의 주장은 열린 인터넷 지지자들에게 불안감을 준다. 그 거래가 넷플릭스 콘텐트를 우선시하기 때문이다. 헤이 스팅스는 망 중립성을 공개적으로 홍보하고 기업들이 더 많은 상호연결을 위해 비용을 지불해야 한다는 컴캐스트의 주장에 반대하는 **한편, 또한** 컴캐스트와의 우선권으로 큰 이득을 얻어야 한다고 주장함으로써 넷플릭스를 불확실한 상태에 놓이게 했다. 한편에서 넷플릭스는 열린 인터넷의 중요한 공공적 지지자이지만, 다른 한편으로 그러한 풍경에서 얻을 수 있는 상당한 이득을 취하고 있다.

결론: 미래를 발명하기

우리는 통신산업이 FCC의 지배에 도전할 것임을 확신할 수 있다. 따라서 논쟁은 아직 끝나지 않았다. 개방형 인터넷 명령이 넷플릭스/컴캐스트 거래에 대한 직접적인 판결은 아니었지만, 이에 대한 거래와 대중의 분노는 의심의 여지없이 FCC가 미래의 인터넷을 어떻게 형성하고 싶어 하는지 다시 한 번 살펴보는 자극제가 되었다. 전체 인터넷 트래픽의 30%를 차지하는 넷플릭스와 같은 주요 업체들이 망 중립성 쪽에 무게를 두고 있다는 것은 의미심장한 일이다.[48] 넷플릭스는 이 주제에 대한 논쟁과 전국적인 토론이 이루어지게 하는 데 기여했다. 대중이 영향력 있는 목소리로 핵심적인 공공 실용재의 운명을 결정하는 회사를 원하는지 어떤지는 여전히 의문으로 남아 있다.

인터넷과 그것에 연결하고 이를 경험하는 방법이 일주일 단위로 변화하므로, 우리는 FCC와 넷플릭스, 컴캐스트 및 버라이즌 같은 회사가 이_{지금의} 공공 실용재에 대해 어떤 결정을 내릴지 지켜볼 따름이다. 앞서 언급된 센터들의 전문가들은 향후 10년 동안 인터넷에 발생할 구체적인 변화에 뚜렷한 합의를 보고 있다. 예를 들어, 정보공유는 기계의 상호매개를 통해서뿐만 아니라 장비들 간에도 원활해지고, 증강현실과 웨어러블 기기들은 확산될 것이다. 또한 국경의 의미를 초월할 "Ubernet"이 등장할 것이다. 네트워크는 넷플릭스와 컴캐스트 사이의 거래의 결과로 진화하고 분리될 것이기 때문에, 인터넷Internet은 "인터넷들"Internets이 될 것이다5G 단계에 와서 본격적으로 논의되고 있는 네트워크 슬라이스, 지불우선권 정책 등으로 이제 인터넷은 단일한 형태에서 배타적인 복수의 인터넷들의 조합체로 진화할 가능성이 현실화되고 있다. - 역자 주. 그러나 인터넷이 어떻게 발전할 것인지에 대해서는 의견이 일치하지만, 인터넷의 미래가 함축하는 바에 대해서는 많은 이견이 존재한다. 퓨리서치센터와 엘론대학교의 공동 프로젝트인 〈2025년 디지털 라이프〉Digital Life at 2025 라는 제목의 보고서 관련자들은 아랍의 봄과 같이 공공연하게 조직된 시위를 통해 사회 간의 긍정적인 관계, 개인의 건강 증진, 그리고 평화로운 변화가 있음을 목격했다. 그러나 같은 그룹의 연구원들 사이에서조차도 "대인간 윤리, 감시, 테러, 범죄, 그리고 정부와 업계가 조정하려 함으로써 야기되는 피할 수 없는 반발"에 대한 우려가 제기되었다.[49] 연구자들 사이에 의견일치를 보인 인터넷의 미래에 대한 두 가지 충격이란 것이 있었다. 이 보고서는 "부자와 빈자 사이의 위험한 분열이 확대되어 분노와 폭력이 발생할 수 있다." 그리고 "이러한 변화의 압박으로 인해 정부와 기업들은 권력을 장악하려고 할 것이며 − 때로는 성공하여 − 안보와 문화적 규범을 낳을 것"임을 발견해냈다.[50] 그 보고서가 마지막으로 예언한 것은 충고나 경고에 가깝다. 보고서는 "선견지명과 정확한 예측은 차이를 만들어낼 수 있다; 미래를 예측하는 최선의 방법은 미래를 발명하는 것이다"라고 끝맺는다.[51]

경제학자들은 근거를 가지고 인터넷이 소득불평등을 증가시킨다고 지적했다. 미국 내 약 6천만 명에 이르는 인터넷 비사용자를 제외하고도 인터넷으로 인해 불평등이 발생하는 다른 요소들이 있다. 저소득 지역이 인터넷 정보에 대한 접근을 통해 가장 많은 이득을 얻지만, 그들은 가장 느린 연결속도를 가진 것으로 밝혀졌다.[52] 정부가 연결속도가 느리거나 아예 없는 시골지역과 저소득 지역에 해야 할 분명한 질문들이 있다. 기업들이 이런 지역에 서비스를 제공할 동기가 없다면 정부가 그 연결을 제공해야 하는가? 만약 정부가 이 서비스를 제공하지 않기로 결정한다면, 그들이 시민들을 본의 아니게 무시상태로 내버려 두는 것인가? 넷플릭스/컴캐스트 사이의 거래는 우리가 다른 시각에서 이런 질문들을 제시하게 만든다. 디지털 디바이드digital divide, 즉 주로 소득을 기반으로 인터넷에 접속할 수 있는 사람들과 그렇지 않은 사람들 사이의 격차는 분명히 존재한다. 하지만 인터넷에 접속하는 사람들 사이에 존재하는 불평등은 어떠한가? 망 중립성과 광범위한 사회적 불평등에 미치는 디지털 디바이드와 그것의 충격을 조사하는 별도의 두 가지 방법이 있다. 첫째로, 인터넷에 접속할 수 있는 사람들 사이에 불평등이 심화되고 있지만, 그들이 거기서 찾은 정보를 해석할 자원이 없다는 점에서 디지털 디바이드는 더욱 복잡해졌다.[53] 디지털 디바이드가 접근 이상으로 가는 두 번째 길은, 흔히 "생산격차"production gap 또는 "두 번째 수준"의 디지털 디바이드라고 일컬어지는, 온라인 콘텐트 소비자와 그 콘텐트 제작자 사이에 존재하는 격차이다. 대부분의 이용자 생성 콘텐트는 전체 인터넷 이용자들 가운데 매우 적은 비율의 사람들에 의해 만들어진다. 일부 웹 2.0 기술은 – 페이스북, 트위터, 유튜브 – 이용자에게 "기술이 실제로 어떻게 작동하는지 이해할 필요 없이" 온라인으로 콘텐트를 제작할 수 있는 기능을 제공한다.[54] 이것은 기술과 완전히 상호작용할 수 있는 지식을 가진 사람들과 "수동적인 소비자"의 사람들 사이에 훨씬 더 큰 차이를 낳는다.[55] 격차를 해소하는 것의 이점은 분명하며, 그것을 잇는 것이 경제적 평등, 사회적 이동성, 민주주의, 경제성장을 증대시킨다는 사실에 논쟁의 여지는 거의 없다.[56] 넷플릭스는 그러한 가교를 건설하는 것에 찬성했다고 지적재산권 변호사 케세리스Dennis Keseris는 말한다. 케세리스는 넷플릭스와 "망 중립성을 지지하는 목소리를 내고 있는 페이스북, 구글, 트위터와 같은 회사들은 모두 인터넷을 자유롭게 사용할 수 있는 능력 때문에 등장하고 번창했으며, 내일의 웹 기반을 마련하는 게임 변경자들은 다가올 미래에 똑같은 일을 해야 할" 것이라고 지적한다.[57]

미래를 발명하는 것은 어려운 일이다. 자원이 거의 없는 지역사회는 그들이 그렇게 하는 것, 심지어는 그런 일을 시작하는 방법을 상상하는 데 많은 어려움이 겪고 있다는 것을 안다. 지역사회는 존재하는 실체가 아니라 그들 사이의 소통으로 발생하는 것이다. 그들은 의사소통의 형식으로 구성되어 있다.[58] 중앙의 감시로부터 자유로운 디지털 커뮤니티는 인터넷의 개방성 덕분에 수년간 존재해왔다. 급진적으로 다른 커뮤니케이션 양식을 꿈꾼 바람과 초기 엔지니어들에 의해 상상된 디지털 시대의 약속은 사람들이 다르게 사는 것, 다시 말해 "보다 협력적이고 덜 경쟁적이거나 계층적으로" 사는 것이었다.[59] 지난 10년간 반-정치적counter-political 움직임이 우리에게 무언가를 가르쳐줬다면, 그것은 그 대안이 ─ 인터넷으로 인해 구축된 지극히 탈중앙화된 네트워크에서 성장한 대안. 이 경우 우리가 인터넷을 계속 열어두기 위해 취할 수 있는 가장 생산적인 조치는 아무것도 하지 않는 것이다 ─ 과연 실현가능한 종류의 것인가라는 점이다.

2부

생산자이자 배급자로서
넷플릭스

Chapter. 1

복역하기,
퀴어의 시간성과
<오렌지 이즈 더 뉴 블랙>

▶

마리아 산 필립포 Maria San Filippo

지난 10여 년 동안 동성애를 자기 설명의 한 형태로 강제한 것은 시간과 공간에 대한 새로운 삶의 서술과 대안적인 관계를 열 수 있는 잠재력 있는 방법과 어느 정도 결부되어 있다.

- J. 핼버스탬J.Halberstam[1]

내가 여기에서 내 자신이 아닌 게 두렵고, 그런 나 자신이 두렵다.

- 파이퍼Piper, "Bora Bora Bora"2013

주시청 시간 감옥에서의 탈출

〈오렌지 이즈 더 뉴 블랙Orange Is the New Black 2013~, 이하 〈오렌지〉〉의 첫 번째 시즌 홍보에 사용된 2분 40초짜리 예고편은 "시간"이라는 단어를 다섯 번 이상 분명하게 발음하고 시간의 경과를 지각시켜 준다. 첫 번째 발언은 WASP-y 스미스 대학 졸업생인 파이퍼 채프먼 Piper Chapman, 테일러 쉴링Taylor Schilling 분과 그녀의 유대인 작가이자 약혼자 래리 블룸Larry Bloom, 제이슨 빅스Jason Biggs 분이 파이퍼 가족에게 그녀가 과거에 저지른 마약 관련 범죄로 인해 투옥된다는 소식을 전할 때 나온다.

래리가 묘사한 것처럼 "국제 마약 밀매조직을 운영했던 그녀의 레즈비언 애인"과 함께 22살에 자기 열정에 취했던 파이퍼는 "10년 전에 마약 돈이 가득 든 가방을 한 번 옮겼"었다고 시인한다. 시리즈 내내 우아한 모습의 파이퍼 어머니 캐롤 채프먼Carol Chapman, 데보라 러시Debora Rush 분은 부적절한 반응을 많이 보여준다. 그 중 첫 장면에서 캐롤이 "너 레즈비언이었니?"라고 깜짝 놀라고 파이퍼는 **"그때는"**이라고 강조한다. 이 대화 장면은 〈오렌지〉의 파일럿 에피소드 "I Wasn't Ready"2013 초반에 나타나, 곧바로 이 드라마가 파이퍼 어머니와 같이 규범적 가치를 대표하는 인물들에 의해 레즈비어니즘과 관련된 범죄물임을 암시한다. 예고편에는 빠졌지만 나머지 대화에서도 많은 질문이 파이퍼에게 쏟아졌다. 이번에는 그녀의 동생 칼Cal, 마이클 채너스Michael Chernus 분이 "아직도 레즈비언이야?"라고 묻자 파이퍼는 단호하게 "아냐, 지금은 레즈비언이 아니야"라고 대답한다. 이런 상황은 그녀의 남편 래리가 반쯤 빈정거리며 "확실해?"라고 하면서 또 한 번 보여진다. 흥미롭게도 우리는 파이퍼의 대답을 보지 못한다. 앞으로 보겠지만, 그녀의 성 정체성sexuality은 어떤 한 순간이나 레테르로 단순화할 수 없는 논리의 지배를 받는다. 파이퍼의 할머니 셀레스트Celeste, 메리 루램Mary Looram 분은 "나는 중학교 다닐 때 메리 스트랄레이와 키스한 적이 있어. 나를 위한 건 아니었지"라고 공모라도 한 듯 단조롭게 말한다. 이 노골적인 대화는 범죄와 성 정체성이라는 두 가지를 시간과 얽어매는 중차대한 관계성을 공공연히 드러낸다. 거기서 파이퍼에게 닥친 구금은 오래 전의 위반행위로 인한 것으로그녀는 공소시효 만료 2년을 남겨두고 기소되었다, 그러면서 레즈비언으로서 자기 정체성이 또 다른 시기에 – 그녀가 과거 저지른 범죄처럼 현재에 다시 등장하는 과거의 성 정체성 – 유사하게 뿌리를 두고 있는 것으로 그려진다. 이렇게 서로 연결된 것들이 재출현하여 파이퍼의 미래에 큰 영향을 미치는 것으로 그려지는데, 이는 시즌 1 예고편에서 언급된 두 개의 특별한 이야기 라인에서 예고된다. 첫 번째 라인은 레드Red, 케이트 멀그루Kate Mulgrew 분라고 알려진 감당하기 힘든 러시아 태생의 재소자가 파이퍼에게 "너는 시체 가방에 싸여 감옥에서 나가게 될 거야"라고 파이퍼로서는 받아들이기 힘든 끔찍한 가능성을 토해낸 것이다. 두 번째 라인은 전화로 나눈 대화에서 래리가 감옥에 갇힌 약혼녀에게서 전 파트너그리고 범죄 파트너인 알렉스 바우스Alex Vause, 로라 프레폰Laura Prepon 분와 화해했다는 소식을 듣고 "난 시간 좀 필요한 것 같아"라고 대답하는 것이다. 이 대화의 마지막 부분은 래리가 그에게 필요한 것이 "너파이퍼와 떨어져 있는 시간"이라고 분명히 말하면서 끝난다. 중상류층으로서 30대 미국 백인 여성인 파이퍼가 결혼을 약속했을 때 확실해 보였던 두 가지의 미래가 – 안정된 생애와 결혼생활 – 갑자기 안개 속으로 빠져든다.

자신이 법적으로나 규범적으로 "올곧은" 시민이라는 파이퍼의 인식이 이렇게 산산조각나는 것은 예고편에서 애처로운 오프닝 사운드 트랙 〈더 나은 아들/딸A Better Son/Daughter〉이 – 뮤지션 제니 루이스Jenny Lewis의 조울증 장애에 관한 노래 – 울리면서 암시된다. "아침에 가끔씩 나는 겁에 질려 움직일 수가 없어. 누군가 지금 나를 구해주길 바래."[2] 루이스가 간청하는 구원은 파이퍼의 그것을 상징하는 것으로, 파이퍼가 빠진 덫이 처음에는 단지 물리적인 것으로 보이지만 – 뉴욕 주 북부 가상의 리치필드 연방교도소에서 15개월 간의 구금 – 곧 심리적인 것도 있는 것으로 드러난다. 감옥은 그녀를 에워싸고 있는 백인의 규범의식뿐만 아니라 그녀의 정신건강까지도 떠맡는다. 〈오렌지〉는 파이퍼를 – "그럴싸한" 텔레비전 시리즈 주인공에 맞는 전통적인 규범의 캐릭터_{예컨대, 백인에 젊고 매}력적이며 상류계층으로 이동하고자 하는 – "트로이 목마"로 사용하면서, 시청자들을 지금까지 잘 그려지지 않았던 공민권이 박탈된 미국 여성들의 세계 안으로 끌어간다. 거기서 집단적 구속은 파이퍼가 처벌보다 특권에 입각해 상대적으로 관대한 판결을 받을 것임을 폭로해낸다.[3] 그렇게 함으로써, 〈오렌지〉는 어떻게 시간성이 인종과 계급뿐만 아니라 성 정체성이 지배하는 논리에 영향을 받는지, 다시 말해 어떻게 시간의 구속을 특정 시민의 행복 추구를 미루고 거부하는 규율과 처벌의 메커니즘으로 사용하는지를 보여준다.

1990년 글에서 메리 앤 도앤_{Mary Ann Doan}은 "텔레비전의 주요 카테고리는 시간이다. … 시간은 텔레비전의 기초이고, 구조화의 원리이며, 일관된 준거점이다"라고 주장했다.[4] 도앤의 글이 발표된 이래 텔레비전은 급진적으로 존재적·구조적 그리고 담론적 변화를 겪어왔지만, 시간리듬은 텔레비전에 대한, 텔레비전의, 텔레비전에서의 논의에 끊이지 않는 부문으로 남아 있다. 〈오렌지〉시즌 1 예고편이 보여주듯, 확실히 "시간"은 이들 등장인물들의 마음속에, 그리고 이 시리즈의 창작자 젠지 코한_{Jenji Kohan}과 배급사 넷플릭스의 머릿속에 있다. 코한과 그녀의 스태프들은 케이블 시리즈에서 누렸던 자유는 물론 FCC의 콘텐트 제약에서 길이의 유연성이라는 또 다른 시간적 자유를 누린다. 코한은 "우리는 에피소드에 따라 54분에서 1시간까지 무엇이든 가능합니다"라고 말했다.[5] 〈오렌지〉의 첫 시즌 전체 출시로 몰아보기를 연출해 130만 명의 미국 가입자를 확보할 즈음거기에 140만 명의 국제적인 가입자를 더해, 넷플릭스는 오리지널 콘텐츠를 디지털 방식으로 배포하는 미디어 플랫폼의 성장세에 힘입어 에미상Emmy Award을 수상했다. 이로 인해 넷플릭스는 〈오렌지〉를 처음 출시하던 분기의 재정에서 HBO의 미국 고객 기반을 넘어섰다.[6] 2014년 7월 〈오렌지〉의 두 번째 시즌 역시 그 잠재력이 입증되어 넷플릭스의 고객 기반은 5천만 명을 넘겼고 글로벌 이용자들도 100만 명 이상 끌어올렸다.[7]

에이미 발라레조Amy Villarejo는 밀레니얼 이전 세대에 미친 텔레비전의 힘에 대한 도앤의 평가에 답하면서, "텔레비전은 전 세계의 일정표, 즉 일반적인 사회적 시간경제를 이끌어간다. 텔레비전은 20세기 사회적 시간을 이식한 바로 그것이다"라고 지적한다.[8] 넷플릭스는 2011년 분별 없고 근시안적인 자신의 브랜드 가치를 쇄신하고자 우편과 스트리밍 서비스를 분리하고 오리지널 콘텐츠 제작의 길을 개척하기 위해 2013년 "장기적 관점"이라는 연간 미션을 담은 성명문에서, "정해진 시간에 제공되는 프로그램과의 '선형적인 TV 경험'이 … '대체되는 때가 무르익어가고 있다'"라고 발표했다.[9] 넷플릭스 CEO 헤이스팅스Reed Hastings는 오랜 세월 시청자들이 주시청 시간 스케줄링을 유지하도록 감옥과 같이 묶어둔 것에 딴지를 걸면서, 이 시스템을 일종의 "관리된 불만족," 즉 새로운 에피소드를 위해, 새로운 시즌을 위해, 그리고 어떤 쇼라도 다른 사람들과 논의할 기회를 가지기 위해 시청자들을 기다리게 하는 "순전히 인공적인 개념"이라고 규정한다.[10] 넷플릭스는 수신방식을 변화시키고 시청자들을 시간적 속박에서 해방시키는 그들의 능력을 끈덕지게 과시하면서, 표면적으로는 게리 니덤Gary Needham이 "핵가족의 시간조정"에 미치는 권위로 "규범성을 스케줄하는" 것이라고 말한 텔레비전의 힘을 허물어뜨릴 기세이다. 여기에 더해 나는 텔레비전 토론을 온라인 영역으로 이동하도록 초대하는 잡담 휴게실 water cooler이라고 알려진 직장 내 휴게실을 덧붙이고자 한다.[11] 시간 이동time shift 능력은 니덤이 "비가족, 싱글, 아이 없는 커플, 퀴어 등과 같이 주변부 수용자"라고 지칭한 집단을 밤10시 이후 "주변부 시간대"로 몰아넣는 규범적인 텔레비전 스케줄에 도전장을 내밀었다.[12] 그렇지만 우리는 과연 우연한 시청, 코드cord 의존적 콘솔, 그리고 멀티채널 비디오 프로그래밍 배포자MVPDs − 가령 컴캐스트와 같은 케이블 사업자, DirectTV와 같은 위성방송 사업자, 버라이즌 FiOS와 같은 광섬유 네트워크 사업자 − 같은 전제 군주적 시대로부터 어느 정도의 자유로워졌는가? 다시 말해 그것들은 시간 이동, 개인/모바일 디바이스, 그리고 넷플릭스 같은 비디오 배급업자에게 호의적이어서, 규범적 가족과 기업의 가치로부터 시간적으로나 여타 다른 방식으로 시청자들을 **실질적으로** 자유롭게 하는가? "여전히 텔레비전, 대중매체 그리고 상업적인 실체들이 건재하고, 가족 수용자들이 그런 것들을 하나로 묶는 이데올로기적 접착제로 작동하고 있다"라고 니덤이 2009년 글에서 한 주장은 재고될 필요가 없는가?[13]

몰아보기, 공동체의 추방?

팀 우Tim Wu 는 전통적인 텔레비전은 "무엇보다 시의성을 중시하며 자연법칙을 닮은 지극히 근본적인 위계를 만들어낸다. 즉 새로운 것은 오래된 것보다 좋고, 생방송이 녹음된 것보다 더 나으며, 오리지널 에피소드가 항상 재방송을 능가한다"라고 했다. 그러면서 "온라인에서 사람들은 외적으로 부과된 일정보다 그들의 관심과 고정관념에 훨씬 더 충실하다"라고 말한다. 한 번에 모든 시리즈를 이용할 수 있는 현대 시청자들의 소비 트렌드를 만들어낸 것은 넷플릭스를 주문형 배급산업 발전의 최전선에 이르게 했다.[14] 타의 추종을 불허하는 시간이동 기능을 부여받은 〈오렌지〉 팬들은 비유적으로 말해서 시간적으로 자기 마음대로의 방식으로 기존의 수용관행을 "묘하게 만들었다"queered. 가령, 에피소드의 요약물과 의견을 게시하고자 하는 팬들의 열망이 일종의 시즌 길이의 합성물을 만드는 데 길을 터주었는데, 코한은 그것이 사내 휴게실보다 북클럽에 훨씬 더 가깝다고 말한다.[15] 하지만 제약 없는 접근으로 길러진 팬들의 충성심을 텔레비전 프로그래밍과 수익화를 위한 시간적·비시간적 명령에서 자유로워진 것이라고 해석하는 것이 과연 합당할까?

전 세계 구독자 수가 공적 기록의 영역임에도 넷플릭스는 시청량 공개를 거부한다. 그럼에도 미디어 분석기업인 프로세라 네트웍스Procera Networks 는 몇몇 광대역통신망에 대한 평가에 기초하여 미국 가입자의 2%에 해당하는 66만 명이 〈오렌지〉 시즌1이 출시되던 첫 주말에 13개 에피소드 모두를 몰아보기했다고 추정한다.[16] 넷플릭스가 그리고 일반적으로 시간을 이동한 시청이 자유에 대한 숱한 미사여구로 스스로를 홍보함에도 불구하고, 몰아보기는 통제력을 높이는 것이 아니라 줄이는 것으로 작동할 개연성이 높다. 가령 버논 셔틀리Vernon Shetley가 지적하는 것처럼, "몰아보기 시청자는 몰입의 경험을 추구하는데, 이는 역설적이게도 중독이라는 언어가 강박성의 시청 지표로 자주 등장하는 것에서 알 수 있듯이 그렇게 하는 그 또는 그녀는 통제 상태에 있지 않다."[17] 시즌2의 티저 예고편에서 보여진 것처럼, – 그것은 빠르게 이어지는 연속적인 영상을 끊임없이 똑딱거리는 시계소리와 함께 배치하고 "3 … 2 … 1 시작!"을 외치는 목소리가 덧입혀져 있다 – 넷플릭스는 15초 카운트다운으로 몰아보게 하는 이런 기능을 통해 시청자들을 수동적으로 다음 에피소드로 끊김없이 넘어가도록 유도한다. 이렇게 공격적인 몰아보기 유인책은 어쩔 수 없이 예고된 역효과를 낳았고, 급기야 넷플릭스가 과잉 시청에 반대하는 〈하우스 오브 카드〉와 〈오렌지〉 스타들의 탄원을 담은 다소 난센스에 가까운 공공성명을 발표하게 했다.

이렇게 흘끗보기 흐름의 모델glance-flow model에서 벗어나 있는 넷플릭스 시대의 텔레비전은 "보다 산만하고, 채널을 이리저리 넘기며, 흘깃흘깃, 자유롭게 시청하는 시청자를 가진 텔레비전이 어딘지 모르게 묘한 비일원적인 시청에 의존하는 것처럼 보인다"라고 마이클 아론Michele Aaron의 시각과는 동떨어져 있어 보인다.[18] 그럼에도 넷플릭스의 카운트다운이 시작되면, 어쩌면 다른 묘한 잠재성이

─ 애런은 물론 잽 쿠이즈먼Jaap Kooijman이 리모컨 시청이라고 설명한 ─ 비일원적인 "순항하기"cruising를 대신해 전개된다.[19] 흘끗보기보다는 응시gaze이지만, 〈오렌지〉의 소파 시청은 로쿠박스나 TV 화면에 콘텐트를 투사하는 데 사용되는 여타 장치를 사용하는 TV/극장의 혼성 또는 노트북이나 심지어 더 작은 화면에서도 보는 개인/모바일의 혼성이 있는 가정환경에서 이루어진다. 아론은 이렇게 비유적이고도 문자 그대로 텔레비전 시청공간을 묘하게 꾸미는 것은 "가정을 피난처로, 거세된 이성애의 균질화되고 사적인 공간으로 탈신비화"하도록 자극한다고 주장한다.[20]

〈오렌지〉의 퀴어적 시청에 관한 긴급한 질문은 몰아보기 시청이 공동체의 형태를 준배타적으로 가상의 영역으로 범주화하는지, 체화적이고 강렬하게 영향을 미치는 시청에 시간을 보내는 것뿐만 아니라 잠재적인 억제재의 징조인지, 그 결과 하위문화의 정체성 형성에 기여하는지에 대한 것이다. 넷플릭스의 초기 성공작인 〈하우스 오브 카드〉나 〈언브레이커블 키미 슈미트〉와 달리, 〈오렌지〉는 2013년 7월 데뷔를 애타게 기다리는 퀴어 수용자들을 이미 보유하고 있었다. 그것은 널리 알려진 파이퍼-알렉스의 나쁜 로맨스에 대한 입소문과 더불어 레즈비언 사교계의 두 인물, 그러니까 동성애 재소자 빅 부 브라운Big Boo Brown 역으로서 코미디언 레아 델라리아Lea Delaria와 레즈비언이자 전 마약중독자인 니콜 "니키" 니콜스 역으로 1999년 〈나는 치어리더인 걸But I'm a Cheerleader〉의 여배우 나타샤 리욘느Natasha Lyonne의 캐스팅으로 불을 당겼다.[21] 〈오렌지〉의 첫 번째 시즌은 "레즈비언들이 TV에서 역사상 최고의 여름을 보내고 있다"라고 선전될 정도로 텐트폴tentpole, 주요한 수익원이 될 만큼 확실한 흥행이 기대되는 작품.-역자주 임을 증명해 보일 참이었다.[22] 그러나 사샤 T. 골드버그 Sasha T. Goldberg의 지적처럼, 게이 프라이드Gay Pride 시즌 중에 출시된 〈오렌지〉는 불과 얼마 전 퀴어 TV를 구성했던 집단적 시청 파티로 나타나기보다〈L 워드The L Word〉(2004~2009), 〈퀴어 애즈 포크Queer as Folk〉(2000~2005)의 미국 버전, 〈더 월If These Walls Could Talk〉(1996, 2000)의 시작, 그리고 〈엘렌Ellen〉(1997)의 커밍아웃 일화 등을 생각해 보라, 몰아보기의 "응시"gaze와 "게이들"gays을 눈에 띄게 적막한 실내 활동상태로 몰아갔다.[23] 에이미 빌라레조Amy Villarejo는 에디스Edith,진 스 테이플턴(Jean Stapleton) 분가 여성으로 분장한 버버리 라 살레Beverly La Salle의 잔인한 살인에 반응한 〈가족 모두All in the Family〉1971~1979의 "특별 2부 작 에피소드"를 가리키면서, 시간이동이 어떻게 퀴어의 잠재성을 교란시켰는지에 대해 또 다른 질문을 제기한다.

> "Edith's Crisis of Faith" 편에서 전체의 절반에 해당하는 시간은 그 에피소드의 감정적 이해관계를 대대적으로 재조정 한다: 그것은 1977년 크리스마스 밤에 방송되었는데, 에디스가 크리스마스날 동성애 혐오 폭력의 결과로 그녀의 신념을 의심한 에피소드의 시간을 시청자들의 시간과 동기화했 다. 만약 세속화되고 상품화된 미국 크리스마스 의례가 여기서 퀴 어의 죽음을 애도하는 시간으로 바쳐졌다면, 〈가족 모두〉는 무언가 의미 있는 것을 성취했을 것이다.[24]

〈오렌지〉 시즌1 의 마지막 에피소드"Can't Fix Crazy"[2013]는 이와는 대 조적으로 재소자들이 계획하고 그들의 가족과 경비원들이 지켜보 는 비종파적인 휴일 야외무대로 마무리된다. 이것은 대부분의 비

내재적non-diegetic 시청자들에게 7월에 어울리지 않는 크리스마스였고, 그래서 빌라레조가 정의한 퀴어의 결정적인 의미를 상실했다.

〈오렌지〉가 공동체 건설에 기여한 것은 비평가들의 블로그를 통한 논평과 소셜미디어 내 팬들이 행한 의견교환을 통해 제각각 이야기를 나누고 매개하면서 상대적으로 익명적인 저마다의 목소리를 내게 한 점이었다. 게다가 넷플릭스가 도입한 몰아보기 모델은 블록버스터계의 공개적인 주말 담화시간을 닮은 – 말하자면, 각 시즌 출시를 앞두고 있을 때 그리고 시즌 출시에 따른 직접적인 관심에서 – 집중적인 시간 구간에서 시청자 담론의 파도를 생산했다. 그래서 일각에서는 새로운 스트리밍 시트콤 〈커뮤니티 Community〉2009~2015에서 제2의 온라인 생활을 위해 선택한 주 단위 "역"retro 에피소드 출시 구조가 사회적 대화를 증폭하고 지속하는 데 더 좋다는 주장이 있었다.[25] 하지만 2014년 페이스북 게시물 언급 빈도를 기준으로 한 "가장 많이 회자된 TV 쇼"에서 〈오렌지〉가 HBO의 〈왕좌의 게임〉에 이어 2위를 차지했다는 뉴스는 이런 주장을 무색하게 만든다.[26] 코한은 일괄출시와 주간출시 스케줄의 선택을 언급하면서, "이것은 정말로 양날의 칼입니다. 저는 한편으로 기대감이 그리워요. 전 모두가 같은 속도로 보고 있을 때 이룰 수 있는 공동체의 느낌이 정말로 그립습니다"라고 말했다.[27] 몰아보기를 완전히 하지 않은 시청자와 시리즈 후반에 들어간 사람들에게 스포일러의 위협은 가상세계의 대화로 뛰어드는 데 장애물이 된다. 그러나 온라인 시청자 공동체는 – 예를 들어, 트위터 해시태그나 팬 사이트를 중심으로 그룹화된 – 스포일러를 경계하는 이용자들로 인해 충분히 쉽게 피할 수 있다. 그러므로 사실 그들은 〈포틀랜디아〉 시즌3의 풍자적 타이틀 "Spoiler Alert!, It's About Spoilers"이라는 제목의 패러디처럼, 실제 삶에서 스포일러를 피하기 위해 경계심을 지녀야 했던 사람들보다 줄거리 지식의 불균형을 더 잘 조절할 수 있을지도 모른다.이야기 전개를 미리 노출하는 스포일러는 나중에 보는 사람의재미를 반감시키는 것일 수 있지만, 사람에 따라서는 이야기를 따라잡는 데 오히려 도움이 될 수도 있다. 앞서 1부 Chapter 1 에서 보는 바와 같이 몰아보기에 의한 시청의 불균형은 스포일러에 대해 다양한 반응으로 나타난다. −역자 주.

넷플릭스 시청자들은 응시하기, 몰아보기, 요약물 보기와 같은 시청방식의 실천뿐만 아니라 공유된 취향과 충성도로 동조된 팬-상호작용에서 높은 수준의 정동적 몰입과 주의집중으로 공동체 시청에서 잃어버린 것을 보완하는 것으로 보인다. 필립 매키악Phillip Maciak은 스트리밍이 어떻게 "우리가 역사적으로 **컬트**cult 또는 금지된 천국, **얼간이**nerd 등과 결부시킨 어느 정도 강박적인 부류면서도 꼼꼼하기도 한 시청행위 양식mode of spectatorship을 주요**흐름**mainstream 이 되게 하는지"를 설명한다.[28] 하위문화 시청자들의 범주에는 퀴어도 포함되어 있어 그것의 주요 흐름에서 퀴어 시청행위의 "역행적" 즐거움은 오도된 편견에서 자유로워 질 수 있다. 가상적 시청행위의 역동성이 퀴어의 규범 비평에 투여되는 또 다른 방법은 텔레비전 온라인 대화에서 성행하는 대립적인 논쟁에서 확인된다. 문화비평가 릴리 루프보로우Lili Loofbourow는 합의된 행동이라는 창작자의 주장에도 불구하고, 〈왕좌의 게임〉 에피소드의 여성 캐릭터 세시Cecei, 레나 헤디Lena Headey 분가 일부 시청자들에게는 강간당하는 것으로 보였다는 비난성의 대화를 두고 "그것은 이같은 분석적인 공동체가 얼마나 튼튼해졌는지를 입증하는 것이며, 또한 텔레비전이 우리의 윤리적 대화에서 얼마나 광범위한 역할_{허구적인}을 수행하는지를 보여주는 것이다"라고 지적했다.[29]

그렇지만 있는 그대로 하위문화 사이트에서 퀴어 시청자들 간에 체화된 상호작용이 사라진 것은 의심할 여지없이 유감스러운 일이다. 더욱이 시장에서 당대 수용자들의 가상세계 내 상호작용은 소비자 기능과 참여를 확대한다는 명분으로 기업이익을 강화한다는 위협적인 방식이라는 우려를 자아낸다. 이 시리즈의 프로모션에 있어서 – 그리고 어느 정도는 기업 감독자의 프로모션을 위한 – 〈오렌지〉 팬들의 중요성은 **선의에 의한** 수용자 후원적 미디어 생산과 홍보라는 밀레니얼 모델을 더욱 부채질한다. 넷플릭스는 킥스타터 펀드_{Kickstarter-funded}에 의한 영화제작과 오래된 웹 기반의 팬 노동 형식을 가지고, 〈오렌지〉의 열렬한 팬층을 재정적 상 **없이** 상당한 정도의 창업자본으로 활용한다. 다시 말해, 팬들은 재정적인 보상 없이도 기업을 위한 가치를 창출한다. 더욱이 넷플릭스의 일괄출시 구조 또한 마케팅 면에서 사람들에게 그들이 원하는 것을 주는 것으로 광고되지만, 인구통계학적 타깃팅, 포화 예약

<small>saturation-booking, 전국에 있는 수천 수만 개의 스크린을 모두 예약하여 신속하게 제작 비용을 회수하는 마케팅 기법. – 역자주</small>, 입소문 마케팅, 자력생존의 기대 등에 의존하고 있어 참여적 미디어 모델보다 앞서 언급한 블록버스터 사고방식에서 더 많은 것을 얻는 장편 극영화 마케팅 모델을 따르고 있다.

"당신은 시간이 있어요": 반−공공(Counterpublic)으로서 감옥

넷플릭스 시리즈가 백카탈로그로 강등되기 전에 자신을 증명할 "시간을 가지지" 못했을지라도, 그들의 내러티브가 하이 콘셉트라고 하기는 힘들다. 그럼에도 몰아보든 아니면 조금씩 나눠 보든, 비록 비경제적인 관점에서 퀴어의 역사를 말하고 퀴어의 미래를 상상할지라도, 천천히 쌓아가고 있는 그들의 이야기는 꾸준히 성과를 거두고 있다. 이제 나는 〈오렌지〉가 가지는 시청자의 시간 기반적 개입의 "퀴어스러움"queerness에 대해 더 이상 비유적으로 생각하지 않고, 엘리자베스 프리먼Elizabeth Freeman이 **연대기적 규범성**chrononormativity이라고 용어화한 것이 〈오렌지〉에서 어떻게 서사적으로 침범하는지 그 퀴어스러움에 대해 보다 있는 그대로의 의미에 충실하게 그리고 희망적으로 살펴보려 한다. 연대기적 규범성이란 사회적 주체들이 생산성productivity과 순응성conformity의 최대화를 위해 규제됨으로써 나타나는 제도적이며 이데올로기적으로 강제된 시간조작을 뜻한다. 다나 루치아노Dana Luciano가 "전체 인구의 '삶의 시간에서 성의 배치'"를 형성하는 **연대기적 생태정치학적**chronobiopolitical 힘이라고 말한 것과 함께, 이것은 삶을 생산적이고 선형적이며 목적론적으로 구성하는 연표적 기능을 부여했다.[30] 퀴어 이론에 있어 시간성의 해체는 시간이 사회적 구성물이라는 것을 폭로한다. 다시 말해 퀴어적 관점에서 시간이란 그것이 특권화하는 사람들을 자연스러운 것으로, 그리고 진보주의, 재생산 미래주의, 신자유주의라는 연대기적 생태정치학 담론을 따라 그런 시간 자체가 선형성, 연속성, 진보성을 특권화하는 것임을 폭로한다. 카를라 프레세로Carla Freccero는 퀴어 이론에서 이같은 시간적 분기 temporal turn를 "재생산 미래주의의 이성애적 규범과 … 동성애적 규범 이 모두의 시간적 스키마에서 벗어나는 방법으로써 퀴어의 시간적 재이미지화에 관계성 또는 공동체성의 가능성"을 잉태하는 것이라고 본다.이 작품을 보지 않은 독자에게는 이 글이 다소 난해하게 읽혀질 것이다. 이 글은 세대를 거듭하며 생식하는 연대기성을 닮은 전통적인 선형성의 TV와 그런 TV가 제공해왔던 공공public 과 달리, 대표적인 비선형적 미디어로서 넷플릭스와 반反-공공counterpublic 의 시간경험을 퀴어라는 소재를 차용한 <오렌지>를 통해 설명한다. 현실세계가 연대기적 규범성, 연대기적 생태정치학적 의무를 수행하는 순리적·규범적·이성애적 재생산 세계의 공공성을 띤다면 – 전통적인 TV가 수행해 냈던 선형적 세계 –, 감옥세계는 탈규범적이고 비생태정치학적인 반–공공성이 수행되는 세계 – 넷플릭스의 세계이자 <오렌지>의 세계 – 이다. 그곳은 현실과 유사한 권력이 작용하되 현실의 규범에 충실할 이유는 없다. 따라서 감옥은 동일한 성만 존재하기 때문에 퀴어는 더 이상 이상한 것이 아니고 오히려 자신을 찾는 좋은 방법일 수 있다. 저자는 <오렌지>의 이런 상징성을 통해 미디어 세계에서 넷플릭스의 전복적 시간성이 보다 인간적일 수도 있음을 말하려 한다. – 역자 주.[31]

　물고기가 물 밖으로 나오면 눈에 띄는 것처럼, 처음 파이퍼는 생산적이고 훈련된 시민으로 남겠다는 결심으로 "당신은 시간이 있어요."매회 오프닝 크레딧에서 레지나 스펙터가 부른라는 가사에 반응한다. 그녀는 "I Wasn't Ready"편에서 남편 래리에게 감옥에 갈 계획을 알리면서 다음과 같이 말한다. "나는 망가질 거야. 재키 워너처럼피트니스전문가 엉망진창이 될 거야. 그리고 아마존 위시 리스트에 있는 것을 모조리 읽을거야. 어쩌면 공예를 배울지도 모르지. 그것을 세겠지, 래리. 나는 내 생의 1년을 그냥 버리지 않을 거야." 파이퍼가 리치필드에서 교정당국에 인계되면서 남편에게 마지막으로 부탁한 것은

"내 웹사이트를 업데이트해 줘"였다. 이는 구금시설이 지닌 반생산성에 대한 파이퍼의 일련의 인식에서 감옥이 자본주의 국가도구라는 역설, 그러니까 국가와 시민들에게 비생산적인 방식으로 기능하고현재 연간 740억 달러의 비용으로 700만 명의 미국인을 투옥하고 있음 교도소 산업단지에 소유지분을 가진 사람들에게만 이익을 가져다줌에도 불구하고, 우리의 민간교정산업 시스템이 정당화되어 유지해가는 역설을 부각한다. 수감자는 부풀려진 필수 세면용품 가격을 부과받으면서도 그들에게 부여된 노동시간의 대가가 극히 낮아서 성공을 위해 절약할 재정적 동기나 합법적인 수단이 없다. 일부는 극단적인 반생산성과 수동성의 모습에 대응하고목격자 니키는 콘크리트 벽에 구멍을 뚫으면서 전기가게에서 근무교대를 기다린다. 그러면서 그것이 영광스러운 구멍일 것이라고 주장한다, 일부는 요리사 레드에 의해 통제되는 지하 네트워크에서 물물교환을 하고, 그리고 또 다른 일부는 수감자 푸씨Poussey, 사미라 윌리Samira Wiley 분가 집에서 만든 술을 **무료로** 돌리는 것과 같은 선물경제gift economy의 그늘 안으로 포섭된다. 대안적이고 덜 착취적인 경제를 구축하려는 이러한 시도와 반대로, 두 명의 등장인물은 마약 딜러 역할에서 내면화한 자본주의 윤리의 극단적 구현체로 그려진다. 시즌1에서 새디스트적 교정 담당관인 조지 "포른스타치" 멘데스George Pornstache Mendez, 파블로 슈라이더Pablo Schereider 분, 그리고 시즌2에서 옛날 학교 친구인 비Vee, 로레인 투세인트Lorraine Toussaint 분가 그들이다. 멘데스는 어린 재소자에게 약물을 치명적으로 과다복용시키고, 비는 경쟁자 레드에게 악랄한 공격을 가한다. 이처럼 이들 캐릭터의 성격이 너무 극단적이어서, 시청자들은 이들 두 인물을 가장 믿을 수 없는 괴물로 손꼽는다. 〈오렌지〉의 다

른 재소자들은 물물교환, 공유, 비생태적 유산특정 소지품을 수감자들에게 남기고 떠
나는 것: 나머지에게는 공정한 게임을 통해 스스로가 대상인 재소자들에게 가격담
합과 노동착취를 시도한다. 그럼에도 불구하고 〈오렌지〉 교도소의
노동력은 부인할 수 없을 정도로 소외되어 있고, 심지어 불법체류
자와 국내 노동자들이 외부에서 수행하는 무임금적게 지불되는 노동과
비규제덜 규제된 노동에 상응하는 보이지도 설명할 수도 없는 노동을
강요받는다.

　〈오렌지〉는 감옥 바깥에서의 삶 또한 재정적으로 문제가 있고,
그것의 직업적 거래도 똑같이 착취적이라는 것을 확립하는 데 주
안점을 둔다. 파이퍼와 래리는 부모에게서 별도의 돈을 빌리지 않
기로 합의한 것으로 보아, 가족들에게 재정적으로 의존할 수 있는
수많은 중산층 밀레니얼들과 비슷하다. 알렉스Alex, 그리고 가장 중요한 그녀의 보스
가 거리낌 없이 파이퍼를 마약 밀매꾼이라고 폭로했다면, 래리 또
한 "Tall Men with Feelings"2013 편에서 뻣뻣하고 편견이 심한 모리
킨드Maury Kind, 로버트 스탠튼Robert Stanton 분가 주최하는 공개 라디오 토크쇼에
출연했을 때, 작가로서 자신의 커리어를 발전시키기 위해 파이퍼
와 그녀의 동료 수감자들을 팔아먹는 비양심적인 행보를 보인다.
〈디스 아메리칸 라이프This American Life〉와 그 진행자인 아이라 글라스
Ira Glass에게 이렇게 얄팍하게 위장된 암시를 부여하는 것으로 보아,
래리의 행동은 〈오렌지〉의 창작자 코한이 메타 비평을 의도한 것
으로 보인다. 왜냐하면 그렇게 하는 것이 그녀와 그녀 자신이 만든
시리즈를 자신의 이익과 소비자 엔터테인먼트를 위해 타자들의여성,
유색인, 퀴어 개인 이야기와 경험을 전용한 래리와 여타 백인 남성들의 그

것과 구별되기 때문이다. 몸도 목소리도 없이 파이퍼를 닮은 듯한 정체불명의 젊은 금발 여성의 무기력한 이미지가, 무언의 질책으로서, 래리와 모리가 인터뷰하는 장면 위를 맴돈다. 이런 장면 구성은 파이퍼가 가진 문화자본과 특권적 배경, 지지 시스템 등이 결여된 수감자들이 마주하는 훨씬 더 어려운 상황에서는 반대상황으로 전개된다. 가령 필립 모리스 후원의 모의 취업설명회에서 두각을 나타내지만 존재하지도 않는 보상을 기다리는 수감자 테이스티 Taystee, 다니엘 브룩스Danielle Brooks 분의 장면이 그러하다"Looking Blue, Tastes Red"2014. 더 분개할 만한 것은 테이스티가 "Fool Me Once"2013 편에서 교도소 친구 푸씨에게 설명한 것처럼 다시 범죄를 저지르는 것이 바깥에서의 삶보다 더 선호할만한 것이라고 판단되어 가석방 위반으로 풀려난 지 얼마 되지 않아 되돌아오는 것이다.

> 네가 나가면 그들이 KGB처럼 널 괴롭힐 거야. 매일밤이 통행금지지. 그들이 말할 때마다 컵에 오줌을 지리겠지. 너는 얻지도 못할 직장을 위해 일주일에 세 번씩이나 면접을 봤을거야. 보호감찰관이 시시각각 전화해서 체크하겠지. 이봐, 적어도 감옥에서는 저녁이라도 먹잖아. 최저 임금은 웃기는 얘기야. 피자헛에서 아르바이트를 했는데 아직도 900달러를 빚지고 있어. 난 머물 곳이 없어. 내가 아는 모든 사람은 가난하거나 감옥에 있거나 떠나버렸어.

〈오렌지〉는 교도소 이후의 삶을 복역하는 것보다 더 힘들지는 않더라도 비슷한 것으로 묘사하고, 또한 이 두 사람이 변하지 않는 미국 하층계급의 박탈감을 서로 강화하고 있음을 보여준다. 그렇게 함으로써 〈오렌지〉는 로렌 베를란트Lauren Berlant가《잔혹한 낙천주의Cruel Optimism》에서 "주권의 이소성異所性"이라고 부른 것을 폭로한다. 말하자면 그것은 "좋은 삶"이란 것이 모든 사람에게 주어진 권리인 "자유"에 따라 정의되지만, 실제로는 소수 특권층에게만 유효한 것, 다시 말해 "자유라는 규범을 정치적 관용구로 유지해가는 환상"이라는 것이다.[32]

〈오렌지〉가 이렇게 시스템에 의해 버려진 바깥세계 사람들의 삶을 끔찍하게 묘사하고 있어서, 감옥을 연대기적 규범성과 연대기적 생태정치학이 붕괴된 장소로 ─ 시공간적으로 죄수들의 움직임을 명령하는 궁극적인 규제체제 ─ 상상하는 것이 아예 불가능한 것처럼 보일 수 있겠다. 〈오렌지〉가 시청자들에게 던지는 공포는 유명한 리처드 프라이어Richard Pryor가 "우리가 교도소를 가지게 되어 신께 감사드린다"는 것에 공명하는 것이 아니라, 〈오렌지〉에서 보복적인 탐사 저널리스트가 폭로를 위해 파이퍼에게 내부 정보를 요구하면서 내린 평가, 다시 말해, 우리의 감옥 시스템이 "노예제도 이후 미국 집단 양심의 가장 큰 오점"이라고 내린 평가이다"Comic Sans"2014.[33] 리치필드의 공무를 수행하는 위계질서는 호색한이면서 무자비한 교정 공무원 부소장 나탈리 피과에라Natalie Figueroa, 알리시아 레이너Alysia Reiner 분, 그리고 그녀가 한 번도 본 적은 없지만 감시의 정점에서 자주 영향력을 행사하는 빅 대디Big Daddy 소장을 특징으로 한다. 재소자의 목소리를 들려주는 유일한 제스처로서 시즌1 에피소드에서 캠페인을 벌인 "여성자문위원회"WAC는 "당선자"가 실제로 출마하지도 않고 정책을 바꿀 힘도 없는 책략임이 드러난다"WAC Pack"2013. 아마도 헤게모니로서 감옥을 가장 있는 그대로 보여주는 상징은 여성 재소자들을 출산 중에 임산부 침대에 가두는 32개 주의 관행일 것이다. 우리는 교정 공무원 조 카푸토Joe Caputo, 닉 샌도우Nick Sandow 분가 라틴계 재소자 다야 디아즈Daya Diaz, 대샤 폴란코Dascha Polanco 분를 임신시킨 부하 직원 존 베넷John Bennett, 맷 맥고리Mat McGorry 분에게 "그녀의 손과 발이 침대에 묶여 그들의 아이를 낳지" 않으려면 임신 사실에 대해 입 다물라고 한 것에서 그 위협을 실감하게 된다.[34] 사람들은 이러한 권력 차이를 바깥세계 삶에 견주어 단순히 과장된 것으로 볼 수 있다. 하지만 그곳에서 임신과 양육은 여성에게 불공평하게 부담을 주는데, 저소득층 여성 유색인종들에게는 훨씬 더 부당한 부담을 준다. 이는 다야가 "Comic Sans" 편에서 베넷에게 "당신은 선택권이 있고, 힘도 있지. 하지만 나는 수감자고 아무 힘이 없어"라고 한 데에서 뼈저리게 인지된다. 이렇게 다야는 베넷이 이미 가지고 있던 권위를 재확인시켜주는데, 그것은 다야가 베넷에게 "당신은 지금 당장 과거로 돌아갈 기회가 있어"라면서"It Was the Change"2014 그가 가진 "아기 아빠"로서의 책임을 철회했을 때, 베넷이 과거를 실질적으로 되돌릴 수 있을 만큼 강력하다.

핼버스탬J. Halberstam에게 있어 "퀴어의 시간과 장소"는 "적어도 어느 정도는 가족, 이성애, 재생산 제도의 대척점에서 진화해가는" 시간적 공간적 논리에 의해 구성된다. 그리고 그것을 성 정체성으로 공식화하는 것을 넘어 퀴어스러움을 확장하는 대안적인 삶의 방식과 존재 양식을 제공하는 시간적 공간적 논리에 의해 구성된다.[35] 이런 식으로 볼 때 〈오렌지〉의 연방 교도소 환경은 퀴어의 시공간을 보여주는 좋은 본보기이다. 즉 전체가 동일 성single-sex 집단이라는 측면에서, 인센티브 없는 임금체계와 지하경제로 인해 자본주의적 효율성이 붕괴되는 측면에서, 투옥 중 전환의 경험을 한 수감자들이 시간적 구속에 – 그리고 교도소 산업단지 사람들에게 – 저항하는 측면에서, 그리고 "기둥서방 게이", 일부일처제, 다성성 등과 같이 성적 유동성의 증가로 인해 정체성에 대한 일시적 관계를 선언하는 측면에서 그러하다. 〈오렌지〉는 이런 모든 측면에서 감옥을 반-공공으로 치환하는데, 이에 대해 마이클 워너Michael Warner는 다음과 같이 정리한다.

> 공공이란 것은 더 큰 공공과의 긴장감을 통해 정의된다. 거기에 참가하는 사람들은 일반적으로 개인들이나 시민들과 구분된다. 그런 공공 안에서의 대화는 대안적인 성향이나 규약에 의해 구조화되어 있어 일반적인 세계에서 통용되는 규칙들과는 일치하지 않는 것으로 이해된다. … 그러한 공공적 세계로의 참여關는 그 구성원들의 정체성이 형성되고 전환되는 방법 중 하나이다.[36]

따라서 우리는 자본주의와 이성애적 경제 바깥에 〈오렌지〉 재소자들이 구축한 비규범적인 노동과 혈족집단의 네트워크를 생각할 수 있다. 그것은 어떤 대안성을 불러일으키는데, 프리먼이 쓰고 있는 것처럼 "시간은 새로운 주체-위치와 새로운 인간성의 형태를 생산하는데 받쳐진 비노동 영역을 위한 잠재적 힘으로 설명될 수 있다."[37]

연속성과 섹스 퀴어/하기

토마스 쉐츠Thomas Schatz는 프리미엄 케이블과 마찬가지로 넷플릭스가 벌이는 전방위적 노력을 "가장 전통적인 텔레비전 상품, 즉 미디어에서 변하지 않는 가장 본질적인 특성을 보여주는 … 시리즈 프로그래밍에 그들의 미래를 건다"라고 말한다.[38] 빌라레조는 "이해와 교감에 젖어드는 데 있어 친숙함이 필수적"이라는 점에서 볼 때, 시리즈의 연속성은 퀴어의 스토리라인을 실어나르는 전도성 있는 인물의 "밀도"를 창출해낸다고 주장한다.[39] 내가 〈B급 언어 : 동시대 영화와 텔레비전에서 양성애 The B Word: Bisexuality in Contemporary Film and Television〉에서 주장하는 것처럼, 시리얼 서사의 시간 구조 또한 결정적으로 시간의 경과에 따라 나타나는 성 정체성에 대한 보다 복잡한 이해를 허용한다TV 콘텐트에서 연속물을 나타내는 시리얼즈serials과 시리즈series는 구분된다. 시리얼즈는 하나의 이야기 구조에서 개별 에피소드가 일 단위 또는 주 단위로 이어 져 전체 이야기를 구성한다. 따라서 개별 에피소드는 다른 에피소드와 상호 연결되어 있고 종속적이다. 반면 시리즈는 개별 에피소 드가 독립되어 있으면서도 일군의 주제나 소재, 관점 등을 공유하며 이야기를 전개한다. 이 글에서 시리즈 편성은 이 두 개념의 콘텐 트 형식을 연속적 편성 행위로 통칭해서 부르는 것으로 보인다. – 역자 주.

잘 변화하지 않는 에피소드식 텔레비전의 고전적 구조와 장편 영화에 담겨 있는 시간성이 성 정체성 문제를 해결하도록 압력을 가하는 경우, 텔레비전 연속 드라마를 특징짓는 서사적 개방성과 확장된 시간 체계는 양성애자 등장인물의 정체성과 경험에 대한 장기적이고 다면적인 탐사를 수행하는 데 특히 유망한 지점을 제공한다. 텔레비전 서사는 시간이 지남에 따라 양성 표현을 허용하고 장려하는데, 이는 양성성을 실질적으로 **실현가능하게** 만들기 위해서라기보다 ─ 어떤 개인도 지금까지의 행동과 상관없이 잠재적으로 양성애자일 가능성이 있기 때문에 ─ 오히려 표상적으로 **이해가능하도록** 만드는 경험의 축적 때문에 요구되는 것이다.[40]

파이퍼는 파일럿에서 그녀가 마약 관련 범죄 "당시" 레즈비언이었다고 밝히는데, 그것은 시리즈 내에서 본인의 정체성을 밝히는 일체의 발언에서 시간적 특수성과 그 밖의 우발적 특수성에 대한 수많은 참고물들 가운데 첫 번째이다. 알렉스에게 매료되었던 첫 장면에서 파이퍼는 그녀의 절친 폴리Polly, 마리아 디지아Maria Dizzia 분에게 "나는 섹시한 여자들이 좋아. … 그리고 섹시한 남자들도 좋아"라고 고백한다"Bora Bora Bora". 동일 에피소드의 현재 시점에서 파이퍼는 외모는 좀 떨어지지만 한층 성숙해진 상태에서 "나는 게이가 아니야"라고 강하게 항변한다. 그러면서 니키가 파이퍼에게 알렉스와 재결합한 것에 대해 물었을 때, "그건 편안함의 문제지 섹스에 관한 것이 아니야"라고 주장하면서, "나는 23살인 것 같고 시간이 지나간 것 같지 않아. 누군가와 관계를 맺게 되면 절대로 사라지지 않는 것 같아"라고 말한다. 그렇게 말하면서 파이퍼는 욕망을 결정하는 데 있어서 감정적인 필요와 사연이 중요한 역할을 한다는 것을 인정하고, 그녀의 성 정체성이 끊임없이 유동적이라는 것, 즉 어떤 상태being이기보다 되어가는becoming 것이라고 주장한다. 성 정체성의 시간적 우발성contingency에 대해 어두운 래리와 파이퍼의 동생 칼 Cal이 "Fool Me Once"에서 다음과 같이 대화하는 것으로 소환된다.

> LARRY: 지금 파이퍼는 게이야?
> CAL: 지금은 모르겠는데. 그녀는 그녀 자신이지.
> LARRY: 정확히 어느 쪽일까?
> CAL: 네가 어느 누구라도 "정확하게" 무엇일 필요가 있다고 생각하는 지금 그 얘기를 계속 해봐야겠군.

그러나 파이퍼가 자신을 양성애자라고 이름 붙이거나 이 시리즈의 문화 담론에서 많이 언급된 현재 시점에서 어떤 종류의 성 정체성으로 귀착하려는 것에 저항함에도 불구하고, 〈오렌지〉는 효과적으로 그녀를 양성애와 동성환경, 범죄행위, 불의한 행동, 그리고 백인 우월주의 사이에서 만들어진 관습적인 연결고리의 인물로 호명한다. 다른 퀴어적 성 정체성도 〈오렌지〉 안에서 유사하게 양가적으로 처리된다. 니키와 함께 있을 때 재소자 로나Lorna, 야엘 스톤Yael Stone 분가 외부에서 착실하게 기다리는 약혼자가 있다고 믿는 망상과 허언은 그녀를 "하스비언"hasbian, "LUG"졸업 때가지만 레즈비언와 같이, 거의 사라지거나, 이제 겨우 일면만 남아 퀴어의 성적 시간성을 담아내는 "머무는 동안만 게이"감옥과 같은 특수 환경에서 일시적으로 게이가 되는 것 - 역자주의 캐릭터로 의심케 한다.[41] 마찬가지로 부치 레즈비언butch lesbian으로서 빅부Big Boo의 이중적인 무법적 속성이 감옥에서 자유롭게 표현되고 있지만, 사샤 T. 골드버그Sasha T. Goldberg의 주장처럼 그녀는 미디어 산업 안에서 그녀의 예외성이 "아웃사이더이자 고립된 존재로서 남성성의 레즈비언 그 개념을 보강하는" 한도 내 제한되어 있을 뿐이다.[42] 시즌2는 맹도견 "리틀 부"부가 "섬뜩해"라고 인정한와의 성교를 제안한 것부터 신참자 브룩 소소Brooke Soso, 키미코 글렌Kimiko Glenn 분에게 약탈적인 패스를 자행하고, 급기야 레드를 라이벌 비에게 팔아넘기고, 결국에는 양 진영에서 파문을 당하기까지, 점점 더 부를 야비하고 비뚤어지고, 고립된 것으로 그려냄으로써 이런 개념을 강화한다. 내가 〈B급 언어〉에서 썼듯이, "젠더 사회화라는 목적과 젠더 사회화로부터의 유예라는 이 두 가지 모두를 위해 존재하는" 동일 성 기관과, 그리고 당연히 여성 감옥 영화 내용을 포함해 이런 시공간적 장소에 몰두하는 스크린 서사는 "우리의 성적 욕망의 논리가 어떻게 보다 유동적인 범주를 따라 재인식되는지 상상하는 데" 안전한 공간을 만들어낸다.[43] 이따금씩 〈오렌지〉는 여성감옥을 약탈적인 레즈비언과 탐욕적인 양성애자들의 수사적 세계로 빠뜨리면서, 여성들 사이의 로맨틱하고 에로틱한 애착도 더욱 두드러지게 그려낸다. 프리먼이 19세기 서구의 사회적 배치에서 영역 분리에 대해 쓴 글처럼, 모든 여성적 환경에서 번성하는 이같은 애착과 수용능력은 "무정한 세상으로부터의 피난처로, 더 중요하게는 그들 자신의 심장소리에 따라 움직이는 감각으로" 작용하는 것으로써 "일체의 시간성 위에" 있다.[44]

베를란트와 워너는 이성애를 위한 프라이버시와 사사화를 유지하고자 성관계와 친밀함이 어떻게 규제되는지 알리기 위해, 그런 한편 동성애가 "공공적 품위"라는 명분에 따라 감시받고 처벌된다는 것을 알리기 위해 "성적 공공성"sexual publics 이라는 용어를 사용한다.[45] 교정 담당관 샘 힐리Sam Healy, 마이클 하니Michael Harney 분가 첫 상담 중에 상처받은 파이퍼의 마음을 위로하고자 "이것은 〈오즈oz〉가 아니야"라고 1997년에서 2003년까지 방영된 HBO의 감옥 드라마를 언급할 때, 그는 시청자들에게 〈오렌지〉 자체에 대한 자기반영적인 재확신을 제공한다. 거기에서는 모든 것이 법으로 정의되기 때문에, 다시 말해 수감자이고 그래서 동의할 수밖에 없는 다야의 교정 담당관 베넷에 의해 정의되기 때문에, 강간조차도 낭만적인 말들로 표현된다. 파이퍼에게 강요된 수전 "미친 눈깔" 워렌Suzanne Warren, 우조 아두바Uzo Aduba 분의 "감빵 마누라"라는 직분은 파이퍼의 친구 폴리가 "그 여자가 너를 강간한 거야?"라고 한 질문에 파이퍼가 "아니, 하지만 내 손을 잡았어"라고 답해야 했을 때 실질적인 위협이 해소된다"Lesbian Request Denied"2013. 그럼에도 〈오렌지〉가 기어코 회피하지 않는 것은 합의에 의한 퀴어 섹스이다. 이 글의 시작에서 언급된 예고편에서 우리는 파이퍼가 그녀의 사랑을 "깨끗해지는 것"이라고 하는 말을 듣게 된다. 파이퍼는 싱크대에서 목욕하고 있는 어린 파이퍼, 욕조 위에서 사치스럽게 목욕하는 어른 파이퍼, 욕조에서 래리와 껴안고 있는 파이퍼의 모습 등이 겹치면서 "나의 행복한 곳이지, 행복한 곳이었어"라며 추억에 젖는다. 예고편에는 나오지 않는 〈오렌지〉의 파일럿 시작부에는 샤워기 물줄기 아래에서 파이퍼와 알렉스가 가슴을 드러내고 안고 있는 장면이 있다. 이런 이미지는 "주류" 시청자에게서는 삭제되었지만, 〈오렌지〉가 시리즈 시작에서 충성스런 구독자들에게는 기꺼이 제공하는, 퀴어의 욕망에 대해 주저없이 보여주는 그런 묘사이다. 그것은 실제로 파일럿의 또 다른 장면에서 니키가 샤워를 하면서 로나의 가랑이에 얼굴을 묻고 있는 모습에서도 볼 수 있다. 감옥 밖 섹스가 어떤지 보여주는 과거 회상 장면 또한 퀴어적이다. 1990년대 초 노샘프턴에서의 첫 번째 밀회에서 알렉스가 파이퍼를 오럴로 즐겁게 해준 것, 독일에서 젊은 시절 군대 초년병으로 균형 잡힌 몸매의 독일 여자와 나뒹구는 재소자 푸씨의 회상 등이 그러한 예이다. 주목할 만한 것은 래리와 셔츠를 걸치지 않은 폴리가 열정적인 정사의 기회를 무시하고, 래리가 그녀의 모유수유 후 가슴을 무미건조하게 보는 식으로 표현되었다는 점이다. 가장 극단적인 예로 〈오렌지〉는 래리와 그의 아버지를 부지불식간에 게이 목욕탕으로 보내면서 퀴어 섹스와 퀴어 공간에 대한 선입견을 드러낸다"Mr. Bloom had a Groupon". 남성의 정면 나체가 − 포르노그래피 외의 스크린에서는 거의 볼 수 없는 − 시야를 가득 채우고, 구석진 곳에서 벌어지는 남성들 간의 성행위로 인한 긴장감을 두고 래리는 다음과 같이 속마음을 털어놓는다. "감옥이 파이퍼를 바꿔놓았어요. 그게 사람을 바꿔요. 그녀는 결코 레즈비언이 아니었고 나와 함께 있을 때는 그러지 않았어요. 그리고는 감옥에 갔고, 채 몇 주도 되지 않아 다시 레즈비언이 되어버렸어요. 아니 양성애자였던가? 아무튼 전 도무지 알수가 없어요."Looks Blue, Tastes Red". 파이퍼의 성 정체성에 대해 그가 이전에 칼에게 혼동을 일으킨 것과 마찬가지로, 여기에서도 − 공개적인 퀴어 섹스보다 − 래리의 상상력과 이해력의 빈곤이 문제인 것으로 묘사된다. 〈오렌지〉의 리치필드에서 합의에 따른 성행위는 비남근적이고, 전복적이며, 생존 지향적이기 때문에, 그것의 발생은 리 에델만Lee Edelman이 재생산 미래주의 안에서 캡슐화된 생물학적 생식과 자본주의적 재창조의 명령에 저항하는 것이라고 선전한 **쾌락**jouissance의 순간들을 구성한다. 거기에서 에델만은 "재생산 기능과 유리된 섹스는 불가피해 보이는 미래의 끌어당김으로부터 주체의 탈출로 그려질 수 있다"라고 했다.[46] 리치필드 전역에서 번성하지만 사실 감시 아래에 있는 예배당 제단 뒤에서 가장 많은 행동을 보이는 퀴어 섹스는 종교적이고 재생산 미래주의적 규범 모두를 침범하고 있음을 의미한다.

"를 **집으로 오세요**"[47]

종species의 비생산적인 생존 양식으로서 퀴어 섹스에 빠져 있기는 하지만 리치필드의 여성 수감자들에게 있어 "날짜"는 로맨틱한 구애나 결혼을 위한 활동이 아닌 석방을 의미한다. 하지만 그것은 어디까지나 제한된 세상 안에서 똑딱거리는 시계소리일 뿐이다. 기대에 찬 그날의 시간을 반쯤 깨진 계란으로 묘사한 〈오렌지〉의 두 번째 시즌 홍보 이미지의 예리한 묘사가 보여주듯, 감옥 속 여성 수감자들은 쇠창살 뒤에서 생식의 세월을 보내면서 생물학적 모성을 경험할 기회가 줄어드는 것을 감내한다. 캐롤 채프먼은 "Lesbian Request Denied" 편에서 "내가 파이퍼에게 30대 후반에는 임신하기가 훨씬 더 어렵다고 말했지"라고 리치필드로의 첫 방문에서 말했다. 파이퍼는 "그게 내가 지금 당장 필요한 거야," "꺼져가는 나의 생식능력을 일깨워주네"라며 빈정대며 대답한다. 수감자들은 성인으로서 재판과 판결을 받지만 사실상 여성으로서의 지위를 획득하는 데 분명하게 제동이 걸리고_{결혼과 양육에 의해 이성애적으로 정의되는}, 대체로 가족들에 의해 일방적으로 버려지면서_{예전에는 그렇지 않았더라도}, 그들의 자율성을 억제하는 구금의 기반을 가진 국가의 피보호자가 된다. 따라서 여성 재소자들은 자기 자신을 다발성 옹고집과 삐뚤어짐 모두에서 퀴어를 드러내보이는 장기간의 사춘기를 체화한다. 따라서 아직은 성적 결합에 있어 성 정체성의 딱지 붙이기와 외적인 표식이 그리 절박하지 않다. 그렇기 때문에 재소자들은 수감상태에 있음에도 이성애적 규범과 연대기적 생태정치학적 구속에 저항하는 모습을 보인다. 이렇게 〈오렌지〉 감옥의 가족구조는 핼버스탬이 "일시적이고, 별도의 가족적이며, 적대적인 동맹 양식"이라고 묘사한 퀴어 주체와 퀴어 하위문화의 확장된 사춘기에 가까운 시공간성을 보여준다. 그런 한편으로 그것은 또한 이성애-가부장적 가족을 특징짓는 소외감과 고집불통을 드러내 보인다.[48]

〈오렌지〉에서 생물학적 아버지들은 대부분 부재하거나 상처를 주는 것으로 그려진다. 특히 파이퍼의 아버지 빌 채프먼Bill Chapman, _{빌 호그Bill Hoag 분}은 리치필드 남성 교도소장 만큼이나 거의 보이지 않는다. 그는 "40 Oz of Furlough"₂₀₁₄에서 자신의 교도소 방문 거절을 정당화하면서 "미안하구나 아가야, 나는 네가 그것을 좋아하는 것을 볼 수가 없단다, 너는 나의 어린 딸이야. 그 안에 있는 여자들은 – 그것은 네가 아니야"라고 말하고, 이에 대해 파이퍼는 "그게 정확하게 바로 저예요"라고 대답한다. 파이퍼가 자신의 과거 행위와 현재의 경험이 꼼짝없이 묶여 있다고 인식하는 것은 자기 수용에 있어서 냉철하지만 필수적인 발견이다. 이는 파일럿 장면에서 그녀가 "무서웠어. 그리곤 도망쳤지. 그리고 나서 원래 그랬던 멋진 금발 숙녀가 되었어"라고 회상했을 때, 그녀의 표면적인 과거와 현재의 자아를 연결하는 언어적 메아리에서 전조를 보인 바 있다. 이런 말과 함께 파이퍼는 자신의 "진실한" 자아를 이루고자 범죄 세계와 연루되지 않은 세계에 대한 이야기를 다시 이어간다. 하지만 "멋진 금발 숙녀"라고 자처한 그녀의 모습은 알렉스가 파이퍼에게 의심을 사지 않고 공항 통관을 통해 마약 자금을 빼내 갈 수 있다고 설득할 때 사용했던 바로 그것이다. 두 시나리오 모두에서 파이퍼의 "멋진 금발 숙녀"는 기만이고, 그것이 암시하는 백인이라는 특권은 그녀가 범죄에서 해방된 자아의 환상일 뿐만 아니라 세상사 사이에서 무절제한 접근을 허용하게 하는 바로 그것이다.

채프먼 씨가 자신의 딸을 아이 취급하고 이상적으로 만들겠다고 고집하는 것은 "Fucksgiving"2013에서 알렉스의 회상에서 그 반면교사를 발견하게 된다. 거기서 알렉스는 부재한 그녀의 생부를 찾으려던 중에 자신에게 갑작스럽게 부적절한 성추행을 하는 전직 록스타와 마주하게 되고, 곧바로 양육권을 가진 아버지의 대리인인 마약 밀매자 파울리Fahri, 스바스티안 라 코즈Sebastian La Cause 분의 손아귀에 들어가 장차 범죄자가 될 운명이었다. 〈오렌지〉는 생물학적인 엄마들도 그냥두지 않고 니키와 다야가 견뎌낸 이기적인 엄마들뿐만 아니라 순종적인 아내인 캐럴 채프먼도 비난한다. 〈오렌지〉가 바깥세계의 미혼 부모를 지지하는지에 대해서는 회의적이다. 가령 우리는 다야의 어머니와 동료 수감자 알레이다Aleida, 엘리자베스 로드리게스Elizabeth Rodriguez 분가 교정 담당관 베넷과의 관계에서 임신한 아이를 다야 혼자 키울 것이라는 계획에 "너는 전통적이지 않은 환경에서 자랐지만 훌륭하게 자랐어"라고 말하면서 그녀를 위로할 때 인상을 찌푸리게 된다"Take a Break from Your Values"2014.[49] 또한 우리는 트랜스젠더 수감자 소피아Sophia, 래버른 콕스Laverne Cox 분의 부인이 성전환 중인 배우자에게 해부학적으로 남성으로 남아 있기를 애원하는 데서 비합리적인 것처럼 느끼지만, "Lesbian Request Denied" 편에서 그녀가 소피아에게 "당신의 시간을 가져, 그러면 당신 아들의 아빠가 될 수 있어"라고 말했을 때, 그들의 아이가 아버지 역할의 모델이 필요하다는 그녀의 평가에 동의를 표해줘야 할 것 같은 느낌을 받는다.

베를란트와 워너는 퀴어의 친족kinship을 다음과 같이 정의한다.

퀴어 문화에서만 친밀한 것으로 인식되는 관계이자 서사로서 여자 친구, 레즈비언 애인, 개자식, 속임수 등이 있다. 퀴어 문화는 이들 관계와 다른 관계를 성적으로 만드는 방법뿐만 아니라, 원래 소속된 곳과 전환된 곳의 공적 세계를 정교화하는 한편 격렬하고 개인적인 영향을 목격하기 위한 맥락으로 그것들을 이용하는 방법도 배웠다. 퀴어 세계를 만드는 것은 가정 공간, 친족 관계, 부부 형성, 재산, 또는 국가와는 아무 관계없는 그런 종류의 친밀함을 개발하도록 요구해왔다.[50]

남자 교도관들의 통치 아래에 있음에도 불구하고, 온정적으로 보면 리치필드 재소자들은 위에서 아래, 아래에서 위로 모두 감시되는 가모장家母長 구조matriarchal structure를 확립해두고 있다. 가장 눈에 띄는 것으로 "Tit Punch"2013에서 레드는 강하지만 공정한 엄마의 모습으로 처음에는 교도소에서 금지된 요거트를 자신의 "아이들"에게 베푸는 모습을 보여주지만, 교도소 식당에 대해 파이퍼가 경솔한 불만을 늘어놓았을 때 그녀를 쫄쫄 굶게 만들고, "탐폰 서프라이즈"로 보이는 영국식 머핀 모양의 접시로 그녀를 모욕하는 등 한 치의 거리낌도 없이 처벌을 내린다. 레드는 마약중독이 재발된 또 다른 대리 딸 트리샤Tricia, 매들린 브루어Madeline Brewer 분를 영구추방하는 더욱 가혹한 처벌을 내리고, 그런 다음 또 다른 "딸" 지나Gina, 애비게일 새비지Abigail Savage 분에게 간접적으로 영향을 미쳐 큰 상처를 남긴 결과 요리사와 엄마로서의 지위 모두를 박탈당하게 된다. 그녀가 마침내 개과천선하겠다고 했을 때, 퀴어 가족의 재결합은 생물학적 가족들이 재회의 감정을 불러일으키듯이 행해진다. 식당에서 이용할 수 있는 머리카락 염료가 제한적임에도, 지나, 잉걸스 수녀Sister Ingalls, 베스 파울러Beth Fowler 분, 노마Norma, 애니 골든Annie Golden 분 등 빨간 머리에 흰 피부색의 여성들이 레드의 평화만찬 테이블 주위로 모여 앉는다. 이는 그들 가족의 결속이 생물학적으로 닮은꼴의 표식을 가질 정도로 강렬해졌음을 시사한다. "40 Oz of Furlough"에서 레드가 사과문을 발표하면서 막역한 요리사 친구 노마에게 서약했을 때 레드의 말은 마치 청혼의 프러포즈 같은 느낌을 자아낸다. 레드는 이렇게 말한다. "나는 이곳을 좀 더 민주적으로 만들고자 해. 난 단지 내 가족을 되찾고 싶을 뿐이야. … 내 사랑하는 노마, 너는 오랫동안 내 곁에 있었어. 넌 나의 가장 친한 친구야. 내 옆에 서서 내 말을 경청하며, 내 뒤쪽 팔꿈치에 있는 이상한 사마귀에서의 털도 뽑아줬지. 네가 너무 보고 싶었어. 다시 한 번 기회를 줘서 고마워." 노마가 말없이 고개를 끄덕여 동의를 표하고 그들의 "딸들"이 증인으로 나서면서 이 퀴어 가족은 정화의 의식을 부여받는다.

이렇게 기념된 퀴어 가족이 원래는 인종적 연계에 따라 형성된 것임을 상기하게 된다. 즉 파이퍼가 리치필드에 도착하자마자 알게 된 것처럼, 교도소 재소자들은 인종 중심의 친족 시스템에 따라 비공식적으로 조직되어 있는데, 로나는 이것을 "종족이지 인종차별이 아니"라고 변명한다. 나는 여기서 〈오렌지〉가 인종적으로 폭넓게 캐스팅하고 있음에도, 인종에 대해 항상 계몽화된 방식으로 처리하지 않는 것을 살펴 볼 여력이 없다.[51] 그러나 〈오렌지〉가 문제를 발생시키는 것에 대한 인종적 함의에서 흑인가족은 병리학적으로 묘사되는 데 반해, 백인가족은 긍정적으로 그려지고 있는 것을 충분히 확인할 수 있다. 가령 양심을 품은 흑인여성 비는 충성을 강요하고 호혜를 요구하는 나쁜 어머니 역할을 통해 레드를 돋보이게 하고, 죽음의 종말을 예견하는 이야기 전개방식을 강화한다. 심지어 "계집애야, 너는 이런 족속 출신이야. 커리어를 갖지 못해, 직업만 가질 뿐이야"라고 악담을 늘어놓으며 테이스티가 꿈꾸는 전문가로서의 야망을 허물어뜨린다. 비가 고아가 된 테이스티를 유인해 그녀의 범죄 조직으로 끌어들이면서 현혹했던 약속인 "영원한 가족"은 기만이 되고, 그런 후 양아들에게 살해 명령을 내리지만, 그는 비의 허락 **없이** 자신의 세계로 떠나버린다. 비는 테이스티의 과거를 가지고 현재의 그녀를 공격하고, 다시 그녀에 대한 위협을 재개할 뿐만 아니라 테이스티와 푸씨의 관계를 쉬지 않고 감시하면서, "왜 너는 너의 가족에 대고 푸씨를 계속 감싸는 거야?"라고 테이스티를 압박한다. 그리고 비는 그들이 일부러 바짝 붙어 있는 것을 보고 "여기에서 나갈 때 거리의 사람들이 네가 어떻게 그런 식이 되었는지 이야기하는 것을 원치 않아"라고 경고한다"A Whole Other Hole"2014. 비 자신이 만든 갱단의 동성애 혐오 감시는 교정담당관 힐리의 그것과 유사하다. 과대망상증의 힐리는 파이퍼가 "Fucksgiving"에서 알렉스와 "더러운 춤"을 추었을 때 그녀를 독방 S.H.U.으로 보내버린다. 비의 파놉티콘적 시선은 힐리가 '안전 공간'이라고 이름붙인 치료 그룹의 시도와 연결되어 있는데, 거기에서 쇠창살 뒤 매일매일 되풀이되는 감시 위협이 자백을 하도록 압력을 가한다. 푸씨로 하여금 자신의 감정을 털어놓도록 압박하면서, "우리는 서로를 조심해야 해"라는 힐리의 아둔한 부탁은 위안이라고는 하나도 없는 아이러니를 풍기는데, 비의 헤로인 제조에 대해 의심하고 있는 푸씨가 비의 밀사 수전의 위협적인 시선을 받고 있다는 사실을 오직 힐리만이 눈치 채지 못하고 있기 때문이다"Take Break from Your Values". 테이스티는 결국 고압적이고 폭력적인 어머니 비로부터 스스로를 해방시켜, "Hugs Can Be Deceiving"2014 편에서 그녀에게 "나는 당신에게 내 시간을 이미 너무 많이 줬다고 느껴"라고 신랄하게 비난한다. 이는 폐부를 찌르는 비난으로서, 〈오렌지〉가 시즌2 말미에서 너무 악랄하다고 생각한 인물을 제거할 때

많은 시청자들이 공명해준 바로 그것이다.

미래 퀴어로의 회상

사이츠가 "〈오렌지〉는 내용뿐만 아니라 형식면에서 조용하게 혁명적인 드라마"라고 관측한 가장 확실한 증거일 것으로 보이는 양식적 기법은 회상flashback의 사용에 있다.[52] 극영화와 텔레비전에서 흔히 볼 수 있는 회상은 재귀성과 비선형성 면에서 양식적으로 급진적인 것으로써, 현재에 영향을 주는 외상적인 기억이든 과거로 돌아가고 싶은 욕망을 불러일으키는 즐거운 기억이든 그것의 사용은 거의 항상 교란의 신호를 나타낸다. 게다가 마우린 투림Maureen Turim이 지적한 바와 같이, 회상은 시청자들이 지난 역사에 대한 주체의 폭로로 등장인물에 감정이입하게끔 빈 틈을 메워 넣는 역할을 한다.

만약 회상이 우리에게 기억의 이미지, 그러니까 과거의 개인적인 기록들을 준다면, 그것은 또한 역사적 이미지, 공유되고 기록된 과거 등등을 우리에게 준다. 이런 과정은 "주체의 기억"이라고 부를 수 있다. 여기에서 그것은 역사를 빚어내는 이중적 의미, 그러니까 허구 속 인물의 주관적 경험으로서 역사와, 가공의 사회적 현실에 자리 잡고 있는 허구적 등장인물에게 감정이입하는 영화 관객으로

서 역사적 주체의 형성이라는 이중의 의미를 지닌다.[53]

회상은 비목적론적 정의로 볼 때 형식적으로나 시간적으로 급진적이다. 그것은 진보와 미래로 엄연히 나아가야 하는 것을 거부하면서, "과거는 결코 죽지 않는다. 그것은 심지어 과거도 아니다"라는 유명한 포크너W. Faulkner의 공리를 증명해낸다.[54] "Lesbian Request Denied" 편의 유일한 사례에서, 과거는 트랜스젠더 수감자 소피아가 "마르쿠스"로서 배우 콕스의 쌍둥이 형인 M. 라마가 연기한 타고난 성 정체성에서 선택한 정체성으로 전환하는 것을 보여주는 싱글트릭 샷을 사용으로 현재 이야기의 도화선이 된다. 이 에피소드가 예산 삭감으로 소피아에게 필요한 에스트로겐 투여가 거부되었을 때 닥친 패닉에 초점을 두었다는 점을 염두에 보면, 이런 시간이동 샷은 젠더 전환 중인 수감자를 의존적이고 절박하게 만드는 과거로 미끄러져 되돌아감으로써 상시적인 위협을 시각화한다. 〈오렌지〉의 앙상블 중에서 개별 수감자와 시청자의 감정이입을 설정하는 데 있어 필수불가결한 이런 에피소드의 전개는 회상을 통해 등장인물의 과거로 침투해감으로써 개별 여성의 투옥을 야기한 여러 가지 불행의 요인들을 설정해낸다. 전적인 책임은 아닐지라도 압도적으로 중요한 것은 물질적 필요, 교육, 의료, 법률 방어 등 경제적 자원의 결핍이었다. 그러나 이런 개인적인 역사가 미국의 빈곤이 확산되는 정도와 그 결과를 폭로함에도, 그들은 또한 몰역사적이고 탈맥락화된 내러티브에 저항하는 식으로 이야기 전개방식을 바꿔나간다. 그 결과는 등장인물을 고정관념화의 대표적인 체제뿐만 아니라 각각의 등장인물을 범죄화는 법적체제로부터 분리하고, 만약 자신의 범죄혐의를 벗는다면 각각의 캐릭터를 인간화하고 시민권을 회복시켜주는 식이다.

이 에세이의 서두에서 논의된 시즌1 예고편에서처럼, 파이퍼의 생물학적이고 전통적인 가족의 관점에서 볼 때, 알렉스에게 유혹된 파이퍼의 호기심어린 성적 감수성은 표면적으로 그녀의 투옥과 정직한 시민으로서의 실패를 낳았다. 퀴어스러움과 – 이성애, 재생산적 미래성, 부르주아 자본주의의 – 실패와의 이분 융합은 이념적으로 그 뿌리가 깊다. 핼버스탬은 "이성애는 성취와 충족, 그리고 성공_{연속}의 논리에 뿌리내린 반면, 퀴어의 몸과 퀴어의 사회적 세계는 실패의 증거가 되고 있다"라고 쓰고 있다.[55] 〈오렌지〉의 다른 "나쁜 가족"과 그것의 가모장인 비는 나이든 채프먼의 실패한 암울한 미래의 융합을 공유해 보이는데, "Comic Sans"에서 비의 대리 딸이자 마약 대리자로서 "블랙 신디"_{Black Cindy, 에드리안 C. 무어Adrienne C. Moore 분}가 그녀의 명령을 무시했을 때 비가 신디에게 호통친 것이 그 증거이다. 비는 "사람들이 40세가 되면 끝나는 것들이 다시 작동하는 것 같군." "문제는 이거야. 만약 네가 미래를 만들고 있지 않다면, 그것은 네가 미래가 있다고 믿지 않기 때문이야. 너는 너 자신을 포기했어, 넌 루저야"라고 훈계한다. 비가 설교하는 불법적인 과업 윤리는, 비록 그것이 자본주의적 도그마와 공명할지라도, 만약 비를 기다리는 삶이 짧게 끝나지 않는다면 쇠창살 뒤의 미래만을 보장할 뿐이다. 그렇다고 〈오렌지〉가 "나는 어떤 계획도 없어. 무슨 일이 일어날지 알 수 없지만 그것이 나와 함께 있는 이유야"라고 알렉스가 파이퍼에게 말하면서 제안한 맹목적인 **현재를 즐겨**

라carpe diem는 식으로 미래포기적 주장을 펼치는 것도 아니다. 말하지면, 알렉스의 그런 제안은 유혹적인 판타지이지만, 그것은 파이퍼가그리고 우리가 시즌2의 결말부까지 회피적이고 자기 잇속적인 것으로 이해하게 된 것이다.

　미래를 부정한다는 에델만의 퀴어 반대론적 주장은 퀴어 이론을 통틀어 어떤 지지도 얻지 못했다.[56] "좋아지고 있다"는 공허한 생각에 굴하지 않고, 특히 유색인종 퀴어 학자들은 호세 에스테반 무뇨즈José Esteban Muñoz가 입증하는 것처럼, "퀴어는 주로 미래와 희망에 관한 것이다"라는 믿음을 유지하는 것이 중요하다고 본다.[57] 〈오렌지〉에서 시민권이 박탈된 등장인물들과 그들의 실제 삶의 상대자들에게 더스틴 브래들리 골츠Dustin Bradley Goltz가 취한 입장, 그러니까 "미래 담론이 퀴어스러움을 벌주는 방식은 그렇다 치더라도, 안잘뒤아Gloria Anzaldúa가 우리에게 《내 등이라 불린 이 다리This Bridge Called My Back》에서 '희망의 상실은 자살이다'라고 상기시켜 주듯이, 희망은 정치적 저항과 절박함의 장소를 각인시킨다"라는 것을 거부하기란 쉽지 않다.[58] 골츠에게 있어 이렇게 보다 온건한 입장은 현상태를 부단히 비판함으로써 "미래를 탈취하는 현재진행형의 프로젝트"인 이성애적 규범성과 경쟁하는 퀴어스러움을 상상한다. 즉 "현재 안에서 작동하는 것, 다시 말해 보이지 않는 미래를 향해 '한 번에 하루'라는 관점을 가지고 이성애적 규범성이 위협하는 비극적인 예측을 거부하는 것"을 상상하는 것이다.[59] 무엇보다 〈오렌지〉의 등장인물들은 그들에게 가해지는 투옥의 재활 시스템보다 징벌적인 시스템에 더 도전적이다. 즉 그들은 막연히 시간을 보내기보다 퀴어의 시간을 보낸다. 그 시간은 프리먼이 "가부장적 세대와 가모장적 중산층 가정 모두가 – 나는 여기에 신자유주의적 자본주의 경제를 덧붙이고 싶다 – 그들의 의미를 위해 의지하고 있는 연대기적 규범성과 연대기적 생태정치학의 … 시간 형식에 대항하는 새로운 사회적 관계, 심지어 새로운 정의의 형식"이라고 설명했던 것을 생산하는 시간이다.[60]

텔레비전의 미래에 대한 담론은 "텔레비전의 종말"에 대한 디스토피아적 예측이 창작의 자율성, 인디 TV, 가상세계 기업가, 그리고 참여 미디어 등과 같은 유토피아적 수사로 반박되면서 유사한 극단으로 치닫고 있다. 인터넷 TV가 할리우드의 대형 미디어 그룹들에게서 이익을 취하는 기업경영과 경제적 조정에 대한 정비를 **정말로** 제대로 하고 있는지를 평가하는 가운데, 넷플릭스가 미디어 스트리밍의 초기 채택자로서 획득한 가상세계의 독점을 잃지 않으려 오리지널 콘텐트로 눈을 돌렸다는 것을 기억하는 것이 중요하다. 라이선스 계약이 만료되고 훌루와 아마존 같은 라이벌 콘텐트 제공업체들과의 경쟁이 치열해지면서 넷플릭스의 시장 우위가 점점 더 위협받고 있었기 때문이다. 또한 넷플릭스가 영화와 텔레비전 스튜디오의 재량에 따라 가격을 책정하는 라이선스 요금에 의존하고 있다는 점을 고려할 때, 예측가능한 미래에 엔터테인먼트 산업의 권력구조가 획기적으로 바뀐다면 이는 넷플릭스의 통제하에서 이루어지는 것이 아니라는 점을 기억하는 것 또한 중요하다. 심지어 〈오렌지〉와 같은 오리지널 콘텐트도 단지 첫 번째 윈도 권리에서만 넷플릭스에 의해 "독점적으로" 통제될 뿐이다. 일부 미디어 분석가들은 여전히 불확실한 미래를 시사하면서 케이블 시스템 사업자들이 그들의 사업모델을 버라이즌과 AT&T가 이미 하고 있는 광대역 서비스 판매에 집중함으로써 케이블 패키지 결합상품에서의 이익 손실"코드커터"와 "코드네버"의 결과로서을 보전할 가능성이 있을 것으로 예측한다.[61] 이들 광대역통신사가 스트리밍 서비스를 보호하는 FCC의 최근 망 중립성 규제 통과에 성공적으로 항소하는 경우, 넷플릭스는 스트리밍 대역폭에 대한 비용 상승 또는 스트리밍 대역폭의 데이터 한도에 직면할 수 있다.[62] 넷플릭스의 최고 콘텐트 책임자 테드 사란도스는 자사의 비규범적인 프로그래밍 모델이 얼마나 경제적으로 이익이 되는지 흔쾌히 인정한다. 심지어 아래 글에서처럼 재정적 인센티브를 국수주의적인 자유 개념에 갖다 붙이기도 한다.

> 모든 미국인들이 동시에 같은 일을 하도록 하는 것은 엄청나게 비효율적이고 터무니없이 고비용적입니다. … 당신의 선택지에는 심야 프로그램과 네트워크가 온디맨드로 볼 수 있게 해주지만 제한적인 선택만이 있는 과거 에피소드 너머로 확장될 때 얻어질 수 있는 자유라는 게 있습니다. 좋아하는 TV만 보는 것은 자유의 문제입니다.[63]

시청자의 자유를 자유시장 정책과 연결하면서 사란도스는 넷플릭스를 모든 면에서 사회주의의 냄새를 풍기는 낡은 모델에 대한 신자유주의적 대안임을 강조한다. 그러나 1세대 인터넷 TV 시청자들이 이미 알아챘듯이, 확장된 접근과 선택을 대동하며 전개되는 해방은 압도적이지만 궁극에는 빈궁한 것으로 판명될 것이다. 켄 오레타Ken Aueletta는 "인터넷 TV로 인해 고객들은 그들이 원할 때는 언제든지 무엇이든 진짜로 가질 수 있다는 생각에 길들여져 왔다"라면서, "자유가 지금의 거래조건보다 더 많이 대가를 치를 것인지 여부는 불확실하다"라고 쓰고 있다.[64]

현실과 종말에 대한 유토피아적인 무신경을 그려내는 것으로 보일 수도 있지만, 〈오렌지〉의 두 번째 시즌은 개인적·집단적 전환의 퀴어적 상상력을 도발적인 시각적 이미지로 끝맺는다. 그것은 각자에게 부여하고 있는 과거, 현재, 미래, 그리고 연대기적 규범성과 연대기적 생태정치학적 의무들을 초월하는 급진적인 시간성을 통했을 때 실현가능한 것이다. 더 이상의 치료를 위한 교도소 예산이 없어 말기 암 진단으로 사형선고를 받은 전 은행강도이자 오랜 기결수인 로사Rosa, 바바라 로젠블랫Barbara Rosenblat 분는 탈출할 기회를 잡으며, 감옥 수송차를 탈취해 일몰 화면에서는 언제든 나옴직한 〈블루 오이스터 컬트Blue Öyster Cult의 "〈저승사자(Don't Fear)The Reaper〉 음악에 맞춰 가속 페달을 밟는다"We Have Manners, We're Polite"2014. 장소, 계급, 인종, 나이, 질병 등 다양한 구속에서 해방된 이 순간, 로사는 시각적으로 그녀가 한때 그랬던 강고한 선동가로 변신한다. 시간적 구속이나 사회적으로 지시된 주체성에 구애받지 않는 자아의 황홀한 긍정, 그것은 속박 받지 않는 쾌락의 순간이다. 슬프게도 그것은 꿈에 그리던 탈출이지만 우리는 스크린에서만 그 가능성을 상상할 수 있다. 넷플릭스와 〈오렌지〉는 최선을 다해서 텔레비전과 사회

적 세계 모두에 퀴어의 시공간을, 그리고 그것을 넘어선 시각을 비
슷하게 제공한다.

Chapter. 2

넷플릭스와
<못말리는 패밀리>의
혁신적인 서사구성

▶

마리아 비안치니|Maira Bianchini &
마리아 카르멘 야콥 드 수자|Maria Carmen Jacob De Souza

〈못말리는 패밀리Arrested Development〉(2003~2006)의 세 번째 시즌 마지막 회인 "Development Arrested"2006에서는 훗날 할리우드의 성공적인 10대 제작자인 매비 퓐케Maeby Fünke, 앨리아 쇼캣Alia Shawkat 분가 그녀 가족의 이야기를 소재로 한 텔레비전 시리즈의 아이디어를 산업 아이콘에게 제시하면서, "아니, 전 그것을 시리즈로 보지 않아요. 영화인 것 같아요"라고 말한다. 물론 문제의 아이콘은 그 시리즈의 책임 제작자이자 내레이터인 론 하워드Ron Howard였고, 이 순간은 〈못말리는 패밀리〉 개발팀이 블러쓰 가족the Bluth 이야기의 영화 속편을 위해 품고 있었던 어떤 계획을 암시하는 것이었다.

7년 후 넷플릭스에서 처음 공개된 시즌4의 "Señoritis"2013 에피소드에서, 장차 있을지 모를 장편영화를 위해 가족 구성원의 허락을 얻으려는 여정에 합류한 사람은 마이클Michael, 제이슨 베이트먼Jason Bateman 분이다. 마이클은 실직 상태인 조카에게서 그 프로젝트를 위한 **새로운** 유망한 계획을 듣는다. 조카는 "말하고 싶은 게 있는데요. 영화는 죽은 것 같아요. 어쩌면 TV 쇼인지도 몰라요"라고 말한다. 오리지널 버전의 마지막에서 했던 론 하워드의 말과 함께, 이 대화는 이 시리즈가 2006년 마지막 제작 이후 어떻게 부활했는지에 대한 실화를 분명하게 밝히고 있다. 그것은 다름 아닌 장편영화 투자의 좌절과, 다시 한 번 넷플릭스에서 에피소드 시리즈로 복귀한 것을 포함한 창의성의 무용담을 일컫는다넷플릭스 시리즈 <못말리는 패밀리>는 원래 2003년부터 2006년까지 폭스TV에서 시즌3까지 방송하던 것을 2013년 넷플릭스에서 시즌4로 새로 출시된 것이다. 이 글

은 넷플릭스라는 이전에 없던 영상 플랫폼 전략에 맞춘 <못말리는 패밀리> 특유의 혁신적 서사구성에 대해 논평한다. 본문에서 여

러 차례 언급되는 영화와 시리즈에 관한 대화는 2013년 당시 이전에 없던 융합미디어로서 넷플릭스에서의 시청방식몰아보기, 정

주행, 나눠보기, 따라잡기 등과 그런 시청방식과 조화를 이루는 선집적 포맷anthological format의 서사구성을 찾는 여정을

보여준다. – 역자 주.[1]

시즌4를 온라인으로 출시한 것은 우리로 하여금 왜 넷플릭스
경영진이 하워드 팀과 책임 제작자 미치 허비츠Mitch Hurwitch의 프로
젝트를 지원하기로 결정했는지에 대한 궁금증을 자아낸다. 최근
시청각 멀티플랫폼 시장에서 이 회사의 행보는 이 분야에서 넷플
릭스의 높아진 위상을 보여주는데, 미디어 융합과 참여문화가 강
한 TV 시리즈 생산분야에서 특히 그러하다. 2000년부터 넷플릭
스 콘텐트 최고 책임자를 맡고 있는 테드 사란도스는 유망한 시리
즈 제작 시장동향에 대한 자신의 명성을 신성한 오리지널 프로그
래밍 전략으로 바꿔내는 것을 책임지는 넷플릭스 임원진으로 널리
알려져 왔다. 그가 주목하는 수용자는 최근의 미디어 환경에서 성
장한 미학적이고 양식적인 혁신에 충실한 소비자들이다.

넷플릭스가 쇼러너showrunner; 쇼러너는 대본을 쓰고 제작하고 감독하는 핵심 영역을 관리함에 있어
높은 수준의 자율성을 가진 전문직으로 특정 장르 혹은 프로그램의 운영책임자를 일컫는다. 이 글은 <못말리는 패밀리>의 쇼러너
들이 넷플릭스의 스트리밍 모델에 자신들의 프로그램을 서사적으로 어떻게 혁신했는지를 분석한다. – 역자 주 허비츠와
그의 창의적인 동료들을 <못말리는 패밀리>의 네 번째 시즌에 끌
어오기로 한 결정은 미국 시트콤 형식을 리믹스함에 있어 이 시리
즈에 사로잡힌 팬층과 창작팀의 관심을 결합하는 그들의 전문성을
보여준다. 원작에서 그 시리즈는 웃음 트랙의 부재, 카메라 한 대

의 셋업세대카아닌, "시네마 베리테"cinéma verité 다큐멘터리 스타일의 미학핸드헬드 카메라, 내레이터의 출연, 캡션, 보이스오버, 콜라주 등, 그리고 가장 중요하게는 자의식적이고 다층적이며 복잡한 스토리텔링 양식 등 공식적인 창작 기법으로 널리 알려져 있었다.[2] 따라서 넷플릭스는 온라인에서 배양된 시리즈의 팬커뮤니티와 어떻게 조화를 이루는지를 보여준다. 이때 팬커뮤니티는 똑같은 이야기를 다른 시각으로 풀어가는 네 번째 시즌의 선집적이고 급진적으로 분절화된 서술적 구성의 작품 미학과 과감한 문체를 감상하는 데 능한 전문 시청자 집단을 일컫는다뒤에서 다시 설명되는 선집적 포맷anthological format 이란 9명의 출연자 각각이 주인공이면서 동시에 전체 이야기의 구성원이 되는 것을 말한다. 이는 실제 배우들의 촬영 시간을 조절해야 하는 병참학적인 문제도 고려한 것이지만, 정기적 텔레비전 시청도 이벤트인 영화 관람도 아닌 언제든 시청하면서 스토리라인을 따라갈 수 있는 몰아보기, 나눠보기 등 복잡한 시청환경에 어울리는 콘텐트 양식화 전략의 하나이다. – 역자 주.[3] 시간의 교체와 서사의 분절화를 통해 이뤄내는 이 시즌의 코믹 효과의 구조는 15개 에피소드의 연속적인 시청 가능성을 탐구하는 과정에서 고안되었다. 이를 위해 넷플릭스는 자사의 유통 모델과 결부된 몰아보기 행동을 이용했다. 그런 결정은 결국 퍼즐 같은 급진적인 내러티브 디자인을 낳았다.

이 글은 넷플릭스 경영진과 〈못말리는 패밀리〉 창작 에이전트의 아이디어 사이에 얽히고설킨 복잡한 관계를 고찰한다. 그러한 아이디어와 결정 들은 곧바로 시리즈의 미학적 혁신, 창작팀에 대한 존중, 그리고 텔레비전 대본시장에서 이 회사의 지위를 강화시켰다. 우리는 회사 경영진과 〈못말리는 패밀리〉 창작팀 사이의 그런 관계를 탐색하기 위해 삐에르 부르디외Pierre Bourdieu의 연구에 의존한다. 그의 연구는 TV 시리즈 생산 장production field의 역사에서 구별

distinction과 인정recognition에 관한 논쟁에서 관계분석적 접근을 취함으로써 이들 에이전트들의 행동을 보다 잘 이해할 수 있게 한다.

텔레비전 시리즈 제작에 있어서 사회적 장social field 개념은 텔레비전 시리즈가 어떻게 오리지널 프로그래밍의 생산과 배급 과정에 관여하는 에이전트들 사이의 – 회사 관리자에서 그러한 제품을 다루는 창작 전문가에 이르기까지 – 파트너십과 경쟁관계 시스템 모두를 특정한 규칙과 논리적 원칙에 따라 만들어지는지를 보여주는 데 적용된다. 이들 에이전트들의 행동을 유도해내는 원칙은 해당 장의 지난한 자율화 과정의 결과인데, 이는 시리즈 포맷과 품질을 정의하고 정당화하는 힘은 물론이거니와 이를 생산하는 에이전트들을 평가하고, 인식하고, 신성하게 만드는 힘에 관한 논쟁에서도 관찰될 수 있다.

그러므로 텔레비전 생산, 유통, 소비의 역사에서, 경제적이고 상징적인 교환시장은 공유된 구조적 차원, 다른 장과의 관계에서의 상동적 위치경제적이고 정치적인 영역에서 발견되는 지배/피지배의 위치와 이들 양극단의 중간적 위치와 같은에 의해 형성되고 지배된다. 그러면서도 개인적이고 자율적인 차원들이 형성되고, 독창적이고 혁신적이며 수준 높은 TV 시리즈의 정의에 대해 상반된 사회적 위치를 구성하기도 한다. 이런 분석적 시각의 중심적 전제들은 〈못말리는 패밀리〉의 창작자 허비츠에 의해 조율된 시학적poetic 선택들이 텔레비전 산업 안에서, 폭스에서 방송되었을 때와 넷플릭스에서 다시 방송되었을 때 모두에서, 그가 차지하는 성향, 관심사, 그리고 위치들에 의해 어떻게 유도되는지를 보여준다.

텔레비전 사회적 장에서 위치 잡기와 자율성

〈못말리는 패밀리〉를 만들기 전 허비츠는 〈골든 걸스Golden
Girls〉1985~1992에서 가장 널리 알려진 전통적인 멀티 카메라 시트콤
으로 경력을 쌓았지만 그 형식이 시대에 뒤떨어져 있다는 것을
깨달았다. 허비츠가 새로운 형식의 코미디 스토리텔링을 실험하
기 위한 조건은 2002년 허비츠 자신과 론 하워드Ron Howard, 제작
자 브라이언 그래이저Brian Grazer, 그리고 이매진 엔터테인먼트Imagine
Entertainment 대표 데이비드 네빈스David Nevins의 상호 상승적인 시너지
적 발상을 통해 가능했다. 허비츠가 말했듯이, "그 아이디어는 이
다큐멘터리 스타일이 스토리텔링에 정보를 줄 수 있다는 것, 즉 모
든 것을 연속적으로 하지 않고 비선형적인 방식으로 이야기를 들
려주는 것이다. 그것은 스타일리시하게 이야기를 옮겨가는 훌륭한
방법이 되었다."⁴⁶

이런 시나리오에서 〈못말리는 패밀리〉의 등장은 미디어 산업에
서 생산과 배급 회사의 실적에 대한 분석을 하고픈 생각이 나게 한
다. 시리즈 창작자에게 부여된 자율성의 정도는 일반적으로 그간
이어온 현장에서의 자율화 수준과, 그런 창작자들에 의해 축적된
상징적이고 경제적인 자본에 의존한다. 이 개념은 미디어 산업 안
에서 일하는 사람들이 어떻게 외부_{상업적 성공의 필요와 같은} 계층구조와 내부
_{품질과 형식성 측면에 대한 생산계의 특정한 정의 기준} 계층구조에 반응하는지에 대한 검증
의 생각을 불러일으킨다. 이런 생각을 좇아 이 글은 사회적 장 개

넘 안에서 미디어 콘텐트를 생산하고 배급하는 데 책임을 맡고 있는 기업 내 전문가들에 대한 광범위한 분석을 전개한다. 기업가 정신을 가진 사회적 에이전트들은 특히 관찰하기에 매력적이다. 왜냐하면 그들은 산업 경쟁력을 키우는 데 헌신하고 의사소통 기술과 마케팅 전략을 강화하기 때문이다. 그리고 "어떤 경제적 성향의 전문가 집합체, 다시 말해 특정 장의 섹터에서 작품을 감상하고 가치를 매기는 방법을 알고 있어 작품을 잘 이용할 줄 아는 부류들 중에서, 제작자들과는 완전히 동떨어져 있으면서도 제작자의 그것과 유사한 지적 성향을 가진 전문가들의 집합체로 모여지기 때문이다.[5] 그런 책임 운영자들은 창의적이고 혁신적인 아이디어와 관련하여 정통성의 입장을 취하는 경향이 있다.

미국 텔레비전 시리즈 발전에 관한 연구는 시리즈를 제작함에 있어 쇼너러가 이끄는 집단적인 작업을 포함해 여러 창작의 경험이 회사 임원들이 제시한 조건에 따라 달라진다는 것을 보여준다.[6] 쇼너러들은 방송 네트워크, 케이블, 프리미엄 채널, 가장 최근에는 온라인 스트리밍 회사의 임원들 중에서 상징적 자본을 축적하고 그에 상응하는 지위를 점할 수 있을 정도로 복잡한 제작과정에 대한 자율성과 통제력 수준을 끌어올릴 수 있다.[7] 이런 맥락에서 쇼너러들은 제작 과정에서 협상하고 조화를 이룰 수 있는 힘이 클수록 자원과 전략을 선택하는 조건이 좋아진다는 것을 안다. 이것은 그들이 지휘하는 작품의 특성에 대한 인식을 제공할 수도 있다. 역으로 말하면, 그들은 회사 브랜드 창출과 곧잘 연관되기도 한다. 주목할 만한 예로 1990년대와 2000년대 초 HBO의 오리지널 프로그래밍이 있다. 톰 폰타나<오즈>(1997~2003), 데이비드 체이스<더 소프라노스>(1999~2007), 앨런 볼<Six Feet Under>(2001~2005), 데이비드 사이먼 <The Wire>(2002~2008), 데이비드 밀치<Deadwood>(2004~2006)와 같은 쇼러너들은 프리미엄 케이블 채널에서 가질 수 있는 창작의 자유를 행사하여 텔레비전 역사상 가장 호평 받은 드라마를 제작했다. 이는 이후 텔레비전 제작분야에서 HBO의 브랜드를 높이는 데 기여했다.[8] 경영진은 오리지널 프로그래밍에 투자하고 미학적 품질과 시청률 사이의 융합점을 제대로 찾는 시리즈를 선별해냄으로써 그들 회사를 정립하는 브랜드 정체성 전략을 사용한다.[9] 따라서 혁신적인 시리즈는 틈새 수용자들에게 존경의 대상이 되는 경향을 보여준다.

이 글은 텔레비전 생산 장에서 특정 장르와 포맷에 따라 임원, 창조적인 작가, 제작자 들의 커져가는 인지도와 신성화consecration가 어떻게 프로그램 제작, 배포 및 소비의 장에서 혁신적 과정을 함께 고무해내는지를 고찰한다. 그런 혁신은 현재 그 장의 자율화 상태가 어떻게 미국 텔레비전에서 미학적 준거점인 정통성 있는 시리즈를 낳았는지를 보여준다. 따라서 중심적인 사회적 에이전트들이 이어갔던 궤적의 주요 순간들이 글 전체에 걸쳐 제시된다. 〈못말리는 패밀리〉에는 이런 에이전트로 창작자이자 쇼러너인 허비츠, 이매진 엔터테인먼트의 제작자이자 경영이사로서 시작 단계부터 시리즈의 서사적, 미학적 스타일에 모든 것을 건 론 하워드, 브라이언 그래이저, 데이비드 네빈스, 그리고 이전의 혁신을 더욱 탐구하도록 독려하여 넷플릭스에서의 네 번째 시즌을 책임지는 임원 중 한 사람인 테드 사란도스 등이 있다.

그들에게 권한을 부여하는 방송사 경영진과 결부되어 있는 쇼러너의 사회적 궤적은 시리즈물 생산 작업과 보다 폭넓은 실천 영역 모두에서 차별적인 브랜드 창출을 위해 관련 회사들이 수행하는 연계적인 노력을 관리감독하는 특권적인 **발상지**locus가 되는 경향이 있다.[10] 따라서 이들 기업과 기업가들에 대한 사회적 신성화의 궤적에 대한 분석은 그들이 일하는 시장에서 군이 그들의 위치를 홍보하려고 애쓰는 이유에 대해 알게 해준다.

쇼러너들이 일을 하게끔 긍정적이고 자율적인 조건을 만드는 비즈니스 전략은 성공적인 텔레비전 시리즈를 위한 창작환경 역시 회사를 지속가능하게 하는 요소임을 보여준다. 이런 태도는 위험하지만 필요한데, 특히 그런 장이 변화하는 시기에 그러하다. 거기에서 위험을 감수한 결과는 경쟁적인 텔레비전 생산과 배급 시장에서 넷플릭스와 같은 신규 사업자들의 출현을 긍정적으로 이끌어낸다.

이 글의 목적은 이들 회사들이 텔레비전 시트콤 혁신에 대해 견지하는 시각을 해명하는 것으로, 이는 〈못말리는 패밀리〉가 채택한 서사전략에서 관찰될 수 있다. 이 에세이는 또한 관련된 사회적 에이전트들의 행동이 양질의 프로그래밍을 확장하는 데 영향을 미친다는 것을 보여준다. 이들 사회적 에이전트들은 창의적인 오리지널 콘텐트의 가치와 자율성을 강화하고, 현장에서의 격렬한 변화의 순간에 넷플릭스 같은 새로운 기업가적 에이전트들의 출현을 돕는다.

"텔레비전의 미래가 여기에 있습니다":
텔레비전 시리즈 생산 장에서 넷플릭스

텔레비전 콘텐트가 배급되고 소비되는 방식의 확장과 다양화는 텔레비전 생산 장의 역학을 크게 바꾸어놓았다. 넷플릭스와 같은 회사들은 처음에는 새로운 유통 플랫폼만을 제공했지만 진즉에 오리지널 시리즈 제작을 개시했다. 넷플릭스는 최근까지 제작업체, 네트워크사, 채널사 등 개별적으로 한정된 분야로 자신의 영역을 넓혀왔다. 공동 설립자이자 CEO인 리드 헤이스팅스가 말한 바와 같이, 넷플릭스는 이들 분야에서 활동할 때 HBO의 전략적 계획을 주요 기준점으로 삼아 익숙한 산업 전략들을 채택해왔다.[11] 그런 회사들은 적어도 서로 관련된 세 가지의 특징들을 처리해 나간다: 1 국제 시장의 확대, 2 지역과 전 세계 가입자를 파악, 유치, 평가, 유지, 확장하기 위한 시스템의 구축, 3 보다 폭넓은 수용자와 틈새 수용자 모두의 다양성과 욕망에 부응하는 제품 세트의 콤비네이션. 이 경우 목표는 혁신적인 오리지널 콘텐트인데, 이는 이 분야의 전문가들비평가, 제작자, 작가과 특정 수용자와 관련된 조직팬 커뮤니티, 웹사이트, 전문블로그이 구현해내는 신성화의 심급에 의해 그 수준을 인정받는다.

넷플릭스가 채택한 전략은 새로운 기술의 사용이 어떻게 그 장에 참가한 참가자들의 위치를 수정해내는지를 보여준다. 부르디외가 개발한 분석적 관점은 주어진 역사적 순간에 힘의 균형을 현저하게 바꾸는 신참자들의 경향을 강조한다. 이는 해당 장의 논리와 운영 역학에 본질적인 측면이다. 최근 몇 년 동안 새로운 에이전트들이 온라인 스트리밍 플랫폼의 등장에 무게중심을 두고 시리즈 생산 장으로 진출했다. 넷플릭스와 함께 아마존, 훌루, 야후는 모두 오리지널 프로그래밍 전략에 투자하여 다양한 수준의 성공과 인정을 이뤄냈다. 아마존의 〈트랜스패런트Transparent〉2014~는 골든 글로브Golden Globe와 황금시간 에미상Primetime Emmy에 주목을 받은 데 반해, 야후는 NBC 컬트 시트콤 〈커뮤니티Community〉2009~2015 재방을 포함한 오리지널 콘텐트로 4,200만 달러 이상을 잃었다.[12] 이 장의 상징적 자본은 끊임없는 교섭 상태에 있는데, 여기서는 이런 생산 장이 제공하는 선택의 공간에서 전략적 계획과 창조적 잠재력을 더 잘 결합하는 에이전트가 부상하는 것에 호의적이다.

넷플릭스가 자신들의 시리즈 품질과 혁신을 인정받으면서 시리즈 생산과 배급 회사들의 영역 내에 자신을 위치시킨 방법은 우리가 다중 플랫폼 환경에서 새로운 논쟁과 권력관계 지형에 직면해 있음을 보여준다. 넷플릭스는 사회적 장의 논리적 원칙을 파악하고, - 여러 기술과 개발 중인 콘텐트 배급 시스템, 글로벌 시장의 확대, 새로운 수용자의 부상, 대담한 창작자의 은신처, 그리고 새로운 국가 규제 등 - 기존의 운영역학을 뒤흔드는 변화를 파악하는 능력을 보여준다. 경영진은 이 새로운 맥락을 어떻게 평가할지 알고 있으며, 수십 년 동안 시장에 나와 있는 선수들과 경쟁하면서 그들을 새로운 위치에 놓는 실행전략, 거꾸로 말하면 이들 시스템 고유의 내재적 논리에 비추어 그들의 비즈니스 모델을 갱신하고 혁신할 필요가 있는 실행전략을 이행하고 있다.

넷플릭스 사례에서 오리지널 프로그래밍에 대한 투자는 온라인 임대업만을 하던 것을 중단하고 주문형 스트리밍 플랫폼으로 일하기 시작한 콘텐트 배급 모델의 역사를 통해 이해될 수 있다. 넷플릭스는 2007년 전환의 시기에 두 가지 초기 당면과제, 즉 라이센싱과 콘텐트 배급 윈도의 제한에 직면했었다. 사란도스에 따르면, 스트리밍 시장에 대한 최초 판매원칙first-sale doctrine이 부재했던 넷플릭스는 콘텐트 배급 협약의 라이센싱, 특히 텔레비전 콘텐트에 대한 라이센싱 재설정을 요구받았다.[13] 최초 판매원칙은 기업이 대규모의 영화와 TV 시리즈 컬렉션을 물리적 미디어 형태로 구입하고 이 제품들을 무한히 배포할 수 있도록 한다. 왜냐하면 그런 조건에서는 그런 제품의 저작권 소유자가 제품에 대한 영구적인 라이센스를 가지지 않기 때문이다. 말하자면, DVD의 물리적 무결성이 그대로 유지되는 중에는 회사가 제품을 임대하거나 재판매할 수 있는 권리에 대한 비용을 다시 지불할 필요가 없다. 반면에, 스트리밍 시장에서 업체들은 다른 가입자 주문형 비디오SVOD 플레이어와의 경쟁적 역학 속에서 SVOD TV 권리를 지속적으로 갱신하면서 확보해야 한다. 사란도스에 따르면, "모든 네트워크들은 자체 VOD 서비스 환경을 조성하기 위한 방법으로 SVOD 권리를 보유, 보류, 구입 또는 차단하는 데 관심을 두고 있기 때문에" 텔레비전 콘텐트를 위한 그 같은 협상은 점점 더 복잡해진다.[14]

배급 창구화와 관련한 하나의 큰 도전은 프리미엄과 기본 모두를 갖춘 할리우드 스튜디오와 케이블 채널 간에 이미 체결된 합의 때문이었다. 오랫동안 계속되어 온 이 합의는 케이블 채널이 DVD

출시 후 9년 동안 주요 출시물에 대한 배타적인 일차 권리를 가지는 것이다. 이와 같은 전통적인 창구화 거래는 분명 넷플릭스의 초기 온라인 스트리밍 서비스의 콘텐트 분량에 영향을 미쳤다. 그러나 그 분야에 대한 넷플릭스의 투자를 막아내지는 못했다. 넷플릭스는 여전히 물리적인 DVD 대여 서비스를 제공하기는 하지만 가입자들은 온라인 스트리밍을 받아들였다. 한 추산에 따르면 2008년 10월까지 840만 명의 넷플릭스 가입자 중 10~20%가 정기적으로 온라인 서비스를 사용하는 것으로 나타났다.[15]

이와 동시에 라이선스 협정 변경이 넷플릭스의 시장 진출에 길을 터주기 시작했다. 이 회사는 2008년 9월 CBS TV 네트워크와 디즈니-ABC TV 그룹의 시리즈 유통을 협상하여 〈CSI〉2000~2015, 〈NCIS〉2003~, 〈위기의 주부들Desperate Housewives〉2004~2012, 〈로스트Lost〉2004~2010 등과 같은 TV 프로그램에 대한 권리를 확보했다. 그 다음 달 프리미엄 케이블 채널 스타즈Starz와의 라이선스 협정은 월트 디즈니 스튜디오와 소니 픽처스 영화의 배급 창구를 9년에서 단지 6개월로 크게 줄였다.[16] 릴러티비티 미디어Relativity Media, 오픈로드Open Roads, 뉴 이미지New Image와 같은 제작사와 독점적인 계약을 체결한 것도 콘텐트가 HBO나 쇼타임Showtime과 같은 경쟁사로 가는 것을 막는 데 도움이 되었다. 2년 후 넷플릭스는 거의 20억 달러의 거금을 들여 파라마운트 픽처스, 라이온스게이트Lionsgate, MGM 등 세 개의 할리우드 메이저 스튜디오와 직접 계약을 체결했다.[17]

하지만 사란도스가 처한 가장 중요한 사안은 오리지널로 방송된 시즌 이후 텔레비전 콘텐트 배급 윈도에서의 권리부여, 다시 말해 시즌 후 모델season-after model이었다. 일반적으로 다섯 시즌 후에 협상되는 아이튠즈나 전통적인 신디케이션 협정에서의 일일 후 에피소드day-after episode와 달리, 시즌 후 모델은 방송과 케이블을 위한 새로운 배급 방식을 창출해냈다. 이와 관련해 사란도스는 다음과 같이 말했다.

> 케이블 채널은 그들의 쇼를 다른 케이블 채널에 실제로 배급할 수 없고, 대부분의 콘텐트는 너무나 시리즈화되어 있어서 배급 자체가 절대적으로 어렵습니다. 우리는 다른 사람들보다 더 비싸게 불렀기 때문에 〈매드맨Mad Men〉2007~2015에 대한 일부 독점권을 확보했으나, 사실 대부분의 경우 어느 누구도 그것을 원하지 않았기 때문이죠. 어느 누구보다 그런 쇼에 대해 더 많은 시청을 확보할 수 있기 때문에, 우리는 그 쇼를 위해 어느 누구보다 더 많은 돈을 지불할 수 있습니다.[18]

그러나 그런 콘텐트의 이용 가능한 옵션은 제한적이다. 사란도스에 따르면, 〈매드 맨〉, 〈브레이킹 배드〉2008~2013, 〈썬즈 오브 아나키Sons of Anarchy〉2008~2014와 같은 시리즈물이 넷플릭스에 신규 가입자들을 끌어왔지만, 시리즈화된 만큼 비용이 많이 들고 그에 따라 수익을 내기 어렵다는 이유로 방송 네트워크들의 주요 투자 대상이 아니었다. 그런 한편, HBO, 쇼타임 등 유료 케이블 채널은 자사 가입자 스트리밍 서비스를 개발하고, 오리지널 시리즈에 대한 투자가 거의 즉각적으로 배당금으로 돌아오는 넷플릭스와의 협상을 거절하는 등 대응에 나섰다. 이와 관련해 사란도스는 다음과 같이 말했다.

> 결국 우리는 오리지널 콘텐트를 생산하고자 합니다. 우리 고객들이 가장 중요한 쇼에 대해 더 많은 통제권을 가질 때가 되었기 때문입니다. 우리는 시리즈물의 가치를 진정 높이 평가하게 되었습니다. 많은 사람들이 그것들을 보고 또 사랑하죠. 우리의 데이터는 그 추세를 뒷받침하고 있고, 그것이 바로 당신이 텔레비전에서 넷플릭스에 그렇게 숨김없이 투자하는 것을 보게 되는 이유입니다. 우리는 그들의 행동을 알아봄은 물론 더욱 더 고도로 시리즈화되고 잘 제작된 1시간짜리 드라마를 확보함으로써 시리즈물 수용자를 늘릴 수 있었습니다.[19]

노르웨이 방송사인 NRK1과 실험적인 갱단 코미디 드라마 〈릴리해머Lilyhammer〉2012~2014를 합작한 후, 넷플릭스가 오리지널 프로그램에 최초로 단독 출자한 것은 야심찬 정치 드라마 〈하우스 오브 카드〉2013~2018였다. 사란도스는 두 시즌에 1억 달러 이상을 베팅하는 위험을 무릅썼다. 그것은 넷플릭스가 TV 시리즈 제작 영역에 뛰어드는 데 필요한 상징적 자본을 얻기 위해 선택했던 대담하지만 전략적인 계획이었다.

할리우드 리포터Hollywood Reporter와의 인터뷰에서 헤이스팅스는 "만약 우리가 오리지널 프로그램에 참여하게 되어서 그것이 잘되지 않았다면, 저는 우리가 충분히 노력하지 않았거나 충분히 야심이 없었기 때문에 그렇게 된 것이라고 믿고 싶지 않았습니다. … 만약 그것이 잘되지 않았다면, 그것이 나쁜 아이디어였기 때문이었다는 것을 알고 싶었습니다"라고 말했다.[20] 이 기념비적인 사례는 그것이 나쁜 아이디어가 아니었다는 것을 입증했다. 케빈 스페이시가 제작·주연하고 뷰 윌리먼Beau Willimon이 1990년대 BBC 정치 드라마를 리메이크하여 쓴 이 작품은 강력한 평가를 받았고, 첫 회를 제작한 데이비드 핀처David Fincher 감독은 온라인 텔레비전 시리즈 분야 최초로 메이저 프라임타임 에미상Primetime Emmy을 받았다〈하우스 오브 카드〉는 온라인 드라마 사상 최초로 에미상 9개 부문에 지명되어 그중 3개(감독상, 촬영상, 캐스팅상)를 수상했다. - 역자주. 이 시리즈는 또한 2013년 1분기에 넷플릭스의 가입자 기반을 200만 명 이상 늘리는 데 기여했다.[21]

그러나 넷플릭스가 2013년 출시작 중 최고의 투자를 단행한 것은 〈못말리는 패밀리〉였다. 여기에는 흥행에 성공한 코미디 드라마 〈오렌지 이즈 더 뉴 블랙〉2013~, 코미디 〈데릭Derek〉2012~2014, 공포스릴러 시리즈 〈헴록 그로브Hemlock Grove〉2013~2015도 포함된다. 〈못말리는 패밀리〉 팬들은 2006년 제작 취소 이후 시리즈의 재가동을 기대하고 있었는데, 특히 원작의 마지막 결말에서 '블러쓰 가족' 이야기로 돌아가고 싶다는 창작팀의 희망을 나타냈기 때문이다. 허비츠는 이 시리즈가 중단되는 동안 - 애초에는 영화화하려는 계획을 세웠던 - 이 프로젝트의 변천을 다음과 같이 설명했다.

작품이 취소되었을 때 저 자신은 더 하고 싶어 한다는 것을 알았습니다. … 당시 론 하워드는 그것이 영화라고 생각하지 않았고, 그게 맞는 생각이었죠. 작품이 취소되면 어떻게 영화 스튜디오를 구해서 거기에 돈을 투입할지 상상하기 힘들어요. 그건 진짜로 성공적이었고, 작품 말미에 론이 그것은 영화일지도 모른다고 말한 것은 교활한 일이었죠. 그건 꽤나 우연한 것이었지만 난 정말 그 때 영화로 만들어보고 싶었어요. … 하워드는 실제로 제작진에 올라가 있지는 않았지만, 그 후 몇 년이 지나면서 눈덩이처럼 불어나기 시작했고, 그는 그것이 영화일 것이라고 생각하기 시작했더랬어요. 그때 저는 많은 일을 하고 있었고, 그것을 하기 위해 진짜로 많은 시간을 소비해야 했죠. 2011년 12월이 되어서야 저는 그 영화를 만들기 시작했어요. 저는 "와우, 이건 거의 새로운 형식을 요구하는군"이라는 깨달음을 얻었죠.[22]

넷플릭스가 이 시리즈의 부활에 흥미를 가진 것은 이 회사가 가입자의 시청습관을 추적하기 위해 개발한 취향 기반의 알고리즘 기술이 수집한 데이터가 있었기 때문이다. 그런 기술은 그 회사의 핵심 투자이고 스트리밍 플랫폼의 가장 강력한 특징 중 하나로서, 전통적인 텔레비전 프로그래밍의 그것에 상응하는 가입자들의 소비 흐름consumption flow을 생성해내는 책임을 떠맡고 있다. 넷플릭스의 오리지널 프로그래밍 부문 부사장 신디 홀랜드Cindy Holland는 "〈못말리는 패밀리〉를 부활시키는것은 우리에게 지극히 합리적인 일이었습니다. 그 이유는 이 프로그램이 가장 인기 있는 컬트쇼였고, 수 년 동안 그랬으며, 우리의 서비스를 통해 어느 정도의 팬들이 새로 형성될 것을 알고 있었기 때문입니다"라고 말했다.[23] 사란도스에게 있어 넷플릭스는 〈못말리는 패밀리〉와 같은 시리즈가 기술적으로 자신의 수용자를 찾거나 재발견하는 것을 도울 수 있는 최고의 상태에 있었다.

> 〈못말리는 패밀리〉는 참 독특합니다. 만약 오늘날 사용되고 있는 모든 기술이 그 드라마가 나오던 당시에 있었다면 아마도 어마어마한 성공을 거뒀을 겁니다. 저희가 스트리밍을 시작하던 바로 그해에 방송이 취소되었던 것을 기억해 보십시오. 그 이전에는 쇼를 따라잡으려는 생각이 실제로 존재하지 않았지요. 이 시리즈의 부활을 고려하는 우리 입장에서는 이 드라마를 사랑하는 사람들에게 그것이 훌륭한 쇼 이상일 필요가 있습니다. 경제적으로 수지타산을 맞추기 위해 우리는 더 많은 수용자를 찾도록 힘을 기울여야 합니다.[24]

넷플릭스는 허비츠와 그의 팀과의 제휴로 그들의 창의력과 혁신 능력에서 큰 이득을 얻었다. 그에 따라 네 번째 시즌의 디자인에서 시즌 전체를 한 번에 스트리밍하는 가능성을 탐구했다. 홀랜드는 창의적 개발을 위한 넷플릭스의 접근방식을 다음과 같이 지적했다. "우리는 우리의 것이 아니라 그들의 비전을 사고 있습니다. 초기에 진행되었던 일부 대화에서는 그것을 13시간짜리 영화로 생각했습니다. 우리는 요약물이 필요 없습니다. 우리는 에피소드 끄트머리의 벼랑끝 장치도 필요하지 않습니다. 이제 여러분은 십중팔구 다음 회가 곧바로 시청될 것이라는 것을 알기 때문에 다르게 쓸 수 있을 겁니다."

〈못말리는 패밀리〉의 취소 이후 이 작품의 부활을 이끈 성공적
인 파트너십은 시리즈를 다시 가져온 – 그리고 그것의 언어와 스
토리텔링의 혁신적인 특성을 확대한 – 허비츠의 이상에 찬 계획
과 텔레비전 산업 내에 넷플릭스의 상업적이고 예술적인 야망 사
이의 이해관계가 합류하고 조화로운 조우가 있었기에 가능했다.
창조적인 에너지와 전략적인 경영 사이의 균형점은 현대 텔레비
전 내러티브 실험에서 보다 눈에 띄는 사례 중의 하나를 산출해내
는데, 고도로 분절화되고 복잡한 스토리텔링과 일화적인 이야기의
퍼즐 같은 디자인이 바로 그것이다. 그러나 그런 혁신과 실험은 약
소하기는 하지만, 〈못말리는 패밀리〉 오리지널 방송에서 여러 플
롯과 이야기 라인의 교차, 다양한 층위의 농담의 병렬시각적이고 서술적인
것 모두에서, 그리고 다가올 서사적 전환에 대한 단서를 제공하는 암시
의 사용 등으로 이미 제시된 바 있다. 네 번째 시즌의 스토리텔링
이 어떻게 급진적으로 구성되었는지를 이해하기 위해, 우리는 먼
저 이런 요소들이 어떻게 존재하게 되었고 그것이 이전 에피소드
에서 어떻게 진즉에 제시되었는지, 그리고 그것들이 어떻게 〈못말
리는 패밀리〉의 서사와 미학적 스타일을 정의하는 데 도움이 되었
는지를 이해할 필요가 있다.

"지금 모든 것을 잃어버린 부자 가족의 이야기가 펼쳐집니다":
〈못말리는 패밀리〉는 어떻게 존재하게 되었는가?

1990년 후반 두 개의 아주 다른 창조적인 프로젝트에 뛰어든 하워드는 새로운 시트콤 미학의 가능성에 대해 생각하고 있었다. 첫 번째로 그는 어느 평범한 비디오 가게 점원 에드Ed, 매튜 맥커너히Matthew McConaughey 분에 관한 영화 〈EdTV〉1999를 감독했는데, 거기서 그는 생방송과 실시간 리얼리티 TV 채널을 위해 그를 따라다니는 카메라 제작진을 두게 했다. 감독으로서 하워드는 창작팀이 다큐멘터리 미학과 리얼리티 텔레비전 제작 스타일을 갖춘 실험적인 작업을 하도록 이끌었다. 거기서 핵심적인 결정은 훗날 하워드와 그의 제작 파트너 그레이저가 〈못말리는 패밀리〉 고유의 코미디적 언어를 정의하는 데 영향을 미쳤다.

당시 두 번째로 중요한 경험은 하워드의 이매진 엔터테인먼트와 스티븐 스필버그의 드림웍스DreamWorks 사이의 웹파트너십인 POP.com이었다. 그 플랫폼은 1분에서 6분에 이르는 다양한 장르의 콘텐츠를 포괄하고 있었지만, 대체로 코미디에 초점을 맞춘 짧은 형식의 무료 영상물을 제공했다. 마이크로소프트의 공동 창업자 폴 알렌Paul Allen이 자금을 댄 그 프로젝트는 이용자들의 채팅과 콘텐츠 업로드를 포함해 당시에 이용가능한 웹의 특징을 탐색하고 있었다. 사실 그것은 훗날 유튜브가 된 것과 유사한 구조를 띠고 있었다.[25] POP.com은 영화와 기술산업에서 이름깨나 알려진 명사들로 인해 대대적으로 알려졌지만, 2000년대 초반 닷컴 버블 당시 살아남지 못했다. 이런 실패에도 불구하고, 그 프로젝트는 보다 역동적이고 자생적인 영상 스타일을 창작하는 것이 가능하다는, 다시 말하면 "보다 저비용의 텔레비전 형식이 만들어질 수 있고, 그것은 리얼리티 텔레비전과 다큐 TV로부터 연원한 새로운 종류의 영상 표현 형식을 사용하는 것"이라는 하워드의 믿음을 견고히 해주었다.[26]

하워드와 그래이저는 2002년 〈EdTV〉와 POP.com을 염두에 두고, 당시 이매진 엔터테인먼트 사장 네빈스와 협업하여 빠르고 경제적인 생산환경에서 새로운 영상문법을 탐색하는 시트콤을 만들었다. 그들의 계획은 스튜디오 내 청중들을 담는 것과 같이 촬영 과정에서 많은 시간을 잡아먹는 일부 단계를 없애고 빠른 속도감과 즉흥적이면서도 자기반영적인 코미디 스타일로 대체하는 것이었다. 네빈스에 따르면, "다수의 카메라로 코미디를 만드는 데 인생의 반을 보내고 카메라 감독으로 나머지 인생의 반을 보낸 론의 의도는 이 두 세계를 최적으로 결합시키는 것이었다."[27] 네빈스는 〈못말리는 패밀리〉 뒷면에서 창작적 재능을 한데 묶는 데 핵심적인 역할을 했다. 1990년대 네빈스는 NBC에서 프로듀서로 일했는데, 거기에서 수행한 여러 작업 중에서 실패하기는 했지만 허비츠가 만든 시트콤 〈모든 것이 상대적이야 Everything's Relative〉1999의 개발을 감독하기도 했다. 그 시트콤은 가족의 엉뚱한 관계를 그리고 있었다. 비록 다섯 에피소드만에 종영되었지만 네빈스에게 허비츠가 새로운 종류의 코미디의 선구자가 될 것이라는 믿음을 주기에 충

분한 인상을 남겼다.[28]

〈못말리는 패밀리〉와 관련해 허비츠는 대본에 매우 신중해서 마지막 순간까지 조크를 다시 썼다. 작가 스태프는 정기적으로 세트장에 방문하여 연기자가 촬영하고 있을 때 미세한 것까지 조정했다. 허비츠에 따르면, 가급적 많은 조크를 쓰고 가다듬는 목적은 리얼리스틱 시트콤 스타일을 확보하기 위해서였다. 그런 제작과정은 다층적인 코미디와 수많은 상황설정, 회고, 암시, 그리고 서사 줄기들 간의 복잡한 뒤얽힘과 같이 밀도 높게 압축된 시트콤을 낳았다. 그 결과 재시청에 보다 많은 보상을 주는 특징을 보였다. 제이슨 미텔Jason Mittell은 자기통제적이고 구조화된 행위로서 그 같은 실천을 분석적 재시청, 미학적 재평가, 사회적 경험이라는 세 가지 측면으로 구분한다. 이들 세 측면은 하나로 묶여 "유희적 경험"the ludic experience으로 알려진 보다 총체적인 현상을 만들어낸다.[29] 미텔은 분석적 동기에 대하여 그 목적이 주로 서사가 제공하는 구조, 공학, 시학, 심지어 플롯에 대한 촘촘한 관찰close observation이라고 말한다. 예를 들어 〈못말리는 패밀리〉 같은 창조적 작업은 그 에피소드에 대한 해석적 분석을 가능하게 한다. 왜냐하면 그런 작업들이 "플롯의 전개를 따라 펼쳐지는 쇼의 복잡한 스토리텔링 메커니즘에서 경탄을 자아내는 조작적인 미학"을 조장해내기 때문이다.[30]

콘텐트의 미학적 재평가가 특정한 감정적 반응을 불러일으키는 에피소드에 재방문하는 개인적인 동기라면, 사회적 경험은 새로이 합류한 시청자들의 반응에 대한 기대와 분석에 관한 것이다. 마지막으로 유희적 경험은 각본의 형식에 관한 것이다. "그것은 가령 복잡하게 꼬여 있는 퍼즐을 해결하고, 패턴을 찾으며, 발견의 전율을 맞이하고, 우리의 감정적 투자를 관리하고, 그리고 타자의 눈을 통해 텍스트를 대신 경험하는 것이다. 우리는 게임 참가자로서 다시 시청하면서 텍스트 내의 새로운 승리나 도전 그리고 미디어 시청의 사회적 경험을 추구한다."[31] 미텔은 코미디 장르에서 서사적 복잡성은 장르 관습을 새롭게 하고 복수의 플롯들 사이의 관계를 뒤엎는 경향이 있어 장차 빈번히 상호교차하거나 충돌하게 되는 이야기의 얽힘을 만들어낸다고 지적한다.[32] 미텔은 시트콤에 대해 이야기할 때 〈사인펠드Seinfeld〉1989~1998를 주요 참조물 중 하나로 언급한다. 거기에서 에피소드들은 통상적으로 네 개의 독립된 이야기 줄기로 시작하고이야기 줄기에 따라 주인공이 각각임 전체 이야기를 통틀어 서로가 서로를 밀어내지 않으면서 서로 교차한다. 미텔에 따르면, 〈못말리는 패밀리〉는 매우 복잡한 방식으로 맞물려 있는 이야기 줄기를 병치하여 연속적인 서사가 내부 웃음을 위한 정교한 세트가 되도록 함으로써 그런 기법을 한 단계 더 발전시켰다.

〈못말리는 패밀리〉는 에피소드마다 서로에게 주고받는 6개 또는 그 이상의 스토리 라인을 가지고 서로 아귀가 맞는 플롯의 숫자를 확대한다. 그럼으로써 동시에 발생하지 않은 것 같은 느낌을 주고, 꼬임을 만들며, 아이러니컬한 반향을 만들어낸다. 그 중 일부는 이어지는 에피소드나 시즌까지 분명하게 해결되지 않기도 한다. 이러한 코미디 서사 양식은 그 자체의 경계 안에서 꽤나 즐거운 것이어서, 시청자들에게 특별한 즐거움의 세트를 제공하지만, 관습적인 텔레비전 서

사에서는 상대적으로 가능하지 않은 것이다.[33]

　하워드의 영상문법에 대한 원래의 비전을 고려해 볼 때, 〈못말리는 패밀리〉 스타일은 시네마 베리테cinéma vérité 관찰 다큐멘터리, 그러니까 일종의 "코미디 베리테" 스타일의 미학적 접근법을 취한다.[34] 비록 그 시리즈가 〈더 오피스The Office〉2001~2003; 2005~2013, 〈모던 패밀리Modern Family〉2009~, 그리고 〈팍스 앤 레크리에이션Parks and Recreation〉2009~2015 등과 같이 명시적으로 머큐멘터리mockumentary, 픽션을 다큐멘터리 스타일로 기록한 것. - 역자주 텔레비전 코미디 범주에 해당하지는 않지만, 그것은 핸드헬드 카메라 미학과 "기록물 영상, 감시 카메라, 오래된 사진, 그리고 등장인물의 진술을 확인하거나 부인하는 신문보도"등을 포함해 이와 유사한 기법을 사용한다.[35] 또한 〈못말리는 패밀리〉에서 관찰적 미학은 장면구성에서 영상 참조물과 개그를 쉽게 숨길 수 있게 만든다. 크리스티앙 펠리그리니Christian Pelegrini에 따르면, 그런 요소들 역시 시청자에게 인지적인 도전이다. 왜냐하면 기민한 편집과 빠른 대화로 진행되는 에피소드의 역동적인 속도감은 많은 주목을 요구하기 때문이다. 시청자들은 사건 전면의 이야기를 따라잡아야 하지만, DVD, DVR 그리고 넷플릭스와 같은 기술들은 수많은 장면 이면에 있는 자기만족적인 즐거움을 따라잡는 또 다른 소비를 할 수 있게 해준다.[36] 〈못말리는 패밀리〉에서 탐색된 서사적이고 미학적인 전략은 수용자들에게 제기된 인지적 도전이 이미 폭스에서 방송된 오리지널 시리즈에 존재했음을 보여준다. 다음 절에서 보겠지만, 그런 요소들은 넷플릭스의 시즌4에서 더 강력해지고 급진적이게 되었다.

"방송에서 눈을 떼지 않게 하라!"
넷플릭스표 〈못말리는 패밀리〉 서사 구조의 분절화

우리가 이 글에서 주장하는 바와 같이, 〈못말리는 패밀리〉 시즌 4의 서사는 폭스에서 그 시리즈의 첫 3년을 통틀어 전개했던 이야기 방식과 현저하게 다르다. 넷플릭스 에피소드에 적용된 관찰가능한 세 개의 주요 변화가 있다: 1 이전 시즌에서 주인공으로서 마이클의 역할만큼이나 나머지 8명의 블러쓰 가족 구성원들이 그들 자신의 에피소드를 이끌어가며 캐릭터를 상승시켜 나가는 것, 2 서사 담론의 순환적 시간구조, 3 9명의 주요 등장인물들 각각에 주목한 개별 에피소드 아크들 사이의 균형점의 이동, 그리고 시즌을 통틀어 보다 큰 다층적 시각에서의 시리즈 내레이션. 대체로 시즌 4의 내레이션에서 특징적으로 나타나는 이들 세 측면은 모두 〈못말리는 패밀리〉의 제작 취소 후 7년 동안 이어져온 중요한 병참학적 이슈logistics issue와 연결되어 있다.

9명의 연기자들의 앙상블로 이루어지는 이 작품에서 모든 연기자들은 다른 영화와 텔레비전에도 출연했는데, 이는 곧바로 모든 출연진들을 8개월 동안의 촬영 스케줄을 위해 한데 모으는 데 장애물이 되었다. 허비츠에 따르면, 이런 제한은 시즌4를 선집적 포맷, 그러니까 모든 블러쓰 가족 구성원들이 개별 에피소드의 맥락 하에서 캐릭터를 이끌어가도록 하는 영감을 불러일으켰다.[37] 비록 명목적으로는 마이클이 플롯에서 두드러져 보이지만, – 그는 시즌4의 15개 에피소드 모두에 등장하는 유일한 등장인물이다 – 엉뚱한 블러쓰 가족을 계속해서 함께 있도록 하는 그의 시도는 끝이 났고, 그를 아버지와 화면에 나타나지 않는 사람, 성마른 동생, 아들 등과 정서석으로 상호의존적인 것으로 바꾸어냈다. 많은 측면에서 그는 가족에게서 가장 멀리 떨어져 있고자 하는 사람이 되었다. 블러쓰 가족은 중심적 존재로서 마이클이 사라지고, 해를 거듭하면서 시즌4를 통틀어 각각의 에피소드에서 보이는 것처럼 상대적으로 독립적인 길을 걸었다.

실제로 오프닝 크레딧은 모두가 캐릭터를 이끌어가는 이 시리즈의 새로운 주안점을 분명하게 강조한다. 오리지널 타이틀 시퀀스는 시리즈를 소개하는 "〈못말리는 패밀리〉입니다"라는 멘트 전에 마이클에 대해 "가족들을 한데 묶는 것 외에 어떤 선택권도 가지지 못한 한 아들"이라고 언급한다. 그에 반해 새 크레딧은 에피소드의 중심부로 출연하는 등장인물들을 직접적으로 부각한다. 예를 들어 린제이Lindsay, 포티아 드 로시Portia de Rossi 분의 에피소드는 "지금 갑작스럽게 미래가 취소된 한 가족의 이야기, 자신을 지킬 수밖에 없었던 한 딸의 이야기가 펼쳐집니다. 린제이의 〈못말리는 패밀리〉입니다"라고 소개된다.

다음 표는 시즌4 2013년 전체를 통틀어 주요 등장인물들이 분포되는 방식을 보여준다. 마이클Michael, 조지 시니어George Sr., 재프리 탬버Jeffrey

Tambor 분, 린제이Lindsay, 토비아스Tobias, 데이비드 크로스David Cross 분, 고브Gob, 월 아넷Will Arnett 분, 그리고 조지 마이클George Michael, 마이클 세라Michael Cera 분 등은 시즌 내내 각각 2회씩 주연으로, 루실Lucille, 제시카 월터Jessica Walter 분, 매비Maeby, 버스터Buster, 토니 헤일Tony Hale 분는 각각 한 회씩 주연을 맡는다.

에피소드	에피소드 제목	중심 인물
1	"Flight of the Phoenix"	Michael
2	"Borderline Personalities"	George Sr.
3	"Indian Takers"	Lindsay
4	"The B. Team"	Michael
5	"A New Start"	Tobias
6	"Double Crossers"	George Sr.
7	"Colony Collapse"	Gob
8	"Red Hairing"	Lindsay
9	"Smashed"	Tobias
10	"Queen B."	Lucille
11	"A New Attitude"	Gob
12	"Señoritis"	Maeby
13	"It Gets Better"	George Michael
14	"Off the Hook"	Buster
15	"Blockheads"	George Michael

오프닝 크레딧 외에 이 시리즈의 타이틀곡은 각각의 등장인물들에게 특정한 악기를 할당하여 단음계의 테마 음악을 연주한다. 예를 들어 조지 시니어의 음악적 특징으로는 기타가 연주되고, 토비어스는 색소폰으로 연주되는 식이다.

선집 형태의 시리즈 아이디어는 늘어난 촬영 일정이라는 캐스팅상의 제한점에도 불구하고 허비츠와 그의 팀이 모든 등장인물들에게 재미있는 이야기를 전개할 수 있도록 하기 위해 내놓은 해결책이었다. 시즌4 에피소드는 〈못말리는 패밀리〉가 취소된 7년 중 6년 동안을 위한 등장인물의 개별적 관점, 즉 넷플릭스의 콘텐트 배급 모델로 복잡성이 증대된 시간적 전후 게임에서 등장인물의 개별적 관점을 채택한다. 허비츠는 그렇게 정교하고 분절적인 스토리텔링 포맷을 짜야 하는 어려움에 대해 다음과 같이 쓰고 있다.

> 저는 가장 순수한 형식에서 볼 때, 새로운 미디어는 새로운 포맷을 요구한다고 말하고자 합니다. 당신은 소설을 위해 그리고 소설에서 할 수 있는 것을 짧은 이야기로 할 수는 없습니다. 당신이 장편에서 하고 싶은 것을 하이쿠haiku, 일본에서 개발된 3줄의 짧은 시 양식 – 역자 주에서 할 수 없습니다. 당신이 수년 전 HBO에서만 할 수 있었던 것을 만들었던 것처럼, 완벽한 세계에서 우리는 넷플릭스에서만 가능한 것을 만들려 합니다.[38]

허비츠는 회사가 창의성을 위해 제공하는 인센티브가 시즌4 에피소드와 구조를 형성하는 분위기와 스타일을 찾는 데 필수적이었다고 주장한다. 넷플릭스가 〈못말리는 패밀리〉와 같이 시트콤의 실험적인 특성을 우선시하는 것이 분절적이고 탈중앙화된 시즌을 지향하는 허비츠의 비전을 가능하게 했다. 이에 대해 그는 아래와 같이 말하고 있다.

넷플릭스는 무척 흥미로운 회사입니다. 이 사람들은 정말 실험적이고 신선한 사상가들이에요. ···저는 그들과 같이 일하는 관계를 가져본 적이 없어요. 저는 그들과 함께 이 쇼의 많은 디자인을 개발했습니다. 그들과의 대화는 늘 이런 식이었습니다. "필요한 게 뭐죠? 무엇을 찾고 있나요? 이것이 당신에게 실효성이 있을까요? 등장인물별로 한 편씩의 에피소드를 가져가는 쇼가 통할까요?" 그들은 정말 창의적인 파트너였어요. 그들은 〈못말리는 패밀리〉의 다음 진행 사항을 원했고, 제가 그것을 찾을 수 있도록 도와주었습니다. 저에게 그것을 어떻게 하는지 묻는 것과는 정반대였죠.[39]

허비츠는 또한 일괄출시라는 넷플릭스의 콘텐트 배급 시스템이 시즌4의 스토리텔링 접근방식에 영향을 주었다고 인정한다. 이에 대해 그는 "그것은 제가 다른 배급업체를 통해 에피소드를 출시했더라면 얘기했을 것 같은 그런 종류의 스토리텔링이 아닙니다"라고 말했다.[40]

배우들의 스케줄과 시즌의 선집 구조를 염두에 보면, 넷플릭스 에피소드 촬영에서 9명의 배우들이 모두 한자리에 모인 것은 겨우 이틀뿐이었다. 이는 단지 두 장면에서만 출연진 전체가 같은 장소에 모두 모였던 것과 일치한다. 그 장면은 1 세 번째 시즌이 끝난 후 루실이 체포될 때, 그리고 퀸 메리호Queen Mary에 탑승한 블러쓰 가족과 그들의 희생자들 모두가 항해관 선실로 끌려갈 때, 2 루실의 재판 전 조지 마이클의 대학 환송 파티 도중 발보아 타워 펜트하우스에서의 모임에서이다.

출연자들이 같이 등장하는 많지 않은 시간은 시즌을 통틀어 여러 에피소드에 걸쳐 분절적 장면들을 널리 활용함으로써 도드라져 보이는데, 이는 일부 등장인물들은 부각하는 데 반해 다른 등장인물들은 흐리게 하거나 숨기는 편집과 프레임 기법을 통해 강조된다. 해안경비대의 항해관 선실에서 토비어스가 목격된 예가 그것이다. "Boarderline Personalities" 편에서 조지 시니어와 루실은 배를 타고 출항한 노부인의 알리바이에 대해 이야기한다. 배경에서 우리는 토비어스와 린제이가 이야기하고, 토바이어스가 분명히 노래를 부르면서 빙글빙글 돌고 있는 것을 볼 수 있다. 다음 회인 "Indian Takers"에서 우리는 린제이 시각으로 그 장면을 목격하고, 토비어스가 실제로 노래하고 있는 것을 보게 된다. 이 장면에서 "아, 내가 본 그 여자야?/ 아니, 잘못fallacy 본거야"라고 하고, 그에 대해 "팔로스phallus, 봐봐"라고 익살스런 말장난을 한다. 이 장면은 토비어스가 중심인물이 되는 "A New Start" 편에서 다시 등장하는데, 거기에서 그가 노래 부르는 것을 "Colony Collaps" 편에서 – 이것은 우울한 고브를 핵심 내용으로 하는 에피소드임 – **또 다른** 장면을 배경으로 들을 수 있다. 마지막으로 우리는 매비가 죽은 척하며 부모의 관심을 끌려고 애쓰는 "Señoritis" 편에서 매비와 조지 마이클의 시각을 통해 다시 한 번 개그를 보게 된다.

필요한 정보와 분절된 장면이 엄밀해지고, 그 결과 다층적인 에피소드로 자리 잡는 이런 접근법은 시즌의 순환적 서사구조에 대한 우리의 분석에 기초가 된다. 넷플릭스를 위해 제작된 에피소드에서 이 시리즈의 내재적 시간구조는 사건들이 묘사되는 일차적인 시간기록 방법, 즉 처음 세 시즌이 그랬듯이 구심력적 서사의 역동성을 끌어안는 방식을 옆으로 제쳐놓고, 서사의 시간 경과가 에피소드의 주요 순간에 앞뒤로 왔다 갔다 하는 일종의 초월적 시간성 timelessness을 나타낸다. 네 번째 시즌의 서사의 시작과 끝 부분의 시간기록을 예로 들어보자. 이 이야기는 루실이 퀸 메리에 탑승해 경찰 고발에서 벗어나려 하는 2006년 원작 시리즈의 마지막 직후부터 시작해, 2012년 5월 "Cinco de Cuatro" 기념행사까지 등장인물 각각의 이야기를 따라간다Cinco de Cuatro'는 멕시코 뉴포트 비치에서 5월 5일에 벌어지는 휴가 축제로서 4/5를 뜻하는 스페인어이다. 이곳은 <못말리는 패밀리> 시즌4가 시작될 뿐만 아니라 여러 에피소드에서 지속적으로 등장하여 시즌4의 상징 같은 곳이다. - 역자 주. 다시 말해 이 시리즈의 제작 취소와 재개가 있던 7년 중 6년에 해당하는 내용이다. 하지만 이 두 장면에서 펼쳐지는 사건들은 이 시리즈 시즌4를 구성하는 15회 중 13회에 걸쳐 분산돼 있으며, 시간기록상 이야기의 시작점과 끝점은 모두 이 시즌 첫 회인 "Flight of the Phoenix"에서 펼쳐진다.

친코 드 콰트로Cinco de Cuatro 기념행사는 <못말리는 패밀리> 시즌4의 첫 장면으로, 감당할 수 없는 7억 달러의 대출을 받기 위해 루실 오스테로Lucille Austero, 라이자 미넬리Liza Minnelli 분에게 술에 취한 채 섹시한 애교를 부리는 마이클을 보여준다. 그러나 이 이야기의 시간기록상 출발점인 퀸 메리호에서 루실 블러쓰가 체포되는 장면은 에피소드 중반, 그러니까 이 시리즈에서 방영되지 않았던 "The Great Dark Period" 편의 회상장면에서 언급될 뿐이다. 해안 경비대 항해관 선실에서 핵심 주인공들이 만나는 장면이 7개의 에피소드에 걸쳐 그려지는 가운데 항상 줄거리에 대한 새로운 정보를 제공한다면, 블러쓰 일가의 모든 멤버들의 이야기가 절정에 이르는 멕시코에서의 운명적인 축하의 밤은 다른 8개 에피소드에서 보인다. 다음 표는 해당 시즌의 15회를 통틀어 단편적 장면의 개별적 분포를 보여준다. 첫 번째 칸인 "장면"은 드라마틱한 상황이 벌어지는 곳을 나타내고, 나머지 칸은 각각의 시즌 에피소드를 가리킨다. 회색 표시는 시즌 내내 각각의 장면이 얼마나 많이 나타나는지를 나타낸다.

	에피소드							
장면	01	02	03	04	05	06	07	08
해안경비대 선실								
친코 드 콰트로								
장면	09	10	11	12	13	14	15	
해안경비대 선실								
친코 드 콰트로								

이전 에피소드에서 이미 묘사된 사건들로 되돌아가는 움직임은 〈못말리는 패밀리〉 시즌4 시간구조의 특별한 속성이면서 시리즈의 순환적인 내재적 시간기록에서 일종의 동시적인 시간 경험을 암시한다. 제이미 니콜라스Jaime Nicolás는 "Flight of the Phoenix" 편에서의 마이클의 오프닝 장면에 대해 다음과 같이 지적한다.

관객들에게 있어 이 첫 장면은 시작이면서 과거일 것이고, 나머지 등장인물들의 이야기와 비교할 때 마이클에게는 미래가 될 것입니다. 왜냐하면 이것이 그의 서사적 아크의 끝이기 때문입니다. 그리고 결국 그것은 각기 다른 등장인물들에게 동시에 존재하는 현재,

그러니까 우리가 각각의 에피소드에서 똑같은 축하연에서 서로를 마주치는 것을 보게 되는 동시성의 현재일 것입니다.[41]

시즌4의 시간기록 방식은 허비츠가 퍼즐 같은 서사적 디자인을 실험할 수 있게 해주었다. 예를 들어, 퀸 메리호가 전복된 지 3개월 후 발보아 타워 펜트하우스에서 마이클은 그의 부모인 조지 시니어와 루실에게, 그리고 그들의 변호사 배리 주커콘Barry Zuckerkorn, 헨리 윙클러Henry Winkler 분에게 곧 있을 노부인의 재판에 대해 이야기한다 "Flight of the Phoenix". 처음에 마이클, 조지 시니어, 루실버스터에서 곧바로 등장한의 대화로 보이는 것은 나중에 고브"Bordline Personalities", 린제이와 토비어스"Indian Takers", 고브의 약혼녀인 앤 빌Ann Veal, 메이 휘트먼Mae Whitman 분"Colony Collapse", 매비"Señoritis", 그리고 마지막으로 조지 마이클"It Gets Better"이 포함된 것으로 밝혀진다. 실제로 그 모임은 조지 마이클의 대학 송별회였다.

이 예시는 〈못말리는 패밀리〉 시즌4가 처음 세 시즌과 차별화되는 또 다른 방법을 보여준다. 즉, 9명의 주인공 각각에 초점을 맞춘 개별적인 에피소드 아크와 보다 큰 비중을 차지하는 다층적 시각의 시리즈 내레이션이 그것이다. 그런 구성은 전체적인 서사에 대한 등장인물 각각의 시각과 영향력을 점진적으로 탐색하는데, 그럼으로써 모든 새로운 에피소드에 있는 의미그리고 농담의 새로운 층을 더하는 한편, 이야기 전개에 있어서 개별 등장인물의 역할을 명확히 한다. 평론가 매트 졸러 사이츠Matt Zoller Seitz는 〈못말리는 패밀리〉 시즌4를 얘기하면서 넷플릭스 배포 모델의 중요성을 강조한다.

시즌4는 평행하면서도 직조된 단편들의 집합체처럼 연출된다, 따라서 연속적으로 시청하게 되면 새로운 코믹한 일들의 조각들이 계속해서 드러나게 된다. … 비평가들이 대본이 있는 TV의 스트리밍 모델이 작가들에게 새로운 창작 기회를 제공한다고 쓸 때, 그들이 말하고 있는 것이 바로 이런 종류의 스토리텔링이다. 말하자면 코믹 서사극은 당신이 몰아보기를 함에 따라 큰 그림을 드러내 보이는 솜씨 있게 얽히고설킨 모자이크 타일로 만들어진다.[42]

예를 들어, 센츄리플라자호텔 사건이 있었던 밤은 각각의 등장인물이 제시하는 일화적 전개를 보여준다. 그러면서 동시에 그것은 시즌의 연속적인 아크에 기여한다. 문제가 있던 바로 그때 조지 시니어는 정치인 허버트 러브Herbert Love, 테리 크루Terry Crew 분의 집회에 참석해 미국과 멕시코 사이에 장벽을 쌓는 것에 대한 지지를 호소한다. 그럼으로써 그가 국경에서 구입한 땅이 여전히 가치가 있음을 보장한다"Double Crossers". 반면 조지 시니어의 장남 고브는 영화계와 TV계의 젊은 인재들을 기리는 시상식인 오피 어워드Opie Award에서 동안의 팝스타 마크 체리Mark Cherry, 다니엘 앰머먼Daniel Amerman 분를 기다리는데, 그때 그는 적수인 토니 원더Tony Wonder, 벤 스틸러Ben Stiller 분가 Schnoodle 개장 파티에서 마술을 행하는 것을 보게 된다"Colony Collapse". 토니의 행동을 방해하려던 고브는 우연히 린제이의 남자친구인 마키 바크Marky Bark, 크리스 디여먼-토폴러스Chris Diaman-topoulos 분를 허버트가 집회 연설을 하려했던 연단 안에 가둬버리게 되는데, 이것이 결국 두 사람의 평화적인 시위를 망쳐버리게 한다. 그 마술사의 여동생은 거꾸로 러브에게 관심을 갖게 되어 그녀의 남자친구를 떠나 그 정치인의 정부가 된다"Red Hairing".

매비와 조지 마이클도 매비가 탄타마운트 스튜디오Tantamount Studio에서 제작자로 일한 공로로 Opie 평생공로상을 받기 때문에 그 자리에 있다. 평생공로상이 경력을 다한 사람들에게만 수여된다는 사실을 알고 실망한 매비는 자신의 연설에서 조지 마이클이 개발하도록 요구한 사생활 보호 소프트웨어인 페이크블록Fakeblock이라는 인터넷 회사를 설립할 것이라고 발표한다. 하지만 매비는 그들의 가족관계가 공개되는 것을 원치 않는데, 이는 거꾸로 조지 마이클이 여배우 레벨 앨리Rebel Alley, 아일라 피셔Isla Fisher 분에게 자신을 조지 마하리스George Maharis로 소개하도록 이끌어간다"Señoritis". 마하리스는 짧은 시간에 명성을 얻었음에도 겸손한 마크 주커버그 유형의 인터넷 기업가이다"It Gets Better".

등장인물들의 개별적인 발전이 이루어지면서 시즌의 연속적 아크로부터 의미 있는 부문들도 정의된다. 즉 조지 시니어는 시즌 4에 걸쳐 블루쓰 가족의 재정 상황을 위한 주요 포인트인 미국과 멕시코 사이의 장벽 건설에 대해 허버트가 찬성의 입장을 취하도록 영향력을 행사한다. 다른 한편 그 정치인은 조지 시니어의 딸과 더 가까워지고, 이들 두 사람의 불륜은 친코 드 콰트로 저녁 일종의 모반이 있은 후 급기야 린제이의 정치적 부상을 이끌어낸다. 이것은 역설적이게도 러브의 입장에서 볼 때 힐러리 클린턴과 같이 린제이의 의회 출마로 귀결된다. 마지막으로 'Opies'에 매비와 조지 마이클이 등장한 것도 중요한 줄거리인데, 이것은 조지 마이클의 회사인 페이크블록과, 그리고 결국 레벨Rebel의 남자친구가 되는 조지 마하리스의 정체성을 둘러싼 것이다. 사실 이 여배우는 또 다른 남자, 즉 조지 마이클의 아버지 마이클과 사귀는데, 이것은 시즌4의 주요 갈등 중 하나이다.

〈못말리는 패밀리〉의 서사 구조와 넷플릭스의 콘텐트 배급 모델에서의 근본적인 변화는 에피소드를 충분히 감상하기 위한 특별한 소비 관행과 인지적 요구를 촉구한다. 재시청 행위는 이야기 줄거리에 대한 보다 완전한 이해에 따라 강화된다. 왜냐하면 그런 과정은 이전 에피소드의 사건을 회상하고 재구성하기 위한 고도의 능력을 요구하기 때문이다.

제이미 코스타 니콜라스Jaime Costa Nicolás는 〈못말리는 패밀리〉의 네 번째 시즌 에피소드에서 탐구된 코믹 구성 유형을 다루었는데, 거기서 니콜라스는 에스펜 아르세드Espen Aarseth의 전자문학 연구를 인용하면서 독자들이 텍스트의 의미를 만들기 위해 육체적인 노력을 해야 하는 그런 종류의 서사인 "에르고딕 개그"ergodic gag에 대해 – 에르고딕은 그리스어 'ergonwork'과 'hodospath'의 합성어 – 말한다.[43] 니콜라스는 에르고딕 개그라는 용어를 다음과 같이 사용한다.

코믹한 상황을 만드는 것 외에는 별 의미가 없는 상황/단계를 일컫습니다. 따라서 그것은 허구가 제공하는 것과 다른 의식적인 편집 과정을 필요로 합니다. 코미디를 탄생시킨 이러한 곁가지들은 사라지고, 15개의 에피소드의 또 다른 장면에서 그것들을 찾는 것이 우리의 임무가 될 것입니다. 그러므로 시청자들은 두 점을 연결할 수 있기 위해 시즌을 구성하는 모든 상황에 대한 학습 과정을 거쳐야 합니다. 손뼉을 치며 번뜩이는 이해를 얻는 것은 스크린의 이미지와 시청자의 상상력 사이에서 발생합니다.[44]

넷플릭스 배급 모델이 제공하는 시청 가능성에는 중요한 부분이 또 하나 있다. 말하자면 가입자들은 모든 에피소드를 연이어 시청하는가 하면, 일시 중지와 되감기는 물론 에피소드를 떠나 또 다른 구획에서 정보를 찾고, 과거 에피소드나 장면을 다시 보고, 앞으로의 에피소드 예고편을 탐색하는 등을 수행할 수 있다는 것이다. 이 스트리밍 플랫폼에서 허비츠와 그의 집필 스태프들이 개발한 서사구조와 유사한 시간적 일시중단과 동시성을 실천한다는 것이다.

결론: TV 생산 장에서 쇼러너의 리더십

"The B Team" 편에서 조지 시니어는 생면부지의 여배우를 만나자마자 사랑에 빠진 그의 아들 마이클을 돕기 위한 친절함의 몸짓으로 블러쓰 가족을 소재로 한 영화 개봉 문서에 서명을 해주겠다고 제안한다. 아버지와 아들 간에 놀라울 정도로 사랑스러운 순간으로 보이는 것은 두 등장인물 간의 복잡미묘한 호감의 교환으로 밝혀지는데, 이는 "Double Crossers", "Red Hairing", "Queen B" 등으로 이어지는 각 에피소드의 해당 장면에 재방문할 때마다 서서히 드러난다.

〈못말리는 패밀리〉의 내레이터가 "4대 가족의 우호 협약"이라고 부르는 것은 사실 이 시리즈 시즌4의 순환적인 서사구조에 의해 지탱되는 정교한 개그이다. 이것은 내재적인 과거 사건의 의미를 재구성하여 서사의 시간기록상 미래에 나타나는 상황들을 맥락화한다. 말하자면 등장인물들의 동시적 궤적에 항구적으로 장착된 일종의 연속적인 현재이다. 그런 서사구조는 시리즈 개발에 관여하는 에이전트들이 넷플릭스의 전략적 경영과 그것의 기술 플랫폼 모두에서 제공하는 가능성들을 창의적으로 탐구했기에 가능했다. 넷플릭스 임원들은 미국의 콘텐트 생산과 배급 회사들 간의 새로운 경쟁 시나리오에서 자신들의 자리를 잡고자 하는 쇼러너들의 예술적 야망과 연결될 필요가 있음을 알고 있었다.

이 에세이에서 부르디외의 이론적인 레퍼토리는 우리가 〈못말리는 패밀리〉의 네 번째 시즌 에피소드의 구체적인 서사구조와 텔레비전 산업 내에서 그것의 위치를 바꾸고자 하는 넷플릭스의 관심 사이의 관계성을 이해할 수 있게 해주었다. 이런 관점은 두 시나리오 모두에서 사회적 에이전트의 결정이 중요하다는 것을 조명한다. 왜냐하면 그들은 텔레비전 시리즈 생산 장의 특정한 역사적 역학을 이해하고 평가하는 능력을 가지고 있기 때문이다.

론 하워드, 브라이언 그레이저, 데이비드 네빈스, 테드 사란도스, 미치 허비츠 등과 같은 사회적 에이전트들의 노련함, 재기, 통찰력 등을 창작과 시장성 모두에서 당대의 텔레비전 생산 장에서 가용

가능한 기회와 조건을 이해하는 그들의 능력이라는 측면에서 조명하는 것은 무척 중요하다. 장 내에서 지배적인 위치를 차지하기 위해 분투하는 때에, 이러한 에이전트들의 행동과 전략은 분쟁과 파트너십, 경쟁과 협업이라는 이 특별한 사회적 공간의 논리적인 원칙들을 파악하기 위한 분석에서 중요하다. 거기서 품질과 차별성의 구성을 정의하고 정당화하는 힘이 사회적 에이전트와 기관 들 사이에서 끊임없이 협상된다. 이 시장에서 넷플릭스의 대담한 사업적 관점과도 결부되어 있는, 경험 많은 이들 창작자와 제작자 들이 수행하는 결정들은 〈못말리는 패밀리〉의 시학적, 미학적 혁신뿐만 아니라 텔레비전 시리즈 제작 분야의 경쟁적 역학 내에서 전도유망한 작금의 순간을 이해하는 데에도 필수적이다.

Chapter. 3

<더 스퀘어> 유포하기

잠재적 행동주의로서 디지털 배급

▶

제임스 N. 길모어James N. Gilmore

워싱턴은 우리 미국인들 대부분의 시민적 삶과 유리되어 있기 때문에 도덕적 부패가 훨씬 더 심할 지도 모른다. 그러나 보통의 이집트인들은 전부 그리고 완전히 시민적 개입의 상태에 있다. 그들이 하고 있는 것은 돈, 권력, 그리고 천천히 미국의 심장부를 좀먹어 들어가는 부패와의 연대로 인해 점점 더 패배감에 빠져 있는 여기 우리 모두에게 영감이 되고 있다.

— 〈더 스퀘어〉2014 익명의 논평

2011년 수많은 저항운동의 초기 단계는 – 이집트 혁명, 아랍의 봄, 월스트리트 점령하기 등을 포함해 – 행동을 요구하는 다양한 목소리를 널리 퍼트리며 유포하는circulate 디지털 미디어의 접근성과 능력에 따른 것으로 여겨진다. 팀 마크햄Tim Markham이 지적하듯이, "페이스북은 특히 튀니지의 봉기에서 인기가 있었고, 트위터는 이집트의 이미 잘 만들어진 블로그 문화에서 선택된 미디어였다. 그에 반해 시리아에서의 온라인 시민전쟁은 유튜브에서 폭넓게 진행되고 있다."[1] 소셜미디어는 공동체를 만들고 시위를 조직할 때 필수불가결한 것이었다. 이들 SNS 이용자들은 물리적인 공동체로의 개입을 위한 날짜와 장소를 설정할 뿐만 아니라, 전 지구적 가상공간을 가로질러 그들의 사회적 행동에 대한 수사들을 퍼뜨린다. 이러한 사회적 운동은 곧바로 – 그리고 점점 더 – 디지털 미디어가 어떻게 정치적 혁명을 불러일으키는지는 물론, 시민적 개입이 참여문화의 이념적 교차점에서 어떻게 작동하는지를 다양한 관점에서 구체적으로 설명하는 대중의 역사와 학문 탐구의 주제가되었다. 트위터가 시위를 조직하는 데 얼마나 도움을 주었는지 모르지만, 그것은 "이집트와 외부 지역사회의 가교로서" 역할을 수행했다.이 글의 핵심 개념으로서 유포 또는 순환으로 번역되는 circulation은 전통적인 배급을 뜻하는 distribution과 달리 SNS와 같은 인터넷 네트워크를 통해 특정 콘텐트나 콘텐트 담론을 널리 퍼트리는 확산의 개념으로 사용된다. 실제로 저자는 젠킨스의 확산성spreadability 을 유포를 설명하는 핵심 개념으로 사용한다. 이 글은 <더 스퀘어>와 같이 사회정치적으로 공명하는 콘텐트와 그에 따른 담론의 사회적 유통을 배급과 유포의 관점에서 고찰한다. – 역자 주. [2]

이 글은 넷플릭스와 같은 온디맨드 미디어 공간에서 정치 다큐멘터리의 디지털 유포가 사회적 행동을 추동하는 소셜미디어의 잠재력을 강조하는 데 결정적인 요소라고 주장하면서, 다큐멘터리 이미지에서 이러한 혁명의 매개된 삶에 대해 주목한다. 엄밀히 말해 나는 다큐멘터리 영화 <더 스퀘어>에 관심을 두고 있다. 이 작품은 지혜인 누자임Jehane Noujaim이 감독했고, 일부 크라우드 펀딩을 받았으며, 2013년 선댄스 영화제에서 초연된 이후 2014년 초 넷플릭스가 구매하여 독점 배급했다.[3] 지금까지 오리지널 시리즈 프로그래밍과 예전에 발매된 미디어의 입수에 주로 치중했던 넷플릭스가 스트리밍 출시를 위해 독점적으로 사들인 최초의 정치 다큐멘터리 영화로서, 다큐멘터리 배급 사이트와 유포 방법이 정치적 반항의 이미지만큼이나 많은 이야기를 남겼다. 이 작품이 2014년 아카데미 시상식에서 최고의 장편 다큐멘터리로 지명된 것은 독점적인 콘텐트를 획득하고 보급하고자 하는 넷플릭스의 계획이 중요한 진일보를 했다는 담론적 지위와 함께, 넷플릭스에게 지금의 정치 다큐멘터리 배급의 중요한 구성인자로 거듭 나게하는 문화적 자본의 감각도 부여했다. 〈더 스퀘어〉는 기본적으로 정치적 혁명을 어떻게 재현하는지는 물론, 가입자들에게 디지털 방식으로 다큐멘터리를 안내하는 기업을 어떻게 생각하는지, 더 나아가 미디어 확산성이라는 좀 더 폭넓은 역학관계를 어떻게 보여주고 있는지의 관점에서 이해되어야 한다.

　이런 운동에 의해 만들어졌고 이들 사이트를 통해 배포되는 정치 다큐멘터리는 정해진 배급구조를 우회하여 이상적으로 더 넓은 수용자들에게 도달한다는 점에서 민주주의적 이상을 지지한다. 하지만 그것의 함의는 지리적 차단geo-blocking과 같은 미디어 유포의 문제를 통해 분석될 때 훨씬 더 그 속내가 복잡하다. 넷플릭스가 더 많은 사회적·정치적 영화를 보유함에 따라, 그 사이트는 동시에 문화적·역사적·사회적 표현의 움직이는 저장소가 될 것이다. 이런 맥락에서 W. J. T. 미첼W. J. T. Mitchell은 저장소가 단순히 물리적 시설이 아니라, "역사 인식의 형성이라는 것이 전 지구적으로 전송되는 동영상 텍스트 이미지를 통해 직접적으로 재현되는" 온라인 담론 채널이라고 주장한다.[4] 지금 넷플릭스가 북미에서 "모든 주요시간대 다운스트림 이용의 34.2%"를 차지한다는 점을 고려할 때, 우리는 영화와 텔레비전이 척 트리온Chuck Tryon이 온디맨드 문화on-demand culture라고 말한 것으로 재형성되는 가운데 만들어지는, 넘쳐나는 소비가 도대체 무엇을 의미하는지에 대해 살펴봐야 한다. 그뿐만 아니라, 특별히 넷플릭스는 부티크 다큐멘터리boutique documentary 배급사로서 자리매김하고 있는데, 그런 소비문화에서 우리가 얻을 수 있는 것이 무엇인지에 대해서도 생각해봐야 한다.^{부티크 다큐멘터리는 아직 전문적인 공식 용어라 할 수는 없다. 소규모지만 스타일리시하고 고급스러운 취향을 반영하는 기업이나 상점이라는 말 그대로의 개념을 적용해 보면, 부티크 다큐멘터리는 할리우드 대형 제작사들이 배급하는 대규모 자본에 의한 다큐멘터리가 아닌 비교적 소규모/소자본으로 만들어졌지만 고급스런 취향을 보이는 다큐멘터리를 뜻하는 것으로 보인다 – 역자 주.}[5] 우리의 연구 문제는 누가 그 사이트에 접근하는지, 왜 시청자들은 특정한 텍스트에 마음을 두는지, 그들이 소비로부터 무엇을 얻어내는지, 온디맨드 문화의 사회정치적 함의가 무엇인지로 모아져야 한다.[6] 넷플릭스에 대한 분석은 어떤 소비형식을 홍보하는 것 이상으로, 수많은 주요한 전 지구적·사회적 이슈에 대한 인식과 교육을 끌어올리는 정치적 잠재력의 관점에서 고찰되어야 한다.

이 에세이는 이런 미디어 배급과 유포 양식이 어떻게 특정한 시민적 참여형식을 재현하고 상상하는지를 고찰한다. 타히르 광장 시위에 대한 〈더 스퀘어〉의 역사는 헨리 젠킨스가 가장 두드러지게 설명했던 것처럼, DIY 또는 민주화된 미디어 생산으로 바꿔가는 참여문화의 여러 특징을 보여준다. 젠킨스는 참여문화가 "전통적인 정치과학에서 주목하는 제도나 법에서는 큰 변화를 가져오지 않지만, 커뮤니케이션 시스템과 문화적 규범에는 보다 많은 변화를," 그러니까 대중문화 실천에서 두드러진 변화를 가져왔다고 말한다.[7] 나는 넷플릭스를 통한 정치 다큐멘터리 콘텐트의 보급이 미디어 확산성의 정치적 잠재력과 함께 미디어 유포와 소셜미디어의 정치화를 지속적으로 고려할 필요성을 강조하고 있다고 주장한다. 이 분석에서 〈더 스퀘어〉를 시청하고 대화하는 행동은 디지털 기술 전반에 걸쳐 발생하는, 그리고 사회적이고 정치적인 불평등과 싸우고자 애쓰는 풀뿌리 미디어를 통해 일어나고 있는 현재진행형의 전 지구적 대화의 일부분이다. 〈더 스퀘어〉와 같은 미디어 프로그램은 지역에서 벌어지고 있는 사회운동을 미디어 유포와 소비, 행동주의의 전 지구적인 유동적 네트워크로 연결함으로써, 부분적으로는 행동을 따라할 것을 촉구하는 요청이고, 또 부분적으로는 의식 고취의 프로젝트이다.

〈더 스퀘어〉에 대한 미학과 수용을 분석하기 전에, 이 글은 먼저 참여문화에 관한 문헌에서 정치적 생각의 지점을 진척시킴과 동시에, 일반적으로는 행동주의와의 관계에서 그리고 특수하게는 2011년 사회운동과의 관계에서 소셜미디어 이용의 공간적 관심을 논의하면서 시작한다. 궁극적으로 나는 넷플릭스와 같은 미디어 유포 서비스가 어떻게 그들의 유비쿼터스 모빌리티를 통해 다큐멘터리의 정치적 잠재력을 높일 수 있는지, 그리고 참여문화와 온디맨드 문화연구가 어떻게 서로에게 중요한 교훈을 주고받는지를 살펴 볼 것이다.

온라인/오프라인 공간의 가교

2011년 사회운동은 이미 다양한 관점에서 소셜미디어가 국가와 그 정책에 맞서는 물리적 시위를 촉구하고 조직하는 데 중요한 역할을 했다는 많은 연구들을 낳았다.[8] 하지만 소셜미디어에 대한 **팩트**가 그러한 운동을 논의하는 데 있어 충분하지 않다는 것도 지적되어야 한다. 마크 워샤우어Mark Warschauer는 "ICT에서 가장 중요한 것은 컴퓨팅 장비나 인터넷 망의 사용가능성이 아니라, **의미 있는 사회적 실천**에 참여할 수 있도록 그런 장비와 망을 **이용할 줄 아는** 사람들의 능력에 있다"라고 주장한다.[9] 이집트에서 트위터가 존재하는 것이 사회적 행동을 일으키는 충분조건이 아니듯이, 넷플릭스에 있는 〈더 스퀘어〉의 존재 자체가 사회적 참여의 프로젝트를 지속하거나 이집트에서의 사건에 대한 의식을 고양하는 중요한 증거일 수는 없다. 오히려 텍스트의 배급환경, 그리고 이용자들이 그들의 미디어 소비에 사용가치를 상상하는 방식에 주의를 기울여야 한다. 이 글은 월가 점령 상황에서 "사람들이 새로운 사회적·정치적 현실을 구축하는 데 언어를 어떻게 사용하고 있는지, 그리고 어떻게 소셜미디어 기술을 그런 과정으로 통합했는지를" 살펴 보는 데 그 목적이 있다. 조엘 페니Joel Penny와 캐롤라인 다다스Caroline Dadas의 트위터 이용에 대한 분석을 뒤따르면서, 넷플릭스가 어떻게 사회적·정치적 현실의 상상력에 맞춰 조율되고 그것의 표준적인 소비방식이 어떻게 사회적 행동을 촉진하는지를 고찰한다.[10]

반 다이크Jan van Dijk는 기술적 접근만으로 사회적 문제의 교정을 설명할 수 있다고 제안하는 사람들을 겨냥한다. 반 다이크는 공간적 관계의 측면에서 미디어에 접근하는 것이 중요하다고 보면서, "온라인 환경에 대한 접근성이 없다는 것은 점점 더 특정 오프라인 환경에서 그리고 수많은 사회적·경제적·문화적 기회에서 완전히 배제된다는 것을 의미한다"라고 주장한다.[11] 공간에 대한 이런 종류의 접근에서 보면, 온라인으로 형성된 커뮤니티는 사회적으로나 정치적으로나 유익한 "오프라인 환경"으로 바뀔 수 있다. 이는 또한 각기 다른 종류의 공간을 연결하는 디지털 풀뿌리 행동주의로 이해될 수 있다. 마뉴엘 카스텔Manuel Castells이 주장하는 것처럼, "종래의 시위형식"의 어려움을 타개하는 방법으로서 "인터넷에 근거해 저항이 시작되고 있다는 것은 의심할 여지가 없다."[12] 디지털 공간은 시위자들이 물리적 공간으로 나아가기 전에 집단을 찾고 그들의 목적과 전술에 대해 토론하는 장소를 제공한다. 이런 모델은 "사회적 공간은 사회적 생산물이다"라는, 다시 말해 우리가 집단적으로 공간을 이해하는 방식은 모든 주어진 지점에서 작동하는 사회적 관계성을 통해서라는 앙리 르페브르Hery Lefebvre의 유명한 논전과 공명된다. 그렇게 보면 트위터와 페이스북의 사회적 연결 또한 타히르 광장의 사회정치적 잠재력을 연결하고 변화시킨다.[13]

이집트에서 디지털 공간상의 참여 요청에 응답했던 사람들은 "사회적 네트워크와 모바일폰이 삶의 중심에 있었던" 젊은 사람들이 압도적으로 많았다. 이는 단지 접근만 할 수 없을 뿐 사회적 네트워크를 충분히 적극적으로 사용하는 사람들과 눈에 띄는 연령상의 불균형을 드러냈다.[14] 파올로 게르바우도Paolo Gerbaudo는 소셜미디어와 시위 캠프 간의 공간적 차이는 우리로 하여금 행동주의와 혁명의 공간을 어떻게 상상하는지를 다시 생각하게 한다고 해석한다.[15] 여기에서 소셜미디어는 "사람들을 공적 공간에 함께 모이도록" 디자인된 "집단화의 기술법"과 관계 있다.[16] 다시 말해, 사회적 네트워크는 "가상공간"또는 온라인과 "현실 공간"또는 공적 세계 사이를 잇는 가교이다. 그것은 공적 공간을 이데올로기적 혁명의 이름으로 다시 쓰는 고밀도의 시위 캠프로 환언할 수 있다. 그럼으로써 행위방식과 존재양식을 창출하는 지휘부를 구성해낼 수 있다.

말하자면, 2011년 사회운동은 닉 쿨드리Nick Couldry와 애나 맥카시Anna McCarthy의 변증법적 용어인 "미디어 공간"MediaSpace이라는 새로운 형식, 다시 말해, "미디어에 의해 창출된 그런 종류의 공간과, 미디어가 일상생활에서 물화됨에 따라 기존의 공간 배치가 미디어 형식에 대해 가지는 효과, 이 두 가지를 모두 아우르는" 새로운 미디어 공간 형식을 창출해냈다.[17] 이 개념을 사용하는 것은 소셜미디어 운동이 물리적 공간에서 정치적 시위를 추동하기는 했지만, 넷플릭스를 통한 일상적 유포와 미디어 재현의 소비 또한 우리가 구성할 수 있는 공간적 상상력에 또 다른 수준을 추가했음을 시사한다. 카스텔은 이런 맥락에서 "공간"이 의미하는 바를 좀 더 밀고 나간다. 그는 혁명적 실체에 의해 접수된 공적 공간을 논의하면서, "점령된 공간은 의미가 없는 것이 아니다. 그것은 대체로 국가 권력의 터를 침범하는 상징적 힘을 내재화하고 있다"라고 주장한다.[18] 반 다이크가 온라인 참여가 어떻게 오프라인 공간으로의 참여로 옮겨가게 하거나 못하게 하는지를 통해 디지털 미디어 접근성을 분석하도록 제안했다면, 카스텔은 공간을 점유할 수 있는 바로 그 능력, 그리고 온라인의 사회적 조직을 통해 그렇게 할 수 있는 바로 그 능력이, 인터넷 이용자들을 일생생활의 새로운 방식을 고안해낼 수 있는 미디어 메시지의 생산자로 바꿔낸다고 지적한다.[19] 이것은 미디어 확산성의 이미지 또는 디지털 공간에서 각기 다른 수많은 방식으로 유포되는 미디어 능력에 마성을 불러일으킨다. 공간을 가로질러 흐르는 미디어의 능력은 공적 공간과 온라인 공간이 점차 서로 연결되고 있음을 의미하는데, 그렇게 행동주의는 "장소의 공간에서 흐름의 공간으로 확장해가고 있다"는 의미이기도 하다.[20]

흐름의 공간은 중요하다. 필립 N. 하워드Philip N. Howard와 말콤 R. 팍스Malcolm R. Parks가 지적하듯이, "기술의 확산, 디지털 미디어의 이용, 그리고 정치적 변동 사이에는 어떤 연결점이 있다. 하지만 그것은 복잡하고 불확정적이다."[21] 물론 우리는 디지털 커뮤니케이션 기술의 중요성을 과도하게 부풀려 말하는 것에 주의해야 한다. 지넵 투펙치Zeynep Tufekci와 크리스토퍼 윌슨Christopher Wilson이 이집트의 시위에 대한 연구에서 주장했던 것처럼, "우리의 샘플 중 거의 절반이 타히르 광장의 시위를 면대면 커뮤니케이션을 통해 처음 들었다고 보고했다." 그에 반해 의미 있는 커뮤니케이션으로 꼽은 것으로 페이스북은 28%, 그 외에 문자, 이메일 또는 트위터는 1%에 불과했다. 투펙치와 윌슨에게 있어 대인 커뮤니케이션은 여전히 지배적이고 영향력 있는 커뮤니케이션 수단이다.[22] 머리나 림Merlyna Lim은 온라인 행동주의와 그것을 알리고자 하는 사람들 사이의 관계를 강조하기 위해 "페이스북 혁명"이라는 라벨을 다시 붙이면서, "무바라크의 대통령직을 흔들었던 네트워크화된 개인과 집단은 네트워크 자체의 형성과 확장을 촉진했던 소셜미디어 권력과 불가분의 관계에 있다"라고 주장했다.[23]

이집트 혁명을 촉발시킨 것으로 가장 많이 언급된 사례 중 하나는 아스마 마흐푸즈Asmaa Mahfouz의 1월 28일 페이스북 블로그였다. 이것은 유튜브에 업로드되었고, 그에 따라 소셜네트워크와 여타 다른 가상세계의 공유 형식을 통해 퍼져나갔다. 마흐푸즈의 비디오는 인터넷이 본질적으로 새로운 방식으로 사회적 혁명을 확산시킬 수 있음을 분명히 보여준다. 마치 그것이 재현하는 사건을 미러링하듯이, 〈더 스퀘어〉 또한 디지털적으로 퍼져나간다. 즉 넷플릭스나 불법 토렌트 다운로드를 통해서 볼 수 있을 뿐만 아니라, 그것에 대한 정보도 수많은 소셜미디어 플랫폼을 가로지르며 공유되고, 좋아요를 받으며, 리트윗되고, 게시된다. 다큐멘터리 자체가 이집트 사건에 대한 의식을 고양하려 한 만큼이나, 소셜미디어 도구들 또한 시청자와 이용자가 소셜미디어 네트워크를 통해 그 다큐멘터리를 홍보할 수 있게 했다.

온라인 참여문화에 대한 헨리 젠킨스의 지속적인 작업은 미디어 확산성spreadability의 함의를 파악하고 추적하는 데 지침이 된다. 하나의 채널을 통해 하나의 형식으로 미디어 텍스트를 보내는send 미디어 배급media distribution과는 반대로, 확산성이라는 아이디어는 대상물이 여러 상황에 맞게 변경되고 전유될 수 있도록 허용한다.[24] 이것은 우리가 어떻게 〈더 스퀘어〉를 시청할지에 대한 생각을 복잡하게 만든다. 왜냐하면 그것은 표면적으로는 넷플릭스에서만 "시청 가능"하지만, 토렌트를 통해서도 다운받을 수 있기 때문이다. 주지하듯이 토렌트는 배급과 확산이 모두 가능하다. 젠킨스와 포드Sam Ford, 그린Joshua Green 등이 주장하듯이, "이렇게 배급에서 유포로의 전환은 공중을 새로운 방식으로 미디어 콘텐트를 만들고, 공유하고, 다시금 틀을 짜고, 리믹스하는 사람들로 간주하는, 보다 참여적인 문화모델로의 이동을 의미한다."[25] 〈더 스퀘어〉는 "리믹스"되지는 않았지만, – 이용자들은 아직까지 그것의 디지털 이미지를 재편집하지 않았다 – 다른 많은 정치 다큐멘터리처럼 언제든지 확산될 수 있게끔 존재한다.

그래서 확산성은 "기술적으로나 문화적인 측면 모두에서 그들의 목적을 위해 콘텐트를 공유하는 수용자들의 잠재적인 힘"으로서, 거기서 공유는 "유튜브가 제공하는 임베드 코드embed code 같은 아이템들, 다시 말해, 인터넷에 영상물을 확산하는 것을 더 쉽게 만들고 다양한 장소에서 해당 콘텐트에 대한 접근 지점을 만들도록 힘을 불어넣어주는" 소셜미디어 플랫폼으로 인해 확대된다.[26] 확산성의 목적은, 만약 그것이 충분한 채널을 통해 순환 유포된다면, "수용자들을 주변부적인 인식상태에서 적극적인 참여로" 옮겨가게 하는 것이다.[27] 재유포 행위를 넘어 확산성의 미디어spreadable media는 이용자가 하이퍼링크를 공유하고 클릭하는 것부터 현실의 물리적 공간으로 옮겨가는 것까지 다양한 방식에서 적극적으로 참여하도록 해준다.[28] 인식에서 참여로의 이동은 온라인과 오프라인 공간 간의 움직임과 유사하다. 조셉 터로우Joseph Turow는 광고와 같은 것에 대한 클릭과 공유를 정량화함으로써 링크의 "산업화"를 수반하는 기업의 추적 시스템과 여타 모니터링 방식과의 연관관계를 환기시키면서 하이퍼링크의 중요성을 은근히 강조했다.[29]

확산성의 개념은 하이퍼링크와 클릭, 공유, 그리고 디지털 커뮤니케이션 수단의 새로운 형식을 통해 미디어를 확산하는 인간의 능력에 달려 있다. 이것은 주시 파리카Jussi Parikka가 말한 "커뮤니케이션, 자기복제, 전송, 탈영토화/재영토화 운동과 같이 네트워크 문화의 주요 경향을 표현하는" 바이럴성virality이라는 또 다른 디지털 문화의 은유와 뚜렷한 대조를 보인다.[30] 파리카는 스티븐 샤비로Steven Shaviro를 끌어들이면서 "자아는 점점 더 정보 패턴으로 그려지는데, 거기에서 '개인'은 정보 자본주의의 반복적 패턴으로 인해 기생적인 침략의 숙주가 될 뿐이다"라고 주장한다.[31] 만약 미디어의 확산성이 주체가 서로 간에 의미 있는 미디어를 전달함으로써 공동체를 만드는 잠재력을 제공한다면, 바이럴 모델은 디지털 문화를 완전히 무력화하는 것이라 할 수 있다. 거기서 자아는 점차 사라진다. 말하자면, 디지털 문화에서 미디어와 자아가 어떻게 작동하는지를 설명하는 데 이용되는 용어에 대한 논쟁은 달리 말해, 자신이 정치적으로 권한을 부여하는 방식에서 무엇을 할 수 있는가에 관한 논쟁이다. 미디어 유포가 새로이 민주적인 방식으로 확산될 수 있기는 하지만, 우리가 사회적으로, 더 나아가 민주적으로 그것을 어떻게 사용할 것인가에 대한 방식은 영향력 있는 기업과 정책적 수준에서 통제된다.

넷플릭스 콘텐트는 무료로 유포될 수 없다. 비록 이용자들이 서로에게 비밀번호를 주거나 다른 넷플릭스 이용자들에게 특정한 텍스트를 검색하도록 요청할 수는 있지만, – 불법 다운로드를 통해 넷플릭스를 완전히 우회하는 것을 말하는 것이 아니다 – 넷플릭스는 여전히 확산과 유포의 흐름을 통제하고자 한다. 콘텐트가 정치적일 때, 공간을 통한 그것의 이동과 그것의 확산수준에 대한 장벽은 모두 정치적 차원을 띠게 된다. 〈더 스퀘어〉에 참가하는 이용자의 결정도 비슷하게 정치적인 것이 된다. 이는 "수용자가 바이럴 미디어의 수동적인 전달자의 역할보다 콘텐트를 '확산하는' 적극적인 역할을 수행하는 것, 다시 말해 그들의 행위가 무엇에 가치를 두는지를 결정하는" 그런 것이다.[32] 그래서 확산성은 참여문화에서 핵심적인 단계이다. "단순한" 팬과 "정치적" 행동 사이가 그런 것처럼, 거기에는 "전통적인 경계의 침식"이 중심적이게 된다.[33] 비록 이 경계가 디지털 배급을 통해, 그리고 미디어 이미지, 텍스트, 그리고 아이디어를 유포하는 능력을 통해 해결되지는 않겠지만, 넷플릭스와 〈더 스퀘어〉는 여전히 어느 정도는 전통적인 미디어 전송 모델, 그러니까 온디맨드이기는 하지만 그럼에도 불구하고 – 르페브르의 문구를 빌리면 – 통제된 소비형식에 위치하고 있다.[34]

디지털 불평등은 풀뿌리 정치 행동주의를 불러일으키는 확산성의 실제 능력, 다시 말해 각기 다른 종류의 공간을 가로지르는 운동을 발효시키는 확산성의 실제 능력이라는 측면에서 사회적 영향력을 지닌다. 젠킨스와 포드, 그린 등이 지적하듯이, 확산성은 "풀뿌리 공동체가 그 어느 때보다 콘텐트를 유포하는 것을 보다 쉽게 만들었지만, 기술에 대한 접근은 말할 것도 없고 스킬과 리터러시의 요건은 전체 인구에 골고루 분포되어 있지 않다."[35] 이것은 미디어 리터러시를 강조했던 워샤우어의 분석에 다시금 귀 기울일 것을 요구한다. 미디어 리터러시는 이집트 혁명과 여타 글로벌 시위가 그들이 벌이고 있는 일에 대한 국제적인 관심과 대화를 생성해

내려고 애썼던 것에서 중심적인 것이다. 만약 "유포 행위가 문화적이고 정치적인 풍경 모두를 의미 있는 방식으로 형성한다면", 〈더 스퀘어〉는 훨씬 더 복잡한 문제를 발생시킨다. 즉 그 유포는 정치적 행위를 위한 명시적 요청과 결부되어 있다기보다, 그것의 표면적 목적이 가르치고, 정보를 전달하고, 계몽하는 다큐멘터리와 결부되어 있다. 하나의 가설적 예를 들자면, 미국 시청자들은 이집트의 상황과 월가 점령 – 또는 다른 어떤 현존하거나 이제 막 발생하고 있는 행동주의 운동들 – 사이에 평행선을 그을 수 있다. 그에 따라 잠재적으로 다큐멘터리를 그들 자신의 행동주의적 형식을 위한 전범典範으로 사용할 수 있다. 단순히 미디어의 이동성과 유동성만을 논하는 것으로는 충분하지 않다. 우리는 **어디에서** 유포되고 **누구에게** 유포되는지를 이해하려고 애써야 한다.

이 논의의 핵심에는 우리가 어떻게 **컴퓨터에 있는 것**을 행동주의 형식으로 간주할 수 있는지, 그리고 미디어 텍스트의 소비와 확산이 이용자 참여와 정치적 동기부여의 종류인지, 그리고 궁극적으로는 의식을 고양하고 담론을 형성하는 효과적인 방법인지, 결과적으로 – 희망컨대 – 어떻게 사회적이거나 정치적인 풍경을 변경하는지에 대한 물음이 존재한다. 달리 보면, 하나의 미디어 자산, 브랜드, 또는 대의에 '생산적으로' 반응하는 개인이 다른 많은 사람들에게는 '수동적인' 청취자일 수도 있다. 즉 활동성과 수동성은 어떤 개인의 항구적인 서술이 아니다.[36] 확실히 통제된 소비를 제공하려는 넷플릭스의 노력은 접근을 위한 특정한 활동 양식을 구조화한다. 이와 유사하게 가낼리 랭글로이Ganaele Langlois는 온라인에서의 참여적 실천의 민주적 잠재력에도 불구하고, 우리는 분명히 보이는 문화적 역설에 주목해야 한다고 주장했다. 말하자면 온라인 사회 환경에서 안정감을 구축해내기 위해 인간, 기술, 그리고 서로에 대한 과정을 명확히 하는 "지배과정을 파악"해야 한다는 것이다.[37]

　여기에서 미셸 드 세르토Michel de Certeau의 이용uses과 전술tactics 사이의 구별이 유용하다. 전자가 어떤 종류의 권력구조에 의해 부과되는 것이라면, 후자는 이용자들이 실제로 그런 구조 안에서 행동하는 방법을 나타낸다.[38] 랭글로이가 파악하고 있는 지배 모델은 미디어가 어떻게 확산되고 이용되는지에 대한 방식을 결정하는 이데올로기적 구조에 적합하다. 확산성의 미디어와 대비되게 리타 랠리Rita Raley는 "전술적 미디어"tactical media라는 용어를 고안해내면서, 그것을 "후기산업사회와 신자유주의적 글로벌화 두 가지 모두에서 특별히 생겨난, 그리고 그것에 직접적으로 대응하는 미학적이고 비판적인 실천"이라고 정의한다.[39] 랠리는 뉴미디어 기술이 어떻게 디지털 예술가들의 정치성 발현 공간을 창출해내었는지를 고려하기 위해 더욱 정치화된 "디지털 예술의 실천"을 살펴 본다. 그래서 전술적 미디어는 "지배적인 기호 체제의 개입과 균열을 의미한다"라면서, 이용자들이 어떻게 주어진 구조를 항행하는지에 대한 드 세르토의 관점을 끌어들인다.[40] 전술적 미디어는 간략하게 작동한다. 즉 그것의 이용은 길지가 않다. 그리고 이런 종류의 정치적 작업이 폭넓은 사회적 변혁에 영향을 줄 수 있는지에 대해 강력한 양가적 질문을 남긴다. 이에 대해 드 세르토는 "급진적인 시스템 변화라고 제시된 환상은 없다. 다만 그것은 – 또 다른 시뮬레이션 기술인 – 상상력의 영역 안에서 가능성의 형태로 존재하면서 집단적 행동을 요구한다"라고 주장한다.[41] 드 세르토가 한 걸음 더 나아가 주장하듯이, 전술은 그들이 이기는 것을 포기한다. 다만 그것은 "이동성, 분명히 말하면, 그 순간에 주어진 기회를 수용해야 하는 이동성"을 제공할 따름이다.[42] 랠리의 분석은 예술과 미디어가 어떻게 사회적 변혁을 이끌어내는 불쏘시개가 될 수 있는 비판으로 작용하는지에 대해 이야기한다. 공유가능하고 확산가능한 미디어의 의식고양 프로젝트와 달리, 교육과 생각은 신자유주의적 헤게모니에 미학적으로, 정치적으로, 그리고 이데올로기적으로 도전하는 보다 급진적이고 정치적으로 전복적인 작업이다. 그것은 "예술 행동주의자의 실천에 보다 유동적이고, 확장적인, 그래서 보다 강력한 세트를" 제공한다.[43]

정치적 수행성에 대한 랠리의 작업은 〈더 스퀘어〉를 논함에 있어 직관에 반하는 것처럼 보인다. 그러나 그녀는 미디어의 이런 확산이 무엇을 의미하는지를 들여다보는 중요한 렌즈를 확고히 정립한다. 〈더 스퀘어〉는 디지털적으로 유포되려고 텍스트로 만들어진 것이 분명히 아니었다. 원래 그것은 선댄스 영화제에서 처음 상영되었고, 넷플릭스가 영화제에 출품된 몇 개의 작품을 스크리닝 후 그 배급권을 구매했을 따름이다. 어떤 의미에서, 〈더 스퀘어〉의 관습적인 미학과 구조는 랠리의 전술 미디어 모델의 정치화된 경계를 밀어붙이지 않는 것으로 볼 수 있다. 하지만 나는 디지털 배급 행위 **자체가** 정치적 수행이라고 주장하고자 한다. 그런 시각에서,

페이스북과 유튜브 비디오를 내재적으로 보는 이집트인들의 모습과, 지리적 위치가 다른 수많은 사람들이 노트북이나 태블릿으로 〈더 스퀘어〉를 시청하는 시청자들의 모습 사이에는 어떤 연관성이 있어 보인다. 이들 두 주체들 사이의 – 다큐멘터리 시청자와 내재적으로 비디오를 보는 사람 – 잠정적 연결은 이런 종류의 미디어가 전술적 증식을 이어갈 것이라는 희망을 보여준다. 달리 말하면, 다큐멘터리 영화는 전술이 승리하는 것을 포기하지 않고 오히려 보다 광범위한 변혁적 영향력을 미칠 수 있는 세계를 구상한다.

젠킨스와 랠리 같은 학자들에 의해 옹호되는 확산성의 미디어의 희망적이고 전술적인 개념 너머로, 이브게니 모로조프Evgeny Morozov의 슬랙티비즘slacktivism이 온라인과 오프라인 사이의 잠재적 가교에 대한 유용한 대안적 시각을 제공한다. "슬랙티비즘"은 행동주의의 "디지털 형제," 그러니까 참여를 불러일으키는 하나의 방식으로서 "온라인 행동주의자가 정치적으로 거의 영향을 미치지 않으면서도, 그것이 유용하고 중요하다고 느끼게 하는 것"을 일컫는다.[44] 슬랙티비즘은 – 어떤 수많은 이유로 – 오프라인 공간으로 가교가 되지 못하는 온라인 행동주의다. 그래서 그것은 "현실의" 사회적 변화를 실현하지 못한다. 모로조프는 기술의 실제 효과를 지적하면서, – 특별히 개인 이용자에게 힘을 실어주거나 해방시키는 그 능력과 관련하여 – "기술을 고안해낸 사람들이 원래 추구했던 목적과는 정반대였다"라면서 기술결정론을 꾸짖는다.[45] 슬랙티비즘이 주는 발 빠른 만족이 "위험을 무릅쓰고, 깊으며, 진정성 있는 실행"에 방해가 된다는 것이다.[46] 그래서 온라인과 오프라인 공간 사이의 가교가 영원히 구축되지 않은 채로 남아 있을 위험이 있다.

〈더 스퀘어〉홍보물은 오프라인 시위 공간에 무척이나 호의적이면서도, 시위에서 온라인과 오프라인 행동주의 사이의 긴장보다 온라인 스트리밍 서비스로서 넷플릭스의 위치에 보다 더 호의적이다. 비록 예고편의 마지막 장면을 포함해 아마추어 카메라에서 찍은 몇몇 장면이 있기는 하지만, 영화 상영을 한 달 앞두고 유튜브에 공개된 공식 예고편에는 소셜미디어에 대한 그 어떤 언급도 없다. 온라인과 여타 곳곳에 유포된 많은 포스터와 이미지 들은 "국민들이 정권의 퇴진을 요구한다"라는 태그라인을 붙였다. 영화가 개봉되기 하루 전 오스카 후보로 오른 날, 넷플릭스는 소셜미디어 계정에 "오늘 오스카 지명, 내일 스트리밍"이라는 새로운 태그라인을 알렸다. 이런 종류의 수사학은 그 다큐멘터리를 온디맨드 문화로 볼 수 있다는 것과 미디어가 유포될 것이라는 희망을 다시금 틀짓는다.

갖가지 소셜미디어 플랫폼에서의 〈더 스퀘어〉홍보는 소셜미디어를 이용해 제품 소비를 장려하는 넷플릭스의 희망어린 전략을 지원하지만, "오늘 오스카 지명, 내일 스트리밍"과 같은 태그라인은 넷플릭스가 자본주의적 이익을 위해 유포의 정치적 힘을 다소 시니컬하게 사용했음을 시사한다. 이런 관점은 이 미디어를 소비하고 공유하는 직접적이거나 잔여적인 효과일 수 있는 일체의 정치적 권능의 부여를 배제한다. 참여문화의 많은 목표들 중 하나는 보다 민주적인 미디어 문화, 그리고 역으로 보면 보다 민주적인 정치문화를 심어주는 새로운 채널의 창출로 이해될 수 있다. 이런 민주주의적 잠재력에 대한 카펜타이어Nico Carpentier와 젠킨스 사이의 대화에서, 카펜타이어는 "민주주의와 참여문화는 실현되지 않을 것이다. 항상 투쟁이 있을 것이고 항상 갈등이 있을 것이다"라고 말했다.[47] 민주주의와 참여문화는 이중적인 이상이지만, 카펜타이어에게 있어 이 유토피아적 추력은 그들에게 힘을 부여한 것 중 일부에 지나지 않는다. 그는 "참여란 그 자체로 사회적인 것의 중요한 요소로 간주되기 때문에 민주주의의 실행을 위해 용인된다"라고 하면서, 우리가 참여의 엄청난 잠재력에서 물러서지 말고 이런 문화의 불가능성을 실현해줄 것을 절실히 요청한다.[48]

〈더 스퀘어〉의 제작 또한 참여적이고 민주적인 정신을 보여준다. 이집트인과 이집트 국민들의 도움으로 촬영된 이 영화는 이런 형태의 현지화된 독립영화 제작이 사회변혁을 표현할 때 어떤 성과를 거둘 수 있는지를 보여주는 모델일 수 있다. 힘을 부여받은 주체의 목소리를 창작하는 것을 강조하는 데이비드 맥더걸David McDougal의 생각과, 정치적으로 동기가 부여된 공동체와 함께 일하는 토마스 워Thomas Waugh의 "참여적 다큐멘터리"committed documentary 개념은 정치적으로 강력한 재현물을 창작함에 있어 개인의 목소리를 다시금 강조하는 다큐멘터리 연구 분야에서 두 개의 중요한 교차점이다.[49] 〈더 스퀘어〉에서 누자임이 담아낸 것은 혁명의 한 부분이지만 그녀 자신도 그에 못지않게 그런 혁명의 관찰자였다. 그녀는 편집과정 내내 혁명가들에게 영화의 일부를 보여주고 그들의 반응을 통합함으로써 주제의식을 진전시켜 나갔다. 그녀의 말을 빌자면, "영화는 이집트인들의 투쟁을 인간화하고 영화화면 이면에 있는 인간의 이야기가 무엇인지를 실제로 보여준다.[50] 그녀가 살고 있는 지역사회와 함께 수행하고 있는 그녀의 작업은 시민 미디어를 특정한 정치적 행위형식을 고무하고 재현하고 목적화하는 것이다. 이러한 배급전략의 목표는 "더 다양한 관점"을 적극적으로 유포하고, 그리고 역으로 "정치적 과정으로의 참여를 동기화하는 것이다."[51] 배급 사이트로서 넷플릭스 가입자들은 ─ 〈더 스퀘어〉와 같은 것들을 교육적 과녁으로 삼아 ─ 시민으로서 기회가 주어졌을 때, 사회적 평등을 위한 더 나은 정책 결정으로 작용할 수 있다. 요컨대 이 다큐멘터리는 교육을 위해 널리 보급되고 공유되고자 하는 욕망을 넘어 전술적인 목표를 가지고 있다.

사각 스크린에서 〈더 스퀘어〉

사회적이고 정치적인 다큐멘터리를 획득함으로써 넷플릭스는 점차 사회적으로 진보적인 정치 이데올로기들을 확산시킬 수 있는 아카이브가 되었다. 트리온의 작업은 보다 폭넓은 문화적 참여의 디지털 유포 웹에 결박되어 있는 특정한 실체로서 넷플릭스뿐만 아니라, 광범위한 디지털 전송과 미디어 유포 사업자에 대해서도 고려한다. 그가 주장하는 것처럼, 디지털 전송은 "유비쿼터스적 접근"의 약속이기도 하지만 보다 개인화된 소비양식에 스며드는 것이기도 하다. 거기서 특별히 영화를 찍는 것은 그것의 사회적 의미를 잃는다.[52] 트리온은 텍스트가 어떻게 디지털 공간에서 순환유포되는지를 이해하는 두 개의 완전히 다른 방식으로서 "플랫폼 이동성"platform mobility과 "저항적 이동성"resistant mobilities 개념을 도입한다. 플랫폼 이동성에서 보면 "순환유포되는 것은 텍스트만이 아니라 스크린도 그러하다." 시청자들은 디바이스를 가로질러 이음매 없이 미디어로 "이동"할 수 있어서, 자신이 선택한 미디어를 통해 자신만의 경로를 만드는 "개인화되고 파편화되며 권능을 가진 미디어 소비자"가 될 수 있다.[53] 트리온은 플랫폼 이동성에 대해 온라인과 오프라인 공간 사이의 관계성을 내비치면서도, - 특히 온라인 미디어가 점점 더 많이 오프라인 공간으로 "이동"하거나 거주할 수 있기 때문에 - 이용자가 텍스트를 소비할 수 있는 방법을 막는 체계적인 제약을 중요하게 고려한다. 예를 들어, 넷플릭스의 특정 텍스트가 어느 국가에서는 되고 다른 곳에서는 안 되는 지리적 차단은 문화계발과 소비를 위한 대안적 방법을 찾도록 유도하기 때문에 이용자는 콘텐트를 얻기 위해 별도의 조처를 취해야 한다. 트리온은 이것을 "저항적 이동성", 또는 "엔터테인먼트 산업이 추진한 관행을 거스르는 행위"라고 정의한다.[54] 지리적 차단의 문제는 〈더 스퀘어〉의 유포를 이해하는 데 중요하다. 왜냐하면 "그것이 40여 개 이상의 국가에서 출시되었음에도 불구하고, 미국 넷플릭스에서 데뷔한 이후 거의 반년이 지난 2014년 6월에서야 이집트에서 배급"되었기 때문이다.[55] 트리온이 공동체적 용어의 대칙점으로 개인에게서의 "저항적 이동성"을 말하기는 했지만, 보다 큰 미디어들은 - 이 경우 유튜브 - 〈더 스퀘어〉를 대신하여 디지털적으로 유통되도록 했다. 그 영화는 "공식적인 검열관의 승인을 받지 않았음에도 불구하고 본국인 이집트에서 독점적으로 유튜브에 개봉"되었다.[56] 거꾸로 유튜브는 이집트를 **제외한** 모든 국가에서 그 영화를 지리적으로 막는 바람에 넷플릭스를 통해 보도록 했다. 이렇게 지리적 차단과 저항적 이동성은 보다 폭넓게 미디어에 접근할 수 있도록 하는 접근과 유포를 만드는 데 작동한다.

이러한 실천을 하는 데 있어 다른 주요한 묘안이 바로 알고리즘 문화의 등장이다. 거기서 넷플릭스는 이용자 선호도와 시청습관에 대한 누적 데이터를 바탕으로 특정 종류의 영화를 추천하고 학습한다. 블레이크 할리난Blake Hallinan과 테드 스트라이파스Ted Striphas가 주장했듯이, 넷플릭스 추천 시스템은 "사물, 생각, 실천 등이 부분적으로 인간을 독립적으로 듣고, 크로스 체크하고, 판단하는 **알고리즘적** 호소의 법정"을 가리킨다.[57] 그들이 제시한 것은 중요하다. 왜냐하면 그것이 특정 부류의 개인에게 취향의 프로파일을 매칭하여 특정 종류의 콘텐트를 큐레이션하고 프로모션하는 것을 뜻하기 때문이다. 이 모델에서 〈더 스퀘어〉의 프로모션은 모든 인구통계학적 집단을 통틀어 의식을 고양하지 않고, 넷플릭스 소비자라는 특정 인구통계학적 집단을 대상으로 특정한 사회경제적 이데올로기를 강화한다.[58]

이쯤해서 나는 〈더 스퀘어〉의 텍스트로 눈을 돌려, 그것이 이집트 혁명의 토대로서 디지털 확산성과 유포를 틀지었던 방법에 대해 주목하고자 한다. 여기서는 미디어 확산성이 사회혁명과 관련해 기능하는 방법에 있어서 이러한 관행들이 어떻게 보다 규범적이고 광범위한 설명으로 미학화되는지를 분석한다. 나는 영화 제목이 실제로 다층적 기표라고 말하고자 한다. 표면적으로 〈더 스퀘어〉는 이집트 혁명의 중심 공간인 타히르 광장을 보여준다. "광장"은 또한 다층적인 미디어 프레임, 즉 이용자가 영화를 보는 **실제** 프레임일 뿐만 아니라, 영화의 오프닝 액션을 채우는, 다시 말해 웹사이트와 유튜브 비디오를 프레임 안에 끼워넣는 복수의 프레임을 나타낸다. 〈더 스퀘어〉의 오프닝은 디지털 미디어를 시청하는 행동을 반성적으로 보여주는 둥지 속 알의 미학적 감성을 불러일으킨다. 이런 분석은 영화 오프닝이 나머지 텍스트의 미학적이고 주제적인 토대를 놓는 데 핵심이 된다는 씨에리 쿤첼Thierry Kuntzel의 신형식주의적 제안을 뒤따른다.[59] 나는 디지털 미디어로의 접근이 어떻게 온라인과 오프라인 공동체 사이에 가교를 놓는지에 대한 미학적 표상을 찾아내기 위해, 영화를 이끌어내고, 또 그렇게 보내버리는 영화의 오프닝 시퀀스에 주목한다. 〈더 스퀘어〉의 첫 번째 화면은 도시의 스카이라인을 가로지르는 정전 장면이다. 이후 장면은 성냥을 긋고 초에 불을 밝히는 클로즈업 샷이다. 그 순간 영화는 공간의 역동성을 설정해 보이며, 드넓은 도시의 갈등과 개인 수준에서 제시되는 저항 사이를 오간다. 이렇게 전체 상황을 보여주는 설정 샷에서 극단적인 클로즈업으로의 움직임은 영화를 지역적 수준으로 가져오지만, 그것은 또한 전기의 한 형식을 다른 것으로 대체한다. 즉 단순히 산업적 전기를 양초로 대체하는 것이 아니라 정부에 의해 통제된 전기공급을 자신만의 광원을 찾는 방안의 개인으로 대체한다. 마치 이런 샷을 가로지르는 빛의 은유가 그다지 강력하지 않았던 것 마냥, 첫 번째 대화의 한 대목은 "전 세계의 불이 다 꺼졌어. 이집트 전역에 불이 꺼졌어"이다. 다시금 이것은 상징적인 소등과 점화로 작용한다. 즉 "빛"은 실제 전기이기도 하지만 그것을 통제하는 구조적 권력이고 "어둠 속에" 남겨진 사람들이기도 하다.

여기서 〈더 스퀘어〉는 주인공 중 한 명인 아흐메드Ahmed가 거리와 그의 아파트를 오가는 장면을 보여준다. 그가 이런 일상공간으로 이동하면서 그의 삶을 보이스오버로 말하는 것을 몇 장면 보여준 후, 〈더 스퀘어〉는 그의 노트북 앞에서 좀 긴 시퀀스로 아흐메드의 이야기를 시작한다. 그것은 "이집트의 고문"이라는 제목의 유튜브 이미지로 시작한다. 카메라는 컴퓨터 모니터를 다소 일그러진 이미지로 담지만, 동시에 무엇이 유포되고 그것이 어떻게 자신의 개인 컴퓨터 공간 안에서 보이는지에 대한 보다 많은 지표적 기록을 제공한다. 이어지는 샷은 프레임 아래에서 3분의 1을 차지하는 노트북 뒤의 아흐메드의 얼굴을 클로즈업해 들어간다. 이것은 아흐메드의 얼굴과 노트북 스크린 사이에 샷 리버스 샷shot-reverse shot 패턴을 설정하는데, 거기서 물리적인 노트북은 절대로 프레임을 떠나지 않는다. 그것은 우리가 비디오를 보는 것을 보고 있는 것이거나 아흐메드의 클로즈업 가운데 작은 부분을 차지하는 것이기도 하다. 그 시퀀스는 511,000 이상의 뷰라는 시청기록을 노출하면서 또 다른 비디오로 – "여성 살인 용의자를 고문하는 이집트 경찰 1"이라는 제목이 붙은 것 – 이어진다. 여기에서 시퀀스는 어느 젊은 남자의 페이스북 사진으로 바뀐다. 그러면서 앨범의 다음 사진을 마우스로 클릭하여 심각하게 구타당해 피를 흘리며 엉망이 된 남자의 얼굴을 보여준다. 이 이미지의 프레임 가장자리에는 70개의 좋아요와 11개의 공유가 있다.

시퀀스가 다시 노트북으로 넘어갈 때, 아흐메드는 이제 이 글의 초입부에서 언급한 마흐푸즈의 비디오를 시청한다. 비디오에서 마흐푸즈는 "우리는 행진을 할 것이고 인간의 기본권을 요구할 것입니다"라고 말한다. 시퀀스는 비디오가 끝남에 따라 블랙 처리되지만, 바로 이어서 "거리에 나갔고 내가 그랬던 것과 똑같이 주위의 모든 사람들이 느끼고 있다는 것을 보았죠"라는 아흐메드의 보이스오버가 나온다. 끊임없이 움직이고 팽창하는 군중들의 이미지들을 휴대폰으로 사진과 비디오를 담아내는 사람들을 포착하고, 그리고 잠시 후 시퀀스는 아흐메드로 돌아가 그의 아파트에서 휴대폰으로 누군가에게 "누구에게라도 알려서 거리로 나오게 해 주세요"라고 말하는 장면을 보여준다. 이 장면은 한동안 계속되다가 사람들로 가득 찬 광장을 담는 휴대폰 영상으로 마무리된다. 한 남자가 "우리가 광장을 점령했어"라고 외치고, 시퀀스는 사람들로 완전히 메워진 타히르 광장의 오버헤드 샷으로 바뀐다. 타이틀 카드인 〈더 스퀘어〉가 이 오버헤드 샷 위로 겹쳐진다. 사람들은 눈에 띄게 뚜렷한 집단적 원형을 만드는데, 그것은 흡사 위로부터의 기하학적 형상이 공간의 형태에 대한 반항으로 실제 작용하는 것 같다.

이 시퀀스는 105분짜리 다큐멘터리의 최초 5분여에 지나지 않지만, 디지털 미디어에서의 접근과 유포에 기초한 사회적 혁명의 전체 논리를 미학화한다. 그것은 유튜브와 페이스북 비디오를 아흐메드 관점 샷으로 전달함으로써 미디어 소비행위를 개인화한다. 그리고 그들이 특정한 기술형식을 – 시청자들이 〈더 스퀘어〉를 볼 수도 있는 기술 – 어떻게 바라보고 있는지를 보여주기 위해 노트북의 프레임 안에 그것들을 둔다. 성냥의 불빛은 이 미디어를 퍼뜨리고 공유하고 소비하는 능력을 비유한다. 이 미디어가 프레임의 구석에 시청횟수, 좋아요, 공유 등을 두도록 한 것은 우연이 아니다. 이 디지털 미디어 형식은 이집트인들이 그런 이미지들을 어떻게 보았는지 맥락화해줄 뿐만 아니라, 다른 사람들이 페이스북, 유튜브, 그리고 여타 디지털 플랫폼에서 미디어를 어떻게 인식하는지를 보여준다. 이런 오프닝은 디지털 미디어의 공유성을 전면에 드러내고 집과 거리 두 곳 모두에 있는 아흐메드를 보여줌으로써, 그것들이 어떻게 오프라인 공간과 온라인 공간 사이의 관계를 변형하는 작동을 수행하는지를 보여준다. 그래서 광장에 모인 군중들의 오버헤드 샷은 온라인 공간이 공적 공간을 어떻게 다시 쓰는지를 보여주는 논거이다.

나는 〈더 스퀘어〉의 영상 미학, 그것의 일차적 배급 사이트, 그리고 정치적 의식 고양을 위해 이 미디어를 확산시키는 것 등이 가지고 있는 잠재적 이득에 대해 논의했다. 이제 나는 이 영화 수용에 대한 담론분석을 수행한다. 넷플릭스의 영화 입수와 배급을 둘러싼 담론은 글로벌 독립영화제작을 유통하는 그들의 능력을 통해 웹사이트의 문화자본을 끌어올리는 것에 보다 더 초점을 맞추고 있지만, 이 영화에 대한 넷플릭스 이용자들의 수용은 미국 시청자들의 일상적 이용에 배열된 어떤 세트가 있음을 시사한다. 〈더 스퀘어〉 수용연구의 모수를 위해 나는 영화의 공식 넷플릭스 페이지에 남겨진 이용자 리뷰를 조사했다. 글을 쓸 당시는 영화가 방영된 후 약 5개월이 지나면서 133개의 이용자 리뷰가 만들어지고 있었다. 넷플릭스 리뷰어들은 어떤 종류의 식별정보도 제공할 필요가 없으므로, 나는 이름, 성, 그 외에 이들 리뷰를 특정할 어떤 종류의 인구통계학적 위치도 부여할 수 없었다. 선택된 리뷰들은 이 영화가 **정치적으로** 어떻게 수용되는지에 대한 생각들을 얻는 것으로만 이용되었다. 이용자들은 이 의식고양적 프로젝트가 어떤 가치가 있다고 생각할까? 어떤 종류의 정치적 또는 사회적 효과를 유발할까? 133개의 리뷰에서 나는 자신의 국적 정보를 자발적으로 드러낸 리뷰에 주목했다. 압도적으로 그들은 미국인이거나 이집트인이었는데, 아마도 내가 미국 버전의 넷플릭스 브라우저 계정을 사용하고 있었기 때문으로 보인다. 이들 리뷰는 시청자들이 이 영화에 대해 어떤 의미있는 반응을 보이는지, 어떻게 교육적 시도로 이해하고 정치적 선동의 한 단편으로 보는지에 대한 그림을 그려준다. 이런 리뷰에서는 온라인과 오프라인 공간 사이의 행동주의적 가교가 명시적으로 논의되지 않지만, 그럼에도 불구하고 그것들은 영화에 대한 반응의 영향력 차원과 이용자들이 정치적인 ‒ 그리고 아마도 공공적인 ‒ 삶에서 계속해서 그것을 이용할 수 있는 방법들을 설명해준다.

예를 들면, 많은 리뷰들은 〈더 스퀘어〉를 보수적인 미국 총기정책과 ‒ 꽤나 두드러지게 ‒ 연결한다. 가장 유력한 것으로 한 리뷰어는 "이것은 다큐멘터리가 미국에 사는 사람들이 왜 그런 유일한 목적을 위해 '총기 보유권'을 가지는지, 즉 그들 시민들에게 이렇게 하려고 하는 정부에 대항해 시민들이 최대한의 방어권을 행사할 수 있도록 허용하는 것을 다시금 되돌아보게 합니다. 무장해제해야 한다고 생각하는 모든 사람들은 이 영화를 보고 많은 교훈을 얻어야 합니다"라고 말한다.[60] 다른 사람들은 이 영화를 "왜 사람들이 무장해제해야 하는지 정확하게 보여줍니다. 희망컨대 미국에 그런 때가 도래했을 때 우리는 함께 행진을 하고 무기를 들어 우리의 국가에 되돌려 주어야 할 것입니다"라는 식의 주장을 보였고, 또 다른 사람은 "나는 바로 이 일이 미국에서 일어날 지도 몰라 두렵습니다"라고 말했다.[61] 그리고 다시 "이것은 무장해제된 시민이 그들 정부로부터 자신을 보호할 수 없을 때 발생하는 바로 그것입니다"라고 말했다.[62] 생각해 보면 이것은 한 국가의 정치적 분위기가 다른 곳에 이상하게 투사된 것이지만, 그것은 또한 수용자가 크로스 컬처 미디어에서 의미와 정치학을 교섭하는 다의적인 방식을 보여준다.

미국 국적을 밝힌 다수의 리뷰어들은 이런 종류의 이데올로기적 연결고리를 만들려 하지 않았다. 그들은 〈더 스퀘어〉를 "민주주의"와 시민행동이 무엇을 의미하는지에 대한 자신의 생각을 재정의하는 방식으로 바라보았다. 이 글 제사辭의 인용처럼, 〈더 스퀘어〉는 미국 리뷰어들에게 시민적 개입의 중요성을 일깨운다. 또 다른 리뷰어가 코멘트한 것처럼, "특히 미국인들은 이것을 볼 필요가 있습니다. 우리는 세계의 모든 사람들에게 민주주의가 어떻게 작동하는지를 가르치는 것을 좋아합니다. 이 영화는 진정한 민주주의가 실행되는 것을 보여줍니다. 그리고 놀랍게도 그것은 번잡하고 혼돈스러운 것입니다."[63] 다른 사람은 "젊은 미국인으로서 이런 종류의 다큐멘터리는 세계 도처의 사람들이 우리가 살아가고 있는 우리의 개인적인 '거품' 바깥에 어떤 일이 일어나는지를 이해할 수 있도록 하는 데 진정 요구되는 것입니다."라고 말했다.[64] 여기서 다큐멘터리는 두 가지 목적, 즉 미국의 민주주의가 전 세계 민주주의의 지표가 아니라는 것을 미국 시청자들에게 일깨우는 데, 그리고 널리 알려져 있듯이 투표자수가 계속해서 낮은 양상을 보이는 미국사회에 시민참여의 중요성을 일깨우는 데 기여한다.

많은 리뷰들은 〈더 스퀘어〉의 교육적 잠재력에 주목한다. 리뷰들은 이집트에 대해 "내가 많이 배운 것 같습니다"라거나, "내가 깨어 있지 않은 미국인으로서 얼마나 무지했는지 알게 됐습니다"는 식의 반응을 일관되게 보였다.[65] 그러면서도 다른 사람들은 그것을 지상군boots-on-the-ground, 땅 위의 군화라는 은유로서 이라크 자유작전 전투에서 82공수부대가 보낸 한 달에 대해 저널리스트인 칼 진스미스터Karl Zinsmeister가 쓴 책 제목이기도 하다. 이 글에서는 민주주의 현장에서 직접 경험하는 사람들과 그들이 경험하는 가치를 나타내는 은유로 사용된다. - 역자 주의 시각에서 태생적으로 그리고 보다 역사적으로 가치 있는 것으로 본다. 다시 말해 "이집트의 **진실**에 대해 별 생각이 없는 모든 미국인들은 이 훌륭하고도 놀라운 다큐멘터리를 보아야 합니다"라든가, "그것이 타히르 광장에서 무엇이 일어났는지를 완벽하게 알게 해줍니다"라는 것이다.[66] 자신을 혁명으로 "살아가는" 이집트인이라고 밝힌 한 시청자는 "이것은 역사가들이 당시의 정권에 유리하게 역사 기록을 바꾸기 전에 우리가 진실에 도달할 수 있는 가장 가까운 것이라고 생각합니다"라고 주장했다.[67] 미국인이라고 밝힌 또 다른 사람은 "이것은 모든 대학 모든 나라에서 모든 현대사 또는 정치적 계급에서 시청되어야 합니다"라고 제안한다.[68] 이 영화의 중요성은 이 영화가 어떻게 혁명의 역사를 쓰는 적절한 모델로서 권력자들이 아닌 땅 위의 사람들의 시각을 취하느냐에 있다. 사건 자체에 대한 이 다큐멘터리의 "밀착"은 혁명을 해부하는 능력을 흐리기보다 오히려 실질적인 이득이 된다. 이것은 **혁명에 관한** 다큐멘터리인 만큼이나 **혁명의** 기록문서이기 때문이다.

이 모든 반응 중에서 가장 흥미롭고 가장 유용한 것은 몇몇 혁명적 수사를 통합하는 사람들이다. 예컨대, 어떤 사람은 "이 영화는 내가 보고 싶은 변화가 생기도록 동기를 부여해줍니다. 나가서 세상을 바꿔라. 세상이 당신을 바꾸도록 기다리지 말라"라고 말한다.[69] 다른 누군가는 〈더 스퀘어〉가 수많은 사회적 환경에서 혁명의 실행을 적용할 수 있는 방법을 제공하는 "변화를 위한 핸드북"이라고 제안한다.[70] 더 나아가 다른 사람들은 열정적인 말로 그 영화가 얼마나 개인적인 세계관에 영향을 미쳤는지를 이야기한다. "저는 한 번도 외국의 정치에 깊이 간여하지 않았지만, '지금' 나는 그렇게 '해야 한다는' 것을 알아요. 이 다큐는 당신이 어떻게 '진실로 자유로운 국민'의 선택을 통해 당신의 정부가 실질적으로 '변화'를 선언할 수 있는지를 보여줍니다."[71] 또 다른 리뷰어는 심지어 그것이 "자신을 이집트로 여행을 가서 평화, 정의, 민주주의 운동에 합류하게 싶도록 만들었습니다"라고 하면서, 그 영화가 "전 지구적으로 혁명가들에게 극도로 가치가 있는" 교훈을 주었다고 말할 정도였다.[72] 그들이 영화에 대해 개인적인 반응에 초점을 맞추든, 아니면 전 세계의 집단과 일반인 들에게 영향을 미칠 수 있다는 믿음에 초점을 맞추든, 이들 리뷰들은 유포의 **유동성**과 맥락을 가로질러 디지털적으로 "돌아다니는" 능력에 주목한다. 〈더 스퀘어〉를 보편적인 텍스트라고 말하지는 않지만, 이들 리뷰들은 모두 이 영화가 사회적 혁명에 "전 지구적으로" 동기를 부여하고, 또 그렇게 할 수 있게 했다는 것을 강조한다. 말하자면 시청자들에게 이집트 혁명을 교육하는 것과는 별개로 상당한 가치를 지니고 있다는 것이다.

나는 이용자들의 이런 리뷰가 〈더 스퀘어〉에 접근하고 시청하고 논의하는 다종다기한 방법들을 많이 보여주었기 때문에, ─ 글쓴이들을 지리적으로나 정치적으로 올바르게 배치할 수 없음에도 불구하고 ─ 이 글에 그것을 포함했다. 가령 이집트로 가서 혁명에 합류할 것을 제안하는 시청자는 실제로는 그렇게 하지 않을 것이고, 그녀의 짧은 리뷰 후에 그 영화를 잊을지도 모른다. 그러나 영화가 역사기술적, 교육적, 정치적, 행동주의적 축을 가로질러 작동한다는 생각은 리뷰 샘플에 분명히 드러나 있다. 더 나아가 〈더 스퀘어〉의 전 지구적 유포는 정치 다큐멘터리의 의미를 어디에서 그리고 언제 보는지에 따라 급진적으로 형성되고, 그렇게 늘어난 미디어의 "이동성"과 "확산성"이 개인이나 집단 소비자들과의 관계형성에 중요해지고 있음을 시사한다. 이것은 미국 시청자들이 표면적으로 그들의 정치와 상황을 영화에 투사하고 있음을, 즉 이집트의 투쟁과 자신의 투쟁 사이의 ─ 그것이 적절하든 아니든 ─ 유사성을 만들려고 애쓴다는 점을 말하는 것이다.

이 분석에는 필연적으로 수반되는 질문이 있다. 시청자들은 진짜로 〈더 스퀘어〉를 그들 자신의 사회적 시위의 시작점으로 보는가, 아니면 공공의 사이버스페이스에서 동정을 발휘하는 것인가? 이 질문은 이 글에 대한 깊은 우려인 동시에 전적으로 수사적이기도 하다. 왜냐하면 정치 다큐멘터리가 오프라인에서 "진짜" 행동주의를 부추기는 정도를 "알기"란 불가능할 것이기 때문이다. 보다 큰 요지는 행동주의와 슬랙티비즘 사이에 존재하는 일체의 이분법과 무관하게, 넷플릭스 리뷰 공간에 참여하는 이용자들은 〈더 스퀘어〉에서 많은 종류의 가치를 발견한다는 점이다. 미국 리뷰어들에게 있어 "거기서" 얻은 교훈은 의외로 광범위한 정치적 입장을 거쳐 "바로 여기" 상황에 적용된다.

결론: 시청, 공유, 반감, 완결, 반복

접근, 소비, 공유성의 이슈는 넷플릭스와 같은 스트리밍 구독 서비스에 좀 다른 차원의 생각을 떠올리게 한다. 이 글은 이용자들이 온디맨드 문화에 참여할 수 있는 방법에 존재하는 기술적이고 통치적인 장벽을 인식하는 것이 중요하기는 하다고 보면서, 유포와 순환의 공간적 차원에 대한 분석에 주력했다. 온라인과 오프라인 공간 사이의 이런 교섭, 즉 시민참여 미디어와 시민참여 사이의 이

같은 교섭은 궁극적으로 제인 게인스Jane Gaines가 말한 "정치적 미메시스"의 새로운 차원이다. 게인스는 정치 다큐멘터리에 대한 논의에서 "정치적 모방"을 "투쟁의 관습적 이미지"를 통한 영향력의 생성으로 정의한다.[73] 실제 공간과 실제 사람들의 관계를 전제로 한 이 다큐멘터리 형식의 지표성은 "스크린의 세계와 수용자의 세계 사이의 연속성을 확립한다. 거기서 이상적인 시청자는 스크린에 나오는 것과 매우 가까이 닮은 세계에 개입할 준비가 되어 있다."[74] 이것은 다시금 공간적 넘어섬의 어떤 버전이다. 즉 재현의 공간이 시청자의 생활공간으로 전달되어, 시청자들이 다큐멘터리가 그들에게 보여준 것을 "흉내내도록" 영향 받고 강제받기를 희망하는 것이다.

특히 넷플릭스 시청자들이 〈더 스퀘어〉를 혁명의 "핸드북"이라고 불렀던 것처럼, 미디어 확산성과 유포와 관련해 게인스의 생각을 고려하는 것은 적절해 보인다. 영화 스크린의 경계에서 "자유로워진" 〈더 스퀘어〉 같은 정치 다큐멘터리는 보다 더 유동적이게 되었지만, 소셜미디어 비디오로 인해 행동에 박차를 가하는 혁명가들의 시퀀스들 또한 행동 모델을 증명해 보인다. 의식을 고양하는 프로젝트와 별개로, – 이집트 혁명이 어떻게 수많은 개별적인 관점에서 발생했는지를 기록하는 것 – 그것은 또한 어떻게 확산가능한 미디어를 사용하여 사회적 변화를 일으키는지, 다른 한편으로 **그 자체가** 디지털적으로 분산되고 공유가능한 포맷으로 존재하는지를 보여준다. 그래서 〈더 스퀘어〉는 사회혁명을 옹호함과 동시에, 특정 사이트에서 사회혁명이 어떻게 기능했는지를 보여주는, 공유가능한 시민 미디어의 메타 텍스트이다. 이 진술은 〈더 스퀘어〉가 오프라인 공간에서 실제로 무엇을 할 수 있는지를 더 깊게 이해할 것을 요청한다. 〈더 스퀘어〉는 비슷한 형태의 영화 제작과 구매, 유포에 박차를 가할 수 있다. 또한 그것은 유사한 형태의 시민참여 양식과 다른 지리적 위치에 있는 정부 체제의 현 질서에 대한 도전에 자극제가 될 수도 있다.

2014년 넷플릭스가 구매한 가장 눈에 띄는 비시리즈 계열은 다양한 유형의 코미디 특집과 – 아담 샌들러Adam Sandler의 영화 시리즈에 대한 독점적 거래를 포함해 – 몇몇 오리지널 장편영화 제작을 위한 거래였는데, 그해 하반기에는 동물과 관련된 다큐멘터리 〈브룽가Virunga〉도 출시됐다. 그것은 사회정치적 다큐멘터리가 – 만약 한정적이거나 "부티크"하다면 – 넷플릭스 서비스 배급 병기의 핵심적인 부분일 것임을 시사한다.[75] 그런 의미에서 넷플릭스는 폭넓은 사회정치적 다큐멘터리 콜렉션을 일부 "매우 차별화된 미시적 수용자들"의 환심을 사려는 전략으로 이용한다.[76] 이런 논리에서 볼 때, 영화제에서의 콘텐트 입수는 알고리즘적으로 결정된 넷플릭스의 또 다른 비즈니스 관행이다. 즉 그것은 특정 유형의 시청자들을 가입시키고, 그들의 서비스를 이용하는 방법 이상으로 디지털 영화의 유포 가능성에 대해 일종의 정치적 발언을 하게끔 시청 관행을 유도하고자 고안된 것이다.

〈더 스퀘어〉는 참여문화, 확산성, 그리고 지금의 시민참여적 전술 미디어의 궤적 상에 존재한다. 그것은 우리가 점점 늘어가고 있는 모바일을 가지고 무엇을 **하는지**, 왜 그것을 시청하는지, 그리고 왜 그것이 접속할 가치가 있는지에 대한 도전을 내포한다. 그것은 또한 단순히 "완결과 반복"만이 아니라, - 넷플릭스나 여타 스트리밍 서비스를 통해 대량의 정치 다큐멘터리를 몰아보는 것 - 우리가 퍼트리고 유포하는 미디어에 개입하고, 새로운 형식의 시민참여를 통해 온라인과 오프라인 공간을 연결하는 방법을 찾아내는 도전을 시사한다. 정치 다큐멘터리를 디지털적으로 유포하는 확산성은 우리의 잠재적 참여를 다원적 시민 공간으로 계속해서 넓혀가고 있다.

3부

내로우캐스터이자
글로벌 행위자로서 넷플릭스

Chapter. 1

몰아보기의 실천

스트리밍 영상 시청자의 의례, 동기, 느낌

▶

에밀 스타이너Emil Steiner

내일: @HouseOfCards. 스포일 금지. 제발요. - @BarackObama.
2014년 2월 13일

로렌스 피시번Laurence Fishburne은 일반적으로 "6개 에피소드 이상을 한번에 시청하지" 않는다. 폴 러드Paul Rudd는 "12개의 에피소드를 한번에 시청했다." 주디 그리어Judy Greer는 "〈비프Veep〉2012~ 전체 시즌을 한자리에서 몽땅 시청했다. … 하지만 그때는 허리케인 샌디가 오던 날이었다." 데니스 리어리Dennis Leary는 혼자 그렇게 하는 것을 추천하지만, 미쉘 모나한Michelle Monaghan은 그것이 비위에 거슬린다. 조시아 마멧Zosia Mamet은 "생일축하연에서" 그렇게 할 수 있다고 하는 데 반해, 케리 러셀Keri Russell은 "지저분한 파자마 바람으로" 보는 것을 선호한다. 톰 릴리Tom Riley는 "위스키와 편안한 바디수트 바람"으로 보는 것을 좋아하는 반면, 한나 뉴Hannah New는 "럼"을 선호한다. 감리교 신자는 "망고"를 좋아하지만, 매튜 라이Matthew Rhys는 "보드카와 핫도그"를 고집한다.[1]

컴캐스트의 엑스피니티Xfinity가 "유명인들도 몰아보기를 한다"라고 한 멀티플랫폼 광고물은 몰아보기의 실천과 의례를 묘사한다. 이 광고는 2014년 3월 28일 유튜브에 포스트된 것으로, 해마다 봄철에 컴캐스트 가입자들이 지상파 네트워크사와 유료 케이블 채널의 인기 프로그램 전체 시즌을 무료로 볼 수 있게 한 7일간의 이벤트 "엑스피니티 와차톤Xfinity Warchathon 주간"을 다룬 것이다.[2] 해마다 진행되는 이 프로모션은 미국의 가장 큰 케이블업체가 시청자들이 몰아보기를 통해 영상 콘텐트를 게걸스럽게 맛보게 함으로써 서비스에 가입하도록 유도하는 마케팅 프로모션이었다.

프로모션 스팟 광고의 정보적이고 설득적인 언어는 "몰아보기"가 미디어에서 그리고 미디어를 통해 그 가치가 조정되고 있는 신생 용어라는 점을 보여준다. 2013년 옥스퍼드 사전은 "몰아보기"를 "셀피"selfie 다음으로 가장 널리 사용된 신조어로 랭크시켰다.[3] 콜린스 사전은 이 단어를 2015년 올해의 단어Word of the Year로 선정했다.[4] 같은 해 딜로이트Deloitte 조사에 따르면, "시청자의 2/3가 '몰아보기'를 하는 것으로" 나타났다.[5] 오바마 전 대통령은 확실히 그들 중 한 명이며 힐러리 클린턴 역시 마찬가지다.[6] 그래서 이제 겨우 언어적 위치가 인지되고 자기의식적 활용상태에 있는 몰아보기에 대한 보다 깊은 탐구가 요구된다.[7] 그런 점에서, 유명인들의 몰아보기 사례는 이제 막 생겨난 행동을 시청자들도 수용할 수 있도록 유도하는 모델이 될 수 있다.[8] 그렇지만 컴캐스트의 광고가 "몰아보기 시청자"를 일반적으로 대표하는가? 이 글은 공개된 질적 인터뷰를 통해 비유명인 수용자들이 어떻게 몰아보기와 넷플릭스를 정의하고 실천하는지를 탐구한다. 시청자들이 그 행동을 어떻게 이해하는지를 분석한 이 글은 텔레비전의 문화정체성을 보다 폭넓게 재이미지화하려는 학문적·상업적 연구조사에 기본지침을 제공할 것이다. 어느 인터뷰이가 나에게 말한 것처럼, "방송 텔레비전은 죽었다"Broadcast television is dead. 넷플릭스의 대중화된 스트리밍 영상 서비스는 시청자들이 보다 풍부한 주체적 문화소비자가 되도록 힘을 실어준 데 반해, 전통적인 방송사와 제작자 들은 이들 콘텐트와 서비스에 적응하도록 압박하고 있다. 이들 시청자들은 후기산업문화의 어렵고 양가적이며 아이러니컬한 의미를 내포하는 몰아보기라는 복잡한 용어를 열정적으로 맞아들이고 있었다.

빈지 이론

20세기 대부분의 학자들은 방송 텔레비전 콘텐트를 대중적으로 생산되는 질 낮은 엔터테인먼트로, 수용자를 흐리멍덩한 눈으로 명멸하는 브라운관을 쳐다보는 연약한 수신자로 묘사했다.[9] 특히 프랑크푸르트학파는 그런 대중문화를 결정론적 비평으로 매몰차게 쏟아붙였다. 가령 아도르노는 텔레비전이 생각을 통제하는 잠재력으로 미학을 위협한다고 보았다. 아도르노와 여타 마르크주의 이론가들은 텔레비전을 생각 없는 자본주의적 소비를 영속시키는 수단으로 특징지었다. 그들은 시청자들이 채널을 통제하는 힘 있는 엘리트들의 정치적·경제적 구조에 의문을 제기하는 능력과 욕망이 무력화된 채 마냥 동경하는 문화적 상태로 길들여지고 있다고 주장했다.[10]

텔레비전 수상기가 1950년대와 1960년대에 주요한 가정 내구재가 되면서, 미국 사회와 학자들은 수용자에 대한 텔레비전의 "효과"를 경험적으로 연구하기 시작했다. 비록 수용자들이 이 기계처럼 보이는 것으로 밝혀지지는 않았지만, 효과 연구자들은 그들을 수동적인 수신자로 간주했다.[11] 그들의 발견은 미디어가 필연적으로 생각을 바꿀 수는 없지만, 뉴스의제를 설정하고, 현실의 지각을 배양하며, 시청자의 생각에 이슈를 촉발시키는 행위에 영향을 미칠 수 있음을 밝혀냈다.[12] 미디어 효과에 대한 이런 탐구는 대체로 일방향적이고 시청자의 개인성과 행위주체성은 염두에 두지 않는 것이었다. 따라서 그런 주류적 시각이 생긴 후 오래지 않아 방송 텔레비전의 정체성은 "바보상자" 내러티브, 즉 수동적인 시청자들을 소비 이데올로기와 잠재적으로 폭력적 행위를 할 수도 있는, 상품화되고 저급한 문화의 산업화된 시스템으로 고착되는 것처럼 보였다.[13]

바보상자 내러티브는 1960~70년대 문화이론가들의 문제제기로 시작되었다. 그 시기 동안 "문화의 장은 완전히 분리된 두 가지 진영으로 나뉘었다."[14] 영화, 텔레비전, 대중문학미디어은 구조주의의 이론적 시각으로 연구되었던 데 반해, 노동계급의 "살아 있는 사건들"의례, 관습은 "문화주의"를 통해 연구되었다.[15] 토니 베넷Tony Bennett에 따르면, 전자는 지배층이 메커니즘화된 추종관계를 통해 대중을 지배하고 있다는 증거로서 콘텐트에서의 패턴을 찾고 있었다. 반대로 후자는 지배의 폭풍에 맞서 자랑스럽게 목소리를 내는 하위집단의 "로맨틱"하고 "진정성 어린" 표현을 위해 대중문화를 샅샅이 뒤지고 있었다.[16] 베넷은 "구조주의와 문화주의 양극단을 벗어나기" 위해서 그람시주의의 헤게모니를 통해 이 두 개를 통합할 것을 제안했다.[17] 그런 움직임은 의미를 협상하는 시청자 힘의 복잡성과 문화적으로나 기술적으로 텔레비전 이면에 있는 경제적·정치적 구조의 미묘함을 인정하는 것이다.

1980~90년대 후기구조주의적 페미니즘 학자들은 수용자들의 목소리를 현 상황에 대한 도전자로 새롭게 개념화했다.[18] 미셸 푸코Michel Foucault에 기반한 크리스 위든Chris Weedeon은 주체의 위치와 동기를 통한 경험을 탐구하여, 담론에서의 수용자 역할에 대한 시각을 활성화했다.[19] 재니스 래드웨이Janice Radway는 "수용자와 텍스트 사이의 관계성의 본성"이 교섭/재교섭되는 것을 살펴 볼 것을 촉구했다.[20] 그런 중에 재클린 보보Jacqueline Bobo는 프랑크푸르트학파의 위에서 아래로의 권력 작용과 초기 사회과학자들이 주장한 일방향적 권력흐름에 문제를 제기하며, "주요 미디어 생산물의 제작자들은 수용자에 맞서는 공모관계로 맞춰져 있지 않다"라고 주장한다.[21] 제작자와 시청자 들의 관계를 협력적인 것으로 인식하는 것은 "수용자를 꼼꼼하게 들여다보는 존재로 자리매김하게" 하면서 종래의 권력역학을 복잡하게 한다.[22]

바보상자 내러티브는 최근 무엇이 텔레비전인지에 대한 기술적 경계의 소멸, 디지털 노동과 결부되어 있는 양가성, "이용자 제작 콘텐트의 실행과 생산," 그리고 자기의식적 수용자 참여 등으로 인해 한층 더 복잡해졌다.[23] 시청자와 방송제작자 들은 이런 후기산업적 내러티브에서 텍스트의 의미를 공유하고 협상한다. 가령 폭스의 〈못말리는 패밀리〉와 같이 기존의 지상파 방송 텔레비전에서 실패한 시리즈는 시청자의 요구와 스트리밍 비디오에 기반한 구독 어포던스affordance를 통해 넷플릭스에서 환생했다. 심지어 〈브레이킹 배드〉와 같은 인기 시리즈는 이전 시즌을 넷플릭스에서 재출시하여 새로운 팬들이 몰아보기로 따라잡을 수 있게 함으로써, 그들의 문화적 족적을 한층 더 확장했다. 어느 인터뷰이가 말한 것처럼, "〈언브레이커블 키미 슈미트Unbreakable Kimmy Schmidt〉2015~는 NBC가 아니라 넷플릭스를 위해 만들어졌다." NBC는 티나 페이Tina Fey가 이 시트콤을 처음 만들 때의 네트워크였다. 제작자들은 시청자의 피드백을 대본을 만드는 데 활용했다. 그런 한편으로 몰아보기 같은 시청자 행동은 작가들이 일주일에 한 번이 아니라 통째로 보게끔 디자인된 복잡한 내러티브 아크를 정교하게 다듬는 데 자극제가 되었다.

이러한 이론적인 역사에 기초하여, 나는 수용자들이 어떻게 몰아보기를 하는지를 두 가지 모두의 시각, 즉 시청자의 몰아보기를 유도하는 넷플릭스 같은 미디어 회사의 구조 및 수익 동기의 시각과, 그들이 어떻게 그리고 무엇을 시청하는지를 요구하고 통제하는 수용자의 행위주체성의 시각 모두를 고려하여 탐구하고자 한다. 넷플릭스는 스스로를 방송의 권력구조와 정보흐름에 변화를 가져오는 촉매제로 브랜드화했지만, 몰아보기의 부상과 시청자들의 개인적 선호, 관심, 그리고 데이터의 수집에서 이익을 얻는 수익 추구형의 회사라는 것도 분명한 사실이다.[24] 동시에 시청자들은 그들의 상황에 맞춰, 그리고 추측컨대 어떤 콘텐츠가 생산되는지에 영향을 받아 저렴한 가격으로 콘텐츠를 이용하고자 넷플릭스를 활용한다.[25] 방송사-시청자라는 일방향적인 20세기 전송 모델은 이제 콘텐츠의 역동적인 순환또는 유포, circulation, 반응, 의미가 되고 있다. 나는 수용자 인터뷰에서 그 역학을 통찰하려 한다. 나의 목적은 바보상자 내러티브에 대한 향수와 넷플릭스의 수익동기 안에서, 혹은 그것과 무관하게, 몰아보기를 하는 시청자들의 "정서구조"를 깊이 통찰하는 데 있다.[26] 캐서린 센더Katherine Sender의 지적처럼, "참가자 연구의 재귀성은 수용자 연구에 대한 당대의 논쟁과 이런 논쟁에서 나타날 수도 있는 역할 재귀성을 재고하는 틀을 제공한다."[27]

몰아보기의 맹아는 텔레비전에 대한 기존의 이해와 연구방법에 도전이 되고 있다. 역사적으로 대부분의 커뮤니케이션 학자들은 새로운 기술에 대한 연구를 과학으로 다루었고 이용자 행동을 계량적이고 사회심리학적 도구로 탐구했다.[28] 나는 그런 연구들이 폐쇄형close-ended의 연구질문과 예측가능하고 조직적인 잠재력을 지닌 대규모 샘플을 개발하는 데 가치가 있을 수 있다고 믿는다. 왜냐하면 몰아보기는 기술과 문화의 혼종이고 나 또한 폭넓은 연구방법이 분석에 사용되어야 한다고 믿기 때문이다.[29] 그러나 나는 사람들이 어떻게 그리고 왜 몰아보기를 하는지 밝혀내기 위해, 문화의 의미생성에서 수용자의 능동적인 역할을 파악하는 개방형open-ended 질문으로 질적인 인터뷰를 하기로 했다.[30]

나의 접근은 객관성보다는 개방성openness을 지지한다. 개방성이란 나의 의식이 이 프로젝트의 모든 측면과 관련해 끊임없이 대화하는 상태에 있다는 것을 내가 받아들인다는 것을 뜻한다. 그런 주체성을 소외시키고 견제하거나 통제하려 하기보다, 나는 그것을 알게 해주고 촉진하며 포용하고자 했다. 나의 목표는 그 개방성이 인터뷰이들에게 반영되어 동등한 위치에서 대화의 문답이 이뤄지도록 하는 것이었다.[31] 이것은 나를 더 잘 듣는 사람으로 만들었고, 이상적으로는 보다 더 자유로운 교류의 분위기를 만들어주었다. 그 목적은 주체화였다. 그러므로 나는 인터뷰이들이 내게 그랬던 것처럼 몰아보기에 대한 나 자신의 역사와 행동, 동기를 풀어놓을 것이다.

내가 몰아보기라는 용어를 처음 읽은 것은 2011년 11월 《와이어드Wired》에서였지만, 사실 나는 몇 년 전부터 그것을 했었다.[32] 내가 기억하는 첫 번째 몰아보기 시리즈는 〈소프라노스〉1999~2007였다. 나는 원래 HBO 드라마가 별로였지만 2002년 8월 시간이 좀 나서 한번 볼까 하는 생각이 들었다. 2002년 9월 시즌4가 예정되어 있을 때 비디오 가게에서 시즌1의 DVD를 빌렸다. 그 다음 주가 되기 전에 초기 세 개의 시즌 39개 에피소드를 시청했다. 32인치 브라운관 수상기로 최소 세 개의 에피소드 이상을 신축적으로 혼자 시청했다. 당시는 별로 할 일이 없었기 때문에 시청 시간과 습관은 일정하지 않았다. 늦은 밤까지 시청하다 잠들고 다시 깨서 시청하기를 반복했던 것으로 기억한다. 나는 몰아보기를 하고 있었지만 그것을 그렇게 부르는지는 알지 못했다. 이 연구에서 내가 인터뷰이가 되어 나 자신에게 왜 그렇게 폭식하듯 시청했었는지 묻는다면, 그 시리즈가 너무 좋아서 멈출 수가 없었다고 말할 것이다. 한 에피소드가 끝나자마자 나는 더 많은 것을 원했고, 이전의 방송과 달리 내가 원하는 만큼 더 시청할 수 있었다. 나는 왜 그렇게 많은 사람들이 그 시리즈를 좋아하는지를 진심으로 이해하게 된 기분이 들었고, 내가 대화의 일부가 될 수 있도록 따라잡고 싶었다.

약 40여 시간이 지난 후 나는 시즌4가 개봉되는 9월까지 기다릴 수가 없었고 실제로 기다리지 않았다. 앞의 세 시즌을 다시 보기 시작했다. 내가 그러고 있을 때 어머니께서는 내가 너무 텔레비전을 많이 본다고 말씀하셨다. 그분 말씀이 맞았다. 나는 죄송스럽고, 부끄럽고, 무기력증을 느꼈지만 멈출 수는 없었다. 이후 13년 동안 나는 내가 기억할 수 있는 것보다 더 많은 시리즈를 시청했지만, 몰아보기 했던 대부분의 시리즈를 진짜로 기억한다. 오늘날 대부분의 사람들처럼 몰아보기는 내가 가장 선호하는 소비방식이지만, 나는 그것의 지각된 효과perceived effect를 의식하고 있다. 말하자면 그것은 바로 누군가의 통제를 내가 끊임없이 협상하는 즐거움이다. 지금 나는 몰아보기를 연구하고 있고, 나 자신의 의례와 동기가 나 자신과 타인의 행동을 지각하는 방식에 영향을 미친다는 것을 의식하고 있다. 나는 그 영향이 몰아보기를 공유하고 있는 이용자 경험에 통찰을 줄 수 있다고 믿지만, 그것은 또한 몰아보기에 관심없는 연구자들이 취하는 세부적인 것을 내가 간과하게 만들 수도 있다. 나의 질문의 선택과 시청자 반응에 대한 나의 분석은 나에게 특별한 것이고, 나는 그 특별한 입장을 파악하고 있다.

빈지 기술의 약사

DVD는 비효율적인 몰아보기를 만들어낸다. DVD 박스 세트의 촉감적 미학에도 불구하고, 그 미디어를 사용하는 시청자들은 3~4시간마다 디스크를 삽입해야 하는데, 그것은 서사에 대한 몰입을 방해한다.[33] 2002년 당시 나는 선택지가 많지 않았지만 상황은 금방 바뀌었다. 주문형 프로그래밍On-demand programming과 DVRs은 시청자가 그들이 앉은 자리에서 벗어나지 않고 연속적으로 시청할 수 있게 했다. 만약 VHS와 DVD가 몰아보기 기술의 1세대였다면, DVRs과 주문형 서비스는 2세대였을 것이다. 1998년 베이 에어리어Bay Area에서 가볍게 출시된 티보TiVo는 텔레비전에서 하드 드라이브로 비디오를 압축하고 저장하는 최초의 DVRs 중 하나이다. 이것은 시청자들이 라이브 텔레비전을 멈추고 다시 실행하는 것을 가능케 해준 장치로, 2000년대 초반 대중적 인기를 끌었다. 그것은 마치 VHS 테이프를 뺀 VCR 같이 시청자가 프로그램을 기록하고 광고 없이빨리 감기를 통해 나중에 볼 수 있게 해주었다.[34] 시리즈가 티보나 다른 DVRs에 저장되기 위해서는 먼저 TV에서 방영되고 시청자에 의해 녹화되어야 했다. 주문형 프로그래밍은 콘텐트를 기록하고 저장할 필요를 없앴지만 선택도 제한했다. 시청자는 자신의 케이블 공급자가 온디맨드를 제공하는 것만 주문할 수 있었다.[35]

21세기 첫 해에 스트리밍 비디오가 콘텐트 배포 모델을 바꾸고 있을 때, HBO가 주도했던 "TV가 아님"Not TV 프로그래밍 내러티브가 "수준 높은" 콘텐트에 대한 수요를 끌어올렸다.[36] 방송 프로그래밍에서 지각된 발전, 특히 2000년대 중반 〈24〉2001~2010, 2014, 〈더 와이어The Wire〉2002~2008, 〈식스 핏 언드Six Feet Under〉2001~2005, 〈데드우드Deadwood〉2004~2006 같은 시리즈물이 큰 족적을 남겼다.[37] 전반적인 발전은 인터넷 대역폭의 확장과 함께 진행되었고, HDTV는 DVD 시청을 한물간 유행으로 만들어 버렸다.[38] 그 빈자리는 내가 3세대 몰아보기 기술이라고 보는 것, 그러니까 디지털 미디어 플레이어DMPs와 나중에는 스마트 텔레비전이 차지했다. 이런 셋탑박스는 온라인 콘텐트를 텔레비전과 연결하였고, 결과적으로 온디맨드의 요구를 약화시켰다.[39] 애플TV, Roku, 아마존 Fire TV와 같은 DMPs는 이용자들이 다양한 콘텐트를 컴퓨터와 모바일 서비스에서 볼 수 있게 한 넷플릭스, 훌루, HBO Go, 컴캐스트의 엑스피니티 고Xfinity Go 같은 스트리밍 서비스와 협업하여 그같은 서비스들을 대형 HDTV 스크린으로 매끄럽게 통합했다.[40] 역시나 최종적으로 시청자들이 군침이 돌아 무엇이든 먹을 수 있는 뷔페가 되도록 몰아보기 테이블을 차려준 것은 노르웨이와의 협업물 〈릴리해머Lilyhammer〉2012~2014로 시작한 넷플릭스의 전체 시즌 출시 모델이었다.[41]

콘텐트의 시각에서 볼 때, 넷플릭스 프로그래밍 신디케이션은 종래의 방송 모델 아래에서 희미해졌거나, 심지어 완전히 실패한 시리즈를 대중화하는 데 도움이 되었다.[42] 넷플릭스의 대규모 프로그래밍 예산은 전통적인 텔레비전 네트워크와 디지털 콘텐트 제공업체들 사이에 지금의 프로그래밍 군비경쟁을 불러일으킨 오리지널 콘텐트 생산에 대한 욕구를 자극했다. 그 결과, 차고 넘치는 공급과잉은 잠재적인 개인 비디오 라이브러리의 크기를 인간이 일생 동안 볼 수 있는 능력 이상으로 넘치게 했다.

빈지에 대한 정의

《LA타임스》의 문화 비평가 매리 맥나마라Mary McNamara는 몰아보기에 대해 최초로 공식적인 정의를 내린 사람 중 한 명이다. 2012년 1월, 그녀는 "빈지 텔레비전Binge television : 명사, 한 시간짜리 드라마 세 편 이상이나 30분짜리 코미디 여섯 편 이상을 한 자리에서 소비하는 상태. 동의어: 마라톤 텔레비전과 TV 비평가 되기"라고 말했다自세한 내용은 2012년 1월 15일 'Critic's Notebook: The side effects of binge television'라는 제목의 비평 기사 참조 - 역자 주.[43] 2년이 지난 후 "빈지 왓칭"binge-watching이 구글 검색에 등장했다.[44] 맥나마라의 글이 출고된 이래 넷플릭스의 주식 가격은 700%가 넘게 치솟았다. 몰아보기는 지금 "새로운 표준"으로 여겨지지만, 그 행동이 의미하는 바는 애매모호한 상태에 있다.[45] 몰아보기는 혁명적인가, 위험한가, 조작적인가, 권능을 부여하는가, 아니면 이 모든 것인가?

2012년까지 명사로서 빈지는 건강하지 않은 행동, 그러니까 통제할 수 없는 과잉의 시간이라는 의미를 내포하고 있었다. 동사로서 빈지 또한 일반적으로 병리학적 통제를 상실한 것과 결부된 심리적 증상으로서 폭음binge drinking, 폭식binge eating 등과 연결되어 있었다.[46] 하지만 동일한 수식어구에 붙었음에도 불구하고, 2012년 이후 만 개가 넘는 신문과 잡지 기사의 대부분은 몰아보기 행동을 해방의 경험으로 묘사했다. 최악의 부작용은 개인 위생 불량 정도였다.[47] 몰아보기가 무명의 상태에서 널리 쓰이는 것으로 빠르게 전환한 것은 빈지에 대한 대중적 이해를 넓혔다. 그 행동과 용어는 기의를 아이러니하게 과장하는 기표의 전복적인 활용성을 보여준다. 이 말장난은 **폭주하는 시청자들**binge viewers로 지목된 최초의 사람들, 그러니까 아웃사이더 광신도와 같은 마음을 가진 채 자신들의 시청 강박관념을 열정적으로 기념한 1990년대 자기 의식적인 "TV 얼간이"TV nerd에서 비롯되었다.[48] "얼간이만의" 행동이 퇴색된 풍자적인 수식어를 잃지 않고 대세가 되어 버린 것이다. 어느 인터뷰이가 나에게 말했듯이, "빈지한다는 것은 그것이 그래도 전복적이어서 멋있다." 물론 넷플릭스는 그 "멋짐"을 재빨리 자본화하였고, 그러면서 자기 자신과 몰아보기 시청자들을 재미있게 만들었다.[49] 수많은 사람들이 몰아보기에 대해 말을 했지만, 그 행동을 연구한 미디어 학자는 거의 없었다. 2013년 말 해리스 인터랙티브와 넷플릭스는 자신이 소유하고 있는 3,000명 이상의 미국 넷플릭스 고객을 대상으로 온라인 설문조사를 실시했는데, 거기서 거의 1,500개의 시리즈가 적어도 일주일에 한 번 이상 스트리밍되었다. 이 중 73%는 "TV를 폭식적으로 스트리밍하는 것을 긍정적으로 느낀다"라고 보고했고, 80%는 "친구들의 소셜미디어 게시물을 읽기보다 좋은 TV 프로그램을 스트림하겠다"라고 답했다.[50]

빈지 연구방법

나는 몰아보기가 기술과 문화의 하이브리드라고 주장한다. 이 것은 제작자에서 시청자에게로 일방향의 방송흐름이라는 전통적 인 힘의 역학에 도전한다. 이것을 알기 위해서 나는 시청자를 보다 평등한 관계에 입각해 인터뷰이로 삼아 행동 그 자체의 역학에 대 해 알아보는 질적인 방법과 근거이론grounded theory을 적용했다. 나는 2014년 약 60분씩 진행되는 반구조화된 인터뷰와 약 30분씩 진 행되는 비공식 토론을 통해 몰아보기에 대한 탐색적 연구를 실시 했다. 나의 논지는 심층적인 대화가 '어떻게'와 '왜'에 대한 질문에 보다 본질적이고 견실한 답변을 제공하고, 앞으로의 학술활동을 고취할 수 있는 일종의 두터운 설명을 이끌어내는 것이었다. 대화 는 직접적인 만남에서 이루어졌다. 22~66세 사이의 여성 21명과 남성 15명이 참여했다. 그들은 모두 필라델피아나 뉴욕 대도시 지 역에 살았고, 대부분 대학 학위를 마쳤다. 4명은 미국 밖에서 태어 났다. 나는 2015년 봄 페이스북 메신저로 후속 질문을 하기 위해 몇몇 참가자들과 다시 연락을 취했다.

나의 인터뷰 스타일은 내가 저널리스트로 보낸 8년의 시간에 강하게 영향을 받았다. 나는 우리의 대화가 유기적으로 흘러갈 수 있도록 제약 없는 질문과 반구조화된 포맷을 사용했다. 비록 내가 대화했던 대부분의 사람들이 25개의 질문/즉흥질문에 직접적으로 그리고간 접적으로 대답했지만, 그들은 같은 순서대로 또는 즉흥질문에 모두 답하지는 않았다. 내가 7번 질문"당신에게 있어 몰아보기를 즐기는 것은 어떤 일인가요?"을 했을 때, 인터뷰이는 12번 질문"당신의 전형적인 몰아보기 경험에 대해 설명해줄 수 있습니까?"에 대답했을 수도 있다. 다시 한 번 말하지만, 나의 목표는 인터뷰 스크립트에 집착하기보다 풍부하고 개인적인 통찰력을 이끌어내기 위해 인터뷰 구조를 느슨하게 하는 것이었다.

최초의 인터뷰를 마치고 옮겨 적은 후 나는 주제를 찾기 시작했다. 나는 답변내용을 코드화하기 위해 질적이고 귀납적인 방법을 적용했다.[51] 나는 인터뷰가 진행되면서 그런 주제들이 다른 대화에서도 나타나는 것을 알아차렸다. 주제가 반복적으로 나타나는 것을 발견하면서, 나는 분류에 영향을 미치는 대화를 이어가는 가운데 나타나는 의례와 동기의 카테고리를 분류해 나갔다. 이런 다이나믹한 과정은 2014년 후반기 내가 충분한 상태에 도달할 때까지, 다시 말해 각기 다른 질문에서 동일한 주제들을 계속 발견하게 될 때까지 지속되었다. 그때 나는 인터뷰를 종결지을 정도로 만족할 만큼 충분한 정보를 모았음을 느꼈다.

그 다음 나는 옮겨 적은 것을 코드화하고 동기와 의례, 느낌을 뽑아내기 위해 가려낸 두터운 묘사의 이론적 샘플링을 수행했다.[52] 이것은 나에게 이 그룹의 사람들이 어떻게 몰아보기를 정의하는지, 그들이 어떻게 그리고 왜 몰아보기를 하는지, 그리고 몰아보기에 대해 어떻게 생각하는지를 생생하게 보여주었다. 나는 참가자들이 몰아보기에 대해 나와 토론하는 것에 매우 열정적임을 알아차릴 수 있었다. 이것은 스노우볼snowball 샘플링, 즉 인터뷰이들이 사람들에게 내 프로젝트에 대해 이야기하여 내가 참여자들의 네트워크를 확장할 수 있게 해주었다. 몰아보기 행동의 유행과 참신함은 확실히 참가자들의 열의에 따른 것이지만, 나는 또 한편으로 사람들이 몰아보기가 자아내는 양가성을 알아채고 있다고 믿는다. 메리 최Mary Choi는 《와이어드》에 이렇게 썼다.

> 이상한 일은 같은 TV쇼를 8시간 정도 시청한 후에 일어난다. 당신의 눈은 뻑뻑해질 것이다. 당신은 이빨에 내려앉은 두통을 앓게 되는데, 그것은 당신의 자유시간을 과도한 술, 음식, 혹은 수면과 같은 자기 방종의 질주하는 열차에 올라탄 것과 같은 종류의 것이다. 물론, 단 며칠 만에 수년 간의 TV를 통해 불어오는 성취감과 어쩌면 우쭐함도 있을 것이다.[53]

그런 양가성은 몰아보기 인터뷰어가 어떻게 그들의 행동을 적극적으로 협상하는지를 말해준다. 그것은 반성의 시늉을 하고 자만/부끄러움을 억누르는 아이러니컬한 균형잡기의 행동이다. 그것은 권능을 부여하는 동시에 쇠약해지는 것, 다시 말해 기술에 의해 촉진되는 통제의 경험이자 통제의 결여 모두이다. 나는 우리의 대화를 통해 이해와 의미화의 긴장감이 진동하는 것을 느꼈다.

빈지의 발견

의례

인터뷰이들은 몰아보기에 대한 2012년 맥나마라의 정의, 그러니까 적어도 동일한 30분짜리 시리즈를 두 시간 이상 또는 60분짜리 시리즈를 3시간 이상 보는 것을 몰아보기라고 정의한 것에 대해 대체로 동의했다. 중요한 차이점은 일부 인터뷰이들이 몰아보기를 단순히 시리즈의 "시작부터 끝까지" 모두 시청하는 것이라고 간주했던 것이었다. 대부분의 인터뷰이들은 한자리에서 보는 에피소드의 수가 몰아보기의 정의에서 일차적인 것이라고 강조한 반면, 적어도 두 명의 인터뷰이들은 한 시즌이나 시리즈를 일관되고 완전하게 마치는 것이 보다 중요하다고 주장했다. 필라델피아에 사는 55세의 영어교사는 매일 밤 두 개의 에피소드만을 시청한다고 말했다. "제가 일관되게 그 쇼를 시청하는 한, 그렇기 때문에 그것은 몰아보기죠." 그녀는 짧게 볼 시간만 있었지만, 한 시즌을 자신의 스케줄에 맞춰 "책과 같이" 마무리를 하는 완결complete의 단위로 생각했다. 몰아보기에 대한 그녀의 정의는 자신이 성장하던 때의 느린 방송 모델이 아니라, 자신의 편의에 따라 내러티브의 흐름과 종결을 통제하는 것에 대한 것이었다. 지금도 케이블 텔레비전을 보는 사람들은 약절반정도 스트리밍 비디오뿐만 아니라 주문형 플랫폼을 통해 몰아보기를 한다고 말했다. 다른 사람들은 스트리밍 장비만을 사용했는데, 그들 중 많은 인터뷰이들이 나처럼 첫 번째 몰아보기 경험을 DVD 플레이어나 VCR를 통해 했지만 그들 중 어느 누구도 정기적으로 DVD를 사용하는 사람은 없었다. 예상한 것처럼 넷플릭스는 모든 장비를 통틀어 몰아보기가 가장 많이 언급된 서비스였다.

인터뷰이들은 몰아보기를 휴대성portability과 일관성consistency의 측면에서 다른 텔레비전 시청과 구별했다. 일부 인터뷰이들이 〈사인펠드Seinfeld〉1989~1998 마라톤과 같이 지상파 상업 텔레비전을 몰아보는 것이 가능하다는 것을 인지하면서도, 그리고 많은 사람들이 어떤 점에서 "전통적인" 텔레비전을 오랫동안 시청해왔음에도, 어느 누구도 그런 미디어를 통한 몰아보기에 대해서는 말하지 않았다. 몇몇 인터뷰이들이 내게 말하기를, 가령 화려한 수식구가 삽입된 "저는 광고가 싫어요"라든가, 29살의 남저지주립대 대학원생의 경우 "전 전통적인 TV가 이제 짜증나는 것 같아요. DVRs은 말해 뭐 할까요? 저는 광고를 좋아하지 않아요. 광고가 너무 시끄러워지는 걸 좋아하지 않아요. 저는 다음 에피소드를 기다리는 게 싫어요. 넷플릭스는 TV를 더 좋게 만들어요"라고 했다. 광고는, 특히 눈에 잘 띄고 주제 넘게 끼어든다고 느껴질 때, 몰아보기와 관련된 시청자들의 집중상태의 연속성과 서사적 몰입을 방해한다.

넷플릭스 이용자 경험의 차별성은 일부 젊은 시청자들이 넷플릭스를 텔레비전을 통해 보고 있음에도 그 서비스를 텔레비전이 아닌 다른 것으로 인식하는 그런 종류의 것이다. 복수의 장비스마트폰, 랩톱, 태블릿를 통해 보는 시청자의 능력과 콘텐트에 대한 일시정지, 되감기, 빨리감기와 같은 기술적 통제, 그리고 전체 시즌 출시 모델

등은 핵심적인 경험으로 인식되고 있었다. 그들은 모두 광고 방송이 있는 기존의 방송 모델에 이의를 제기했다. "제가 화장실에 가야 했을 때 일시정지를 할 수 있죠"라고 어떤 사람이 말했다. "저는 광고하는 동안 기다릴 필요가 없어요"라면서, 22세의 공학도가 MTV 코미디 〈어쿼드Awkward〉2011~2016에서의 광고가 "짜증나서" 시청하던 것을 그만두었다고 말했다. 넷플릭스 전에 그녀는 그 시리즈에 매료되어 있었는지 모르지만 지금은 그것에 저항할 수 있다.

나의 인터뷰에 따르면, 대부분의 몰아보기는 집에서, 주중의 저녁에, 그리고 주말에 일어난다. 31세의 소프트웨어 엔지니어는 직장에서 몰아보기한 것을 실토했지만, 그것은 그가 "6개월 동안 휴직 상태"에 있었고, "실제로 일을 하지 않았"음에도 불구하고 "사무실에 있어야 했기" 때문이었다. 인터뷰이들은 빈 시간에 이전에 미처 보지 못했던 시리즈를 몰아보기한다고 말했다. "저는 〈오렌지〉를 위해 며칠 동안 내 스케줄을 비워둘 계획을 잡고 있어요"라고 필라델피아에서 온 30세의 작가가 말했다. "저는 쇼를 끝마치기 위해 병가를 냈었어요"라고 어느 인터뷰이가 수줍게 말했다. "긴 주말은 일반적으로 넷플릭스를 보는 날이에요"라고 또 다른 사람이 말했다. 시청자들은 그들을 통제하는 콘텐트 파워를 인정함과 동시에 콘텐트 소비를 통제할 수 있는 자유를 칭송했다.[54] 2014년 8월 어느 인터뷰이가 내게 말한 것처럼, "저는 크리스마스 때까지 〈왕좌의 게임〉에 가까이 가지 않을 거예요." 비록 HBO의 판타지 드라마 시즌4가 그해 늦봄에 개봉했음에도, 그는 자신이 완전히 몰입할 수 있는 긴 연휴 때까지 기다려서 그 서사극을 음미하겠다고 결정했다. 이것은 그의 선택이지만, 그는 일하는 동안 그 시리즈를 시작하는 것이 그에게 위험할 수도 있다고 인식했다.

몰아보기는 대체로 나 홀로의 행동이다. 시리즈가 모바일이나 핸드헬드 장비에서 시청될 때 특히 그러하다. "아이패드를 3시간 동안 공유하는 것은 힘들어요"라고 어느 인터뷰이가 지적했다. 몇몇 인터뷰이들은 그들의 배우자와 함께 몰아보기를 시도한 바 있다고 말했다. 그 중 한 명은 TV를 좋아하지 않는 룸메이트와 함께 몰아보기를 했다고 하면서, "제가 그녀를 〈뱀파이어 다이어리Vampire Diaries〉2009~2017로 이끌었죠"라고 말했다. 한 인터뷰이는 넷플릭스를 통해 그의 아내와 〈로스트Lost〉2004~2010를 몰아보기한 경험을 협력적이고 신뢰에 기반한 것이었다고 설명했다. "만약 제가 먼저 보게 되면 그것은 상대방을 속이게 되는 것이 돼요." 그가 그녀의 아내를 속인 적이 있었느냐고 물었을 때, 그는 그러고 싶은 유혹을, 특히 그녀가 먼 곳으로 출타했을 때 그런 유혹을 받았노라고 실토했다.

스케줄, 취향, 에너지 수준 등과 충돌하기 때문에 협력적 몰아보기collaborative binges는 일반적으로 나 홀로 몰아보기solitary binges보다 흔치 않은 일이다. 어떤 사람이 〈로 앤 오더Law & Order〉1990~2010의 대학 그룹 마라톤을 떠올리기도 했지만, 인터뷰에 따르면 두 명 이상의 몰아보기 그룹은 통상적이지 않고 훨씬 덜 일반적인 일이다. 또 다른 인터뷰이는 2014년 2월 넷플릭스가 시즌2를 발표했을 때 〈하우스 오브 카드〉 파티에 참석했던 일을 말하면서, "그렇지만 13회 전체 동안 남아 있는 사람은 아무도 없었어요"라고 했다. 소모적인 통제를 공유해야 하는 병참학적 제약이 "집단적 몰아보기"group binges를 나 홀로 몰아보기보다 덜 일반적인 것이게 한다. 대신 많은 인터뷰이들은 시리즈를 다른 사람들과 대화하거나, 현재 진행중인 문화적 대화의 일원이 되기 위해 혼자 몰아보기를 한다고 말했다. 한 인터뷰이는 똑같은 시리즈를 따로 보는 동안 친구들에게 문자를 보내는 것을 좋아했다. "우리는 〈오렌지〉를 함께 볼 수는 없지만 서로 문자를 주고받을 겁니다."

인터뷰이들은 몰아보기를 주목적인 것과 주목적이지 않은 것 간의 일련을 연쇄로 기술했는데, 나는 이것을 시청자 주목도 스펙트럼Viewer Attentiveness Spectrum, VAS으로 코딩했다. 보다 주의 깊게 몰아보는 것은 재미도 있고 교육적으로도 좋은 텍스트에 초점을 맞춘 것으로, 흔히 이는 따라잡거나 서사적으로 몰입해야 하는 필요성의 동기가 부여된다. 덜 주목적인 몰아보기는 거의 대부분 휴식과 향수, 주의산만과 관련된 것이다. 주목도의 수준은 콘텐트의 산물이지만, 인터뷰이들이 어느 콘텐트를 보는지는 그들이 얼마나 주의를 기울이기를 원하는지에 달려 있다. 〈매드맨Mad Men〉2007~2015년이나 〈홈랜드Homeland〉2011~와 같은 60분짜리 연속극은 주목을 요구하는 시리즈이다. 에피소드는 곧잘 시청자들이 계속 시청하도록 부추기는 벼랑끝 전술로 끝난다. 좀 더 주의 깊게 몰아보기를 하는 동안 그 목표는 서사적으로 복잡하고 감정적으로 과중한 부담이 되는 콘텐트에 적극적으로 흡수, 분석, 몰입하는 것이다. 일부 인터뷰이들은 줄거리, 등장인물, 대화에 대한 이해를 높이기 위해 장면을 되감고 다시 본다고 말했다. "〈하우스 오브 카드〉의 경우, 저는 뭔가를 마시려고 일어날 때 일시정지 버튼을 누르죠. 텍스트가 복잡하기 때문이에요." 복잡화는 엔터테인먼트의 한 부분으로서 높은 VAS 몰아보기를 계속 유지하도록 유도한다.

시청자들은 보다 덜 주목해서 몰아보기를 하는 콘텐트를 "백그라운드 잡음"background noise 이라고 설명했는데, 그것은 "시청을 위해 그다지 많은 노력을 들이지 않는 것"을 뜻했다. 그들은 비록 몇 시간 동안 그 시리즈를 시청하더라도 시청 중에 "빨래개기", "저녁 준비하기", "채점하기"와 같이 다른 활동을 한다고 말했다. 인터뷰이들은 〈더 오피스The Office 〉2005~2013, 〈팍스 앤 레크리에이션Parks and Recreation 〉2009~2015과 같은 단일 에피소드 플롯의 시트콤, 〈로 앤 오더 앤 하우스Law and Order and House 〉2005~2012와 같은 순차적인 드라마 procedural drama, 〈나인틴 키즈 앤 카운팅19 Kids and Counting 〉2008~2015, 〈카다시안 가족 따라잡기Keeping Up with the Kardashians 〉2007~와 같이 공식화된 구조와 요약물이 많은 리얼리티쇼 등을 덜 주목해서 몰아보았던 시리즈라고 명명했다. 인터뷰이들은 VAS와 콘텐트 사이의 연결관계를 인지하고 있는 것으로 보였다. 많은 응답자들은 주목해서 몰아보기하는 것은 휴가와 같이 보다 길게 쉬는 기간을 위해 아껴두었다. 반면 덜 주목하는 몰아보기는 그들이 아무 때나 "긴장을 풀고 그냥 무엇인가를 켜놓는" 것을 원할 때 하는 것이었다. 또한 시리즈 다시 몰아보기하는 것은 좀 더 낮은 수준의 VAS, 특히 코미디에서 낮은 수준의 VAS를 보이는 경향이 있었다.

일부 인터뷰이들이 콘텐트 수준의 높고 낮음이 몰아보기 유형의 결정 요인이라고 말했지만, 대부분의 사람들은 VAS의 차이가 시리즈의 구조와 복잡성에 의해 결정된다고 말했다. "만약 당신이 〈로스트〉의 에피소드를 시청한다고 했을 때, 어느 한 장면에서 샌드위치가 있다면, 당신은 그 샌드위치가 어디에 있는지 알아야 해요. 그렇지 않으면 무언가를 놓치게 돼요"라고 어느 필라델피아 대학원생이 말했다. 그런 디테일을 인지하는 것은 미스터리 장르에서 대체로 시청자들의 경험과 관련성이 낮은 시트콤에서 본질적인 것일 수 있다. "저는 일시정지나 되감기를 하지 않아요"라고 넷플릭스에서 〈애로우 Arrow〉2012~를 덜 주목해서 몰아보았던 인터뷰이가 말했다. "제가 커피를 만드느라 부엌에 있다가 5분여 후에 돌아와도 〈애로우〉는 여전히 사람들을 두들겨 패죠. 저는 모든 것을 멈추고 강박적으로 지켜볼 필요를 느끼지 못해요. 〈애로우〉 같은 시리즈를 보는 것은 일시정지를 해야 하는 〈하우스 오브 카드〉이나 〈왕좌의 게임〉 같은 시리즈보다 노력이 덜 들어요."

시청자들은 집중해서 시청하고 있는 시리즈에서의 광고가 훨씬 더 침입적이라고 생각했다. 영리한 시청자는 〈매드맨〉의 초기 20여분을 "DVRing"하는 전략에 대해 설명했는데, 그것은 에피소드를 시작하고 방송 중 광고가 나오면 빨리감기를 하는 것이다. 이렇게 광고에 대한 예민함은 PPL로도 확대된다. "만약 돈 드래퍼Don Draper, AMC 〈매드맨〉의 주인공, 존 햄Jon Hamm 분가 콜라를 마시면 그것은 이해가 되죠. 그러나 네드 스타크Ned Stark, 〈왕좌의 게임〉에서 신 빈Sean Bean의 캐릭터의 손에 콜라가 쥐어 있다면 그런 세계에서는 합당하지 않은 것 같아요"라고 어느 시청자가 말했다. 시청자의 주목이 이런 모순을 떠올리게 하고, 그것이 이야기 밖으로 사람들을 밀어낸다. 동시에 〈왕좌의 게임〉처럼 보다 강력한 집중력을 요구하는 시리즈는 "몰아보기를 할 때가 훨씬 더 낫다." 이와 같은 코멘트들은 서사적 몰입과 집중도가 몰아보기의 경험을 향상시키는 한편, 몰아보기 행동에 의해 몰입과 집중도가 고양되는 공생적인 작용이 일어난다는 것을 보여준다. 서사형식을 통해 볼 때, 보다 낮은 수준의 VAS 시리즈는 덜 몰입적인 경향이 있는데, 그렇기 때문에 멀티태스킹에 더 많은 정신적인 에너지를 쓸 여유가 있을 뿐만 아니라 광고의 침입에 대한 적대감도 덜하다.

몰아보기 동기

나와 대화했던 모든 사람들은 다음에 언급되는 것 중 적어도 세 가지를 몰아보기의 이유라고 대답했다: 1 향상된 시청경험, 2 완결의 느낌, 3 문화적 포섭, 4 편의성, 5 따라잡기, 6 휴식/향수. 스스로 강박적이라고 말한 어느 시청자가 "자신을 통제할 수 없기"때문에 몇몇 시리즈를 기다려야 해서 기뻤다고 말하기도 했지만, 거의 모든 인터뷰이들은 한번에 전체 시즌을 보는 것이 에피소드 사이의 한 주를 기다려야 하는 것보다 더 즐겁다고 말했다. 또한 인터뷰이들은 일주일에 하나의 에피소드를 방송하는 전통적인 방송 모델보다 전체 시즌을 배포하는 넷플릭스 모델을 선호했다. "비록 제가 시즌 전체를 시청하지는 않지만 선택권을 가지는 것은 좋죠." 이렇게 향상된 시청경험을 인증하는 인식태도는 내가 발견한 공통된 주제였다. 어느 인터뷰이는 몰아보기는 "작가의 머릿속으로 들어가게"해주기 때문에, 시리즈를 제대로 "시청하게 하는"방법이라고 말했다. 만약 시리즈의 각 시즌이 통일된 아크로 쓰였다면, 몰아보기는 시청자가 외적인 방해 없이 그 아크를 경험하게 해줄 것이다. 대본작업에서의 이런 인식은 기존의 주 1회 채널선택보다 몰아보기의 가치를 강화하는 것으로 보인다.

인터뷰이들은 또한 몰아보기로 인해 콘텐트의 다양성과 질이 향상되었다고 느꼈다. "너무나 멋진 쇼들이 정말 많아요"라고 어느 인터뷰이가 의기양양하게 말했다. "당신은 상을 수상한 쇼들에 대한 기사보다 시상식에서의 품평에 대한 기사를 더 많이 읽죠." 나는 몰아보기를 하는 시청자들이 지난 5년 동안 프로그래밍을 "더 똑똑"하고 번성하도록 만드는 것에 대해 어느 정도 책무감을 느끼고 있다는 기저의 감정을 코딩했다. 이것은 몰아보기가 시청자들에게 프로그래밍에 대한 통제권을 부여함으로써 어떤 권능을 부여해주었다는 넷플릭스의 서사와 일치한다.[55] 인터뷰이 중 어느 누구도 등급 매기기가 직접적으로 프로그래밍을 변화시켰다고 말하지 않았지만, 권력수행으로 리스트를 만들고 시리즈에 등급을 매기는 능력에 대해서 말을 했다. 그 대신 제작자들이 기술을 통해 얻어진 것보다 더 많은 주목에 대응하고 있다는 인식이 있었다. 어느 응답자는 "정말로 너무 멋진 것들이 많이 있어요"라고 끝이 없는 잔치에서 허기진 쾌락을 탐닉하는 식도락가처럼 말했다. 나의 인터뷰 녹취록에는 몰아보기가 주는 권능에 대해 미묘하게 서술되어 있지만, 시청자들은 전 세계 다른 시청자들과 시리즈에 대해 즉각적으로 소통하는 그들의 능력이 간접적으로 프로그래밍에 영향을 미친 증거라고 공개적으로 말했다. 시청자들은 방송사들이 그들의 시청 습관을 조사하는 것에 대해 거의 우려를 표하지 않았다. 사실 일부 사람들은 그들의 선호도가 청취되고 잠재적으로 콘텐트에 영향을 미칠 수 있다는 것에 고무된 듯 보였다.

몇몇 인터뷰이들은 시리즈를 곧바로 끝마칠 수 있는 것이 몰아보기를 하는 동기라고 말했다. 완결completion의 편의성은 몰아보기 기술이 시청자에게 부여하는 통제권을 의미한다. 가령 "만약 제가 주말에 〈프라이데이 나이트 라이트Friday Night Lights〉2006~2011의 두 시즌 전체를 보기 원한다면 그렇게 할 수 있죠. 그리고 전 그렇게 했습니다"라는 식이다. 또 다른 사람은 "저는 다음 에피소드를 보려고 일주일을 기다리는 것이 싫어요"라고 말했다. 당신이 좋아하는 어느 때라도 볼 수 있는 것은 여러 사람이 말하듯이 분명 도움이 된다. "많은 경우 저는 밤 9시까지 사무실에 있는데, 그래서 저는 제 부모님 세대처럼 시간에 맞출 수가 없어요"라고 30세의 작가가 말했다. 또한 기술의 편의성은 시청자를 까다로워지게 만들었다. "방송이 나오면 바로 그때에만 방송되기 때문에 저는 군이 볼 필요가 없어요. 저는 리뷰를 읽을 때까지 또는 친구들이 그것에 대해 뭐라 말할 때까지 기다릴 수 있어요." 결과적으로 시청자들은 더 많이 보겠지만, 또한 더 많이 선택적으로 보기도 한다.

시리즈 담론 공동체에 참여하는 능력은 가장 길게 몰아보기하는 것에 어느 정도 동기를 부여한다. 인터뷰이들은 친구, 동료, 그리고 낯선 사람들과 "어울릴" 수 있도록 짧은 시기 안에 몇 시간의 프로그램을 시청했다는 사실을 수줍게 인정했다. 그렇기는 했지만, 우리가 대화하는 동안 마음의 문을 엶에 따라 나는 문화적 포섭cultural inclusion이 몰아보기의 일관된 동기인자라는 것을 관찰할 수 있었다. 대형 공립대학에서 일하는 한 인터뷰이는 동료 그룹이 〈오렌지〉에 대해 토론하는 것을 존경한다고 설명하면서 "저는 멋진 클럽의 일원이 되고 싶었어요"라고 말했다. 이런 종류의 담론 그룹은 또한 시청선택을 필터링하는 역할을 한다. 그 인터뷰이는 자신의 동료들을 극구 칭찬했던 것으로 보아 그들의 대화를 시리즈에 대한 문화적 타당성의 증거로 인식했다.

보다 덜 전문적인 담론 그룹은 몰아보기에 대해 다른 동기를 보여준다. 두 명의 인터뷰이는 친구들이 소셜미디어에서 그것을 이야기할 것을 알고 있었기 때문에, 〈하우스 오브 카드〉를 몰아서 봤으며 그 놀라운 것이 망가지는 걸 원치 않았다. "저는 사람을 만나는 것을 피해야 했어요"라고 농담어린 투로 말했다. 문화적 포섭 동기는 온라인 공동체로 확장됐다. 일부 사람들은 시리즈를 포스팅하는 것의 의미에 대해 다소 껄끄러운 자부심guilty sense of pride으로 표현했다. 당신이 넷플릭스나 HBO를 알리는 것은 계급을 알리는 것이나 마찬가지다. 가령 37살의 투자자는 자기 자신을 〈프렌즈Friends〉1994~2004를 좋아하는 누군가와 "존재론적으로 양립하지 않는 것"으로 생각했다. 그는 "우리는 함께 일은 할 수 있으나 결코 서로를 이해할 수는 없어요"라는 말했다.

온라인 대화에서 시청자 포섭이 그들을 몰아보도록 동기를 부여할 수 있지만, 다른 한편으로 강박적 부담을 부과하는 것이다. "저는 팬커뮤니티에 참가했었는데 그건 너무 시간을 들이는 일이었어요"라고 어느 인터뷰이가 후회하는 듯 말했다. 그녀는 직장을 얻고 나서 그만두었다. 또한 응답자들은 기술로 인해 가능해진 시청담론 공동체에서의 변화를 지각하고 있었다. "우리는 이제 더 이상 음료휴게실 대화는 하지 않아요"라고 54세의 미디어 전공 교수가 내게 말했다. "넷플릭스로 인해 우리는 필수시청 TV Must See TV에 대해 이야기하기 위해 목요일밤부터 금요일까지 기다릴 필요가 없게 되었습니다." 또 다른 인터뷰이는 더 많은 이야기가 있다고 믿고 있었다. "우리가 시청하는 방식은 진짜로 바로 지금 공동체적이에요"라고 소셜미디어에서 이루어지는 온라인 대화를 언급하며 말했다. 시청자들은 이런 커뮤니티의 공동체적이고 권능을 부여하는 측면에 대해 평가했지만, 또한 그들은 그것이 이미 시청하면서 보낸 시간 외에 또 다른 시간을 들여 참가해야 하는 것이라는 점도 인식하고 있었다. 직장을 구한 인터뷰이는 "저는 그만 두었어요. 시간이 너무 많이 들어요"라고 말했다.

자신을 강박적 독자이자 강박적 시청자라고 말한 사람이 세 명 있었다. 28세의 부동산 개발업자는 다음과 같이 말했다.

저는 무언가를 싫어하거나 좋아하는 그런 성격이에요. 만약 제가 좋아한다면, 일주일에 모든 에피소드를 시청하겠죠. 책에 대해서도 마찬가지예요. 일단 책을 읽기 시작하면 그만 두는 것이 저에게는 너무 힘든 일이에요. 아마 책을 잡고 18시간 동안 앉아 있을 걸요. 그것이 저의 개인성과 관련되어 있는지 모르겠지만 그게 제 방식이에요. … 제 안으로 이런 느낌이 일어나고 저의 모든 질문에 응답되기를 원하죠. … 넷플릭스에서도 전 계속 그렇게 이어갈 수 있어요. … 저는 완전히 다 봤을 때 안도감이 와요. 저는 끝마쳐야 해요.

이 인터뷰이는 시리즈 완결의 필요성을 느끼는 것이 일종의 "문제"a problem라고 했다. 완결의 느낌을 원하는 사람들은 몰아보기에 가장 강력한 동기를 가지고 있었다. "저는 더 이상의 쇼가 없을 때까지 계속 볼 수 있어요. … 저는 저와 같은 방식으로 미디어를 소비하는 사람을 만나 본 적이 없어요." 어느 인터뷰이는 어떤 시리즈가 끝났다는 것을 확인하기 전까지 다른 시리즈의 시청을 시작하려 하지 않았다. "저는 제가 시리즈를 끝낼 수 있다는 것을 알아야 해요." 완결의 필요성은 곧잘 가장 긴 몰아보기를 이끌었고 그것은 종종 부정적인 느낌을 수반했다. 넷플릭스의 후 재생 기능, 그러니까 시리즈에서 다음 에피소드를 자동적으로 시작하는 것은 멈추는 것을 더 어렵게 만든다. 그 기능은 서사적 몰입을 향상시키지만, 전통적인 텔레비전이나 심지어 시청자가 일어나서 새로운 디스크를 삽입해야 하는 DVD보다 강제적인 시청을 더 많이 유도한다. 그들이 생각하기에 높은 수준이라고 생각한 시리즈를 집중해서 몰아보기한 시청자들조차도 때때로 "과잉 몰아보기"를 했다고 느꼈다. 다른 사람들은 이것이 웃기는 개념이라고 생각했다. "쇼가 형편없으면 몰아보는 게 기분 나쁘기만 하죠"라고 소프트웨어 엔지니어가 신랄하게 말했다. 동시에 그는 또한 "보아야 하는" 모든 시리즈에 대한 불안감을 언급했다. 그리고 일하지 않는 빈 시간에는 몰아보기를 하지 않았다고 말했다. 그에게 있어 몰아보기는 즐기는 것이기는 하지만 "일 같은" 것이었다.

몰아보기의 정서구조

나의 대화는 시청자들이 몰아보기에 대해 양가적 태도를 취하고 있음을 보여준다. 인터뷰이들은 다양한 시청 플랫폼 그리고 다양한 콘텐트의 폭과 품질을 "놀랍고" "압도적"이라고 말했다. 그들은 시청통제를 "편의성"으로, "무엇이든, 언제든, 광고 없이" 시청할 수 있는 능력의 권능을 부여하는 것으로 보았다. 그러나 인터뷰이들은 또한 그런 통제와 능력이 야기할 수 있는 강제성에 대해 유감을 표했다. "넷플릭스는 악마예요!"라고 어느 인터뷰이가 이 회사의 후 재생 기능을 견주어 농담조로 말했다. "당신이 넷플릭스가 다음 에피소드를 플레이하지 않도록 말해주세요. 당신은 죽었는데 에피소드는 계속 플레이될 수 있잖아요." 그와 동시에 인터뷰이들은 몰아보기로 인해 즐거움을 느끼고 그것에 대해 흥분했다. 많은 사람들은 이제 제작자가 전통적인 방송 텔레비전에서보다 몰아보기 시청자에게 보다 좋은 시리즈를 담아내고 있다고 느꼈다. "제 생각으로는 지금 작가들이 쓰고 있는 방식은 다른 것 같아요"라고 부동산 개발업자가 말했다. "보다 현명한 수용자들을 – 다른 모든 시청자들과 온라인 에피소드를 접할 수 있는 수용자들 – 수용하고 있는 거지요." 이러한 관찰은 새로운 텔레비전 습관에 대한 PwC 서베이의 일부 결과를 지지한다.[56]

인터뷰이들의 약 절반 정도가 몰아보기와 독서 사이의 유사성에 대해 말했다. 남조지대학원 학생은 〈하우스 오브 카드〉를 몰아보는 것은 〈그레이의 50가지 그림자 Fifty Shades of Grey 〉2011를 읽는 것보다 더 지적인 것이라고 주장했다. 그녀는 "왜 몰아읽기는 안 되나요?"라고 물었다. 책과 비디오가 휴대용 기술에 융합하는 것은 책 읽기와 텔레비전 시청 사이의 전통적인 차이를 흐리게 하는 반면, 텔레비전의 품질과 문화적 위치에 대한 인식은 높이는 것으로 보인다. 이는 특히 "수준 높은" 콘텐트에 대한 자부심을 높이거나 높은 수준의 VAS 몰아보기에 대한 부끄러움을 감소시키는 데 기여할 수 있다. "저는 저의 넷플릭스 라이브러리를 휴가지에 가져갈 수 있어요. … 해변가에서의 독서죠"라고 필라델피아 지역의 대학원생이 자랑스레 얘기했다.

또한 인터뷰이들은 그들의 몰아보기 습관을 설명하는 데 있어 전형적으로 중독_{강박, 금단증상, 과다복용, 기능성 과잉 등}과 관련된 용어를 사용했다. 일부는 아주 긴 몰아보기를 한 후, 후회와 자기혐오의 감정을 토로하기도 했다. 어느 공대 여학생은 자신이 숙취상태일 때 몰아보기를 한 적이 있는데, 그것이 자신을 "실패자처럼" 느끼게 했다고 말했다. 몇몇 인터뷰이들이 긴 시간 동안의 몰아보기로 인해 생산성이 떨어졌던 것을 인정했지만, 어느 누구도 몰아보기 때문에 직업이나 관계를 잃었다고는 말하지 않았다. 그러나 덜 생산적이라는 그들의 인정은 곧잘 자부심, 특히 "수준 높은" 콘텐트를 몰아보기한 후에는 자부심으로 중화되었다. 한 인터뷰이는 자신이 넷플릭스에서 어떻게 〈매드맨〉을 "다시 몰아보기"했는지 자랑스럽게 설명하는 중에 "제가 참 멍청하죠"라고 말했다. "벽치기," "제2의 바람," 그리고 "수행" 등과 같이 지구력을 요하는 스포츠 관련 용어들이 **몰아보기**를 설명하는 데 사용되었다. **마라톤**과 결부된 내포적 의미가 몰아보기의 그것과 다르기는 하지만, 일부 시청자들은 텔레비전에서 서로 바꿔가며 그 용어들을 사용했다.[57] 어느 인터뷰이는 인터뷰 시작에서 나를 교정해줬다. "저는 몰아보기라는 용어를 싫어해요. 저는 마라토닝marathoning이라는 용어를 더 선호하죠. … 몰아보기는 뭔가 죄스러움을 풍겨요. … 폭식하는 것은 결코 건강한 것으로 보이지 않죠." 페이디피데스Pheidippides, 아테네의 사자로서 기원전 490년경 페르시아와의 전투에서 스파르타에 원군을 청하기 위해 240여km를 이틀만에 주파함 – 역자주의 비운에도 불구하고, 마라톤은 폭식보다 더 건강한 것처럼 보인다.

인터뷰이들은 낮은 수준의 VAS 몰아보기를 보다 주의집중해서 몰아보기를 하는 것보다 시간을 더 나쁘게 사용하는 것으로 보았다. 휴식/향수 동기에 대한 만족은 짧은 라이브, 특히 리얼리티쇼에서 주어졌다.[58] "저는 거기에 앉아서 〈허니 부 부Honey Boo Boo〉2013~2014를 마라톤하지 않을 겁니다." 하지만 일부는 시간을 잡아먹기 때문에 주의집중해서 볼 필요가 있다고 느낀 시리즈를 의도적으로 회피했다. "저는 〈닥터 후Doctor Who〉1963~1989, 1996, 2005~와 같은 시리즈에 빠져들까 두려워요. 그것은 제 인생의 두 달 치에 해당하죠." 필라델피아에서 수학과 박사 과정생인 이 인터뷰이는 애니메이션 코미디언 〈패밀리 가이Family Guy〉1999~2001, 2005~ 에피소드를 편안하게 몰아보았다. 보다 쉽사리 시청을 멈출 수 있고, 이미 예전에 에피소드의 대부분을 본 적이 있기 때문이었다. 그는 완결의 느낌으로 몰아보는 것에 동기화되어 있는 강박적 독자였다. 가장 길고 가장 강박적인 몰아보기는 대체로 보다 더 주의집중적이다. 하지만 이것은 사람들이 가장 자랑스러워하는 빈지이기도 하다. 이것은 세심한 몰아보기를 요구하는 시리즈의 고급문화적 지위와 결부되어 있는지도 모른다. 프로그래밍이 문학에 더 가까운 모습일수록 강박적인 소비는 더 건강한 것처럼 보인다.

양가성의 미디어

문화인류학자 맥크래켄Grant McCracken이 지적한 것처럼, 텔레비전은 이제 더 이상 1960년 FCC 의장 뉴튼 미노우Newton Minow가 말했던 "거대한 쓰레기더미"가 아니다. 오히려 마음을 빼앗고 보상을 주는 문화적 공간이다. "TV는 변화해왔고 우리는 그것과 더불어 변화해가고 있다."[59] 바보상자 이야기는 어쨌든 흔들기 쉽지 않지만, 이제는 그것을 끌어안으라는 제안이 있다. 만약 몰아보기가 현실의 도피라면 그런 것이다. 무엇보다도 널리 멀티태스킹하는 오늘날의 현실에 어떻게 집중할 수 있겠는가? 몰아보기 시청자가 하나의 시리즈에 네 시간 동안 동행한다면, 그것은 그녀/그가 하루 온종일 중 가장 집중한 활동일 것이다. 그/그녀가 휴식을 위해 몰아보기를 할 때, 그녀/그는 단일한 카멜 카라반여러 마리의 낙타를 줄 지워서 사람이나 물건을 정기적으로 또는 반정기적으로 실어 나르는 것 – 역자 주 시대에서보다 더 많은 통제와 다양성을 가지고 그렇게 할 수 있다.[60] 몰아보기를 할 때 당신은 채널 서핑을 하지 않고, 광고를 볼 필요도 없으며, 시리즈와 세계를 자유롭게 돌아다닐 수 있다. 당신은 면밀하게 문자를 읽거나 배경음과 오래된 인기물을 틀어 놓고 휴식을 취하는 어떤 의식적인 선택을 할 수 있다. 높은 수준의 VAS 몰아보기는, 만약 그것이 미디어에서 벌어지는 것이 아니라면, 구조와 실천의 측면에서 독서와 유사하다. 연속 드라마는 계속해서 이어져 나오는 에피소드로 나뉘어 있고, 우리는 그것을 챕터라고 부르는데, 그 콘텐트는 소설과 같이 순차적으로 소비된다.[61] 챕터는 종종 호기심을 자극하기 위해 갈등이 해결되지 않은 상태로 끝난다. 텔레비전에서 벼랑끝 기법은 수 십 년간 애용되어 왔지만, 오늘날의 기술과 넷플릭스 배포구조는 다음 번의 흥미넘치는 1회분을 위해 일주일을 기다리기보다, 책과 같이 시청자에게 지금 가려운 곳을 긁을 수 있도록 권한을 부여했다.

미디어는 인식의 대상이지만 변화하고 있다. 당신은 이제 책과 시리즈의 라이브러리를 똑같은 장비에 넣어 가지고 다닐 수 있고 원하는 만큼 소비할 수 있다. 그러나 빈지라는 단어에는 텔레비전의 수동적/중독적 내러티브가 여전히 내포되어 있다.[62] 당신이 위대한 책을 읽으면서 주말을 보낸다고 상상해보라. 당신은 페이지를 넘기면서 늦게까지 잠들지 않고 일찍 일어나 흥분해서 다시 뛰어들었을 것이다. 아마도 당신은 한 자리에서 그 책을 끝마쳤거나 몇 개씩 나누어 게걸스럽게 탐독했을 것이다. 당신이 주말 내내 책을 읽으면서 보낸 것이 부끄러운가? 당신 동료나 친구에게 그걸 말 하는 게 당혹스러운가? 텔레비전 시리즈에 마음을 빼앗긴 채 당신의 주말을 보낸 것은 달라야 하는가?

문화적으로 그 차이는 인식의 문제다. 즉 책은 전통적으로 지식인과 결부되어 있고, 텔레비전은 카우치 포테이토_{소파에 앉아 감자칩을 먹}

며 텔레비전에만 몰두하는 생각 없는 시청자. - 역자 주와 연결되어 있다. 비록 미디어 학자와 저널리스트 들이 다른 것을 주장해왔지만, 나의 인터뷰는 사람들이 여전히 독서를 하는 것은 문화적으로나 지적으로 텔레비전을 시청하는 것보다 우월한 활동으로 인식하고 있음을 암시한다.⁶³ 텔레비전의 문화적 가치영역은 재절합되고 있지만 그것은 느린 과정에 있다. 보다 젊은 시청자들은 넷플릭스 몰아보기와 텔레비전 기술을 구별하는 경향이 있지만 나이든 시청자들은 그렇지 않다. 인터뷰 중에는 몇 가지 흥미로운 모순점이 있었는데, 남조지 대학원생과의 대화가 그 한 예이다.

> 응답자: 광고를 하는 TV는 진짜로 지루해요. 전 TV를 태만히 봐왔죠.
>
> E.S.: 당신은 넷플릭스를 TV라고 생각하지 않나요?
>
> 응답자: 아, 그래요. … 진짜로 전 그렇게 생각하지 않아요. 하하! 도움이 되지 못해 죄송해요.
>
> E.S.: 아니 아니에요.
>
> 응답자: 제 생각에는 TV는 전통적인 것이에요. 좋아하는 쇼를 하거나 채널 서핑을 할 때 TV를 켜죠. 지금 저의 TV 시청은 한층 더 목적의식적이에요. 전 채널 서핑을 그다지 하지 않아요. 저에게 TV는 수동적이기보다 보다 적극적인 활동인가요? 그게 말이 된다면?

넷플릭스는 인식의 변화와 많이 결부되어 있지만, 오래된 불명예의 낙인이 남아 있다. 인터뷰이들이 자신의 몰아보기를 지각할 때 분명히 느끼는 죄스러움의 감정에서 그 증거를 발견하게 된다.

몰아보기의 실천
297

어느 강박적 시청자는 인터뷰 말미에 "저는 제 행동을 재평가하면서 그것에 대해 많이 생각해 볼 작정이에요"라고 털어놓았다. 비록 그녀가 낄낄대며 말했지만, 그녀가 자신이 얼마나 많이 텔레비전을 보는지에 대해 불편함을 느끼고 있었던 것만은 분명하다. 그 낙인은 텔레비전 소비의 대중적 인식에 깊이 뿌리박고 있다. 만약 텔레비전 콘텐트가 문화의 패스트푸드라면, 소비자들은 저질의 표준화된 공통분모에 맞춰진 멋없고 끔찍하게 살찐 대식가임에 틀림없다. 그러나 존 피스크John Fiske가 지적하듯이, "가장 저질의 표준화된 공통분모는 산술적으로 유용한 개념일 수 있다. 그러나 대중성의 연구에서 그것의 유일한 가능치는 그것을 사용하는 사람들의 편견을 노출하는 것이다."[64] 넷플릭스는 텔레비전을 감칠맛 나는 식사로, 시청자를 미식가로 재브랜드화하고 있다. 미디어 기업들은 그런 아이디어를 삼킬수록 더 부자가 될 것이고, 콘텐트와 수용자의 경험 또한 그렇게 될 것이다. 그러나 대식행위는 여전히 요리사가 "수용자 평가의 재단에서 참배를 드리는" 별 세 개짜리 식당에서나 일어나는 일이다.[65] 만약 당신이 몰아보기가 수용자를 자유롭게 해주었다고 믿는다면, 당신은 그런 자유의 표현이 대량의 강박적인 소비를 뜻하는 아이러니에 감사해야 한다. 의미생산의 통제를 위한 투쟁은 몰아보기 시청자의 정체성과 그/그녀의 실천의 정도에 달려 있다.

기술과 문화의 이러한 융합은 복잡하며 실제로 요동치고 있다.[66] 이론적 이항대립은 그것을 풀어놓기에 아직 충분하지 않다. 그 뉘앙스를 평가하려면, 우리는 몰아보기가 긍정적이거나 부정적이지 않고, 문화적이거나 구조적이지 않고, 오히려 상호 반박을 통해 추동되면서 활력을 주는 인간경험의 진화로 이해해야 한다. 몰아보기는 중독적 행위면서 동시에 명상적 행위일 수 있다. 그것은 양가성, 다시 말해 이런 대화들이 보여주는 상호모순적인 즐거움의 교섭에 뿌리를 내린 상호대립적 성격을 띤다.[67] 몰아보기와 넷플릭스를 분석하는 미디어 학자로서 우리는 밀스C.W.Mills가 "사회학적 상상력"이라고 ─ 관찰자가 동시에 다층적인 주체의 위치를 차지하는 것을 용인하는 관점 ─ 말한 것을 고려해야 한다.[68] 그렇게 하는 것이 숲과 나무를 동시에 보는 것이며, 주체와 객체의 거울효과를 증진하는 일이다.

Chapter. 2

내로우캐스팅, 밀레니얼과 디지털 미디어의 장르 개인화

▶

앨리슨 N. 노박 Alison N. Novak

2006년 넷플릭스는 자신들의 평가 알고리즘을 개선하는 데 성공적으로 도움을 줄 수 있는 연구팀에게 100만 달러의 상금을 내건 대회를 발표했다. 목적은 이용자들로부터 수집된 어마어마한 양의 데이터를 사용하여 개별 이용자에게 더 나은 영화와 텔레비전 추천을 만들어내는 것이었다.[1] 2012년까지 연구자들은 이용자들에게 자동화된 추천을 생산하는 107개의 알고리즘을 결합하기 위해 2,000시간 이상을 사용했다. 넷플릭스는 플랫폼에 이것을 추가하여 개인화, 통제, 그리고 편의성을 특성으로 하는 브랜드로 온라인 스트리밍 세계에 혁신의 족적을 남겼다.[2] 자동화된 시스템을 개선하기 위한 넷플릭스의 지속적인 노력에 대해, 학자들은 그 개선이 혁신적이기는 하지만 시청자에게 제시하는 실무적 관행은 이미 "내로우캐스팅"이라고 널리 알려진 트렌드로 자리 잡고 있었다고 지적했다.[3]

이 글은 내로우캐스팅을 향한 추진과 평가 시스템에 입각해 이용자에게 개인화된 추천을 만들어내는 넷플릭스의 실무적 관행을 탐구한다. 내로우캐스팅이 수십 년 동안 산업적 규범이었음에도, 그것이 방송의 역사적 모델에 대척적인 관계성을 가지게 된 것은 넷플릭스의 개인화가 영화와 텔레비전 산업 내에서 변화의 힘으로 대두되면서이다. 오늘날 다른 많은 플랫폼들 또한 넷플릭스의 내로우캐스팅 모델을 공유하고, 수집된 데이터를 통해 이용자를 위한 개인화된 추천을 만들어낸다. 따라서 이 글은 지금의 내로우캐스팅이 어떻게 이용자에게 제시되는지, 그리고 어떻게 그 실무적 관행을 포용하는지를 살펴 본다. 이는 스트리밍 미디어가 대중적으로 급증함으로써 너욱 중요하고도 시의적질한 이슈다.

이 연구는 넷플릭스의 특정 수용자, 흔히 "밀레니얼"millennials이라고 널리 알려진 13세에서 33세의 이용자를 바라보면서 이들의 반응을 중요하게 고찰한다. 이전의 연구들은 밀레니얼이 미디어 제작자들에게 그 수가 가장 많으면서도 가장 선망하는 인구사회학적 집단이라고 언급했다. 하지만 상대적으로 내로우캐스팅과 그들의 관계에 대해서는 제대로 알려져 있지 않다. 그리고 이전의 연구들은 미디어 플랫폼과 제시된 콘텐트에 중요하게 작용하는 그들의 능력또는그결핍과 관련한 예측을 수행했다. 그래서 궁극적으로 이 연구는 성장하는 미디어 트렌드를 향한 이들 집단의 부상과 그들의 관계성에 관한 지식을 덧보태고자 한다.

넷플릭스, 알고리즘과 데이터 마이닝

2006년 넷플릭스 상Netflix Prize 이후 제품 혁신과 개인화 알고리즘 파트 부사장 고메즈 우리베Carlos Gomez-Uribe는 회사가 추천 알고리즘을 개발하고 사이트의 개인화를 유지관리하는 것을 책임지는 800명 이상의 엔지니어를 채용한다고 발표했다.[4] 넷플릭스 운영의 중심부에 데이터 알고리즘이 있는데, 그것은 특정한 콘텐트 추천을 만들어내기 위해 이용자 행동을 분석한다. 알고리즘은 이용자 행동이 기록되고 분석되는 것을 필요로 한다. 넷플릭스 엔지니어 책임자 자비어 아마트리엔Xavier Amatriain은 다음과 같이 말한다.

> 우리는 당신이 언제 어느 시간에 어떤 장비를 사용했는지 뿐만 아니라 무엇을 보았고 검색했는지 또는 점수를 어떻게 줬는지를 압니다. 우리는 심지어 브라우징 또는 스크롤링 행위와 같이 이용자 상호작용성마저도 추적합니다. 그런 모든 데이터는 각기 다른 목적에 최적화되어 있는 여러 알고리즘에 입력되지요. 보다 큰 관점에서 우리 알고리즘의 대부분은 유사한 시청 패턴은 유사한 이용자 취향을 나타낸다는 가정 위에 기초해 있습니다. 우리는 당신의 선호를 추론하기 위해 유사한 이용자의 행동을 이용할 수 있습니다.[5]

넷플릭스는 개별화된 데이터세트를 사용하여 추천을 만들어내지만, 그것은 종종 4천만 명의 이용자들이 보여주는 보다 큰 트렌드에 기초해 있다. 수집된 데이터의 대부분은 주로 개인화된 콘텐트를 개별 계정에 보내는 시스템 내부의 목적을 위해 사용된다. 그러나 데이터의 많은 부분은 전반적인 트렌드도 보여준다. 예컨대, 넷플릭스 엔지니어들은 각각의 영화에 대한 개인의 평가도 중요하게 생각했지만, "일상적 활동"의 반영이기보다 동경aspiration일 가능성이 더 높다는 점을 알게 되었다.[6] 따라서 대부분의 추천은 개인에 의해 명시적으로 알려진 것이기보다 이용자의 실제 콘텐트 시청과 검색/브라우징 패턴에 기초해 있다. 이는 알고리즘과 여타 디지털 정보 아카이빙이 이용자가 디지털 미디어에 표현하는 것보다 이용자의 진짜 아이덴티티를 더 잘 나타낸다고 주장하는 "알고리즘 문화" 연구를 통해 지지받고 있다.[7] 이용자 정보를 수집하는 보다 큰 규모의 실행은 빅데이터를 식별하고 수집하고 분석하는 사회과학자와 정보과학자 들이 사용하는 "데이터 마이닝"이라는 용어로 알려져 있다.[8] 데이터 마이닝에 대한 요구는 수용자가 21세기 현재 보편화된 새로운 기술, 미디어, 디지털 플랫폼과 어떻게 상호작용하는지를 철저하게 조사하고자 하는 요구로 인해 성장하고 있다. 이와 같이 데이터 마이닝은 이용자 프라이버시에서 그것의 사용과 역할을 둘러싸고 많은 관심과 논쟁에 맞닥뜨리고 있다.[9]

이 논쟁은 넷플릭스를 둘러싼 대화에서 빈번하게 등장한다. 의심할 여지없이 넷플릭스는 사이트의 데이터가 수집되고 분석되는 방법을 혁명적으로 진일보시켰다. 넷플릭스 상은 바로 그것을 겨냥한 것이었다. 하지만 데이터 수집은 어느 정도 프라이버시 침해로, 또는 특정 사용자의 행동기록을 감추는 수단으로 간주된다.[10] 모든 이용자에게 회사의 수집권과 기록권을 담은 이용자 사용권 협약End User License Agreement에 동의해줄 것을 요구하지만, 점점 더 커가고 있는 비판적 그룹은 이런 실무적 관행에 문제가 있고, 이용자와 보다 큰 미디어 산업 모두에 잠재적으로 해로울 수 있다고 주장한다. 로이터의 펠릭스 살몬Felix Salmon은 넷플릭스가 이런 데이터 수집이 개인화된 추천을 위해 사용된다고 언급하지만, 실시간 스트리밍 플랫폼에 제공되는 실제 콘텐트는 이런 믿음을 의심스럽게 한다고 말한다.

원래 넷플릭스 예측 알고리즘은 – 다른 영화에 대한 당신의 평가에 기초해 당신이 얼마나 어떤 영화를 좋아하는지를 추정하는 – 컴퓨터 기술의 놀라운 부문인데, 엄밀하게 말하면 그것이 당신도 몰랐던 당신이 좋아할 것 같은 것을 찾아내는 수완을 발휘하기 때문이다. 높은 예측률을 바탕으로 내가 영화를 한 번 이상 주문하게 되고, 평소에는 결코 그것을 볼 생각을 하지 않는다는 사실에도 불구하고, 매번 그런 추천은 멋진 것으로 판명된다. 반면, 차세대 넷플릭스 개인화 방식은 정교함을 수십 단계로 떨어뜨린다. 가령 이 시점에서 그것은 "당신은 '실제 삶을 바탕으로 한 충성심에 관한 시대극' 중의 하나를 보셨군요, 여기 더 많은 것들이 있습니다"라고 말할 뿐이다. 그러면 넷플릭스는 더 이상 내가 보고 싶은 것을 나에게 보여주려 하지 않고, 심지어 내가 좋아할지 몰랐던 것들을 보여주려 하지도 않는다. 그 대신 넷플릭스는 나에게 점점 더 같은 것, 주로 두 번째 수준의 영화와 TV 쇼 라이브러리로부터 추출된 것, 그리고 실제로 최고 품질의 콘텐트를 발견하는 것을 어렵게 만드는 것을 제공하려 할 뿐이다.[11]

살몬은 넷플릭스 데이터 마이닝이 이용자 경험을 더 좋게 만드는 것으로 잘못 기술되고 있다고 지적하는데, 만약 그렇다면 넷플릭스는 원하는 콘텐트를 보고자 하는 이용자의 능력을 실질적으로 가로막는 꼴이 된다. 이러한 우려는 부상하는 내로우캐스팅의 트렌드를 둘러싸고 유사한 논쟁을 불러일으킨다.

내로우캐스팅

1960~70년대 초반 텔레비전과 성장하는 케이블 산업을 연구하던 사람들은 콘텐트 전문화와 모든 수용자들을 위한 텔레비전 경험의 개인화 가능성을 자주 말하곤 했다.[12] 이론적 기반이 놓이는 초기 단계이기는 했지만, 내로우캐스팅은 개인화된 콘텐트를 작은 단위로 분절된 일부 대중에게 실어 날라야 하는 미래 케이블 비즈니스의 이상과 목표로서 그 형태를 갖추기 시작했다. 케이블의 초기 비즈니스 모델은 일반화된 콘텐트를 많은 인구에 전달하고자 원했지만, 이윤을 최대화하기 위한 열정은 비즈니스 리더들로 하여금 개별시청자들을 위한 특화된 시리즈, 영화, 텔레비전 경험을 창출해내는 꿈을 꾸게 했다. 미래에 대한 이런 낙관에도 불구하고, 내로우캐스팅의 실행은 1980년대, 그러니까 원래의 비전 이후 십 수 년이 지나서야 영화와 텔레비전에서 꽃을 피웠다.[13]

이것은 소규모의 특정 수용자를 목표로 하는 콘텐트를 만들거나 제시하는 과정이다. 1980년대와 1990년대를 통틀어 네트워크와 광고주들은 타깃화된 수용자들에게 특화된 텔레비전 콘텐트를 생산하는 쪽으로 관심을 쏟았다. 경제적으로 그 목적은 대규모 수용자의 작은 부분 집단을 특정하고, 그들의 요구와 관심에 대한 이해를 연구·확립하여, 그들 그룹을 위한 특화된 콘텐트를 창출하는 데 있었다. 역으로 이들 그룹은 그런 시리즈와 미디어 제작자의 메시지를 공유하는 데 보다 충직하고, 보다 주목도가 높으며, 보다 능동적이라고 간주되었다. 내로우캐스팅된 콘텐트는 미디어 생산자와 작은 부분 집단 사이에 보다 강한 유대관계를 조직하는 수단으로 여겨졌고, 그렇게 함으로써 매스미디어 안에서 일어나고 있는 일대일 관계에 대한 인식을 고양해냈다.

더 나아가 내로우캐스팅의 초기 옹호자들은 이같은 트렌드가 제대로 알려지지 않았거나 주변화된 집단을 알리는 프로그래밍을 개발하는데 도움이 될 수 있다고 주장했다.[14] 스미스-쇼메이드 Beretta E. Smith-Shomade 는 내로우캐스팅을 "글로벌적 이해를 위해 실행 가능한 처방으로 알려진" 것이라고 언급하는데, 이는 제작자들이 이전에 금기시되거나 인기 없는 주제와 장르를 소규모의 수용적인 집단을 위한 편성의 길을 텄다는 것을 뜻한다.[15] 이와 마찬가지로 이스트먼 Susan Tyler Eastman, 헤드 Sydney W. Head, 클라인 Lewis Klein 등은 내로우캐스팅이 실행가능하며 경제적으로 유용한 트렌드로 부상한 것은 모집단의 일부 측면이 해당 시기에 잘 알려지지 않았거나, 대중적으로 어필할 수 있는 방송 바깥에 버려져 있다는 것을 제작자들이 알아차렸기 때문이라고 말한다.[16] 내로우캐스팅은 모집단의 채워지지 못한 요구를 밝혀내고, 이후 그들 집단에게 맞는 서비스를 창출하고 최적화하는 예전에 성공적이었던 경제 모델을 강화한다.[17] 결과적으로 내로우캐스팅은 민주적인 미래 미디어로서, 보다 많은 집단을 재현하고, 다양한 수용자들을 위해 보다 많은 공간을

전통적으로 버려지거나 무시되었던 것들을 포함해 창작하는 그런 것이라고 자랑스럽게 이야기되곤 했다.[18]

하지만 내로우캐스팅은 미디어 생산모델과 관련된 민주주의적 약속을 지키는 데 무기력했다고 비판받아 왔다. 전통적으로 외면 받았던 분중을 위한 편성을 인식하고 확립하는 능력이 있음에도 불구하고, 특히 연구자들은 시청률이 어떻게 계산되고 광고비가 어떻게 소비되는지를 고려할 때, 수용자들이 여전히 동질적인 집단으로 취급되고 있다고 주장한다.[19] 우선시 되었던 것은, – 특히 그것이 텔레비전에 도입되었을 때 – 모집단의 분중을 목표로 하는 프로그램을 많이 만들기보다, 대규모 대중을 타깃으로 한 프로그램을 개발하는 데 있었다.[20] 그 결과 내로우캐스팅이 텔레비전과 라디오, 영화를 포함해 전통적인 포맷에 존재하게 되었고, 이는 학계와 산업전문가 들의 비판의 대상이 되었다. 특정 분중에게 미디어 콘텐트를 맞춤화하는 것이 일반적인 관행임에도, 많은 사람들은 내로우캐스팅의 그같은 민주주의적 잠재성이 아직 충족되지 않았다고 인식했다.[21]

하지만 내로우캐스팅이 호소하는 것은 전통적인 미디어 포맷으로 제한되지 않는다. 말하자면, 오늘날의 디지털 미디어는 작고 특화된 수용자들을 위해 디자인되고 그들에게 기여하는 플랫폼, 웹사이트, 서비스 등으로 가득 차 있다. 피터 루드스Peter Ludes는 디지털 테크놀로지와 미디어에서 내로우캐스팅은 흔히 수용자 분절화fragmentation와 결부되어 있다고, 그래서 수용자는 보다 작은 부분 집단으로 쪼개진다고 지적한다.[22] 그것은 그런 다양한 소규모 수용자들을 겨냥한 맞춤형 광고 캠페인을 낳고, 그렇게 함으로써 작은 그룹을 크고 다양한 그룹보다 더 가치 있게 만든다. 비록 그런 분절화가 내로우캐스팅과 놀랍게도 유사하지만, 연구자들은 이 둘 사이에 두 가지 다른 방식이 있음을 발견했다. 첫 번째, 내로우캐스팅은 엔터테인먼트와 정보적 목적을 위한 콘텐트 창작과 관련되어 있다. 그에 반해 분절화는 광고와 연결되어 있거나 또는 일반적으로 마케팅에서 외부 콘텐트 제작자에게 전달하기 위해 수용자를 좁혀 들어가는 것과 관련되어 있다.[23] 두 번째, 분절화는 모집단의 작은 부분집단을 구분해낸 결과인데 반해, 내로우캐스팅은 수용자들을 서로 분리하는 과정이다.[24] 각각의 실무적 관행이 서로가 서로를 강화하거나 영향을 끼칠지라도 그것들은 구분되는 것으로 간주된다.

디지털 미디어 내로우캐스팅에서 빈번하게 이루어지는 연구조사는 수용자들이 정치 캠페인에서 어떻게 파악되고 타깃화되는지를 살펴왔다.[25] 이들 연구들은 소셜미디어, 추적 소프트웨어, 그리고 전자적 커뮤니케이션을 포함하는 온라인 플랫폼이 주요 디지털 조직으로 하여금 이용자에 대한 상당한 규모의 정보를 기록하고, 광고주에게 대규모 데이터세트를 판매하여, 광고주들이 자신의 지지자일 것으로 파악되는 특정 집단에게 마케팅 재료예컨대 광고와 팝업를 맞춤형으로 창작할 수 있다는 것을 강조한다.[26] 디지털 차원에서 내로우캐스팅은 경제적으로나 제작적 측면에서 전 지구적 패러다임의 전환으로 인식되어 왔다.[27] 가장 크고 성공적인 국제적 미디어 복합기업 여섯 가운데 다섯은 인터넷과 모바일 텔레비전을 포함해 디지털 콘텐트 창작과정에 특정 형태의 내로우캐스팅 전략을 채택해왔다.[28] 여기에는 이용자 프로파일과 디지털 경험에서 수집된 정보에 기초해 수용자들에게 유효한 특별한 웹사이트, 광고물, 비디오 등을 창작하는 것을 포함한다. 헬렌 우드Helen Wood는 디지털 콘텐트에서 내로우캐스팅의 유행은 수용자를 파악하고 측정하는 새로운 방법에 대한 수요를 낳았다고 지적한다.[29]

이것은 또한 플랫폼에 내로우캐스팅을 접목한 디지털 미디어 업체에 수익의 증가를 가져다 주었다. 테크웹TechWeb은 내로우캐스팅에서의 수익이 2005년에서 2009년까지 90% 증가했고 해마다 꾸준히 증가하고 있다고 주장한다.[30] 광고주들은 성공확률이 더 높기 때문에 소규모 수용자들에게 전달되는 콘텐트에 기꺼이 비용을 지불하려 한다. 넷플릭스와 유튜브 같은 내로우캐스팅을 제공하는 플랫폼은 잠재적 이용자들에게 제공된 편의성 덕분에 자신의 이윤이 증가하는 것을 목격했다. 결국 와이어리스뉴스WirelessNews.org는 디지털 내로우캐스팅을 2007년의 시청 트렌드라고 명명하면서, 자신을 이용자들에게 콘텐트를 내로우캐스팅하고 개인화하는 것으로 브랜드화하는 회사들이 향후 10년 내에 더 많은 수익을 내고 인기를 끌 것으로 내다봤다.[31]

밀레니얼과 미디어

내로우캐스팅이 콘텐트를 특정하여 창작하고자 하는 그룹들 중에서, 밀레니얼이라는 미국 젊은이들이 타깃화된 인구사회학적 집단으로 떠올랐다. 학자들은 밀레니얼로 분류하는 작업이 매스미디어에서 과소평가되고 있다고 비판하지만, 의심할 여지없이 넷플릭스 같은 새로운 내로우캐스팅 플랫폼과 콘텐트는 몹시 탐나는 이 인구사회학적 집단을 끌어들이려 노력했다. 제니퍼 길란Jennifer Gillan 은 지금의 미국 젊은이들이 그들의 인구사회학적 데이터에 입각한 콘텐트와 추천에 익숙해져 있다고 주장한다. 이런 트렌드가 온라인과 디지털 스트리밍이 있기 오래 전에 이미 등장했기 때문이라는 것이다.[32] 1990년대에 성장한 미국의 젊은이들은 콘텐트가 정기적으로 그들에게 내로우캐스팅된다는 것을 알고 있었는데, 이는 콘텐트가 대중적 인기와 광고수익을 얻기 위한 노력으로 이들 집단을 끌어들이고 유인하기 위해 창작되었음을 의미한다.

밀레니얼은 1981년과 2001년 사이에 태어난 세대로, 때때로 "Y세대" 또는 "디지털 원주민"이라 불렸다. 역사상 가장 큰 세대 집단 중 하나인 이 인구사회학적 집단은 미디어와 디지털 플랫폼과의 관계에서 학술적으로나 주류 비평에서 벗어나본 적이 없다. 이들 집단에 대한 대체적인 평가는 내로우캐스팅과 타깃화된 미디어 콘텐트에 대한 이들의 기대가 나르시시즘적이고 자기도취적인 세대를 낳았다는 것이다.[33] 마케팅위클리뉴스Marketing Weekly News 는 밀레니얼은 디지털 플랫폼이 그들의 관심과 개성에 맞는 추천 콘텐트뉴스, 광고, 오락 등을 포함한를 제시해 줄 것으로 기대한다고 보도했다. 내로우캐스팅은 이제 더 이상 플랫폼을 돋보이게 하기 위한 기법만이 아니다. 말하자면 밀레니얼에게 이제 그것은 그들이 기대하는 미디어 경험의 한 부문이다. 이것은 역으로 말하면 밀레니얼이 그들 자신의 삶을 반영한 프로그래밍과 추천 타이틀을 기대한다는, 그렇게 함으로써 나르시시즘의 꼬리표를 생산한다는 것을 의미한다.

이와 연장선에서 다른 연구는 밀레니얼을 프레이밍, 의제설정, 심지어 내로우캐스팅에 대한 장기적 결과를 이해하는 데 요구되는 비판적 미디어 능력skill이 결여된 것으로 이해했다. 민디히D. T. Z. Mindich는 밀레니얼이 전통적인 뉴스원신문, 라디오, 텔레비전과 덜 연결되어 있는데 반해, 뉴미디어인터넷이 가능한 테크놀로지에 점점 더 의존하고 있기 때문에 그들은 다른 세대 집단과 비교해 자기만족적이고 그들에게 제시된 콘텐트에 수용적이라고 말한다.[34] 정보를 찾기에 앞서 그들은 자신의 관심에 맞춰진 콘텐트 제작자에게 지나치게 의존적이라는 것이다. 그럼으로써 그들을 미디어의 관행에 덜 부정적이게, 심지어 덜 비판적으로 생각하게 만든다는 것이다.

하지만 다른 학자들은 밀레니얼이 변화하는 미디어 지형에 대해 그들의 불확실성을 접목하는 새로운 방법들을 찾아냈다고 제안한다. 분명히 맞춤화된 콘텐트를 제공하는 이들 플랫폼에 의존하고는 있지만, 그들의 미디어 소비에 대해 질적인 인터뷰를 했을 때 그들은 적극적인 해방의 담론과, 어떻게 하면 그들에게 제시된 콘텐트에 비판적으로 참여할 것인지에 대한 이해를 내보였다. 비달리Debora S. Vidali는 밀레니얼은 맞춤형의 뉴스와 플랫폼이 개인화된 미디어를 제공한다는 점을 예리하게 인지하고 있으면서도, 흥미가 없다고 생각되거나 관여할 것 같지 않은 여타 콘텐트를 무시한다고 지적한다.[35] 이런 인식은 밀레니얼이 미디어 플랫폼에 대한 그들의 반응을 이야기할 때 명백하게 드러난다. 그러나 밀레니얼의 습관을 알고자 디자인된 계량적 서베이에서는 쉽사리 무시되는 경향이 있다. 결과적으로, 이 글은 밀레니얼이 어떻게 내로우캐스팅된 콘텐트와 넷플릭스 플랫폼에 참가하는지를 이해하는 수단으로써 질적인 저널qualitative journals을 이용할 것이다. 밀레니얼의 반응을 탐구하는 것에 덧붙여 이 연구는 밀레니얼이 비판을 수행하는 것에 대한 증거나 장기적 결과에 대한 예측도 찾아볼 것이다.

연구방법

밀레니얼이 어떻게 넷플릭스와 상호작용하고 내로우캐스팅을 이해하는지를 탐구하기 위해 저널 분석이 이루어졌다. 지금까지의 연구들은 저널을 밀레니얼의 미디어 습관을 배울 수 있는 성공적인 수단으로 파악하고 있었다.[36] 일찍이 쿨드리Nick Couldry와 리빙스톤Sonia Livingstone, 마크햄Tim Markham 등은 이용자가 정보 미디어에 관계하는 것을 이해하는 데 저널이 얼마나 유용한지 고찰한 바 있다.[37] 저널은 미디어 콘텐트에 대한 반응을 인터뷰어와 만날 때까지 기다리지 않고 즉각적으로 기록할 수 있어서 이용자 경험을 이해할 수 있는 중요한 수단이다. 이것은 인터뷰어의 행동에 맞추고자 감정을 잊어버리거나 반응을 바꾸는 등의 위험을 감소시킨다. 이와 유사하게 로라 하비Laura Harvey는 저널을 개인이 어떻게 법률 정보에 반응하는지를 질적으로 탐구하는 데 이용했다.[38] 또한 저널은 미디어 시청의 맥락적 경험을 파악하는 데도 중요하다. 볼거Niall Bolger, 데이비스Angela Davis, 라파엘리Eshkol Rafaeli 등은 저널이 이용자로 하여금 미디어에 참여하는 동안 다른 무엇인가를 생각하는 것, 일하는 것, 주의를 기울이는 것과 같이 미디어 상호작용의 맥락적 경험을 기술할 수 있게 해준다고 말한다.[39] 결국 저널은 이용자로 하여금 현안인 주제와 관련된 경험, 사례, 그리고 과거의 이야기들을 기록하게 해준다.

응답자들은 북동부 지역 대학에 있는 일반 교육과정에 등록된 사람들을 대상으로 한 프로젝트로 선발되었다. 이 프로젝트는 넷플릭스 계정을 가지고 있는 학생들에게 별도의 학점 과제로 주어졌다. 참여를 선택하지 않은 학생들에게는 다른 과제가 주어졌다. 전부 27명의 밀레니얼 나이의 학생들이 넷플릭스와의 경험에 대한 저널 목록표에 참가하고 제출했다. 학생들은 넷플릭스 주제의 제시양식에 대한 응답으로 일회용 저널 목록표를 쓰도록 요청받았다. 이 제시양식은 참가자들에게 넷플릭스 계정에 로그인하여 추천된 제목, 내용, 그리고 카테고리를 살펴 보도록 요청했다. 그런 다음 그들은 이러한 추천과 그들이 넷플릭스의 실무적 관행에 대해 가졌던 지식을 되새겨 보도록 요구받았다. 참가자들에게는 넷플릭스에 대한 그 어떤 사전 지침도 주어지지 않았는데, 이는 참가자들이 제공한 성찰과 정보가 개인의 지식과 경험에 기초한다는 것을 의미한다.

특별히 이 연구는 학생들이 넷플릭스의 실무적 관행과 비즈니스 모델을 어떻게 설명하고 있는지를 살펴 봤다. 목적은 밀레니얼이 플랫폼에서 내로우캐스팅에 대해 가졌던 정보가 무엇인지, 그리고 기술 발전과 사회의 여타 측면에 대해 가질 수 있는 실무적 관행의 함의를 어떻게 생각하는지를 파악하는 것이다. 참가자들에게 개방적인 제시양식을 제공함으로써, 참가자들이 사례를 제공하고, 상호 비교하며, 장기적인 효과에 대해 성찰하는 것 등을 포함해 다양한 방식으로 상세히 설명하도록 했다. 결과적으로 이 연구의 발견은 내로우캐스팅과 넷플릭스 플랫폼에 대한 밀레니얼의 이해와 반응에 대한 통찰력을 제공한다.

발견

밀레니얼 저널 참가자들은 타깃화된 프로그래밍을 발전시키기 위해 넷플릭스가 수집한 데이터와 그 과정은 물론 플랫폼을 통해 생성된 추천에 대해서도 대체로 비판적이었다. 참가자들은 다음 세 개의 주제에 대해 응답했다: 1 넷플릭스의 방법에 대한 파악, 2 이용자 경험에 대한 생각, 3 미디어에서 내로우캐스팅의 역할에 대한 미래 예측.

발견 1: 넷플릭스 방법에 대한 파악

넷플릭스에 대한 저널을 제출한 27명의 밀레니얼 가운데 20명이 추천과 편성을 맞춤형으로 제공하는 이 회사의 방법을 파악하고 설명하고 분석했다. 이러한 설명은 통상적으로 샘플 글쓰기 초입부에 나타나 프라이버시와 접근 용이성, 데이터 마이닝 등의 광범위한 이슈에 대한 이야기를 시작하는 수단으로 이용되었다.

대부분의 밀레니얼은 알고리즘과 컴퓨터 학습전략을 영화를 추천하는 넷플릭스적인 방법으로 파악하고 있었다. 예컨대 20세의 남성은 다음과 같이 말했다.

> 넷플릭스는 이용자를 위한 추천을 제공하기 위해 알고리즘과 메타데이터를 이용합니다. 이들 전문가들은 당신이 어떤 사람인지에 대한 시각을 얻어내고자 당신의 관심, 감정, 신념에 관한 친밀함의 지식을 획득하고 있습니다. 그래서 인공지능은 프로필을 만들 수 있고, 이런 프로필만을 기반으로 간략하게 어떤 광고와 추천을 제공하려고 합니다. 이런 유형의 지능의 완벽한 예가 넷플릭스입니다.

이런 포스트는 넷플릭스가 보다 깔끔하게 추천을 생성하고 이용자 충성도와 주목을 유지하기 위해 이용자에 대한 보다 많은 정보를 학습하려는 회사라는 것을 엄정하게 파악하고 있다. 중요한 것은 이런 생각이 비판적이거나 설득적이기보다 대체로 있는 그대로 설명적이라는 점이다. 이런 설명법은 주제를 소개한 후 나중에 증거로 활용하는 기법이다.

또한 포스트에는 넷플릭스가 수집한 데이터 유형과 그들의 데이터 마이닝의 정도를 보다 깊이 파고들어간 것도 있었다. 참가자들은 넷플릭스가 이용자들의 정보를 타깃화하고 모니터링하고 수집하는 능력의 외적인 한계를 분명하게 파악하고 있었다. 다시 말하지만, 그것은 설득적인 톤이라기보다 기술적인 생각이었다. 20~25세 사이의 세 응답자가 다음과 같이 말했다.

> 넷플릭스는 이용자의 심연과 흔적을 캐냅니다. 즉 당신이 일시정지, 정지, 빨리감기나 되감기를 할 때, 당신이 콘텐트를 보는 날짜와 시간, 당신이 살고 있고, 평점을 주고 브라우징과 스크롤링, 검색하고 있는 곳의 우편번호가 무엇인지, 당신이 언제 콘텐트를 떠나고 돌아오는지에 대한 것들을 캐냅니다. 넷플릭스는 기본적으로 모든 움직임을 추적합니다. 이런 분석법이 좋은 점은 넷플릭스가 어떤 쇼가 취소될 가능성이 더 높은지, 또는 엔딩 크레딧을 어떻게 처리하는 게 도움이 될지를 알게 된다는 것입니다.

> 넷플릭스 같은 플랫폼은 당신이 정확하게 무엇을 검색하고 어떤 영화를 보는지를 모니터하기 때문에 당신의 관심에 대해 학습할 수 있습니다. 그들은 이런 정보를 수집한 후, 데이터베이스에서 그것들을, 그러니까 당신의 계정에서 당신이 하는 다른 모든 것들을 분석하죠. 그렇기 때문에 그들이 생각하기에 당신이 어떤 영화를

보기 원하는지를 추측할 수 있죠.

넷플릭스는 플랫폼에서 당신의 이력을 바탕으로 각기 다른 장르와 타이틀, 배우 등을 분석함으로써 당신의 관심사를 배웁니다. 일부 추천은 좋겠지만, 완전히 빗나가는 경우도 더러 있지요.

위의 두 포스트는 특히 고객의 선호에 대한 통찰을 제공하기 위해 이용자 데이터를 기록하고 분석하는 정도와 개인화에 대해 참가자들이 주목하고 있음을 강조한다. "모니터"와 "추적"이라는 용어는 참가자들이 넷플릭스가 이용자에게 콘텐트를 맞춤화하기 위해 정기적으로 사용하는 관행을 알고 있다는 것을 시사한다.

넷플릭스의 실제 실행과정의 사례들을 보여주는 포스트도 있었다. 이들 사례들은 참가자들이 제공된 데이터에 대한 방법론과 이용을 어떻게 인지하는지를 설명한다. 여기서 참가자들은 그들 자신의 계정을 위해 만들어진 추천을 특히 강조하면서, 내로우캐스팅을 그들 자신의 삶과 연결하기 시작했다. 개인적 경험을 공유함은 물론 "나"라는 주격을 들이댄 것은 밀레니얼 참가자들이 넷플릭스의 일반적인 관행에 대해 단순히 인지만 하는 것이 아님을 암시한다. 즉, 그들은 그것이 어떻게 자신들의 삶에 영향을 미치는지도 이해하고 있다는 것이다. 세 명의 다른 참가자들이 다음과 같이 말했다.

예를 들어 제가 디즈니 영화를 보는데 다 보고 났을 때 넷플릭스가 유사한 디즈니 영화를 추천해주었습니다.

누군가가 넷플릭스를 더 많이 사용하면 할수록 넷플릭스 컴퓨터는 이용자에 대해 더 많이 학습합니다. 예컨대, 만약 누군가가 코미디를 많이 보는 것 같으면 넷플릭스는 이 정보를 잘 보유하고 있다가 이용자가 흥미를 가질 것이라고 생각하는 또 다른 코미디를 제안합니다. 이 과정이 반복되죠.

다른 많은 미국인들처럼, 넷플릭스는 제 삶의 중요한 부문입니다. 제가 실제 텔레비전에서 보고 싶은 쇼들은 많지만, 대부분의 TV 시청은 넷플릭스에서 이루어집니다. 제가 넷플릭스를 더 많이 사용할수록 그것은 한 개인으로서 저에 대해 더 많이 학습합니다. 이것이 〈더 오피스The Office〉2005~2013에서의 드와이트 슈르트Dwight Schrute, 레인 윌슨Rainn Wilson 분의 악몽처럼 들리겠지만, 그럼에도 이용자에게 확실히 도움이 될 수 있습니다. 넷플릭스는 몇 가지 방법으로 저의 시청 취향에 대해 학습합니다. 첫째는 쇼나 영화를 시청하는 저입니다. 만약 제가 〈더 오피스〉를 네 번 재시청하고 있다는 것을 안다면, 넷플릭스는 저에게 〈팍스 앤 레크레이션Parks and Recreation〉(2009~2015)을 추천할 겁니다. 왜냐하면 제가 최근에 그것을 두 번째로 재시청하고 있고, 또한 NBC 익살맞은 시트콤이니까요. 둘째는 넷플릭스가 자신의 편성에 대한 평가 시스템을 가지고 있고, 저는 어떤 쇼에 대해 별 한 개에서 다섯 개에 이르는 평가를 내릴 수 있습니다. 넷플릭스는 이것을 이용할 수 있고, 제가 별 네 개나 다섯 개를 준 것과 유사한 쇼를 저에게 추천해주죠. 셋째는 넷플릭스에게 자신이 선호하는 유형의 장르를 말할 수 있습니다. 저는 코미디를 좋아하지만 애니메이션 팬은 아닙니다. 따라서 넷플릭스는 그런 종류를 제게 추천하지 않을 겁니다.

이들 포스트는 또한 자신에게 의미 있는 콘텐트가 어떻게 그들의 삶의 맥락 안에서 작동하는지를 설명한다. 참가자들은 넷플릭스라는 행위기관이 이용자 행동을 분석하는 데 사용하는 처리과정을 설명한다. 참가자들은 "넷플릭스가 안다"라든가 "넷플릭스 컴퓨터가 한다"와 같은 문구를 통해, 그 회사가 수행하는 일이 이용자 경험의 일부가 되고 있음을 증언한다. 이런 행위기관에 관한 것은 다음 절에서 논의될 것이다.

하지만 일부 참가자들은 넷플릭스의 처리과정과 방법론에 대한 혼란을 토로했다. 27개의 저널 가운데 7개는 그들이 일반적인 처리과정에 익숙하지만, 여전히 그 시스템이 어떻게 작동하는지 구체적인 것에 대해 혼란스럽다고 말했다. 그 대신 이들 참가자들은 조직의 관행을 이용자 경험과 연결했다.

정확하게 그것이 어떻게 작동하는지 전 잘 모르겠지만, TV 안에 작은 사람이 들어가서 글을 쓰는 게 아닌가 싶습니다하하하. 그런 난쟁이들이 하는 노트가 항상 최고인 것은 아니죠. 왜냐하면 때때로 넷플릭스는 시청자가 보고 싶어 하는 프로그램에 대해 완전히 다른 방향으로 벗어나기도 하기 때문입니다.

그러나 좀 더 합당한 말로 하면, 넷플릭스는 모든 이용자들을 위한 시청 데이터와 검색 이력 데이터를 생성하고 비교하기 위해 기계 학습을 이용하기 때문에 적절한 추천을 제공합니다.

처리과정에 대한 이런 생각은 비록 참가자들이 넷플릭스 플랫폼이 어떻게 작동되는지를 공표하거나 설명하도록 요청받지 않았지만, 이용자들이 그것을 집적하는 데 사용되는 내로우캐스팅의 존재와 방법론을 인지하고 있다는 것을 보여준다. 전체적으로 대부분의 참가자들은 콘텐트 선택을 최적화하기 위해 넷플릭스가 사용하는 처리과정에 대해 묘사적으로 반영해내고 있었다. 중요한 것은 대부분의 참가자 저널이 이런 설명으로 시작했는데, 이는 이런 추천의 성공을 비평하거나 분석하는 진입점으로 사용되었다. 다음 절에서 자세히 설명될 것이다.

발견2: 이용자 경험

밀레니얼과 미디어에 대한 다른 연구들과 비슷하게, 이 연구에서 저널을 제출한 사람들은 내로우캐스팅의 긍정적인 측면과 부정적인 측면 모두를 바라보고 있었다. 하지만 이런 생각들은 이같은 트렌드의 보다 넓은 함의보다 이용자 경험에 주로 초점을 두고 있었다.

호의적 분석

넷플릭스 내로우캐스팅의 긍정적인 특성을 이야기할 때, 많은 사람들은 추천을 그 사이트의 유용한 기능으로 파악하고 있었다. 이용자에게 새로운 콘텐트나 예전에 알려지지 않은 영화와 텔레비전 시리즈를 안내하기 때문이다. 두 명의 18세 남성과 한 명의 21세 여성은 다음과 같이 말했다.

이것은 정말로 도움이 됩니다. 넷플릭스 라이브러리가 너무나 커서 전체 카탈로그를 다 뒤져서 볼 프로그램을 찾는 것은 시간이 너무 많이 걸리기 때문이죠. 그 시간이라는 것도 세대를 통틀어 짧게 머물다 잽싸게 사라지는 주목일 뿐이고, 그런 걸 찾으려 시간을 낭비하고 싶지는 않습니다. 이런 기법은 비즈니스에 매우 좋습니다. 우리의 소셜미디어 친구들이 시청한 프로그램만을 제공하는 타이틀 리스트도 있답니다.

수 세기 동안 최고의 광고 형식이 입소문과 개인적인 추천서였던 것을 고려하면 이것은 엄청난 일입니다. 무엇을 봐야 할지 모를 때, 그리고 친구들이 보고 있는 목록을 보려할 때, 넷플릭스에 가면 얼마나 좋을까요? 이것은 새로운 흥미를 자아냅니다. 자신을 위한 더 많은 추천 목록을 생성할 뿐만 아니라, 다음 날 친구들과 이야기 할 수 있는 무언가를 주기도 하죠.

일반적으로 넷플릭스와 컴퓨터 학습은 사람들이 그들 자신의 방식으로는 결코 배울 수 없는 자기 자신에 대해 그 무엇인가를 발견할 수 있도록 도와줄 수 있습니다. 때때로 당신은 자신의 단점을 고치기 위해 다른 누군가가 필요할 때가 있을 겁니다. 그렇게 보면 어쩌면 당신은 "이름을 위한 추천" 탭에 따라 영화를 골라 메시지를 전송하는 누군가가 필요할겁니다. 후자가 곧 넷플릭스입니다. 저는 넷플릭스가 영화와 쇼를 보게 만드는 엄청 간단한 추천 방법 외에 그들의 컴퓨터 학습에 대해 뭐라고 말했는지 정확하게 기억나지 않습니다. 이 블로그 게시물에는 제가 앞서 언급했던 사실들 외에 별다른 게 없습니다. 넷플릭스는 소비자들이 은유의 가방에 손을 찔러 넣어 한 줌의 흥분을 끌어낼 수 있는 많은 가능성을 허용합니다.

또 다시 여기에서 강조점은 이용자에 관한 것, 그러니까 시스템이 어떻게 개인에게 이득을 주는가이다. 이 연구에서 8명의 밀레니얼 참가자들은 이것이 더 넓은 사회에 어떤 영향을 미치는지를 살펴 보기보다, 내로우캐스팅이 그들 또는 그들을 둘러싼 주변 사람들에게 얼마나 영향을 미쳤는지에 대해 생각했다. 18~25세 사이의 두 사람은 다음과 같이 말했다.

저에게 이런 추천은 제 관심과 잘 맞아떨어집니다. 왜냐하면 그것이 저에게 보고는 싶지만 검색해 볼 생각은 하지 않았던 선택을 주기 때문입니다. 하지만 그것은 또한 제가 한 번도 보지 않았던 새로운 옵션을 줍니다. 그러나 그것은 제가 평소에는 관심을 두지 않았던 겁니다. 저 같은 경우 플랫폼 이용에서 추천이 70%의 성공률을 보이는 것 같습니다.

이런 형식의 기계 학습의 이점은 부정적인 측면을 훨씬 능가합니다. 기본적으로 넷플릭스는 당신의 시청 선호를 학습하여 당신이 볼 것을 찾아 헤매는 번거로움을 덜어줍니다. 이런 유형의 컴퓨터 학습은 30일 무료 체험판을 제공하면서 판매되고, 사용을 계속하려면 월 단위의 구독을 해야 합니다.

이들 8명의 생각은 궁극적으로 추천이 그들에게 어떤 영향을 미쳤는지에 초점을 맞추고 있다. 이것은 "저는 그랬었어요"라든가 "제 관심"과 같은 용어를 통해 설명된다. 이런 용어들은 밀레니얼 참가자들이 누가 또는 무엇이 넷플릭스 플랫폼에 가장 중요하거나 결정적이라고 보는지를 알려주기 때문에 중요하다. 이전의 연구들은 흔히 밀레니얼이 그들의 미디어 이용을 사회적인 것이기보다 개인적 것으로 바라본다고 제안한다. 하지만 이에 대한 몇몇 증거가 있기도 하지만, 보다 큰 사회 또한 영향을 받을 수 있다고 보는 저널 참가자들도 충분히 많았다. 이들 참가자들은 내로우캐스팅이 그렇지 않았다면 무시했을 콘텐츠에 접근하게 해주어, 그것들을 새로운 관점에서 볼 수 있게 했다고 여겼다. 크게 보면, 이런 실무적 관행은 모든 사람들이 인식하게 되거나 다양한 관점을 인식할 기회를 가질 수 있도록 도와준다. 23세의 어느 참가자가 다음과 같이 말한 것처럼 말이다.

넷플릭스를 이용할 때, 추천이 저의 관심에 딱 맞아떨어진다는 느낌을 가지게 됩니다. 제가 가장 좋아하는 일부 쇼와 시리즈를 넷플릭스가 제안해준 추천에서 찾았었죠. 컴퓨터 학습이라는 아이디어는 사회적으로 좋은 것 같습니다. 긍정적인 측면에서 컴퓨터 학습은 이용자가 이미 강한 관심을 두고 있는 콘텐트를 보다 손쉽게 찾도록 해줍니다.

중요한 것은 위의 글과 같은 포스트들이 밀레니얼은 미디어 효과를 개별 이용자와 보다 넓은 사회 모두에서 중요한 것으로 보고 있다는 점을 암시한다는 것이다. 이것은 중요한 발견이다. 밀레니얼이 넷플릭스가 미디어 산업과 미디어 문화 모두에서 가지는 역할과 충격을 어떻게 바라보는지에 대한 통찰을 제공해주기 때문이다.

부정적 분석

그 반대로 18명의 참가자들은 넷플릭스와 내로우캐스팅 과정의 부정적인 특징에 대해 말했다. 먼저 많은 사람들이 그 시스템은 당신 자신과 기록된 행동에서 학습한 것에 기초해 있지만, 생성된 추천은 완벽한 것과는 거리가 멀다고 덧보됐다. 그러므로 추천은 불완전한 적합치로 간신히 이뤄내는 정도이기 때문에, 이용자의 주의를 분산시키거나 더 많은 시간을 잡아먹는다는 것이다. 이에 대한 예시적 응답은 다음과 같다.

단점은 우리가 추천에서 제한받는다는 겁니다. 만약 우리가 추천된 것만 본다면, 우리가 관심을 가질지도 모르는 다른 많은 콘텐트를 못 보게 되고 말겁니다. 그러나 유튜브는 그것을 알지 못합니다. 이

례적인 것들이 사례가 될 겁니다. 그러니까 평소에는 보지 않는 것이지만 우연히 검색되는 것 말이죠.

이론적으로 이 시스템은 사람들이 그들에게 곧장 배달되는 콘텐트를 끊김이 없이 즐길 수 있게 해주어야 한다. 그러나 이런 추천이 적절한지는 생각해 볼 문제입니다. 첫째로 넷플릭스는 당신에게 당신이 시청한 콘텐트를 평가하도록 요구하는데, 누군가는 내가 예상하는 것보다 기계가 개인이 좋아하는 것에 대해 더 많이 배울 수 있습니다. 이런 콘텐트 추천에 더 정확해질 수 있어서 모든 콘텐트에 등급을 매기는 것을 당연하게 생각할 겁니다. 하지만 넷플릭스는 당신이 얼마나 즐겼는지 알고 싶어 질문하지만 많은 사람들은 콘텐트에 평점을 잘 주지 않습니다. 제가 넷플릭스에서 열 개의 끔찍한 작품을 시청하게 되면 그 사이트는 제가 싫어하는 다른 콘텐트를 추천할 겁니다. 둘째로 그 시스템이 어떻게 사람의 기분을 예측하려 해도 그것은 할 수 없습니다. 기계지능은 감정을 가질 수 없잖아요. 간단히 말하면 그것을 이해하지 못하죠. 아마도 저는 여자친구와 함께 있고 행복한 느낌이 들기 때문에 로맨틱 코미디를 시청했을 것이고, 그리고 아마도 우리 관계가 끝나서 기분이 우울해졌기 때문에 이별 영화를 시청했을 겁니다. 각기 상반되는 두 가지 기분을 불러일으키는 그런 상황은 자연에서는 극히 드문 인간의 상태에 기초하고 있습니다. 그래서 컴퓨터 세대는 아마도 개인의 흥미나 욕망을 다소 편향되게 해석할 것으로 봅니다.

저에게 이런 추천은 저의 관심과 너무 맞지 않습니다. 저의 선택과 일치하지 않기 때문이죠. 저는 넷플릭스를 그렇게 자주 이용하지 않습니다. 만약 제가 선택을 하면 너무 말이 되지 않아요. 저는 〈반지의 제왕Lords of Ring〉과 같은 영화를 보다가 〈해피 길모어Happy Gilmore〉 같은 영화로 점프를 하죠. 마찬가지로 저는 대부분 제 스스로 굳이 TV를 시청하지 않기 때문에, 제가 그것을 본다면 그건 제가 다른 사람과 함께 있는 것일 겁니다. 다른 사람의 의견이 나의 계정에 중요한 고려사항으로 투입되는 거죠. 영화를 선택한 사람이 제가 아니기 때문에 부정확할 수밖에 없게 되는 겁니다.

중요한 점은 내로우캐스팅과 넷플릭스의 부정적인 측면에 대한 생각이 긍정적으로 바라보는 참가자들의 그것보다 눈에 띄게 더 길다는 것이다. 이것은 논의 부문에서 좀 더 깊이 분석될 것이다.

다음으로 내로우캐스팅을 프라이버시, 인공지능, 컴퓨터 학습 기술 등과 같이 일종의 보다 큰 트렌드로 바라보는 저널이 있었다. 거기서 넷플릭스는 단순히 이용자가 아니라 전체 사회에 대해 잠재적으로 부정적인 파급효과를 가진 것으로 비판받았다. 19세의 어느 참가자는 다음과 같이 지적했다.

이런 컴퓨터 학습은 그런 편성을 사용하는 어떤 종류의 애플리케이션에도 어느 정도 편의성과 실용성을 제공하겠지만, 프라이버시와 개인정보의 문제는 여전히 남아 있습니다. 인간의 사고와 행동을 분석하는 컴퓨터는 교육과 접근 용이성 면에서 긍정적인 파급

효과를 낳겠지만, 컴퓨터가 너무 많이 배우고 프라이버시와 안전의 문제를 침해한다는 공통된 생각 또한 분명히 존재합니다. 이것이 넷플릭스와 관련하여 중요한 문제가 아닐 수도 있겠지만, 보다 많은 개인 파일과 정보에 관계하고 있는 다른 애플리케이션은 이런 이슈들을 야기할 수 있을 겁니다. 자동화되고 있는 예민한 정보는 ─ 많은 회사들이 자신들의 보안을 강화하고 있음에도 불구하고 ─ 어떤 방식으로 통합될 때 확실히 위험합니다.

여기 밀레니얼 참가자들은 분명히 넷플릭스의 실무적 관행을 보다 큰 사회적이고 미디어 산업적 트렌드와 결부시켜 바라보고 있다. 넷플릭스가 계속해서 개인화된 콘텐트 추천을 하기 때문에 이용자들은 그들의 데이터가 전문화된 콘텐트가 점점 더 많아짐에도 불구하고 전반적으로 부정적인 목적으로 이용되고 있다는 인식이 커지고 있다고 설명한다.

여기에는 또한 미래 사회와의 보다 큰 연결, 내로우캐스팅이 얼마나 오랜 시간에 걸쳐 종국에는 전체 인구에 피해를 줄지에 관한 것도 있다. 다시금 이런 생각은 밀레니얼 참가자와 기술의 미래에 대한 인식에 통찰력을 제공한다.

전 이런 인공지능이 결국에는 우리 사회에 상처를 주는 것으로 끝날 것으로 생각합니다. 물론 우리 사회에 도움을 주는 초반기까지는 아니겠지만요. 이런 AI가 어느 곳에서도 존재하게 되는 성숙의 시기가 도래할 때, 그것은 기본적으로 우리의 일상적 삶을 더욱 손쉽게 만들 겁니다. 왜냐하면 그것은 컴퓨터에 당신의 두뇌를 가지고 있는 것과 같아서 당신의 생각을 완벽하게 캡쳐해줄테니까요. 이런 AI 기술로 인해 발생할 수 있는 문제는 그 어떤 인간 사이의 상호작용의 필요성이나 스스로 생각하기의 필요성이 결여된다는 겁니다. 스스로 생각하기의 결핍으로 AI는 그들 자신의 콘텐트를 생성하는 이용자를 대신하여 이용자의 생각 전체를 따라잡을 수 있게 될 지도 모릅니다.

저는 대체로 낙천주의자지만 컴퓨터 학습은 사회에 해롭다고 말하고 싶습니다. 유튜브가 어떻게 운용되는지 단순히 지켜만 보아도, 광고주들이 컴퓨터 학습에서 최고의 이득을 취하는 것으로 보여요. 광고는 저의 관심을 타깃팅할 수 있을 때 특히 우리를 괴롭히죠. 그것은 신문, 텔레비전, 라디오와 같은 올드 미디어 플랫폼이 광고로 넘쳐나는 것만큼이나 나쁜 겁니다. 그러나 지금 광고주들은 뉴미디어 플랫폼을 통해 사용하는 수단으로 컴퓨터 학습을 이용할 수 있습니다.

이러한 인용은 많은 밀레니얼 참가자들이 넷플릭스의 실무적 관행을 인공지능과 기계학습과 같이 보다 큰 사회적 이슈와 연결된 것으로 바라보고 있음을 보여준다. 개인화된 추천을 성공적으로 제공함에도 불구하고, 넷플릭스와 이러한 관행은 개별 이용자와 사회 모두에 미치는 충격 때문에 비판받는다. 이러한 병렬적 관계는 다음 절에서 탐구될 것이다.

발견3: 미래 예측

대부분의 참가자들은 넷플릭스의 실무적 관행을 내로우캐스팅, 알고리즘, 이용자 기반 데이터 마이닝 등이 보여줄 수 있는 잠재적 미래의 빙산의 일각일 뿐이라고 생각했다. 이러한 실무적 관행은 미디어 산업의 렌즈와 이용자의 넷플릭스 설명을 통해 서로 연결된다.

제 생각으로 컴퓨터 학습은 더 많은 곳에서 인공지능의 성장과 함께 미래에도 계속될 것 같습니다.

이런 학습이 얼마나 좋을지 또는 나쁠지 저로서는 알 수 없습니다. 이것은 사람들이 무엇을 좋아하는지에 대한 계속되는 사례연구라고 생각합니다. 기분은 변화무쌍하고 다음 번 비디오를 위한 사람들의 의사결정 또한 변화무쌍하기 때문입니다. 시간의 관점에서, 그래요, 이것은 하나의 비디오를 보는 것이 다섯 개, 심지어 스무 개의 비디오를 보도록 몰아가기 때문에, 이것은 시간을 많이 잡아먹을 수 있어요. 장점이라면 당신의 검색이 당신을 위해 이미 이루어져 있고, 당신이 다른 타이틀 아래에 존재하는지조차 몰랐던 그런 주제 안에서 그 무엇인가를 찾을 수 있게 해준다는 거겠죠.

제 생각으로 미래에는 컴퓨터 학습이 더 많이 상호작용적이게 될 것이고, 심지어 인공지능의 생각과 훨씬 가까워지기 시작할 것이라고 믿습니다.

특별히 위의 이런 생각들은 내로우캐스팅과 넷플릭스의 실무적 관행이 매스미디어에서의 새로운 생산기준의 출발점이라는 통찰력을 제공했다. 그러나 다른 참가자들은 이런 트렌드가 궁극적으로 긍정적일지 아니면 부정적일지 확신하지 못했다.

저는 컴퓨터 학습이 더 좋거나 아니면 더 나쁘거나 둘 중 하나로만 그 성장과 진화를 이어갈 것으로 믿습니다. 아마도 어떤 점에서 정부가 컴퓨터 학습이 어떻게 이용되고 발전되어야 하는지에 개입하고 제한할 겁니다. 저는 또한 어떤 형태의 컴퓨터 학습의 진화도 실제로는 시간이 좀 걸리고, 아마도 제 생애보다 더 오랜 시간이 필요할 것으로 생각합니다.

컴퓨터는 예전에는 가능하지 않았던 것을 예측하고 학습할 수 있을 겁니다. 그것은 콘텐트 창작 방식과 이용자에게 제시되는 방식을 바꿀 겁니다. 그리고 긍정적인 방식으로 온라인 비디오 스트리밍에 영향을 미치도록 잘 이용되길 희망합니다.

그것이 어떻게 이용되는지의 문제와 관계없이, 그것은 항상 양날의 칼입니다. 안전은 사생활 침해로 변할 수 있고, 흥미로운 추천은 당신이 생각했던 것보다 더 잘 작동해서 성가신 것이 될 수 있을 겁니다. 하지만 저는 기계학습이 미래에 더 섬세하고 개인화된 것으로 이어갈 것으로 생각합니다. 저는 또한 그것이 한 사람이 사용하는 모든 장비의 정보를 이미 그렇게 했던 예전보다 훨씬 더 서로를 연결하여 사용할 것으로 생각합니다.

넷플릭스는 다른 회사들과 비교되기도 했는데, 이는 이와 똑같은 실무적 관행이 어떻게 다른 미디어 조직에 의해 사용되거나 이미 사용 중에 있는지를 해명하기 위해서였다.

저는 컴퓨터 학습이 정말로 발전할 것으로 생각합니다. 예를 들어 아마존이 지금 캘리포니아에서 드론으로 어떻게 배송하는지, 만약 그것이 성공하면 그건 아마도 시간적으로 전 세계적인 것이 될 겁니다. 컴퓨터는 더 빨라지게 되고 "더 똑똑해" 질 겁니다. 옆줄 선에서 추천한 비슷한 동영상을 계속 클릭하는 바람에 원래 의도했던 것보다 유튜브를 더 많이 이용하고 끝낸 게 도대체 몇 번인지 모르겠습니다. 저는 이 기술이 너무 지나쳐서 우리의 사생활에 대해 너무 많이 배울 가능성이 있다고 생각하지만, 지금 당장은 그렇게 엄청난 기술을 생각해낼 수가 없군요.

전반적으로 저는 컴퓨터나 이와 유사한 것의 학습 기술이 더 정확해지고, 더 많은 플랫폼으로 구현될 것으로 생각합니다. 그것은 웹사이트와 광고주들이 소비자를 타깃하는 것을 돕죠. 특히 사회에서 우리가 광고를 피할 수 있는 방법을 쉬지 않고 찾으려 하기 때문입니다. 우리는 우리의 브라우저와 DVRs 쇼에 광고방지장치Adblock를 설치해서 텔레비전 광고를 빨리감기 하거나, 넷플릭스를 깔아서 무비 플러스 사이트에 20달러를 쓸 필요 없이 앉아서 전편을 시청할 수 있습니다. 광고주들은 우리의 관심을 사로잡아야 합니다. 그렇지 않으면 우리는 그것을 우회할 방법을 찾을테니까요. 그래서 이런 유형의 학습은 그들이 우리가 보고 싶어 하는 것을 정확하게 찾아내도록 도와주기 때문에 우리는 그것을 통해 앉아서 그들의 메시지를 들을 겁니다.

저널의 범위가 확장되는 것이 특히 흥미롭다. 왜냐하면 참가자들은 넷플릭스에 대한 그들의 상호작용에 대해서만 직접적으로 질문을 받았기 때문이다. 그들이 다른 비즈니스와 산업을 포함했다는 것은 밀레니얼 참가자들이 내로우캐스팅을 넷플릭스에서만 독창적인 그 무엇으로 보지 않고 보다 큰 사회적이고 제도적인 트렌드로 보고 있음을 시사한다.

마지막으로, 많은 참가자들은 이들 트렌드가 시간의 경과에 따라 어떻게 진화할 것인지에 대한 그들의 불확실한 생각을 설명하기 위해 다른 사건, 영화, 대중문화를 언급했다.

저는 진짜로 컴퓨터 학습이 미래에도, 심지어 우리가 다른 플랫폼으로 옮겨갈 때에도 오랫동안 이어질 것이라고 생각합니다. 그것들은 AI와 함께 엄청나게 진보하겠지만, 결코 행위자나 인간과 같은 학습상태에 이르지는 않을 것입니다. 그건 영화 〈터미네이터〉가 생각나게 하는데, 거기에서 스카이넷은 자기 의식적이게 되고 실제 지능으로 변모를 합니다. 거기서 우리는 신의 역할을 하기 시작하고, 인간의 면모가 없는 실제 지능이란 게 무엇인지 묻게 됩니다.

심지어 사람들이 만들고 있는 로봇은 그런 방향으로 움직이고 있습니다. 그것들은 인간 복제품과 같이 완전한 크기일 필요가 없습니다. 저는 며칠 전 과학채널에서 장애를 가진 사람들의 활동성을 회복하도록 돕는 바디 수트에 대한 것을 보았습니다. 그런 수트는 몸에 있는 센서를 바탕으로 움직이죠. 이것이 본질에서 좀 벗어났다는 걸 알지만 그것 또한 분명히 컴퓨터 학습과 비슷합니다.

밀레니얼이 대형 미디어 산업인 넷플릭스와 내로우캐스팅의 미래를 어떻게 보는지에 대한 복잡한 시각을 보여주는 것이 이들 저널 참가자들의 인용에서 정점에 해당하는 대목이다. 대부분의 참가자들은 넷플릭스의 데이터 수집 관행과 방법을 인식하고, 이를 프라이버시 축소, 컴퓨터/기계학습의 성장, 심지어 인공지능과 같은 더 큰 사회적 동향과 연결했다. 이같은 연결은 이렇게 성장하는 산업 동향에서 참가자들이 곧잘 하곤 하는 부정적인 어조와 비판이기 때문에, 아마도 넷플릭스에 대한 가장 적절한 성찰일 것이다.

성찰

이 연구에서 밀레니얼 참가자들은 이용자 데이터를 수집하고 추천을 제공하기 위해 넷플릭스가 적용한 기술적 플랫폼과 기법들을 아주 잘 인지하고 있었다. 이 저널에서 제시된 통찰은 참가자들이 그 기법을 인지할 뿐만 아니라, 단기적이고 장기적인 측면에서 긍정적인 결과와 부정적인 결과를 모두 이해하고 있음을 시사한다. 지금까지 저널에서 발견된 담론을 구체적으로 기술했다면, 이제부터는 이러한 발견의 의미를 정교화하고 향후 연구를 위한 맥락적 정보를 제안하고자 한다.

공개적인 제시양식에도 불구하고, 밀레니얼 참가자들은 넷플릭스와 그것의 내로우캐스팅 기법에 대해 거의 통일된 중간치적인 생각들을 이어갔다. 앞에서 언급한 것처럼, 많은 참가자들은 이용자의 정보를 수집하고 추천을 제공하는 데 사용되는 기법과 기술적 과정을 파악하고 있었고 또 설명했다. 대부분의 참가자들은 그 과정을 파악하고 있을 뿐 아니라, 그렇게 하기 위해 내로우캐스팅의 언어와 빅데이터 분석의 언어를 사용할 수 있었다. "컴퓨터 학습," "인공지능", "데이터 마이닝"과 같은 용어들은 참가자들이 이들 기법에 정통해 있음을 시사한다. 내로우캐스팅이라는 용어가 저널 참자들에게서 한 번도 사용되지 않았음에도, 참가자들은 그것 뒤에 있는 과정과 기법을 정확하게 파악하고 있었다. 심지어 넷플릭스와 그것의 개인적인 추천 과정을 정확하게 파악하지 못한 사람들조차도, 그것이 추적과 모니터링 과정을 통해 성취되고 있다는 것을 이해하고 있었다. 이것은 중요하다. 왜냐하면 이전의 연구가 밀레니얼은 디지털 데이터를 수집하는 과정과 그것이 일상생활에서 수행하는 역할에 대해 잘 모른다고 설명해왔기 때문이다. 반대로, 이 연구는 밀레니얼 참가자들이 이런 절차를 인지할 뿐 아니라, 그것이 이용자 경험에 어떻게 영향을 미치는지도 파악하고 있음을 보여준다.

　이것은 또한 참가자들이 왜 훌루와 같은 다른 온라인 스트리밍 경쟁자보다 넷플릭스 플랫폼에 호의적인지에 대한 통찰을 제공할 수 있다. 넷플릭스의 개인화 과정은 이용자 데이터에 대한 공적 정보를 결여하고 있음에도, 다른 미디어 플랫폼보다 훨씬 이해할 만하다라고 평가되었다. 특히 이것은 저널이 다른 미디어 플랫폼, 회사, 심지어 유사한 영화류와 연결하는 것에서 분명히 나타났다. 넷플릭스와 관련된 불확실성이 여전히 존재하지만, 그 과정을 기술하는 데 어느 정도 자신감도 있었다. 이것은 밀레니얼에게서 보이는 플랫폼의 대중성을 설명해준다. 이런 가설을 지지하기 위해 보다 많은 연구가 수행될 필요가 있기는 하지만 말이다.

　이용자 경험과 미래 예측에 대한 연구결과는 우리에게 밀레니얼이 향후 진행 중인 내로우캐스팅의 역할을 어떻게 바라보는지에 대한 사례를 제공한다. 대부분의 참가자들은 시간을 아낀다거나, 보다 의미 있는 미디어 경험을 한다거나, 그리고 개인적인 선호에 맞는 디지털 미디어의 선택을 최적화한다는 등 일부 긍정적인 것을 인식하고 있으면서도, 많은 참가자들은 넷플릭스 플랫폼이 일상생활의 기술적 역할에서 장기적으로 부정적인 방향성을 띤다고 주장했다. 다시 말해, 밀레니얼이 디지털 환경에서 태어났기 때문에 디지털 플랫폼과 그 결과에 덜 비판적이라는 이전의 문헌과 달리, 이들 참가자들은 이러한 기술이 미래에 가져올지도 모르는 충격에 대해 인지함은 물론 염려도 하고 있었다.

　더 나아가 밀레니얼은 기술이 일반적으로 사회 전반이 아니라 그들 자신의 삶에 미칠 수 있는 함의를 염려하고 있는 것으로 파악되었다. 하지만 이들 참가자들 거의 모두는 넷플릭스의 실무적 관행이 어떻게 보다 큰 추세를 – 그리고 다른 회사들을 – 대표하는지, 그리고 다른 사람들에게 부정적인 영향을 미칠지 모른다고 생각하고 있었다. 이런 발견을 보다 많은 밀레니얼에게 일반화하기 위해서는 좀 더 많은 양적 작업이 수행될 필요가 있겠지만, 이 연구는 그 효과가 넷플릭스 플랫폼 안에서 개인적인 것으로도 사회적인 것으로도 바라봐지고 있음을 강하게 시사한다.

대부분의 참가자들은 넷플릭스의 추천 생성 과정을 파악하고 있었기 때문에, 보다 넓은 효과를 불러일으키는 아주 작은 기술적 요소들도 비판할 수 있었다. 예컨대 4명의 참가자들은 넷플릭스에서 사용되는 많은 기법들 역시 인공지능 기술의 기초라는 점을 파악하고 있었다. 그러므로 저널은 디지털 데이터와 기술에서 보다 큰 추세를 바라보기 위한 수단으로 이용되었다. 이전의 연구와 마찬가지로, 이 연구에서 밀레니얼 참가자들은 이들 기술이 개인 이용자나 사회 전반의 효과에 있어서 긍정적일지 아니면 부정적일지에 대해 견고한 입장을 잡지 못했다. 전체 밀레니얼 모집단으로 일반화하기는 힘들지만, 이러한 발견은 그 세대의 마음상태에 대한 통찰을 제공한다. 예컨대 20명의 참가자들은 내로우캐스팅이 어떻게 찬반 모두의 속성을 가지는지를 말했다.나머지 7명은 효과에 대해 말하지 않았다. 하지만 이것은 밀레니얼 세대에 대한 실제 발견이기보다 저널 제시양식의 반영일 수도 있다. 저널의 제시양식은 참가자들에게 넷플릭스 계정을 살펴 본 후 그들의 경험을 생각해줄 것을 요청했다.

결과적으로 이것은 그들이 플랫폼에 대해 긍정적이고 부정적인 것 모두를 발견하게 한 것일 수도 있다.

참가자 모집의 문제도 이러한 발견이 있게 된 이유일 수 있다. 이 프로젝트에 대한 대학연구소리뷰회의University Institutional Review Board 의 정책은 저널분석에 사용되는 데이터 수집만을 허용하고 있다. 이는 이 분석이 넷플릭스 계정이 가지고 있는 젠더, 장소, 전공, 언어, 시민권, 시간에 관련해 보다 광범위한 결과를 수행할 수 없음을 뜻한다. 이런 것들은 모두 언젠가 연구될 필요가 있다. 미래의 다른 연구들은 각기 다른 세대 집단이 넷플릭스와 여타 미디어 플랫폼에서의 내로우캐스팅과 어떻게 상호작용하는지를 밝혀야 한다. 여기에 참여한 많은 참가자들은 아마존, 훌루, 페이스북과 같은 사이트들이 유사하게 이용자 정보를 통합하여 추천에 사용하고 있다고 주장했다. 하지만 이번 연구에서 발견된 몇몇 주제를 명확히 하기 위해서는 포커스 그룹이나 심층 인터뷰와 같은 다른 방법들도 고려되어야 한다.

타깃화된 수용자를 위한 프로그래밍과 플랫폼을 만드는 데 있어 내로우캐스팅의 역할은 디지털 미디어 산업에서 점점 더 성장하는 추세에 있다. 결과적으로 얼마나 다양한 수용자들이 이렇게 진화하는 규범에 반응하는지를 이해하는 것이 중요하다. 흔히들 자기애적이고 비판적 기술이 결여된 것으로 간주되는 밀레니얼 세대는 내로우캐스팅을 넷플릭스 플랫폼의 한 부문으로 인식할 뿐만 아니라, 장기적으로 사회에 미치는 결과에 관해서도 강력한 자기 의견을 가지고 있었다. 일반화된 발견이라고 할 수 없을지는 몰라도, 이 작업은 젊은 사람들과 디지털 미디어 환경에 미치는 내로우캐스팅의 영향에 관한 이전의 평가와 이론에 진지하게 도전한다.

저널 제시양식

넷플릭스에 대한 저널 연구에 참가해주셔서 감사드립니다. 귀하는 아래에서 저널 제시양식을 볼 수 있을 것입니다. 아래에 비어 있는 저널 기입란을 채워주시기 바랍니다. 작업이 완성되면 스크린에 있는 "완료" 버튼을 클릭해 주십시오. 귀하가 기입한 것이 제출되어 이 연구에 대한 귀하의 참여가 완료됩니다.

시작하기 전에 귀하의 넷플릭스 계정에 로그인하여 장르와 타이틀, 배우에 대한 추천을 살펴 보시기 바랍니다. 그것이 얼마나 귀하의 관심과 시청이력 또는 선호와 일치하는지를 생각해 보시기 바랍니다. 아래 빈 공간에서 문제를 생각하시고 서술형으로 응답바랍니다. 귀하의 응답을 지지하는 모든 종류의 사례, 경험 또는 여타 다른 내용도 가능합니다.

넷플릭스 추천이 귀하에게 얼마나 잘 들어맞습니까? 넷플릭스가 이런 추천을 만들거나 귀하의 시청 관심에 대해 아는 것에 대해 귀하는 어떻게 생각하십니까? 이런 추천이 사이트의 긍정적 측면이라고 생각하십니까 아니면 부정적 측면이라고 생각하십니까?

Chapter. 3

쌍방향 디지털 텔레비전에서 인터넷 "인스턴트" 텔레비전으로

넷플릭스, 진화론적 관점에서 본
권력이동과 새로이 떠오르는 수용자 실천

▶

비비 테오도로파울루Vivi Theodoropoulou

이 글은 넷플릭스에 대한 이용자 경험을 탐구한다. 구체적으로 영국의 초기 가입자들에게 새로이 나타나고 있는 시청습관, 소비 패턴, 그리고 선호 등에 초점을 맞춰, 이들 이용자들이 스트리밍 비디오 기술에 대해 무엇을 좋아하고 싫어하는지를 살펴 본다. 좀 더 정확하게 말하면, 이 글은 초기 넷플릭스 채택자를 2000년대 초반 선구적인 쌍방향 위성 디지털 TV이자 넷플릭스의 시원이기도 한 스카이 디지털Sky Digital 이용자와 연결한다. "당신이 원하는 것, 보고 싶을 때 보세요"라는 슬로건으로 - 오늘날에는 거의 넷플릭스의 메시지로 알려진 것 - 프로모션한 스카이 디지털은 2007년 지상파 DTV 운영자인 프리뷰Freeview로 넘어가기 전까지 영국에서 가장 인기 있는 DTV 서비스로 당시 급속하게 성장하고 있었다.[1] 이 글은 넷플릭스와 스카이 디지털 간의 비교를 통해 텔레비전과 그 수용자들이 어떻게 변화해가고 있는지, 이용자들이 어떻게 디지털 콘텐트에 반응하고, 새로운 습관이 어떻게 대중적인 콘텐트 서비스가 제공하는 기술적 특성을 둘러싸고 발전해가는지를 해명한다.

이 글은 기본적으로 2014년 하반기에서 2015년 사이 영국 넷플릭스 이용자들을 대상으로 한 12개 인터뷰의 질적 연구에 기반해 있다. 방송을 온라인 텔레비전과 연결시키기 위해, 나는 이들 인터뷰를 2000년대 초반 초기 스카이 디지털 가입자에 대한 양적·질적인 연구에서 얻은 여러 발견들과 병치한다. 넷플릭스와 스카이 디지털은 다른 시점에 출시되어 서로 다른 기술적 플랫폼과 차별적인 콘텐츠 범주를 제공한다. 그러면서도 두 플랫폼은 여전히 중요한 속성을 – 수용자 선택의 증가와 맞춤화되고 타깃화된 콘텐츠 제공을 포함한 – 공유하고 있다. 또한 현대 수용자의 실천에도 불구하고 이용자들 사이에 유사한 인식과 습관을 낳고 있다. 그렇게 이 글은 특정한 소비 패턴과 선호가 어떻게 시간을 경유하면서 보전되는지, 수용자 행동의 변동이 항상 연속성을 띠면서 공존한다는 것을 설명한다. 변화는 순식간에 일어나지 않는다. 그보다 본성상 반복하면서 전진한다. 달리 말하면, 기술적 지식, 발명, 혁신, 그리고 새로운 기술의 사용은 모두 "경로 의존적" 방식으로 발전한다.[2] 그것들은 새로운 실천의 포용 안에, 그리고 변화하는 사회적이고 생활적인 환경에 뿌리를 뻗고 있으면서도, 과거의 실천과 경험에 기초해 있다.

영국에서 넷플릭스와 스카이 디지털의 어포던스와 채택

넷플릭스는 2012년 1월에 영국에 진출했다. 오프콤Ofcom, The Office of Communication의 줄임말로 2003년 영국에서 설립된 방송통신 규제 및 경쟁을 담당하는 기관. – 역자 주의 연구에 따르면, 2014년 말 기준으로 10가구 중 한 가구가 넷플릭스에 가입하고 있었다.[3] 이것은 넷플릭스가 로저스의 혁신확산모델의 초기 채택단계에 있음을 의미한다.통계 포털 스타티스타www.statista.com에 따르면, UK에서 넷플릭스 가입자는 2014년 4/4분기 380만 가구에서 2018년 3/4분기 970만 가구를 넘겼다. 지난 4년간 가구비율로는 2.5배, 인구비율로는 전체 인구의 약 15%가 넷플릭스에 가입해 있다. 따라서 짧은 시간에 초기 채택단계를 넘어 보편적 확산의 상태로 진입한 것으로 보인다. – 역자 주.[4] 연구는 영국에서 사용하고 있는 브로드밴드 TV가 의미 있게 그 성장세를 이어가고 있으며, BBC 아이플레이어iPlayer와 넷플릭스 같은 온디맨드 서비스가 그런 발전의 최전선에 있음을 보여준다.[5] 1998년 미국에서 우편으로 DVD 대여 서비스를 시작해 영화와 텔레비전 시리즈를 상대적으로 낮은 요금으로 접근할 수 있게 해준 온라인 비디오 가게인 넷플릭스는, 과거에서 현재에 이르기까지 성공적인 콘텐트를 생산, 스트리밍하는 성공적인 디지털 배급 플랫폼으로 변모해왔다.[6] 넷플릭스에서 가입자들은 그들이 원할 때 원하는 방식으로 콘텐트에 접근할 수 있다. 이에 따라 표준적인 연속성의 텔레비전 스케줄 또는 방송의 "흐름"을 지나간 옛 일로 바꿔버렸다.[7] 특정한 시청률 데이터를 공개적으로 배포하지 않음에도 불구하고, 넷플릭스는 인하우스 제작에서 품질과 성공으로 정평이 나 있고, 플랫폼 알고리즘에 크게 기여했으며, 프라임타임Primetime 에미Emmy, SAGScreen Actors Guild 및 골든 글로브 Golden Globe 후보로 지명되기도 했다.[8]

학계, 정책 서클, 산업에서 넷플릭스와 여타 포스트 네트워크 서비스가 소비 패턴과 수용자 습관을 의미 있게 변경시키고 있고, 가정오락의 외피도 바꾸고 있는 것으로 받아들인다.[9] 예컨대 로츠 Amanda D. Lotz가 공유된 경험으로서 텔레비전 시청의 잠재적 종말을 탐구했다면, 우리키오William Uricchio와 베넷Jenna Bennett은 현대의 텔레비전이 수용자 분절화와 다원화로 인해 대량의 일상적 삶을 형성하는 능력을 결여하고 있다고 평가한다.[10] 이와 마찬가지로 에반스 Elizabetha Evans는 온라인 텔레비전의 소비가 – 시간과 장소 이동성의 증가를 포함하여 – 진정으로 "텔레비전"이란 무엇인지에 대한 우리의 인식을 바꿀 수 있는 방식을 꼼꼼하게 파헤친다.[11] 실제로 그런 탐색은 새로운 온라인 텔레비전 포맷이 가져올 수 있는 변화를 – 생산과 배급뿐만 아니라 넓게는 수용자와 사회에 대한 – 평가하는 데 필요하다. 넷플릭스는 전례 없는 전송 시스템, 타깃화된 대상, 끊김 없는 시청과 온디맨드 시청, 그리고 이용자에게 제공하는 전반적인 통제와 융통성 등으로 인해 그런 변화의 최전선에 있다.

그렇지만 넷플릭스에 의해 선포된 변화의 많은 부문은 진즉에 영국 최초의 DTV 서비스인 스카이 디지털의 출범과 함께 선언되었다. 한 세기의 전환기에 도입된 스카이 디지털은 다양한 엔터테인먼트 옵션을 제공하는 구독자 기반 멀티채널 방송 서비스였다. 이 서비스는 동일 장르의 주제별 채널뿐만 아니라, 혁신적인 것으로 간주되는 인터넷 상호작용 장치전자 게임과 이메일, 뱅킹, 쇼핑 등을 제공하는 "열린" 플랫폼 같은도 포함했다.[12] 스카이 디지털의 전례 없는 채널과 콘텐트 선택지는 이용자에게 많은 주제별 채널 중 하나에서영화, 스포츠, 뉴스, 다큐멘터리, 키즈, 코미디, 음악 그 외에 많은 것들을 포함해 그녀/그가 가장 좋아하는 콘텐트 유형 또는 장르에 집중할 수 있는 자유를 선사했다. 또한 스카이 디지털은 시간이동, PPV, 티보TiVo, 스카이 플러스Sky Plus와 같은 VOD 기능을 통해, 이용자가 방송 도중에 개입하고 텔레비전 일정을 조작할 수 있는 비교적 제한된 옵션을 제공했다.[13] 비록 그런 서비스가 최근에는 기술적으로 제한적이고 조악한 것으로 여겨질지라도, 당시에는 혁신적이고 최첨단인 것으로 여겨졌다. 그렇게 보면 당시 DTV는 넷플릭스의 미숙한 전신으로 간주될 수 있다.

디지털 텔레비전, 그것의 초기 수용자와 넷플릭스와의 유사성

DTV가 영국에 도입되었을 때 나는 스카이 디지털 구독자들에 대한 전국적 서베이와 15명의 질적인 심층 인터뷰를 통해 DTV 첫 수용자 세대가 어떻게 이 새로운 기술에 대응하는지를 탐구했다.[14] 나의 양적 연구는 초기 이용자들이 아날로그 텔레비전에서 DTV로 넘어가는 이유를 넓어진 채널 선택77%, 화질과 음질의 개선 68%, 보다 많은 스포츠 시청가능성49%, 그리고 흥미롭게도 영화채널과 영화와 관련된 프로그램32%이 있기 때문임을 보여주었다.[15] 이런 측면에서, 초기 DTV 이용자들은 주제별 동일 장르의 채널을 선호하는 초기 모습을 예증해주었는데, 그것은 분절화segmentation 그러나 결정적으로는 맞춤화customization와 개인화personalization로의 전환이 증가하고 있음을 가리키고 있었다. DTV 이용자들 사이에 PPV의 수용이 저조한 것 또한 이런 경향을 지적하고 있었다.[16] 맞춤화되고 개인화된 콘텐트 감상이 DTV 초기에 눈에 띄게 부각되었고 뚜렷한 진화를 지속해왔는데, 궁극에 가서는 넷플릭스 같이 알고리즘 주도형의 플랫폼에 의해 한층 더 강화되었다.

당시 나의 연구는 스카이 디지털 서비스를 선택하고 구독하기 위해서는 콘텐트, 무료 디지박스 지원, 보다 합리적인 가격 등이 이용자를 유인하는 데 중요하다는 것을 보여주었다. 또한 그들이 이용할 수 있는 어마어마한 양의 프로그램 중에서 영화가 초기 DTV 이용자들이 가장 보고 싶어 하는 콘텐트 유형이었고참가자의 69%가 조금 넘는, 그 다음으로 코미디69% 조금 못 미치는와 스포츠62%, 드라마51% 등이 근소한 차이로 뒤를 잇고 있다는 것을 중요하게 주목해야 한다.[17] 이렇게 영화와 시리즈에 대한 수용자의 선호는 해를 거듭하면서도 유지되고 있고, 오늘날 넷플릭스가 투자하고 있는 바로 그것이다. 전체적으로 보면, 늘어난 채널선택, 더 넓어진 콘텐트 범위, 더 많은 주제별 채널의 도입, 그리고 어포던스행위유도가능성,affordability는 당시 스카이 디지털을 선택하게 했던 핵심 요소였다.[18]

낮은 비용과 비용 대비 높은 가치 인식, 선택권의 증가, 양질의 콘텐트, 주제별 프로그램영화와 시리즈 등과 같은 유사한 특성이 오늘날 넷플릭스의 매력을 뒷받침하는 힘이다. 거기에 더해, 서비스의 "이용자 친화성"은 대부분의 인터뷰이들이 증거하듯이, 넷플릭스에게 중요한 긍정적인 속성이다. 영화와 시리즈를 향한 열렬한 선호와 함께 수용자 이탈과 맞춤형 시청의 징후는 초기 DTV부터 뚜렷한 특징이었다. 그리고 오늘날 넷플릭스 이용자들 사이에서 더 큰 차원으로 명백히 증명되는 바이다. 이어서 나는 선택, 통제, 콘텐트, 그리고 저비용에 대한 평가가 어떻게 넷플릭스 이용자들에게 중요한 문제가 되는지를 논의하고, 그들의 경험적 사례를 제시한다. 우선 나는 넷플릭스 연구방법론과 샘플에 대해 짤막하게 설명한 다음, 넷플릭스 인터뷰이들의 주요 인구학적 특성, 넷플릭스의 비용과 콘텐트에 대한 견해, 그리고 시청의 사회적이고 기술적인 맥락에 대해 논의한다.

넷플릭스 인터뷰이 프로파일

영국에서 넷플릭스의 확산은 상대적으로 빠른 채택률을 보이는데, 이는 1998년 후반 DTV가 도입되었을 당시 보였던 매우 빠른 채택과 그 경로가 비슷하다.[19] 이렇게 넷플릭스가 빠르게 확산된데에는 서비스에 대해 느끼는 구독자들의 어떤 매력을 암시한다. 이 글은 그에 대한 몇 가지 이유를 구체적으로 파악한다. 나는 특히 넷플릭스의 호소력, 그러니까 30~40대 영국 이용자들이 어떻게 이 디지털 스트리밍 플랫폼에서 콘텐트를 소비하게 되었는지, 그리고 그들이 왜 애초에 이 서비스에 가입했는지를 논의한다. 이 연구는 2014년 후반에서 2015년 사이에 수행된 반구조화되고 semi-structured 구조화된structured 면대면 인터뷰와 온라인 인터뷰의 질적 자료에 입각해 있다. 넷플릭스가 그들 구독자에 대한 공적 정보를 쉽사리 제공하지 않고 영국에서 초기 채택 단계에 있다는 사실을 고려할 때, 초기 채택자들은 특히 추적하기 쉽지 않았다. 그럼에도 안면식이 있는 사람들과 스노우볼 샘플링을 통해 모집된 총 12명의 이용자들을 대상으로 인터뷰가 진행되었다.

인터뷰한 넷플릭스 구독자들은 모두 30대와 40대였으며 전일제 노동을 하고 있었다.[20] 그들은 높은 교육수준을 보이고 있었는데전문대 또는 그 이상, 7명이 남성, 5명이 여성이었고, 한 명이 싱글, 3명이 배우자와, 8명이 배우자와 어린 아이들과 살고 있었다. 인터뷰이 중 8명은 커플이었지만 그들은 커플로서가 아니라 개인적으로 인터뷰를 받았다. 대부분의 참가자들은 제공되는 콘텐트와 비용을 감당할 만했기 때문에 넷플릭스에 가입했다고 말했다. 품질과 관련하여 대부분의 인터뷰이들은 넷플릭스가 매우 높은 콘텐트 기준을 제공하는 것으로 생각하고 있었다. 또한 대부분의 인터뷰이들은 넷플릭스의 무료 시험판이 그들로 하여금 초반에 서비스를 사용하도록 하는 생각을 불러일으켰고, 일반적으로 월 단위의 구독 가격에 만족한다고 말했다. 따라서 응답자들은 넷플릭스가 비용에 비해 강력한 가치를 제공한다고 말하며, 이것이 넷플릭스의 주요 자산 중 하나라고 강조했다. 스카이 디지털과 초기 DTV 제공 사례가 아주 비슷하게 보여주듯, 비용과 무료 제공이 "소비자 잡기"에 결정적이라는 것을 알 수 있다.[21]

엘리자베쓰 에반스Elizabeth Evans와 폴 맥도날드Paul McDonald는 디지털 배급 서비스에 대한 소비자들의 태도를 형성하는 데 가장 중요한 것으로 콘텐트 범위, 비용, 이용 용이성 같은 요인들을 제시한다.[22] 더 나아가 필립 나폴리Phillip Napoli는 "쉽게 검색할 수 있는 넷플릭스라는 풍요의 뿔cornucopia, 어린 제우스에게 젖을 먹였다는 염소의 뿔로서 온갖 음식이 들어가 있어 풍요를 상징하는 뿔을 의미한다. - 역자 주"과 그것의 위대한 항행성navigability이 사용을 끌어올리는 요인이라고 말한다.[23] 그런 발견의 연장선에서 대부분의 인터뷰이들은 넷플릭스가 이용자 친화적이고, 사용하기 쉬우며, 깔끔한 인터페이스를 가지고 있다는 점에 주목했다. 그렇게 말했던 것으로 보아, 대부분의 참가자들은 추천이나 개인화 시스템이 매우 도움이 되는 것이 아니라 오히려 괜찮은 수준이라고 생각하는 것 같다. 하지만 많은 사람들이 넷플릭스의 제안이 깜짝 놀랄 정도로 그들의 개인적 취향에 잘 맞아 그 시스템에 매료된 상태였다. 시청에 사용된 인터페이스 측면에서 절반 약간 넘는 참가자들이 넷플릭스를 주로 텔레비전과 노트북으로, 나머지들은 텔레비전이 아닌 노트북과/또는 태블릿으로 시청했다. 한 커플은 넷플릭스 시청을 위해 스마트 텔레비전을 이용했다. 시청의 사회적 맥락 면에서, 대부분의 인터뷰이들은 넷플릭스를 홀로 또는 자신의 파트너, 가족 그리고/또는 친구 등과 시청하고 단지 두 명만이 홀로 시청했다. 나는 기본적인 인구사회학적 분포, 가족의 사회적 지위, 제공된 콘텐트와 선택에 대한 인터뷰이들의 계량적/요약적 만족 수준, 비용, 그리고 넷플릭스에 접근하는 기술과 서비스의 이용자 친화성 등을 간략하게 설명한 후, 보다 질적인 측면에서 그들이 어떻게 넷플릭스를 사용하는지, 넷플릭스에 대해 좋아하는 것이 무엇인지, 그리고 넷플릭스를 둘러싼 습관을 어떻게 발전시켜나가는지에 대한 대화를 진행해 나간다.

인스턴트 텔레비전 : 온디맨드와 개인화된 시청

시간-장소 이동성 기술로서 넷플릭스의 지위는 시청자들이 그들의 관점에서 일반적인 텔레비전standard TV 스케줄의 제약을 회피함으로써 통상적인 텔레비전 광고도 건너뛰면서 그들이 원하는 프로그램을 볼 수 있다는 데 있다. 이는 2차 스크린 애플리케이션 second-screen application과 당대의 미디어 장치에 대한 이혜진Hye Jin Lee과 마크 안드레예비치Mark Andrejevic의 분석과 궤를 같이 한다.[24] 모든 참가자들은 기본적으로 온디맨드의 특성으로 인해 넷플릭스에 매료된다. 그들은 전통적인 텔레비전 스케줄의 제약에서 자유로워졌다는 사실에 만족한다. 넷플릭스의 이런 특성은 이용자들의 라이프스타일과 일상생활 환경에 맞춰 취사선택되는데, 이것이 넷플릭스가 가입자들에게서 그토록 성공을 거두는 이유이다. 이렇게 명쾌한 유연성으로 인해 넷플릭스 서비스는 일상적인 패턴이나 구조에 혼란을 주지 않는다.[25] 참가자들의 나이와 노동환경, 가족생활, 가정 내 활동, 자유시간 등 이 모두가 넷플릭스를 사용하는 방법에 일정한 역할을 한다. 마찬가지로 넷플릭스의 기술적 특성, 즉 스케줄링에 대한 통제, 유연성 있는 시청 등은 넷플릭스가 일상생활 과정에 쉽게 결합할 수 있는 넷플릭스의 통합력이다. 오랜 시간 바쁜 전문직을 수행하는 40세의 레오Leo는 "당신은 당신이 원하면 언제라도 집에서든 정원에서든 어느 곳에서라도 시청할 수 있죠. 통제하기가 편해요. 누가 요즘 시대에 표준형의 TV를 시청하나요? 제

장모님만 그렇죠. 그 분은 시간이 많아요. 저는 그렇지 않죠. 저는 TV가 원하는 때에 시간이 없어요. 저는 제가 시간이 있을 때 시간이 있죠."라고 말한다.

레오는 넷플릭스 같은 서비스가 사람들에게 자신의 나이, 세대, 바쁜 라이프스타일에 최적화되어 있다고 믿는다. 그는 계속해서 오랫동안 일하는 우리 시대의 사람들에게 넷플릭스가 어떻게 해방의 잠재력을 제공하고, 그들의 바쁜 삶을 보다 잘 통제하고 구조화하는 데 도움을 주는지 변론했다.

> 당신이 넷플릭스를 보기 위해서는 35-40세를 넘어봐야 압니다. 왜냐하면 그들은 항상 TV를 보고 싶어는 하지만, 그들의 일상적 삶의 구조에 맞춰 있지 않은 일반적인 TV 프로그램에는 결코 그렇게 할 여력이 없기 때문이죠. 그러나 지금 그들은 그들이 원하는 때에 시청할 수가 있죠. 일반적인 TV로는 당신이 무엇인가를 시청하려 해도 그럴 수가 없어요. 저 같은 경우 직장에서 돌아왔을 때 개를 산책시켜야 하기 때문에 TV를 시청할 수 없어요. 산책에서 돌아왔을 때는 시청이 가능하죠. 저는 지금 넷플릭스 덕분에 좀 더 여유로워요. TV를 볼 수 있으니까요.

여기에서 레오는 넷플릭스가 시간적으로 자신이 좋아하는 활동에 참가하는 자유를 거의 남기지 않는 새로운 노동 패러다임과 현대적 라이프스타일이 빚어내는 특정한 요구에 어떤 만족을 주는지를 암시한다. 또한 이 시대는 다른 인터뷰이인 닐Neil이 말한 것처럼, 계획되지 않거나 무작위적인 활동을 할 수 있는 여지가 거의 없다. 닐은 넷플릭스 시청의 다른 차원, 즉 계획된 활동, 양질의 시청, 선택성에 대해 말했다. 닐은 일반적인 텔레비전 세트를 가지고 있지 않다. 그 대신 그는 텔레비전 콘텐트로 즉시적 접근instant access을 하는 것이 텔레비전 시청에 보다 더 집중하고 선택적일 수 있으며, 그와 동시에 표준적인 스케줄에서 자유로워질 수 있다고 말했다.

> TV 콘텐트에 즉시적으로 접근한다는 것, 그것은 내가 보고 싶을 때 프로그램을 보는 것을 선택한다는 것을 뜻이죠. 저는 그것이 무엇이든 선형적으로 보내는 정형화된 것을 시청하는 것, 달리 말해 TV 스케줄에 따라 살아야 한다는 생각을 좋아하지 않아요. … 저는 일반적인 텔레비전을 사용하지 않아요. 사실 오랫동안 사용하지 않았죠. 일반적인 TV에서는 제가 진짜로 좋아하지 않는 것을 볼 것 같아요. 참 싫죠.

이것은 두 아이의 아빠인 레니Lenny가 미리 계획을 세우고 사전에 선택하여 넷플릭스를 시청한다고 말한 것과 – 몰아보기도 즐기지만 – 유사하다. 그것은 일반적인 텔레비전에서의 무작위적인 시청이 줄어들었음을 뜻한다. 젊은 엄마인 미미Mimi 또한 넷플릭스가 허용해주는 시청의 통제권을 즐긴다. 그러면서도 그녀는 지금 보통의 텔레비전normal TV을 시청하지 않음으로 인해 놓치고 있는 것을 이야기한다. 레오의 그것과 많이 닮은 그녀의 환경은 온디맨드 시청이 그 편의성 때문에 선호한다는 것을 의미한다. 아이의 엄마로서 새로운 책임을 가지고 새롭게 가족을 꾸린 미미는 넷플릭스가 텔레비전으로 휴식을 취할 수 있도록 구조화된 시청을 가능하게, 그리고 계획된 시간을 보내게 해준다고 말했다. 그녀가 자신이 할 수 있을 때 무엇인가를 시청할 수 있게 된 것에 대해 "집에서는 일상적 일이 있고 보통의 TV에서는 그러지 못하기 때문에 중요해요. 분명한 것은 제가 보통의 TV를 보지 않아서 새로운 소식에 뒤처져있다는 거예요"라고 분명히 말했다.

참가자들이 보여준 것에서 마지막으로 주목할 점은 시청자가 넷플릭스 콘텐트만을 보고 전통적인 시청을 포기했을 때 – 또는 의미 있게 줄어들었을 때 – 발생하는 시청 패턴 변화의 징후들이다. 시청자들은 그 서비스가 제공하는 흐름에 사로잡혀 있고, 그로 인해 텔레비전에서 볼 수 있는 장르에만 접촉함으로써, 일반적인 텔레비전에서 하는 다른 유형의 콘텐트를 시청하지 못한다. 김Kim은 넷플릭스에 가입하기 전에 보았던 시사문제와 뉴스 프로그램을 따라잡지 못하고 있는 것에 대해 강한 유감을 보였다.

> 저는 요즘 어떤 일들이 일반적인 텔레비전에서 실제로 방송될 때 점점 더 잘 알지 못해요. 넷플릭스 시청 스타일이 모든 시청 안으로 스며들어가는 것 같아요. … 그리고 더 이상 체크를 하지 않기 때문에 제가 실제로 방송되는 좋은 것들을 놓치고 있다는 것을 알죠. … 이제는 제가 시청하려고 계획하지 않았던 무언가를 우연히 만날 일은 없을 것 같아요. 그리고 솔직히 말해서 저는 뉴스와 시사문제는 덜 보고 … 넷플릭스에 대해서는 더 많이 생각하게 되었어요. 그런

만큼 넷플릭스에 대한 시청 통제권을 가지게 되었어요. 저는 이것이 좋은 일이라고 생각하지는 않아요. 제가 생각하기에 스케줄화된 TV는 우리가 지금 놓치고 있는 것들, 대체로 뉴스와 시사 사건의 기능을 가지고 있죠.

다른 인터뷰이들 또한 일반적인 텔레비전 프로그램을 중심으로 설정된 오래된 시청습관과 관행이 정말로 그립다고 지적하면서 이런 사실을 강조했다. 마이크Mike 같은 일부 사람들은 스포츠를 잃어버린 것에 대해 불평을 털어 놓았다. 마이크는 "그건 역대 최고의 시리즈들을 가지고 있지요. 어떤 스포츠도 보여주지 않는 것은 부끄러운 일이에요. 그들은 거기에 스포츠를 넣어야 해요." 한편 자신과 남편에 대해 말하던 중 이브Eve가 "넷플릭스에서는 뉴스를 볼 수 없지요. 그래서 전 온라인을 시청하거나 이용하죠. 제 생각으로 남편은 스포츠를 그리워하는 것 같아요"라면서 그의 남편 마이크의 정서에 공감했다. 스포츠와 뉴스에 대한 이슈에서 넷플릭스의 빅팬인 크리스Chris는 넷플릭스와 나머지 텔레비전 사이의 관계를 깔끔하게 설명했다. 그는 이렇게 말했다. "저에게 있어 보통의 텔레비전은 스포츠와 뉴스를 다루는 것이에요. 다른 것은 보통의 텔레비전에서 시청하지 않죠. 넷플릭스에서 그런 것들을 하지 않는다고 해서 특별히 제가 힘든 건 아니에요. 저 또한 스포츠에 대한 최신 정보를 업데이트하기 위해 많은 온라인 포럼을 이용하죠. 그렇지만 뉴스와 스포츠가 아닌 것은 무엇이든 넷플릭스에서 시청할 겁니다." 우리는 여기에서 넷플릭스가 어떻게 전통적인 방송과 "보통의" 텔레비전을 대체하기 시작하는지를 알게 된다. 크리스 같은 일부 이용자들에게 있어 전통적인 텔레비전은 넷플릭스가 스포츠와 뉴스 같은 것을 제공하지 않는 콘텐트를 통해서만 그 일부 생명을 유지하고 있다. 또한 그런 이용자들은 넷플릭스에서 볼 수 있는 콘텐트 분포에 만족하고 그것을 통상적인 에피소드와 시리즈로 등치시키는 것으로 보인다. 그럼으로써 "보통의" 텔레비전을 뭔가 다른 것 또는 대안적인 것으로 바꿔버리는 것으로 보인다.

통제권 이슈에 대해 김과 같은 인터뷰이들은 그들이 지금 일상적 삶과 텔레비전 습관에서 어떤 것들을 배제해왔다는 것을 깨닫는데, 대체로 그것은 넷플릭스 때문이었다. 이와 비슷하게 가레스Gareth는 자신의 시청 통제권의 가치를 양가적으로 표현했다. 그는 이런 시각을 그의 오래된 시청 행동과 그의 나이/세대와 연결했다.

어쩌면 이따금씩 보는 것에 대해 우리가 통제권을 가지지 않는 것이 좋은 일인지도 모르죠. 이것이 대중적인 시각은 아닐 거고요. 아마 제 나이와 관련되어 있는 것 같습니다. 우리의 삶의 모든 측면에 대한 통제권을 어느 정도 잃는지와 같이 보다 폭넓은 정치적인 지점이 있는 것 같습니다. 소비자는 예외이겠군요. … 만약 당신이 3개의 TV 채널과 함께 성장했고 당신이 좋아하는 쇼의 다음 에피소드를 위해 일주일을 기다려야 했다면, 그런 경우 온디맨드는 멋지기는 하겠지만 당신은 그것을 인간의 권리라고 생각하지는 않을 겁니다!

이브는 소비에 대한 통제권을 가지지 않는 것이 반드시 나쁜 것은 아니라는 김과 가레스의 의견에 동의했다. 그럼에도 이브는 그녀와 그녀의 남편이 넷플릭스를 통해 무엇을 볼 것인지 의견합치를 할 수 없다는 사실, 그리고 오래된 그녀의 시청습관의 어떤 점들을 그리워한다는 사실 때문에 종종 초조해진다고 지적했다. 그런 의미에서 그녀는 그렇게 했던 옛날이 얼마나 더 좋았는지를 찬찬히 더듬어 보았다.

제가 말씀드린 것처럼, 우리는 남편이 저녁에 집에 오면 일반적인 TV로 뭐든 보곤 했지요. 저는 그게 좋았어요. 왜냐하면 우리는 시간을 같이 보낼 것이기 때문이었죠. 저는 휴식을 취하기 위해 TV를 보곤 했고 소화하기 쉬운 것을 좋아했어요. 그래서 저는 텔레비전 시청을 계획하지 않았어요. 저는 소파에 제 남편과 함께 틀어박혀 있는 것이 좋았을 뿐이에요. 지금은, 확실히 그래요. 저는 보다 많은 선택권을 가지고 있고 텔레비전 시청에 더 많은 지배권을 느끼죠. 그러나 여전히 저는 커플로서 TV 앞에 옹기종기 모여서 그것이 뭐가 됐든 마이크랑 같이 보는 것이 그리워요. 넷플릭스를 가지고는 처음부터 그러질 못했어요. 남편이 〈하우스 오브 카드〉에 완전히 꽂혀버린 다음, 저는 그걸 별로 좋아하지 않았죠. 우리는 TV 앞에서 완전히 갈라졌어요. 그래서 지금 우리는 우리들 각자의 노트북에서 각자의 것을 시청하고 있어요. 저는 어쨌든 그것을 시청하지 않아요. 넷플릭스로 더 많이 통제할 수 있는 상태에 있고, 제가 말한 것처럼 전 더욱 독립적이지요. 그러나 일반적인 TV 스케줄이 나쁜 것만은 아니에요. 제가 말씀드린 것처럼, 저는 방송되는 무엇이든 진짜로 시청하는 것을 즐겼었죠. 그리고 항상 선택을 해야 했던 것은 아니에요. 그건 진짜로 나쁘지 않았어요. 가끔씩 그게 그리워요.

넷플릭스 이용자들이 방송 스케줄에 대해 가지는 높아진 자유와 통제, 그리고 플랫폼의 온디맨드 능력으로 가능해진 개인화된 시청에 기뻐한다는 것이 다시금 강조된다. 실제로 기술적 또는 시간적 제약이 없어진 이런 자유와 통제는 넷플릭스를 DTV나 여타 과거의 서비스들과 구별 짓는 지점이다. 넷플릭스와 다른 온라인 스트리밍 플랫폼은 방송 스케줄의 흐름, 그러니까 윌리엄 우리키오William Uricchio가 말한 "편성 기반의 흐름 개념에서 시청자 중심의 흐름 모델"로의 이동을 촉진한다.[26]

하지만 인터뷰이들은 때때로 이런 흐름이 방송 텔레비전에 의해 주어진 것이라는 사실을 망각한다. 그들은 넷플릭스 알고리즘의 계획된 시청을 향유하지만, 일부는 전통적인 텔레비전에 의해 개발된 계획되지 않고 구조화되지 않은 시청에 대한 추억을 말한다. 그러므로 인터뷰이들은 넷플릭스와 관련된 새로운 습관을 형성하면서도, 여전히 오래된 습관에 머물러 있거나 심지어 넷플릭스 바깥에 새로운 무언가를온라인으로 뉴스와 시사문제를 따라잡는 것과 같은 개발하기도 한다. 이러한 소비습관은 늘어나는 "온라인 플랫폼과 개인 미디어 장비의 성공과 성장에도 불구하고 … 미디어 환경과 수용자들이 어느 한쪽에서방송-대중 수용자 다른 쪽으로내로우캐스팅-개인화된 수용자 단순히 교체된다고 가정하는 것은 부적절하다"는 유케이 체Yukei Tse의 주장과 일맥상통한다.[27] 또는 내가 제안하고 싶은 것처럼, 오늘날의 넷플릭스 이용자들을 밀레니엄 초기의 쌍방향 DTV 이용자와 연결해 보면, 실제 시청행위와 습관상의 변화는 연속성을 띠면서 공존한다. 이용자 습관은 – 다른 미디어 플랫폼과 배급 양식이 같으면서도 그것을 가로지르는 범주 내에서 – 점진적이고 진화적인 방식으로 이동해가는 경향이 있다.[28] 이렇게 시청행위의 점진적인 이동은 "이용자와 기술 사이의 끊임없는 상호작용의 결과로" 그 모습이 나타난다.[29] 리사 기틀만Lisa Gitelman은 새로운 미디어와 그것의 모든 "보조적인 프로토콜"말하자면 기술적인 표준과 우리가 어떻게 어디에서 그것을 사용하는지에 대한 규범은 천천히 발전한다고 말한다. 그것은 시간을 경유하면서 "다른 것들과 결부된 습관을 포함해, 미디어와 관련된 사회적 과정의 결과로서 자기 확신적이게 된다"라는 것이다.[30] 실제로 필립 팜그린Philip Palmgreen과 제이 D. 레이번Jay D. Rayburn이 주장하는 것처럼, 소비 패턴과 이용자가 기대하는 만족 그리고 미디어 이용에서 얻는 이익은 대부분 과거의 경험에 기초해 있다. 또는 테레 라스무센Terje Rasmussen의 비슷한 주장처럼, "오래된 뉴미디어의 실천은 새로운 미디어의 실천을 구조화한다."[31]

콘텐트와 시청 경험

콘텐트 측면에서 인터뷰이들은 넷플릭스에서 볼 수 있는 영화와 시리즈의 품질에 매우 만족하고 있다. 비록 구성물이 제한적이어서 약간의 불만이 있기는 하지만, 그들은 모두 높은 수준의 콘텐트와, – 마야Maya의 설명처럼 – "거의 영화적 경험"으로 행복해했다. 많은 참가자들은 그 서비스의 핵심적인 판촉 포인트로 넷플릭스에서 볼 수 있는 수많은 시리얼들‹브레이킹 배드›, ‹하우스 오브 카드›, ‹위드›, ‹오렌지›을 언급했다. 가령 양질의 콘텐트를 언급할 때, 마야는 "‹브레이킹 배드›를 넷플릭스로 보는 이유요? 그 텔레비전이 보여주는 대단한 컬트 시리즈는 활기가 넘치고 품질과 상상력에도 부족함이 없지요"라고 말했다.

시청경험과 관련해 두 가지 흥미로운 점이 연구결과에서 나타났다: 1 스케줄 통제권에 대한 상반된 감정과 과도한 몰아보기에 대한 껄끄러움, 2 휴식 및 오락과 – 자신의 스케줄에 따라 그리고 선호하는 콘텐트와 – 온디맨드 시청의 연관성.

중요한 것은 이 두 가지 모두 선택권이 강화된 초기 DTV 시대의 특성이기도 하다는 점이다. 한편으로 과거 텔레비전 시대에 익숙한 응답자들은 너무 많이 시청할 때와 텔레비전의 질을 염려할 때 다소 방어적인 경향을 보였다. 다른 한편, 그들은 텔레비전 시청을 대체로 여가와 휴식, 오락과 연결했는데, 그것은 텔레비전 시청을 "늘어짐"과 낮은 요구수준, 참여하기 쉬운 활동으로 간주했기 때문이다. 예컨대 DTV에 가입해 있는 30살의 남성은 그가 왜 스카이 디지털의 쌍방향 서비스를 거절하는지를 다음과 같이 설명했다. "그것은 너무 귀찮아요. 말하자면 진짜로 편안하게 앉아서 TV에서 무엇을 하든 시청하고 싶은 거죠." 이와 비슷하게, 자신의 미디어 소비를 부모로서의 책임으로 정의하는 35살의 DTV 가입자이자 두 아이의 엄마는 강화된 쌍방향 서비스를 사용하지 않는다고 했는데, 그녀가 너무 지쳐서 그냥 프로그램을 보는 것만으로도 좋기 때문이었다. 그녀는 휴식을 하고 긴장을 풀고 별다른 노력을 들이지 않고 즐거워지고 싶어서 텔레비전을 이용한다고 했다. "저는 프로그램을 볼 뿐이지 그것을 읽고 싶지는 않아요! 구속받기 싫어요. 전 시간과 에너지가 없어요. 저는 보통 반쯤은 텔레비전을 보고 반쯤은 깜박 잠이 들죠. 그래서 무엇이든 더 많은 정보가 추가되어 들어오는 게 저에게는 너무 벅찬 일일 뿐이에요." 다음 절에서 보겠지만, 흥미롭게도 후기 네트워크 텔레비전 시대의 이용자들 또한 그들의 온라인 시청을 이전의 텔레비전과 결부시킨 요구나 기대와 연결한다. 그들도 역시 온라인 시청을 너무 많은 노력을 들이지 않고, 긴장을 풀고 하루의 걱정에서 벗어나기 위해, 시간이 있을 때 수행하는 여가활동으로 간주한다.

몰아보기와 "껄끄러운 즐거움"

온디맨드 몰아보기는 연구자들이 시청자 습관의 변화를 알려주는 색다른 경험신기효과 - 역자주으로 파악하고 탐구하기 시작한 주제이다.[32] 하지만 동시에 그런 시청은 영국에서 주 단위의 인기 숍오페라 〈이스턴더스 옴니버스Eastenders Omnibus〉1994~2015가 BBC1에서 매주 일요일 연속적으로 방송될 때와, ─ 인터뷰이인 이브의 말처럼 ─ 별반 다르지 않다고 말할 수 있다. 연속적인 시청이라는 근본적인 논리에서 두 사례는 동일하다. 하지만 거기에는 매우 본질적인 차이가 있다. 넷플릭스는 언제, 어디서, 그리고 얼마나 많은 에피소드를 몰아보기할 것인지에 대한 통제권을 이용자에게 부여한다.

지금의 많은 인터뷰이들이 넷플릭스에서 콘텐트 몰아보기를 한다. 대부분의 시청자들처럼, 그들은 다음 에피소드를 위해 일주일을 기다리는 것을 싫어하지만, ─ 틸리Tilly가 털어놓듯이 ─ "무척 늦은 밤"까지 더 많은 시간을 들여 시청한다. 종종 이런 즐거움은 너무 많이 시청함으로 인한 죄스러움의 감정을 야기한다. 그리고 때로는 그것을 인정하는 것이 당혹스러워 몰아보기가 ─ 데브라 람지Debra Ramsay가 말한 ─ "껄끄러운 즐거움"guilty pleasure으로 탈바꿈하기도 한다.[33] 비록 김이 넷플릭스에서 가장 좋은 것 중의 하나가 "밤중에 당신이 원하는 만큼 많은 에피소드를 볼 수 있는 것, 다시 말해 몰아보기를 할 수 있다는 것"을 인정함에도, 그녀에게 얼마나 많은 시간을 거기에 쓰는지 물었을 때 그녀는 "잘 모르겠네요. 그것에 대해서는 생각하고 싶지 않아요"라고 대답했다. 마야 또한 넷플릭스 시청을 일반적인 텔레비전에서 "단조롭게 시간을 보내는 것"보다 더 나은 것이라고 생각하면서도 몰아보기에 대해 같은 종류의 근원적인 껄끄러움을 보았다.

몰아보기 패턴에 대한 설명에서 레오는 자신을 정당화하려는 것처럼 보인다. 그는 자신의 즐거움을 강변하면서 다소 방어적인 톤으로 "저는 다운로드할 필요가 없어요. 그냥 보는 거죠. 조금 몰아보긴 해요. 가령 〈내가 그녀를 만났을 때How I Met Your Mother〉2005~2014는 연속으로 5~6개의 에피소드를 시청할 수 있어요. 왜 안 되겠어요? 거기에 푹 빠졌고 떠날 수가 없어요. 하지만 그것은 또한 게을러지고 아무것도 안 하는 방법이죠. 전 일을 많이 해요! 어떤 후회도 없어요. 그걸 할 수 있어요. 왜 못하겠어요?"라고 말했다. 다른 한편, 크리스는 텔레비전 시청이 항상 일상 업무가 끝나고 한참이 지난 밤 10시 이후에 이뤄진다고 자신 있게 설명했다. 크리스는 그 어떤 선행 업무로부터 방해받음이 없이 편안한 상태로 시청할 수 있도록 일상의 과정을 조정했다.

예. 당연하죠. 몰아보기하죠. 전 좋아해요. 맞아요. 시간이 쏜살같이 가고 많이 보죠. 새벽 3시까지 보곤 해요. 그래도 좋아요. 그렇게 많은 시간을 TV에 쏟아붓는 게 문제가 되지는 않아요. 저는 밤에 봐요. 일반적인 텔레비전 시간에 보지는 않죠. 그래서 그날의 일로 방해받지 않아요. 밤 10시에 시작해서 쭉 보죠. 제 아들은 잠들어 있고 설거지도 끝나 있죠. 몰아치는 일은 끝나고 이제 쉴 시간이에요.

여기서 크리스가 어떻게 넷플릭스를 길들여서 일상의 일과나 패턴에 개입이나 방해가 되지 않게 하는지, 그리고 그에게 몰아보기의 기회를 주면서 껄끄러움에서 자유로워지는지를 알게 된다. 일반적으로 몰아보기는 "텔레비전 시간과의 관계를 재설정"하는 것으로, 미디어 콘텐트에 대한 우리의 통제를 의미한다.[34] 껄끄러움과 무절제한 시청과 결부되어 있음에도 레오 같은 이용자들은 몰아보기에 "빠져" 있다. 이런 모드는 시청경험, 특히 시청되고 있는 서사에 주목하여 시청경험을 개선할 수 있다. 그것은 특별히 팬커뮤니티에 어필할 수 있는 일종의 수행성을 드러낸다.[35] 이런 의미에서 척 트리온Chuck Tryon이 넷플릭스의 프로모션 담론을 평가할 때 지적한 것처럼, 몰아보기는 "수동적인 활동이 아니라 능동적인 시청행위와 그 맥을 같이 하는 것으로, 텔레비전 스케줄에 굴복하기보다 텔레비전 앞에서의 시간을 관리하는 방법으로" 규정될 수 있다.[36]

게다가 위에서 크리스의 인용구가 넷플릭스를 길들이는 과정을 가리키는 것처럼, DTV 가입자들 또한 균형 있게 그들의 시청을 일상적 활동의 그물망 안으로 통합하는 지름길과 방법들을 발견했다. 당시 새로운 디지털 비디오 저장 기술인 티보TiVo는 DTV 이용자가 시청 중에 프로그램을 일시정지하고 그들이 다른 것을 보면서 동시에 한 채널을 녹화할 수 있게 해주었다. 물론 그런 신기효과는 그것을 할 수 있는 사람들의 강한 열정과 만나야 했다. 예컨대 34살의 DTV 인터뷰이자 4명의 아이를 둔 엄마는 그 기술이 엄마이자 팬으로서의 의무를 동분서주하는 측면에서 그녀에게 얼마나 안도감을 주는지를 설명했다.

> 오후에 텔레비전을 보고 있죠. 아이들이 주변을 뛰어다니게 되면 저는 시청 도중에 일시정지를 하고 아이들이 하는 것을 도와 준 후 또는 야채를 끓이거나 뭐 그게 뭐든 간에 그것을 하고 난 후에 시청을 이어갈 거예요. … 아이들의 저녁을 준비한다고 제가 보고 있는 것을 놓칠 이유는 없어요. 저는 그것을 사랑해요. 그것은 아이들에게 "쉬~나도 TV 좀 보자꾸나"라고 할 필요가 없다는 거죠. 저는 그저 일시정지를 누르고, 아이들은 자신이 원하는 것을 말할 수 있고 뛰어나가서 하던 것을 계속 하죠.

확실히 당시에는 DTV 이용자들이 할 수 있는 새로운 장비를 많이 가지면 가질수록 생산적인 방식으로 그들의 시청을 구조화하여 더 많은 자유를 누릴 수 있었다. 다시금 그런 자유는 약간의 비용이 늘어났지만 넷플릭스 이용자들에게서 – 위에서 크리스가 암시한 것처럼 – 훨씬 더 커졌다.

시청 의례와 관련 요구사항

몰아보기 말고도 대부분의 인터뷰이들은 시청이 주는 또 다른 즐거움의 의례에 참여하고 있다. 가령 긴 하루의 일과 후 저녁에 배우자와 함께_{아니면}홀로 넷플릭스를 시청하는 것 말이다. 이것은 그들의 "휴식시간"인데, 그것은 영화보다 텔레비전 시리즈를 볼 때 더욱 그렇다. 그런 의례는 방송 텔레비전을 보는 모든 세대에게 항상 공통적이었고 지금도 마찬가지이다. 대부분의 초기 DTV 인터뷰이들은 2000년대 초반 텔레비전과 휴식 사이에 유사한 연결고리를 만들어냈다. 이들 인터뷰이들은 대체로 DTV에 기대한 혁신적이고 상호작용적인 서비스를 거부했는데, 이유는 그것이 텔레비전의 휴식하기와 양립할 수 없고 텔레비전에서는 별로 요구되지 않는 경험이었기 때문이었다. 30세의 남성 인터뷰이는 나에게 "텔레비전은 휴식수단으로 존재하는 거죠. 저녁에 집에 오면 그것이 우리를 즐겁게 해줘요. 만약 쌍방향적이면 실제로 물리적으로 뭔가를 해야 하죠. 그건 긴장을 풀기 위한 것이 아니에요. 그것이 텔레비전이 기본적으로 존재하는 방식이에요"라고 말했다.[37] 또 다른 논문에서 나는 이와 똑같은 연구결과를 살펴 봤는데, 거기서 나는 초기 DTV 시청자들이 텔레비전과 컴퓨터/인터넷을 어떻게 다르게 인식하는지에 대해 논의했다.[38] 43세의 남성은 "제가 집으로 돌아와 휴식하고 싶을 때 저는 텔레비전 앞에 앉아서 시청할 거예요. 컴퓨터를 쓸 때는 휴식을 할 수가 없죠. 제 생각으론 그게 차이예요"라고 말하면서 둘 사이를 뚜렷하게 구분했다.[39]

오늘날 소비자들은 컴퓨터와 태블릿, 스마트폰을 업무와 관리의 목적을 위한 도구 이상으로 본다. 실제로 이런 도구들은 점점 더 소셜미디어와 메시징 플랫폼으로 커뮤니케이션하는 데 사용될 뿐만 아니라, 미디어 콘텐트를 시청하는 데도 이용되고 있다. 간단히 말하면 이들 도구들은 엔터테인먼트의 수단이자 휴식의 수단으로 간주되고 있다. 그럼에도 불구하고 위에서 인터뷰이들이 보여주는 것처럼, 텔레비전을 시청하는 것은 – 접근 지점이 무엇이든 – 여전히 즐거움을 주고 휴식과 긴장감을 풀고자 하는 요구와 결부되어 있다.

초기 DTV 이용자와 마찬가지로, 넷플릭스 이용자들은 로츠Lotz가 "누에꼬치화하기"cocooning라고 부른 것에, 즉 DTV 출현 이전에 등장했던 문화적 실천, 다시 말해 그들 가족과/또는 친구들과 함께 그들이 선택한 스트리밍 서비스의 콘텐트를 시청하면서 즐기고자 집에 머무는 것에 동참하고 있다.[40] 이런 경우 인터뷰이들은 영화보다 텔레비전 시리즈를 선호한다. 닐이 설명했던 것처럼, "전 영화를 좋아하지만 대부분의 경우 시리즈를 선호하죠. 왜냐하면 제가 일과 후 저녁에 휴식을 위해 넷플릭스를 시청하기 때문이에요. 가벼운 오락거리를 찾고 있죠." 미미와 그의 배우자 밥Bob과 같은 참가자들도 이런 경험에 공감하며, 개별 에피소드가 보다 짧은 것은 그 속성상 더 쉽게 소화되고, 뭔가를 덜 요구하며, 그렇기 때문에 휴식하는 분위기에 어울린다고 지적했다.

마야는 그녀와 배우자 레니가 넷플릭스를 가지고 발전시킨 시청관습을 소개해주었다. 그녀는 다음과 같이 말했다. "넷플릭스로 시리즈를 시청하는 것이 주말 밤을 보내는 의례가 되었어요. 전 남편과 2~3개의 시리얼을 보는데, 그것은 우리가 함께 앉아서 휴식을 취하기 위해 '블록화한' 시간이에요." 그녀는 더 나아가 그러한 의례가 만들어지는 전제조건을 설명했다. 그러니까 그것은 그녀의 남편과 교제하고 시간을 공유할 필요성은 물론 휴식의 필요성과, 상대적으로 짧은 시간 동안 요구하는 바 없이 멋진 텔레비전으로 즐거운 시간을 보내는 것을 말한다. 그녀의 말을 빌면 다음과 같다. "낮은 수준의 요구사항, 지루하게 긴 하루를 뒤로 하고 휴식을 취하는 데 도움이 되는 함께하는 시간입니다. 또한 넷플릭스에 있는 시리얼들은 영화보다 에피소드가 짧아서 영화를 대신하기 좋은 대안물이죠. 질적인 것을 완전히 포기한다는 느낌 없이 저녁에 딱 어울릴 수 있는 것이에요. 그것은 뭐랄까, 예를 들면, 당신이 TV에서 그것이 뭐든 그것 앞에서 초목처럼 무위 상태일 때 하는 거죠."

이와 유사하게 김은 그녀와 그녀의 남편이 하룻밤에 두 시간을 넷플릭스를 시청한다고 말했다. "모든 일이 끝난 후 이것은 우리의 정지된 시간이에요!" 그녀는 그녀와 남편의 넷플릭스 시청이 얼마나 가사와 맞아떨어지는지, 그리고 아이들이 잠자러 간 후 어떻게 그 커플이 텔레비전 세트 앞에서 저녁을 먹으면서 넷플릭스를 시청하는지를 설명했다. 그녀가 말했듯이, "우리는 우리 아이들과 좀 더 일찍 저녁을 먹으려고 하지만, 우리의 습관은 아이들에게 저녁을 먹이고 잠자리에 들게 하고, TV 앞에서 우리의 저녁과 함께 달아올랐던 열기를 빼는 휴식을 취하는 거예요. 물론 건강에는 좋지 않아요! 하지만 휴식으로 가기 위한 빠른 길이긴 하죠. 그리고 저녁을 먹을 시간이 아니라 텔레비전을 시청하는 시간이죠. 그렇게 우리는 하나가 되죠." 다른 인터뷰이들도 넷플릭스를 시청하면서 이렇게 저녁을 먹거나 "저녁 후 휴식하기"의 관행에 대해 공감을 표했다. 거듭 다시 말하지만, 이것은 기술이나 시청 플랫폼과 무관하게 대부분의 수용자들에게 매우 친숙한 관행이다. 그렇게 일부 시청 관행은 상대적으로 예전의 텔레비전 시대와 일치한다. 넷플릭스 이용자들에게 시청의 사회적 맥락은 여전히 중요하다. 왜냐하면 그들은 여전히 배우자, 가족 구성원 또는 친구들과 함께 텔레비전을 보는 것을 선호하기 때문이다. 하지만 정확하게 말해서 넷플릭스는 또한 그 유연성 때문에 개인 미디어로 간주될 수 있다. 특별히 이브와 마이크의 경우처럼, 무엇을 볼 것인지에 대한 의견 불일치가 발생할 때 그러하다. 이제 넷플릭스는 전통적인 스케줄링으로부터 자유로운 이용자를 가진, 확실히 소비에 있어 눈에 띄는 변화를 만들어내고 있다. 변화는 또한 시청의 공간적 맥락과 관련해서도 발생한다. 비록 누군가의 가정이라는 사적 공간 안에 폭넓게 남아 있지만, 이제 텔레비전 시청은 점점 더 공적 공간에서, 가 털어놓듯이 사무실, 공원, 공중 교통시설 등과 같은 이루어지고 있다.

결론: 콘텐트는 여전히 왕이다

오늘날 텔레비전은 교차로에 서 있다. 기술의 발전은 온라인 시청, 온디맨드 시청, 이동 중 시청이라는 새로운 길을 만들면서 의미 있는 전환을 몰아왔다. 그러나 방송과 전통적인 시청 또한 ― 그들이 줄어들고 있기는 하지만 ― 존속하고 있고, 여전히 눈에 띄는 수용자 집단에게서 옹호되고 있다. 기술의 변화와 넷플릭스와 같은 온라인 스트리밍 플랫폼의 증식은 일반적으로 수용자들에게 더 많은 선택과 통제권을 선사했다. 이러한 선택과 통제권은 개인화되고 맞춤화된 시청을 부각하고, 궁극에는 방송 스케줄의 제약을 무너뜨렸다. 그러나 넷플릭스가 부여한 선택 또한 뉴스와 스포츠, 그리고 시사문제의 프로그래밍을 포함해 플랫폼에서 볼 수 없는 콘텐트로 이용자를 단절시킨다. 인터뷰이들은 이렇게 예외의 프로그램들이 때때로 그들의 "새로운" 습관을 하나로 묶는 것에서 어떻게 배제되는지를 표현하지만, 그들은 보다 공통적으로 일반적인 텔레비전스포츠 시청하기 시청을 지속하거나 다른 미디어와 더불어 발전하고 있다예: 온라인 뉴스 읽기. 따라서 예상된 바대로, 변화는 꼭 느닷없거나 혁명적일 이유가 없고 오히려 느리고 점진적이다.

어쨌거나 DTV와 넷플릭스 시대에 부상하는 이용자들의 실천의 비교는 결과적으로 두 그룹이 지니고 있는 어떤 차이를, 그러면서도 어떤 유사성을 보여준다. 애초에 스카이 디지털의 제공은 시청자들에게 "원했을 때 원했던 것을 시청하라"는 취지로 출범하여, 당시의 아날로그 서비스와 비교해 콘텐트 선택에 실질적인 증가를 가져왔다. 41세 남성은 당시를 다음과 같이 회고한다.

> 디지털 TV로 다큐멘터리, 음악, 오락, 영화를 볼 수 있는 선택권을 가지게 되었고 원하는 때에 그것을 볼 수 있게 되었죠. 만약 텔레비전이 보고 싶어서, 선택하고 앉아서 휴식을 취하며 시청하고 싶다면 대개 그런 범주에서 무언가를 찾을 수 있었어요. 그러나 우리는 통상적으로 특정 프로그램을 보기 위해 텔레비전으로 달려가지 않

앞어요. 우리는 보통 텔레비전에 가서 대충 훑어보고 무엇이 방송되고 있는지를 살펴 본 후 우리가 보고 싶은 것을 찾아서 그 채널에 맞추죠.

넷플릭스 시청의 경험은 "당신이 원하는 것을 원하는 시간에 본다" – 또는 보다 정확하게 말하면 서비스에서 볼 수 있는 콘텐트에서 당신이 원하는 것을 본다 – 라는 점에서 DTV와 다르다. 지금 더욱 정확하게 그 의미를 찾자면, 이용자는 문자 그대로 온디맨드와 개인화된 기능을 통해 스케줄링에 대한 통제권을 가진다. 이것은 훨씬 더 해방적이다. 왜냐하면 이용자에게 무엇을 볼 것인지 뿐만 아니라, 그들이 보고자 하는 것을 **얼마나 많이** 볼 것인지에 대한 자유를 주기 때문이다. 이렇게 온디맨드 시청의 진보와 몰아보기의 대두가 넷플릭스와 DTV의 주요한 차이이다. 그럼에도 이런 변화가 중요하기는 하지만 급진적이지는 않다. 다시 말해 두 시기 모두 보여주듯이 변화는 점진적이다.

흥미롭게도 스카이 디지털 인터뷰이 중 한 명은 2000년대 초반에 넷플릭스 같은 서비스를 구상했다. 스카이 디지털의 한계에 대한 코멘트와 이상적인 텔레비전 경험에 대한 설명을 요청했을 때, 그는 다음과 같이 말했다.

V.T.: 좋아요. 이상적인 TV에 대해 당신이 그리는 어떤 그림이 있나요?

응답자: 제 생각으로 그것은, 그것이 작동하는 것을 제가 보고 싶어 하는 방식을 말하는 거지요? 현재 스카이는 그날의 모든 프로그램을 갖고 있기 때문에 당신은 그것이 주는 대로 방송을 보게 되죠. 왜 그것들을 녹화할 수 없을까요? 그렇게 편성해 두어서 당신이 보고 싶어 하는 어떤 프로그램을, 사전에 녹화한 에피소드들을 당신이 보고 싶을 때 선택하는 거죠. 그래서 일주일 전체 편성을 사전에 녹화하여 당신이 들어갈 수 있고 당신이 원하는 것을 선택할 수 있게 하는 것이 어떨까요.

V.T.: 당신에게는 더 많은 옵션이 생기는 거네요.

응답자: 그렇죠. 그것이 제가 원하는 거예요. 효과적인 선택. 디지털 TV를 가지고도 당신은 여전히 선택에 제약을 받죠. 그들은 똑같이 반복 방송을 많이 해요. 저는 보고 싶어요. 가령 만약 제가 9시까지 스카이에서 방송하지 않을 〈다이하드Die Hard〉1988를 보고 싶었다면 말이죠. 만약 〈다이하드〉를 토요일 아침 11시에 보고 싶은데 왜 제가 토요일 아침 11시에 그것을 볼 수 없나요? 그것이 가능하기 위해서는 제가 직접 녹음하고 그런 후에 보는 것이겠죠. 하지만 제가 왜 그래야 하나요?

유사한 지적이 수많은 스카이 디지털 인터뷰이들에게서 나왔다. 비록 그들이 아날로그 텔레비전과 비교해 채널 선택과 디지털 서비스의 프로그램 다양성을 향유하기는 했지만, 이렇게 당연히 그럴 거라고 생각한 해방은 여전히 제한적인 것으로 확인됐다. 불만족스러운 소수의 이용자들 또한 결국 방송사가 선택을 통제하고 규율한다는 점을 지적하면서 반복에 대해 불평했다. 어느 남성 인터뷰이는 직설적으로 이렇게 말했다. "제 생각에 영화 채널과 다양한 다른 채널들은 무척 반복적인 것 같아요. 요금이 오를 것이라서 좋지 않네요." 그런 한편으로 다른 사람도 "너무 많이 반복돼요. 새롭고 혁신적인 코미디, 과학 픽션물, 탐험물 등이 충분치 않아요"라고 불평했다. 한편 38세의 가입자는 시청 옵션과 비용에 대한 그와 그의 가족의 불만족을 보다 노골적으로 표현했다. "우리는 지금까지 거의 2년을 스카이 디지털에 가입해 있는데, 그것은 과대평가되어 있고, 너무 비싸고, 지나치게 많이 반복적이라고 생각합니다. 결국 우리는 평범한 TV를 시청하기 위해 연간 100파운드 넘게 지불하는 셈이죠. 온통 반복되는 것 뿐이에요. 왜 우리가 그렇게 많이 반복되는 것을 시청하려고 매달 더 많은 지불을 해야 할까요? 스카이에서 반복되지 않는 유일한 것은 뉴스와 날씨뿐입니다." 반복이 지적되는 이유는 스카이 디지털과 같은 디지털 TV 역시 실시간적 선형성의 모델과 크게 다르지 않기 때문이다. 그에 반해 넷플릭스는 모든 콘텐트를 이용자가 선택하는 구조이기 때문에 반복이 느껴지지 않는다. - 역자 주

PPV와 좀 더 스케줄을 통제할 수 있는 기능을 도입했음에도, 스카이는 통상적인 방송에서 부분적인 자유만을 제공할 뿐이었다. 이용자들은 매 15분 간격으로 제공되는 25개의 영화 목록에서 선택할 수 있었지만 추가 비용이 들었다. 어느 남성 인터뷰이가 말했듯이, "스카이 디지털은 괜찮기는 하지만 영화가 너무 빈번하게 되풀이되고 특별 스포츠 이벤트를 위해서는 별도의 돈을 지불해야

하는 것과 같이 돈값을 하는 모습을 보여주지 않는다." 다른 사람들은 훨씬 더 노골적이었다. 별로 행복해 보이지 않은 남성 가입자는 "영화와 PPV는 말도 안 되게 비싸기만 해요, 완전 도둑이에요. 비디오가 더 싸죠. 왜 3파운드를 부과해야 했는지 전혀 이해할 수 없어요!!!" 그런 한편으로 어느 실망한 여성 고객은 스카이 디지털을 "월 단위의 미친 고액 가입료와 PPV로 망가지기에 더 없이 좋은 서비스"라고 불렀다.

스카이 디지털에서의 채널 번들링이 가입자의 기대에 부응하지 못했다는 것이 놀라울 따름이다. 이런 시스템은 사실상 소비자들에게 그들이 관심 없는 채널에 가입하라고 강요하는 것인데, 왜냐하면 소비자들이 미국 케이블 시스템을 모방한 번들로 팔렸기 때문이었다. 물론 이것은 오늘날의 넷플릭스 가입자들이 불평할 하등의 이유가 없는 것이다. 어느 스카이 디지털 가입자가 내게 말했던 것처럼, "가입자는 그/그녀가 보고자 하는 채널에 대한 기회가 주어져야 하고, 관심 없는 다수 패키지를 구매할 필요 없이 원하는 것만 스카이에 지불할 수 있어야 한다." 넷플릭스는 이런 문제를 교정하여 스카이 디지털 가입자들이 필사적으로 요구했던 선택권을 이용자에게 주었다. 그럼에도 스카이 디지털 가입자들은 번들화를 하든 말든 그들이 더 많은 텔레비전 콘텐트를 볼 수 있게 하겠다는 전망에 미혹되었다. 대부분의 DTV 가입자들은 "구식" 텔레비전 콘텐트와 비교해 스카이 디지털이 제공한 선택에 만족했지만, 여전히 더 많은 것, 그들이 이미 가지고 있는 것보다 더 많이 그리고 더 좋은 것을 더 나은 가격으로 가지길 원했다. 그런 변화는 넷플릭스와 함께 도래했으며, 넷플릭스는 제작자와 콘텐트 제공업자에게서 소비자에게로 더 많은 힘을 전가했다.

전체적으로 볼 때, 미디어 습관과 실천에서 어느 정도의 변화는 다른 것들의 인내심과 지속성과 함께 공존하는데, 일반적으로 응답자 발췌가 암시하는 정도의 변화수준이다. 텔레비전을 둘러싼 기술은 빠르게 바뀔지라도 수용자 행동과 습관은 그보다 느리게 변한다. 오늘날 디지털 또는 웹 기반의 미디어 습관의 대부분은 초기 디지털 텔레비전 시대 전후에 수립된 보다 오래된 형식, 취향, 선호, 실천 및 관행에서 잉태한 것이다. 따라서 비록 넷플릭스 시청자들이 지금보다 더 많이 주목하고 선택적이고 과잉소비를 하더라도, 이런 습관은 일상생활과 가정 내 활동에 맞도록 조정되고 수정될 것이다. 마치 모든 시청활동이 텔레비전의 도입 이후 이루어진 것처럼 말이다.

DTV 연구 당시 시청자들은 홀로 프로그램을 시청하는 것이 늘어나고 있었는데, 그것은 표준적인 가족 텔레비전 시청 경험의 전환을 의미한다. 오늘날 DVRs와 넷플릭스의 온디맨드 속성은 시청자가 언제 어떤 분위기에서 어떤 장비를 – 큰 스크린과 작은 스크린 모두 – 가지고서도 시청할 수 있게 해준다. 시청의 공간적 맥락 또한 바뀌었고, 전통적인 스케줄은 그 어느 때보다 유동적이며, 텔레비전 세트는 그 모양이나 크기와 형식이 다양해졌다. 그러나 사람들은 여전히 그 인터페이스가 무엇이든 텔레비전 프로그램을 본다. 텔레비전은 변화해왔지만 여전히 대부분의 시청자에게 가장 중요한 문제는 프로그래밍과 콘텐트이다.

DTV 출범 이후 15년 이상이 지났지만 텔레비전은 여전히 우리의 삶에 중요한 부문이다. 지난 세월 사람들은 가정에, 방에, 거실 등에 멀티미디어 장비를 들이면서 DTV 환경을 구축했다. 그럼으로써 DVRs, 디지털 셋탑박스/디코더, 노트북, 넷플릭스 그리고 여타 디지털 서비스 등을 연결하였다. 그리고 그들의 주머니나 가방에 아이폰, 아이패드, e-북 리더와 같은 휴대형 융합 미디어를 넣고 다녔다. 디지털 기술은 우리의 삶에 너무나 깊이 박혀 있다. 그래서 머지않아 그런 미디어가 모두 존재하는 융합 디지털 환경을 고려하지 않고 차별적인 미디어 기술이나 서비스를 논하는 것은 더 이상 의미를 가지지 못할 것이다. 하지만 프로그램에 접근하는 인터페이스가 무엇인지와는 관계 없이, 시청각 콘텐트가 얼마나 중요한지, 오늘날 전 세계 대부분의 사람들에게 프로그램 시청이 얼마만큼 중요한 관심사로 남아 있는지는 무척 흥미로운 대목이다. 이렇게 텔레비전 콘텐트의 재기발랄함, 엔터테인먼트 또는 정보적 목적을 위한 활용, 그리고 오늘날 사용되고 있는 발전된 기법과 기술을 지닌 생산라인의 진화와 발전 등은 좀 더 연구할 가치가 있다. 그 같은 프로그램의 수행성, 창조, 생산에서 수용자 분석론과 빅데이터의 역할은 물론, 시청자들에게 미치는 어떤 성공적인 넷플릭스 프로그램의 영향력과 매력 또한 마찬가지이다.

Chapter. 4

멕시코에서의 디지털 전송

글로벌 신참이 현지의 거인을 휘젓다

▶

엘리아 마르가리타 코넬리오-마리

Elia Margarita Cornelio-Marí

넷플릭스가 2011년 9월 멕시코에 진출했을 때, 그것은 단순한 호기심의 대상처럼 보였다. 그러니까 그것은 집에서 광대역망에 접속하는 고급 이용자들 가운데 일부 소수와 불법 다운로드를 하기보다 미디어 콘텐트에 돈을 지불할 의사가 있는 몇 안 되는 사람들에게 끌리는 것으로 보였다. 시작 단계의 라이브러리는 지나치게 제한적이어서_{예컨대 오래된 할리우드 영화, 더 오래된 B급 현지 영화, 일부 라틴 아메리카 스타일의 텔레노벨라 등}, 많은 초기 채택자들은 한 달 무료 이용 후 서비스를 이어가지 않고 돌아섰다. 결과적으로 다양한 비디오 게임과 모바일 플랫폼에서의 이용가능성, 페이스북과의 통합은 물론 최근 콘텐트의 새로운 제공 등이 멕시코에서 넷플릭스의 인기를 키우는 데 기여했다. 팽창하던 초기 4년 동안 넷플릭스는 초고속망에 접근하는 현지 수용자의 취향에 맞는 영화와 텔레비전 시리즈의 인기 있는 선택지가 되었다. 그에 따라 2015년 6월에는 OTT 시장의 55.7%_{4백만 명의 이용자 중에}에 이르렀다.[1] 그럼에도 불구하고 회사의 시장 점유율은 2014년 70%에서 급속하게 미끄러져 내렸다. 현지 미디어 회사가 그 비즈니스 모델을 면밀하게 관찰하고 복제하면서 스트리밍 비디오 거인과 경쟁하기 위해 가장 강력한 자원들을 사용했기 때문이다.[2]

멕시코는 강력한 미디어와 텔레커뮤니케이션 산업의 본고장이다. 왜냐하면 역사적으로 자신들의 비즈니스를 다른 라틴아메리카 국가와 미국의 히스패닉계 주민들에게 확장해왔기 때문이다.[3]

이 나라는 라틴아메리카 최대 미디어 기업인 그루포 텔레비사Grupo Televisa의 국내 시장이자 거대 통신사 아메리카 모빌América Móvil, 2015년 포춘지 500에서 155위의 국내 시장이다.[4] 멕시코에서 넷플릭스의 진출과 성공은 이제는 현지의 많은 주요 기업에게 매우 매력적으로 보이는 새로운 시장을 구축하는 자극제가 되었다. 넷플릭스가 제공하는 타이틀은 이미 수많은 미국 텔레비전 시리즈와 영화의 순환고리에 접근할 수 있게 하여 케이블과 위성방송 사업자들을 위협하고 있다. 더욱 최근에는 독점 시리즈<카멜리아라 텍사나Camelia La Texana>(2014)와 독점적인 현지 영화<완벽한 독재자La Dictadura Perfecta>(2014), 그리고 멕시코와 라틴 아메리카를 위한 오리지널물<클럽 디 쿠에르보스Club de Cuervos>(2015), <나르코스Narcos(2015~), <3%>(2016~) 등을 출시함으로써, 넷플릭스는 기존의 현지 생산자 헤게모니를 직접적으로 재형성하고 있다. 역으로 이들 제작자들은 해당 국가는 물론 넓게는 라틴아메리카 지역에서의 VOD 영역에 진입하는 발판을 획득하기 위해, 그들 각각의 모든 구조적 장점들을 전개하고 있다미디어 산업에서 현지local와 지역region은 구분하여 사용한다. 현지는 문화사회적 특성을 반영하면서도 행정구역이나 사업구역으로 정의되는 데 반해, 지역은 인위적 국경이나 사업권역과 무관하게 문화적 영역을 지칭한다. 이 책 역시 그런 용어법으로 통일되어 있으나 한글의 용법과 문맥에 따라 현지를 '지역' 또는 '지역 내'라는 용어로 대체하여 사용한 경우도 간혹 있다. -역자 주.

멕시코에서의 넷플릭스의 도입과 진화는 전 세계 영화와 텔레비전의 디지털 배급을 위한 기술 보급과, 보다 일반적으로 결부된 일련의 상호연계적인 이슈들을 가지고 있다. 따라서 멕시코는 이 같은 이슈를 분석하기에 좋은 특별한 사례를 제공한다. 말하자면 이렇다.

- 개발도상의 현지 시장이 글로벌 사업자에게 부과하는 기술적·규제적 공급상의 도전들
- 글로벌 사업자들이 새로운 시장에서 번창하기 위해 적응해야 하는 구속 요소로서 현지문화가 어떻게 작용하는지, 그리고
- 새로운 유통 모델의 도래에 대한 지역 내 점유 사업자들의 반응을 포함하여 글로벌 사업자의 진출이 현지 미디어 산업을 어떻게 변화시킬 수 있는지

《온 디맨드 컬처On-Demand Culture》에서 척 트리온Chuck Tryon은 "글로벌적 시각에서 엔터테인먼트 산업을 보면, 디지털 전송이 도래하는 때에 지역적인 것과 글로벌적인 것의 상호교차를 알아차리는 것은 매우 중요하다. 이런 분석은 수용자들이 국가의 경계를 넘나들며 영화그리고텔레비전에 접근하는 방법에 영향을 미치는 수많은 정치적·병참학적logistical·문화적 요인에 대해 세심하게 주의를 기울일 것을 요구한다."라고 분명하게 말한다.[5] 이 글은 넷플릭스가 멕시코에서 예고했던 새로운 배급 모델의 비전을 완전히 펼치기 위해서는, 어쩔 수 없이 문화적 측면을 고려해야 하는 산업적 프레임워크 안에 넷플릭스 자신을 두어야 한다는 것을 인정하면서 트리온의 주문에 답하고자 한다.

방법론적으로 나는 현지 경쟁사들의 플랫폼과 광고전략뿐만 아니라 넷플릭스의 활동에 대한 지역과 국제 언론보도, 투자 보고서, 미디어 컨설팅 기업의 통계 등 관련 자료에 의존한다. 이론적 수준에서 나는 디지털 배급에 대한 최근의 문헌과 국제적인 텔레비전

확산과 관련된 연구들을 활용한다. 그것은 글로벌 배급자가 현지 시장에 와서 기존의 점유 사업자들과 수용자를 접했을 때 나타나는 역동성을 – 문화적이고 다른 것들 – 설명하는 데 도움을 준다.

라틴 아메리카라는 기회

이 글을 쓰는 동안 멕시코에서 넷플릭스의 역할을 이해하기 위해서는 보다 큰 라틴아메리카의 프레임워크로 사태를 보는 것이 필수적이라는 것이 반복적으로 증명될 것이다. 이것의 이면적 이유는 인터넷으로의 접근과 경제적 발전의 측면에서 멕시코가 지역의 모든 국가와 공유하는 구조적인 유사성이 있기 때문이다. 즉 라틴아메리카 국가는 미디어 소비를 위한 지리언어학적 지역 geolinguistic region으로서 스페인어를 사용하고 있고, 멕시코는 이 지역에서 미디어 생산자, 적용자, 배급자로서 견인차 역할을 하고 있기 때문이다.

2010년 캐나다로 진출한 이후 2011년 넷플릭스는 라틴아메리카와 캐러비안 지역으로 확장하기로 결정하여 이 지역의 43개 국가에 등록을 마쳤다.[6] 놀랍게도 회사는 국제적 확장을 위한 2차 계획안으로 개발도상국가로 구성된 지역을 선택했다. 넷플릭스 리더들의 견해에 따르면, 이런 선택을 한 이면적 이유는 그 지역이 장기적 성장을 보여주는 큰 기회의 땅이었기 때문이다. "라틴아메리카가 캐나다보다 약 4배 더 많은 초고속통신망 가구를 가지고 있다는 점을 고려해 보면 성장의 여지가 많이 있다.”라고 2011년 3/4분기 투자자 레터에서 언급되고 있다. 진출과 관련해 《월 스트리트 저널The Wall Street Journal》은 수이스 신용Credit Suisse 선임 분석관 존 블랙렛지John Blackledge에게 컨설팅을 받았다.[7] 그는 “새로운 지역은 꽤 큰 잠재고객을 보유하고 있다. 캐나다의 1,000만 가입자와 비교할 때, 브라질, 멕시코, 그리고 아르헨티나 등은 독자적으로 거의 3,500만 명의 초고속통신망 가입자가 있다. 넷플릭스가 국제적인 확장을 시작했던 바로 그곳이다”라고 지적했다.[8] 라틴아메리카로의 침투가 다른 글로벌 지역으로의 팽창과 비교해 상대적으로 꽤 나 느렸던 애플과 달리, – 아이튠스 스토어는 멕시코와 브라질에 2009년과 2011년까지 열리지 않았다 – 넷플릭스는 확실히 첫 번째로 옮겨간 사업자로서의 이점을 얻고, 합법적인 비디오 스트리밍 서비스가 상식적이지 않은, 심지어 존재하지도 않는 시장에서 자신을 위치를 확고히 정립하기를 원했다.

물론, 라틴아메리카 시장 진출에 대한 넷플릭스의 결정은 그 지역의 꽤나 큰 경제적 전망에 힘입은 바 컸다. 그러나 그 지역이 전인미답의 영토처럼 보이기는 했어도 에덴은 아니었다. 거기에는 회사가 곧바로 직면했던 낯선 도전들이 있었다. 〈허핑턴 포스트The Huffington Post〉의 기사는 다음과 같이 썼다.

그 움직임은 넷플릭스의 핵심 시장인 미국과 캐나다에서는 보이지 않았던 도전을 가져온다. 미국에서보다 라틴아메리카의 가정은 광대역 인터넷 보급이 훨씬 떨어지고 속도 또한 훨씬 느리다. 영화에 대한 해적행위는 지구상에서 가장 널리 퍼져 있는 곳인데, 많은 소비자들이 가장 최근의 DVD나 CD를 채 1달러도 안 되는 가격으로 가질 수 있을 정도이다. 또한 넷플릭스는 그 지역에서 브랜드 인지도가 거의 없고, 브라질의 경우 이미 국내에서 성장한 경쟁자와 예를 들어Net Movies 맞닥뜨리고 있다.[9]

멕시코 시장은 대체로 이렇게 기운 빠지는 특성을 보이고 있었지만, 이 나라는 인터넷 이용에서 어마어마한 성장 잠재력, 할리우드 영화와 텔레비전에 대한 수용자들의 욕구, 현실적으로 현지 경쟁이 없는 미개발의 규제되지 않은 비디오 스트리밍 섹터 등 밝은 면도 보이고 있었다. 이런 요인들은 모두 도전이었지만, 글로벌 미디어 사업자에게는 매우 매력적인 새로운 영토이기도 했다.

멕시코에서 넷플릭스의 진출과 진화를 둘러싼 요인들

넷플릭스는 멕시코에 2011년 9월 첫 스트리밍 서비스를 시작했다. 주요 국내 신문들은 이를 면밀히 추적했다. 〈엘 유니베르살 El Universal〉은 수고를 아끼지 않을 정도로 공들여서 그 서비스를 설명했다. 가령 〈엘 에코노미스타El Economista〉는 "콘텐트에 있어 디지털 혁명"이라고 부르면서 그 서비스의 기능을 인포그래픽 기법으로 설명했고, 〈레포루마Reforma〉는 넷플릭스 서비스는 텔레비전과 경쟁하지 않을 것이라고 한 넷플릭스 CEO 리드 헤이스팅스의 말을 집중 조명했다.[10] 넷플릭스는 주로 기술 신봉주의자들의 주목을 끄는 호기심어린 것으로 표현되었다. 멕시코에서 넷플릭스가 최초로 VOD 서비스를 한 것은 아니었지만, – 아이튠스 스토어는 2009년 멕시코 론칭 이후 곧바로 비디어 대여를 추가했다 – 동일한 월 단위 요금으로 무제한의 스트리밍 접근을 제공한 것은 넷플릭스가 처음이었다.

이어지는 글에서는 넷플릭스 서비스가 맞닥뜨렸던 주요 장애물과 지금까지 어떻게 그런 것들을 대처해왔는지를 간략하게 설명할 것이다. 또한 멕시코에서 넷플릭스의 진출과 진화를 둘러싸고 있는 – 촉진적인 것과 제약적인 것 모두 – 다양한 요인들을 상세하게 분석할 것이다. 명확성을 기하기 위해 나는 이들 요인들을 세 가지 범주로 묶고자 한다. 그것들 각각은 이 글이 다루는 이슈들 가운데 하나와 연결되어 있다: 1 기술적·규제적·병참학적 도전들, 2 제약 요인으로서 현지 문화, 3 지역 내 점유 사업자들의 역공. 이것들이 인위적으로는 분리되어 있지만, 이들 요인들 모두는 실제로 서로 연결되어 있어서 서로에게 영향을 미친다. 나는 언론 보도물, 국가 통계와 규제, 그리고 국제적인 배급에서 현지 문화의 역할에 대한 연구 등에 기대어 멕시코에서의 넷플릭스 진출을 고찰한다.

기술적·규제적·병참학적 도전들

첫 번째로 넷플릭스 진출 당시 멕시코 시장의 특징을 자세히 살펴 본다. 여기에는 궁극적으로 회사의 실무적 관행을 규제하는 기술적 하부기반과 법적 프레임워크legal framework를 포함한다. 또한 넷플릭스가 멕시코에서 성장하기 위해 조정해야 했던 핵심 고려사항으로 과금체계와 요금체계를 다룬다.

기술

넷플릭스가 멕시코에서 맞닥뜨린 첫 번째 도전은 낮은 광대역망 보급인데, 이는 시장경쟁이 부재한 텔레커뮤니케이션과 직접적으로 결부되어 있다. 실제로 텔멕스Telmex, 아메리카 모빌의 자회사는 이 나라의 많은 지역에서 유선 전화와 광대역 인터넷에 대한 사실상의 독점권을 가지고 있다. 텔멕스의 시장 지배력과 함께, 가용한 가격으로 초고속 인터넷을 제공하는 것에 대한 투자 지연은 멕시코에서 인터넷 보급을 가로막는 원인이었다. 이로 인해 멕시코는 OECD 35개 국가 중 광대역망 사용이 거의 바닥 수준이었다.[11] ITU와 세계은행의 통계는 멕시코 전체 인구의 12%만이 고정된 광대역망에 접근할 수 있다고 주장했다. 그런 한편으로, 모바일 광대역망 보급률은 2015년까지 전체 인구의 37.5% 수준에 머물고 있었다.[12] 인터넷 기본 접근은 2014년 44.4%이어서 그보다는 좀 더 고무적이었다.[13] 비록 광대역망 보급이 여전히 낮기는 하지만, 해마다 눈에 띄는 성장을 보이고 있다. 예컨대 세계은행은 2013년 10.93%이던 광대역망 보급률이 1년이 지난 후 11.56%로 커졌는데, 이와 비슷하게 인터넷 이용자 수도 2013년 43.5%에서 2014년 44.4%로 미약하게나마 성장했다고 보고한다. 두 경우 모두 분명한 성장세다. 요약하면, 멕시코는 선진국과 비교하면 여전히 뒤쳐져 있지만, 견고하게 증가하는 추세이고, 이것은 확실히 넷플릭스가 이 새로운 시장을 찾도록 결정하게 만든 요인이었다.

법적 프레임워크

멕시코에서는 의회가 텔레커뮤니케이션 기업과 방송사의 행위를 규제한다. 2011년 당시에는 이 두 개가 다른 산업으로 간주되었기 때문에 개별 섹터에 대한 별도의 규칙이 발효되어 있었다. 텔레비사가 방송사를 지배한다면, 아메리카 모빌은 텔레커뮤니케이션의 리더였다. 그런 규제체제로 인해 아메리카 모빌은 유료 텔레비전을 제공하는 것이 금지되었고, 텔레비사는 전화와 인터넷 서비스를 제공할 수 없었다. 물론 디지털 기술의 새로운 발전은 새로운 규제환경을 만드는 데 영감을 준다. 긴 논쟁 끝에 2014년 7월 새로운 성장 부문에서 경쟁을 강화하는 것을 일차적인 목표로 하는 새로운 텔레커뮤니케이션과 라디오 방송국 연방법Ley Federal de Telecommunications y Radiodifusin이 통과되었다. 이런 변화의 결과로 이미 인터넷 보급에서 보다 안정적인 성장이 전국적인 범위에서 시작됐다. 그것은 역으로 넷플릭스에게 이익이 되는 OTT 친화적인 환경을 조성하는 것으로 보였지만, 또한 한 쌍의 만만치 않은 현지 경쟁자들의 탄생을 가져오기도 했다.

그럼에도 넷플릭스는 멕시코에 진출할 당시 기존 사업자의 부재로 큰 이익을 얻었다. 비록 멕시코가 방송에서 외국인 투자에 제한을 두고 있지만, 넷플릭스는 VOD/인터넷 기업으로서 이런 제한에서 예외를 적용받았다. 결국 외국기업이라는 지위에도 불구하고, 넷플릭스는 새로운 영토에서 세금면제와 최소한의 법적 제한만을 받았다.[14] 이런 환경은 이 회사가 점차 증가하는 멕시코의 탈규제 국면에서 확실히 보다 자유롭게 행동할 수 있게 해 주었다.

과금체계

원래 넷플릭스의 과금체계는 신용카드 사용에 묶여 있었는데, 멕시코에서는 미국이나 캐나다에서만큼 그리 널리 사용되지 못했다.[15] 직불카드가 보편적이었지만 현지 은행은 어떤 경우에도 인터넷에서의 사용을 허락하지 않았다. 오랫동안 이어온 온라인 거래의 불신과 사이버 범죄에 대한 처벌이 미약하다는 인식 때문이었다. 이것은 2011년에서 2012년 투자자 레터에서 설명된 것처럼, 라틴아메리카 넷플릭스에게 현실적인 문제가 되었다. 예를 들어, 넷플릭스가 이제 막 멕시코로 진출하기 직전인 2011년 4/4분기 리포트는 과금 이슈를 무척 피상적으로 언급했다.

넷플릭스 진출에서 예상한 바대로, 우리는 고객의 전자상거래 지불을 처리하는 것이 북미나 유럽과 비교하면 상당히 어렵다는 것을 알게 됐습니다. 이런 도전을 극복하기 위해 우리는 현지의 지불 파트너와 협력하여 우리의 시스템을 최대한으로 활용하는 일을 수행해가고 있습니다. 새로운 지불 방법을 추가하는가 하면 환전을 개선하기 위한 다양한 시범적 캠페인을 테스트해 보고도 있습니다.[16]

이와 비교해 보면 2012년 3/4분기 리포트는 이 이슈에 대해 훨씬 더 선명해졌다.

보다 더 강력한 성장을 억제하는 가장 큰 문제는 지불방식입니다. 많은 라틴아메리카 광대역망 가구는 다양한 이유로 인터넷을 통해 받아들일 수 있는 직불카드/신용카드를 제공하는 것을 경계하거나 그렇게 할 수 없습니다. 우리는 여기에서의 직불카드/신용카드 지불 비율이 우리의 다른 시장에서보다 떨어질 것으로 내다봅니다.[17]

애초에 넷플릭스는 멕시코에서의 과금문제를 직불카드가 수용가능한 지불방식이라고 홍보하면서 이 문제에 대처해나갔다. 2012년 4/4분기 주주 레터는 "멕시코에서 우리는 넷플릭스를 위해 직불카드를 사용하는 데 진전을 이뤄냈습니다만, 이 카드는 은행별로 실행되어야 합니다"라고 설명한다.[18] 두 번째로 넷플릭스는 애플, 마이크로소프트, 닌텐도 등 다른 많은 회사들처럼 온라인 서비스에 접근하기 위한 선불카드 출시 전략을 추구했다. 2014년 11월 넷플릭스는 99페소와 299페소에 이르는 기프트 카드를 발급했는데, 이것들은 수퍼마켓과 백화점, 편의점 등에서 구매할 수 있었다.[19] 넷플릭스로서는 이것이 이 시장의 특별한 조건에 대한 해결책이었다. 멕시코 소비자들은 그들의 소비를 통제하고 온라인 사기에서 신용카드/직불카드를 보호하기 위한 방법으로 선불카드를 사용하곤 한다.

가격체계

넷플릭스는 이용자들이 가치 있는 많은 분량의 콘텐트를 시청하기 위해 가용한 수준의 월 단위 요금을 기꺼이 지불하겠다는 생각에 기초해 성장한다. 멕시코에서 그 서비스는 월 99페소의 고정된 가격으로 이용할 수 있도록 결정됐는데, 이는 중산층 이용자들이 결단을 내릴 수 있는 정도의 가격 수준이었다. 중산층 이용자들은 이미 세 배에 이르는 고가의 광대역망과 최대 다섯 배가 넘는 프리미엄급 DTHdirect-to-home 텔레비전 가입 서비스에 비용을 지불하고 있었다.[20] 2014년 10월 넷플릭스는 멕시코에서 세 종류의 가격체계를 도입했다. SD급에 하나의 스트리밍 장비를 위한 89달러짜리 서비스, HD급에 두 개의 스트리밍 장비에서 사용가능한 109달러짜리 기본 서비스, HD급에 네 개의 스트리밍 장비까지 가능한 149달러짜리 서비스가 그것이다. 넷플릭스는 고객 혜택을 위한 조치로 2016년 10월까지 기존 고객에게 기본 서비스를 99달러에 제공하기로 결정했다. 2016년에는 하나의 스크린은 99달러, 두 개의 스크린은 129달러, 네 개의 스크린은 159달러로 조정될 예정이었다.

가격은 인지된 가치와 밀접하게 연결되어 있다. 멕시코에서 넷플릭스는 소비자에게 유연성과 콘텐트 수준이 높다는 인식에 기초해 그 가치를 제공했다. 2014년 가격조정이 있기까지 초기 진출 당시에는 동일 계정에서 동일한 시간에 사용할 수 있는 장비의 수에 제한이 없었다. 이런 유연성은 더 넓은 가족구성원과 친구들 사이의 공유를 촉진했는데, 이는 역으로 넷플릭스에게 시청습관을 추적할 수 있는 방대한 데이터 량을 제공했다. 더욱이 이런 관행은 이 회사에 대한 긍정적인 이미지를 낳아서, 해적 행위에 맞서는 데 필요한 충성도와 가치관을 확보할 수 있었다. 미국에서처럼 넷플릭스는 이용자에게 한 달간 무료로 이용할 수 있는 시험판을 붙여 주었다. 이것은 놀랄 것도 없이 새로운 이용자를 유혹하는 아주 인기 있는 방법이었는데, 특히 회사가 이용자들을 유료 고객으로 끌어들이기 위해 더 많은 오리지널 콘텐트를 추가함에 따라 더욱 그랬다.

제약 요인으로서 현지 문화

노련한 미디어 기업들은 현지 문화가 계산에 포함되어야 할 강력한 힘이라는 것을 안다. 전 지구적 동질화의 주장에도 불구하고, 현지 수용자들은 여전히 그들의 삶의 방식에 더 가깝다고 느끼는 콘텐트 시청을 더 선호한다. 라틴 아메리카 지역에 첫 발을 디뎠을 때 넷플릭스는 이런 현실에 맞닥뜨렸다. 이에 대한 두 번째 분석지점은 서로 연결된 3개의 주제로 구성되어 있다: 1 콘텐트 현지화, 2

멕시코 넷플릭스 수용자의 특성, 3 브랜드 인지도 향상 전략 등이 그것이다.

콘텐트 현지화

콘텐트는 멕시코 넷플릭스의 초기 어려움과 최근의 성공 모두를 설명하는 결정적인 요인이 되어왔다. 의심할 여지없이 콘텐트는 문화와 연결되어 있기 때문에, 글로벌 기업이 지역에 진출하는 데 장애물이면서도, 문화적 취향의 문제가 충분히 다뤄졌다면 강력한 촉진제로도 작용할 수 있다. 유럽 내 위성방송 확산의 첫 물결에서, 장 챌라비Jean Chalaby는 기존의 글로벌 미디어 회사가 강력한 문화적 정체성으로 특성화된 시장에서 성공하기 위한 전략적 모델을 제시한 바 있다.[21] 그 모델은 범유럽 채널이 실천에 옮기고 있었던 4단계로 구성된다. 이 단계는 보다 낮은 수준에서 보다 높은 수준의 "현지화"localization로 옮겨간다 : 1 현지 광고의 도입, 2 콘텐트 번역, 3 현지 편성, 4 현지 분리전략local optout. 첫 번째 단계는 넷플릭스에 적용될 수 없다. 왜냐하면 넷플릭스는 가입자 기반으로 운용되기 때문이다. 그러나 나머지 세 단계는 순서가 다르기는 해도 이 회사가 라틴아메리카에서 어떻게 운영되는지를 정교하게 묘사한다 : 1 번역, 2 현지 분리전략각각의 국가에 별도로 분리된 배급, 스트리밍 기술의 경우 쉽게 할 수 있음, 3 현지 편성. 이 절에서 나는 이들 각 단계가 멕시코 내에서 취하고 있는 형태에 대해 고찰한다.

번역

넷플릭스가 멕시코에 적응하는 과정에서 첫 단계는 두말할 필요 없이, 번역, 그러니까 자막을 다는 것과 더빙을 하는 것이었다. 멕시코에서 다른 언어에 대한 언어전달 방법의 선호도는 나이와 어린이 프로그램은 더빙이 되어야 한다 장르에 애니메이션과 다큐멘터리는 더빙하는 것이 선호되고, 드라마는 더빙이나 자막이 선호된다 따라 다르다. 거기에 인지된 수용자의 특징에 따라 다른데, 보다 고상한 부류로 알려진 시청자들은 자막이나 심지어 원래의 언어 그대로 시청하는 것을 더 선호한다. 멕시코에서 자막에 대한 이런 선호는 넷플릭스 타깃 수용자를 구성하고 있는 중산층과 상층 계급에서 분명히 나타나는데, 이는 언뜻 보기에 넷플릭스에게도 놀라운 것이었다. 결과적으로, 언어를 옮기는 두 가지 방법 모두가 서둘러 제공돼야 했다. 2012년 1/4분기에 회사는 "다양한 시청 선호도를 수용하기 위해 라틴아메리카에서 비어린이 영어 콘텐트의 자막을 거의 100%로 늘렸다이전의더빙은별도"라고 보고했다.[22]

더빙과 관련해 볼 때, 라틴아메리카는 역사적으로 이 지역을 통틀어 널리 존재하고 있는 남미 스페인어Español Latino라 불리는 독특한 파생언어를 발전시켜왔다. 어휘와 발음 면에서 카스티아Castilian 스페인어와 본질적으로 다른 이 언어의 다양성은 아메리카 대륙에서 이해할 수 있는 "중립적인" 발음과 어휘라는 개념 위에 구축되어 있다.[23] 실제로는 어느 곳에서도 사용하지 않지만, 사람들은 이 언어를 영화와 텔레비전 시청을 위한 규범적인 언어로 받아들이고 있다. 그것은 멕시코, 아르헨티나, 칠레, 콜롬비아, 베네수엘라 등의 주요 더빙 스튜디오에서 사용되는 관습이 될 정도로 오랜 시간에 걸쳐 천천히 발전해왔다. 여러 국가에서 사용가능한 더빙 피드를 만드는 것은 확실히 넷플릭스의 확장비용을 줄이는 데 도움이 되었다. 넷플릭스는 오리지널 영어권 작품을 위해 그 지역 더빙 스튜디오의 커미셔너가 되었다. 즉 〈하우스 오브 카드〉는 멕시코에서, 〈오렌지〉는 칠레, 〈블러드라인Bloodline〉2015~2017은 아르헨티나에서 더빙되었다.[24] 나머지 미국 콘텐트의 경우 더빙과 자막은 초기 배포 창구극장에서 개봉한 영화든 유료 케이블 텔레비전 시리즈든에서 바뀌지 않았다. 초기에는 갈등이 있었지만, 이렇게 두 가지 언어 옵션을 설정하는 것이 수용자의 불평을 최소화하는 것으로 알려졌다영어 더빙이 아니라 기본적으로 일본어 트랙에 의존하는 일부 애니메이션 팬들은 제외.[25]

현지 분리전략

넷플릭스는 멕시코에서 인정받기 위해서 인터페이스를 스페인어로 번역하는 것 이상을 해야 한다는 것, 다시 말해 콘텐트 측면에서 보다 현지다워야 한다는 것을 인지하고 있었다. 인터넷 프로토콜은 지리적으로 예민하다. 이것은 넷플릭스가 그들의 피드를 나누고 각 국가별로 콘텐트를 맞춤화할 수 있도록 허용한다. 실제로 멕시코는 그들 자체의 넷플릭스 피드를 보유하고 있는데, 그것은 지역의 다른 국가들에서는 이용할 수 없는 콘텐트를 특징으로 한다. 그 역으로도 마찬가지이다. 이러한 차별화는 개별 국가마다 다른 다양한 취향과 "구매요구"권 모두에 대응한다. 한걸음 더 나아가 미국에 대한 멕시코의 지리적 근접성은 일반적으로 멕시코인들이 미국 영화와 텔레비전 취향을 가지고 있음을 뜻하는 것으로 받아들여진다. 영화 스크린의 80% 이상이 수입된 것이고 그것의 대부분은 미국에서 들여온 것이다. 미국 시리즈물코미디와 드라마 모두은 오락을 위한 텔레비전 채널은 물론 케이블과 위성방송 편성에서도 핵심적인 부문을 차지한다.[26] 이렇게 할리우드 작품에 대한 눈에 띄는 선호에도 불구하고, 대부분의 멕시코인들은 멕시코 내 선도적인 방송 네트워크에서 전국 뉴스캐스트와 스포츠, 리얼리티 쇼, 코미디 시리즈, 텔레노벨라 등을 보는 것을 좋아한다. 텔레노벨라는 폭넓게 추종하는 무리가 있고 전반적으로 높은 텔레비전 시청점유율을 가진 매우 잘 정립된 장르이다.[27]

동일한 유형과 품질의 해외 콘텐트보다 현지 콘텐트를 더 선호한다는 것은 미디어 학자들에 의해 지적되어 왔고 "문화적 근접성"cultural proximity으로 이론화되어 있다.[28] 일반적으로 현지 수용자들은 그들의 일상생활에서 경험하는 것에 좀 더 가까운 상황과 등장인물을 조명하는 영화와 텔레비전 프로그램을 선택할 뿐만 아니라, 그런 것들이 전통적이고 익숙한 내러티브 형식으로 묘사되기를 원한다. 수용자들은 그들 자신의 삶의 형식과 너무 먼 시청각 생산물을 멀리하는 "문화적 할인"cultural discount을 적용한다.[29]

취향의 측면에서 학자들은 스페인어를 구사하는 라틴아메리카를 언어, 민족성, 역사, 삶의 방식과 같은 특성들을 공유하는 "지리언어학적 지역"이라고 간주했다.[30] 이와 같이 넷플릭스는 멕시코에서의 출범을 일부 현지, 또는 적어도 라틴아메리카의 영화와 텔레비전을 포함할 수밖에 없었다. 지역적 수준에서 넷플릭스는 2011년 7월에 NBC 유니버셜의 스페인어 방송사 텔레문도Telemundo와의 거래를 발표했는데, 그것은 〈남부의 여왕La Reina del Sur〉2011과 같은 히트작을 포함해 연간 1,200시간의 프로그램을 제공하는 것이었다.[31] 2011년 8월 넷플릭스는 국제적인 성공작 〈못생긴 베티Yo soy Betty la Fea〉1999~2001 제작자인 아르헨티나 텔레페Telefé와 콜롬비아 RCN과 유사한 협정을 체결했다.[32]

멕시코에서는 텔레비사와 TV 아즈테카TV Azteca 같은 제작자들과 계약을 체결함으로써 넷플릭스의 현지 카탈로그 콘텐트 획득이 매우 일찍부터 성사되었다. 이들 협정은 2011년 5월 멕시코에서 서비스 출범을 준비하면서 공개되었다. 텔레비사는 방송 후 연간 3,000시간에 이르는 카탈로그 텔레노벨라와 시리즈에 대한 비독점적 접근을 넷플릭스에게 주기로 했고, TV 아즈테카는 1,000시간에서 1,500시간에 이르는 또 다른 프로그램들을 제공하기로 했다.[33] 이에 더해 넷플릭스는 성공적인 시리즈인 〈너의 팬이야Yo soy tu fan〉2010~2012 제작자인 멕시코의 독립 스튜디오 카나나Canana와 계약을 체결했다. 〈너의 팬이야〉는 멕시코 공영방송에서 방송된 바 있다.[34] 이런 거래를 통해 넷플릭스는 가장 성공적인 스페인어 텔레노벨라의 방대한 카탈로그에 대한 접근권을 획득했다. 스페인어 텔레노벨라는 넷플릭스의 새로운 수용자 취향을 만족시켜 자신을 탁월한 위치에 이르게 하는 장르이다.

넷플릭스가 멕시코 시장에 적응한 또 다른 행보는 2014년 8월 넷플릭스가 독립 스튜디오 아르고스Argos에서 만든 마약 관련 이야기인 텔레노벨라 〈텍사스의 카멜리아Camelia La Texana〉를 독점적으로 제공하기 시작하면서 이루어졌다.[35] 미국에서는 이 텔레노벨라가 텔레문도에서 방송되었지만, 유료나 무료 지상파 TV로 멕시코 스크린에 도달하는 데는 실패했다. 넷플릭스에게 그것은 단순히 구식 타이틀 수집가에 불과하다는 딱지를 버리려는 지속적인 노력에서 비롯된, 그 지역을 위한 첫 번째 상품 차별화 시도였다. 2014년 중에 넷플릭스는 〈결혼할 수 있는 사람Cásese quien pueda〉2014, 〈키스에 지쳐Cansada de besar sapos〉2006, 〈사랑해 매기No se aceptan devoluciones〉2013와 같이 명성 높은 멕시코 영화 목록들을 손에 넣었다. 이와 마찬가지로 2015년 3월 넷플릭스는 정치 풍자극 〈완벽한 독재자〉를 스트리밍하기 시작했다. 이 작품은 2014년 가장 많은 수익을 올린 멕시코 영화였는데, 우연하게도 연방정부와 텔레비사 사이의 관계를 패러디한 것이다.

독점적인 현지 콘텐트를 제공하는 것은 넷플릭스에게 있어 논리에 합당한 움직임이었지만, 그렇게 함으로써 회사는 자신을 기존의 텔레노벨라 아울렛, 특히 라틴아메리카 넷플릭스에 엄청난 양의 콘텐트를 제공하는 텔레비사와 TV 아즈테카의 직접적인 경쟁자임을 선언하는 형국이 되었다. 텔레비사와는 협업한지 4년이 지난 후 계약이 파기됐다. 두 번째 OTT 서비스Blim 출범에 이어 텔레비사는 적어도 2016년 마지막 분기까지 넷플릭스에서 모든 콘텐트를 철수해 문화적 근접성 전략을 강화하겠다고 밝혔다.[36]

현지 프로그램의 제작

챌라비의 현지화 모델에서 마지막 단계는 오리지널 현지 콘텐트의 제작이다. 넷플릭스는 자신을 현지 제작자들을 위한 새로운 배급 채널로 자리매김했다. 하지만 나중에는 시청자 주목을 끌기 위한 직접적인 경쟁자가 되었고, 결국 넷플릭스는 시청자에 도달하고자 하는 제작자들을 위한 아울렛으로 성장했다. 2014년 4월 넷플릭스는 근래에 가장 성공적인 멕시코 영화<위 아더 노블스 영어 제목 We are the nobles, 스페인어 제목 Nosotros los Nobles>(2013)를 추종하는 가즈 알라즈래키Gaz Alazraki 감독의 〈클럽 디 쿠에르보스Club de Cuervos〉라는 코미디 시리즈 제작을 발표했다. 13개 에피소드에 스페인어를 사용하는 시리즈는 라틴아메리카와 스페인 배우를 캐스팅하고 멕시코에서 모두 촬영되었다. 그것은 2015년 8월에 출시되었고, 같은 해 10월 두 번째 시즌이 재개되었다. 스토리는 축구팀을 소유하고 있는 가족을 둘러싼 이야기인데, 코미디 드라마이면서도 멜로드라마 특성을 보여주는가 하면, 또 어느 정도는 고전적인 텔레노벨라적 줄거리도 포함한다. 축구계에 대한 냉소적인 표현에서 대부분의 웃음이 터지는데, 그래서 모든 것이 스포츠와 연결되어 있는 라틴아메리카의 높은 관심에서 이익을 얻는 구조이다.[37] 2015년 8월 넷플릭스는 거의 동시에 악명 높은 콜롬비아 마약상 파블로 에스코바르Pablo Escobar의 삶을 바탕으로 한 〈나르코스〉를 출시했다. 와그너 모라Wagner Moura 주연에 브라질인인 호세 파디하José Padilha가 감독했다.[38] 이 작품은 부분적으로 스페인어로 대사를 하고 칠레, 콜롬비아, 멕시코, 미국 등 다양한 국적의 배우가 캐스팅됐다. 마지막으로 2016년 넷플릭스는 라틴아메리카에 뿌리를 둔 새로운 오리지널 제작을 발표했다. 케이트 델 가스티유Kate del Castillo 주연의 멕시코 정치 드라마 〈언거버너블Ingobernable〉2016~, 포르투갈어를 쓰며 사회적

불평등 이슈를 다루는 브라질 디스토피아 스릴러 〈3%〉가 그것이다.[39]

라틴아메리카에서 넷플릭스 오리지널 제작의 중요성은 지역적 범위에 놓여 있다. 그것은 미국의 히스패닉 인구도 커버하는 지리언어학적 지역의 존재 위에 구축해 있기 때문에 회사를 위한 거대한 규모의 경제를 보장한다. 라틴아메리카 미디어 회사가 수 십 년간 바로 그렇게 해왔던 것처럼, 넷플릭스는 멕시코에서는 〈클럽 디 쿠에르보스〉와 〈언거버너블〉, 콜롬비아에서는 〈나르코스〉, 브라질에서는 〈3%〉를 제작하는데, 회사는 이들 프로그램들이 라틴아메리카 대륙 전체와, 약간의 행운을 기대하면 전 세계에 걸쳐 시청될 것임을 잘 알고 있다. 그런 의미에서 넷플릭스는 지역 관객들이 선호하면서도 보편적인 매력을 동시에 지닌 범죄, 가족, 사회적 불평등, 축구 등의 주제에 기반한 시리즈를 매우 현명하게 만들고 있다.

현지화의 중요성

그 연식에도 불구하고 챌라비의 모델은 어느 정도의 응용으로 넷플릭스의 라틴아메리카 진출을 연구하는 데 적용될 수 있다. 말하자면, 이 사례는 지역 시장에 적응하는 글로벌 기업의 기본적인 샘플이다. 멕시코와 그 지역에서 보인 넷플릭스의 일반적인 전략은 자신들의 제공물이 가지는 문화적 근접성을 끌어올리는 데 초점을 맞춘 것으로 보인다. 그리고 동시에 끊임없이 국제적인 콘텐트와 할리우드 콘텐트를 제공하는 것이다. 현지 콘텐트와 글로벌 콘텐트의 이러한 혼합은 국제 시장에서 넷플릭스의 일반적인 관행이다. 넷플릭스의 콘텐트 최고 책임자인 테드 사란도스는 편성은 "약 15~20%가 현지물이고 80~85%는 할리우드물이거나 여타 국제적인 콘텐트이다. 우리가 혼합을 제대로 하는지를 보여주는 첫 번째 지표 중 하나는 사람들이 얼마나 많은 시청 시간을 보내는가이다"라고 설명했다.[40] 멕시코에서 그 혼합은 충분히 설득력 있어 보인다. 왜냐하면 2012년 멕시코인들은 "미국이나 캐나다, 또는 영국에서의 카운트파트보다 더 많이 넷플릭스를 시청하는" 것으로 보고되었기 때문이다.[41]

이런 데이터로 볼 때, 성공적인 지역적 확장을 위해서는 콘텐트가 결정적이라는 것이 입증되는 그런 그림이 그려진다. 그 형식이 카탈로그 콘텐트의 신중한 선택에 따른 것이든, 새로운 오리지널 시리즈를 제작하는 것이든, 현지/지역 콘텐트는 오리지널 시리즈가 국내 시장을 위한 것인 것처럼 라틴아메리카 넷플릭스에 있어 핵심적인 경쟁 우위다. 앞서 말한 것처럼, 문화는 넷플릭스와 같은 글로벌 사업자의 시장 진출과 진화에 장애물이면서도 동시에 촉진제로 작용한다. 현지문화는 시작부터 장애물이다. 왜냐하면 적응과 언어 번역자막과 더빙에서의 높은 초기 투자, 그리고 장르예컨대 텔레노벨라와 주제예컨대 축구, 마약 이야기 면에서 현지의 선호를 좇아야 하는 카탈로그 콘텐트의 구매 등이 요구되기 때문이다. 그러나 시청자의 취향을 파악하는 데 사용되는 고도화된 추적 수단을 구축하고 있는 넷플릭스 같은 기업에게 있어 문화는 곧바로 더 많은 성장을 위한 촉매제가 될 수 있다.

첫째, 독특한 언어의 존재와 공유된 문화적 특성은 전체 지역에서 공명할 수 있는 콘텐트를 창작하는 기회를 열어놓는다. 그런 점에서, 멕시코에서 〈클럽 디 쿠에르보스〉를 만들겠다는 결정은 사랑받는 코미디 시리즈의 전통적인 생산자라는예컨대 〈엘 차보 델 오쵸El Chavo del Ocho〉(1972), 〈엘 채플린 콜로라도El Chapulín Colorado〉(1972) 이 나라의 명성에 대한 인식에서 비롯된다. 다른 한 편, 〈나르코스〉는 남부 아메리카에서 엄청나게 성공적인 범죄 텔레노벨라의 최근 전통에 기반하고 있다예컨대 콜롬비아의 〈스니치 : 마약과의 전쟁 영어 제목 The Snitch Cartel, 스페인어 제목 El Cartel de los Sapos〉(2008). 초기 학습곡선 이후 넷플릭스는 그 지역 지도자들에게는 수십 년이 걸린 라틴아메리카 수용자에 대한 지식수준에 도달한 것처럼 보인다. 두 번째 시즌으로 재빠르게 재개된 스페인어 프로그램의 성공이 이 점을 증명한다.

둘째, 공유된 언어와 문화는 종래의 텔레비전 아울렛에서는 없었던 시리즈 배급의 기회를 가져온다. 왜냐하면 그것들은 너무 이국적이라거나예컨대 스페인의 〈라 코스투라El Tiempo entre Costuras〉(2013), 너무 오래된 것이라고예컨대 콜롬비아의 히트 텔레노벨라 〈여자의 향기와 커피 한 잔을Café con Aroma de Mujer〉(1993)와 〈못생긴 베티〉 여겨지기 때문이다. 라틴 아메리카 지역 전체에서 동시에 이런 콘텐트를 이용할 수 있다는 사실에서 비롯되는 어떤 문화적 함의가 있다. 그것은 현지 미디어 점유 사업자들의 게이트키핑 능력의 감소로 설명한다. 그러면서 다른 한편으로 그것은 수용자의 선호와 실천에서 보이는 변화에 대한 질문들을 제기한다.

수용자

멕시코가 뿌리 깊은 불평등 국가라는 점, 그래서 넷플릭스가 현지 엘리트를 겨냥한 서비스라는 점에 주목해야 한다. 다시 말해, 멕시코에서 넷플릭스는 가정용 초고속 인터넷과 여러 장비들을개인 컴퓨터, 스마트 TV, 비디오게임기, 태블릿, 스마트폰 등 위해 비용을 지불할 수 있는 중산층과 상층 계급을 겨냥하는 서비스라는 것이다. 멕시코에서 디지털 배급 시스템에 의한 습관의 변화에 대한 분석은 모두 이러한 사회적 구조들을 고려해야 한다. 라틴아메리카 OTT의 진출에 대한 종래의 통신 사업자의 반응에 대한 최근의 작업에서 가누자Juan José Ganuza와 비에센스María Viecens는 "중단기적으로 LATAM에서 초고속 접속 네트워크를 필요로 하는 OTT 콘텐츠는 구매력 높은 소비자 부문으로 한정될 것으로 예측된다"라고 주장한다.[42] 싱클레어John Sinclair는 라틴 아메리카에서 가장 큰 두 개의 미디어 회사에 대해 논의하면서 비슷한 지적을 했다. 그는 "텔레비사와 글로보Globo 이 둘의 기반은 글로벌화된 엘리트와 일반 서민들 사이에 ─ 텔레노벨라를 끝없이 사랑하는 **평범한 사람들**gente corriente이라 불리는 ─ 심각한 수입 불균형을 특징으로 하는 국가에서 무료로 국내 시장에 방송했을 때 그들의 탁월함이 유지된다"라고 쓰고 있다.[43] 따라서 넷플릭스 수용자들은 무료로 방송되는 전국 네트워크의 어마어마한 수용자들과는 별 관계가 없고, 온라인 해적 소비자는 물론 위성방송과 케이블 방송 고객들과 더 많은 관계가 있다.

멕시코 넷플릭스 탐구의 다음 번 귀착지는 수용과 관련된 것이어야 한다. 누가 그것을 이용하고 무엇을 위해 이용하는가? 새로운 시청관행은 무엇인가? 그것은 텔레비전 수용자의 연속성의 경험을 특히 멜로드라마에서 어떻게 바꾸어 놓았는가? 하지만 현재로서는 회사가 모든 데이터를 비밀로 하기 때문에 이 문제에 대한 공식적인 자료가 부족한 형편이다. 마찬가지로, 학문영역도 이 주제에 대해 똑같이 진척을 이뤄내지 못하고 있다. 그 대신, 나는 일반적인 경향을 가리킬 수도 있는 몇 가지 개인적인 관찰을 제공한다.

나 자신은 출시하는 날에 지갑을 여는 초기 채택자이다. 그런 다음 나는 동료들에게 추천을 한다. 그들은 한번 해보기는 하지만 한 달짜리 무료시험이 채 끝나기도 전에 꿈에서 깨버렸다. 왜냐하면 그것이 낯선 것이기도 하고 익숙한 것이기도 하다고 생각했기 때문이다 그들은 그렇지 않았다면 해적 스트리밍과 불법 다운로드로 서비스를 별 무리 없이 잘 이용했을 것이다. 그로부터 4년이 지나고 나는 비공식적인 대화에서 넷플릭스 이용에 대한 산발적인 설명을 들었다. 나는 엄청난 양의 만화와 디즈니 시리즈에 흠뻑 빠져 있는 어린이들에 대해, 주부들이 오래된 고전 멕시코 텔레노벨라와 스페인의 〈라 코스투라〉2013~2014를 몰아보기하는 것에 대해, 어떤 커플둘다 70세가 넘은이 영화와 시리즈를 보려고 밤을 지새우는 것에 대해 들은 바 있다. 나는 나의 부모님이 열정적으로 〈못말리는 유모The Nanny〉 1993~1999, 〈여자의 향기와 커피 한 잔을〉을 보기 위해, 그리고 1960년대부터의 칸틴플라스Cantinflas, 멕시코의 유명 배우이자 가수. – 역자주 영화를 보기 위해 닌텐도 위Nintendo Wii와 애플TV의 인터페이스 사용법을 열렬히 배우는 것을 본 적 있다. 나는 애플TV와 넷플릭스 모두를 가지고 있지만 인터넷과 휴대폰 신호가 닿지 않는 곳으로 이사를 가게 되어 넷플릭스를 끊은 친구를 알고 있다.

마지막으로 나는 넷플릭스가 무엇인지조차 모르는 고소득 지인들에 대해 들은 바 있다. 왜냐하면 그들은 프리미엄 위성방송Sky 가입자였기 때문이다. 이야기는 나눠져 있지만, 그럼에도 불구하고 이들 이야기는 멕시코인들이 지금 텔레비전과 영화에 대한 접근을 인식하고 참가하는 방법에 보다 폭넓은 변화가 있음을 시사한다.

브랜드 인지

미국에서 넷플릭스는 DVD 대여와 훗날 스트리밍 비디오 콘텐트 배급으로 오랜 기간에 걸쳐 자신의 브랜드를 정립했다. 그러나 멕시코에서 넷플릭스는 현지 엔터테인먼트 이미지와 연결되어 있지 않은 완전히 새로운 브랜드였다. 일부 소수의 멕시코인들이 광대역망에 접속한다는 점을 염두에 두면, 넷플릭스 같은 서비스는 여전히 일반 국민들에게 특별한 경험으로 비춰질 수 있다. 회사는 이런 현실을 아주 일찍부터 파악하고 있었다. 2012년 1/4분기 주주 레터는 "그 지역에서 당장의 OTT 스트리밍 경쟁이 미약하기는 합니다만, 이렇게 OTT 경쟁이 없다는 것은 해적 행위와 유튜브는 제외하고 온디맨드 스트리밍 비디오 개념이 미성숙한 상태에서, 소비자의 이해를 돕고 우리의 스트리밍 서비스를 수용하게끔 하는 데 더 많은 수고를 해야 함을 뜻합니다"라고 설명했다.[44] 넷플릭스는 멕시코에서 브랜드 인지를 향상시키기 위해 2014년 "넷플릭스 만세!Vive Netflix, live Netflix"라는 광고 캠페인을 내놓았는데, 이것은 국가주의자들의 문구인 "멕시코 만세!Viva México!"를 상기시키는 것이다. 이 캠페인은 세 개의 스팟으로 구성되어 있다. 오리베Oribe, 할머니Abuelita, 그리고 버스Autobús 등이 그것이다. 이 캠페인은 넷플릭스가 어떻게 자신을 국내 시장 바깥의 시청자에게 제시하는지, 새로운 환경에 수용되기 위해서 어떤 문화적 특성을 활성화하는지를 엿보게 해준다.

1. 오리베Oribe: 2014년 브라질 월드컵이 끝나자마자 시작한 것으로 이 스팟은 멕시코 국가대표 축구팀의 스타 오리베 페랄타Oribe Peralta를 수연으로 한 것이다. 이 스팟은 스릴러의 제작관습으로 만들어졌다. 인기 있는 이 선수는 "너무 일찍" 집에 돌아와 그의 부인을 놀라게 한다. 부인이 그가 축 쳐져 있음을 알고 넷플릭스에서 〈오렌지〉의 두 번째 시즌을 볼 수 있다는 소식으로 그를 응원한다. 이 광고물은 월드컵 네덜란드와의 경기에서 충격적인 패배를 한 후의 국가적인 슬픔을 강조한다. 그것은 또한 사랑받는 축구 선수를 그리고 있으며 동시에 오리지널 콘텐트와 플랫폼의 접근가능성을 그리고 있다.

2. 할머니Abuelita 1, 2: 이 스팟의 첫 번째 버전은 영화 팬에 대한 눈짓이다. 카메라는 영화 〈샤이닝The Shining〉1980과 〈사이코Psycho〉1960의 교묘한 눈속임으로 안락의자에 앉아 있는 노파의 형체로 다가가는 세 발 자전거 위의 어린 소년을 따라간다. 보는 시점이 바뀌면서 그 모습은 태플릿에 연결된 고급 사양의 헤드폰을 끼고 있는 세련된 중년 아줌마인 것이 밝혀진다. 그녀는 소년에게 만화를 보고 싶은지 묻고 함께 시청할 수 있도록 그녀의 무릎에 아이를 앉힌다. 이 스팟의 주인공은 무료 지상파 텔레비전으로 텔레노벨라를 시청

하는 멕시코 할머니의 전형적인 이미지를 부정하는 한편, 이와 동시에 나이든 사람이나 어린이들 모두가 넷플릭스 플랫폼을 쉽게 이용할 수 있음을 보여준다. 이 스팟의 두 번째 버전 또한 뒤쪽에서 흔들의자로 다가가는 소년으로 시작한다. 하지만 이번에는 할머니가 이어폰을 끼고 잠들어 있고 소년이 그녀를 깨우려 하지만 반응을 보이지 않는다. 이 아이는 할머니가 죽었다고 생각해서 멀리 도망간다. 바로 그때 할머니가 깨어나서 미소를 머금은 채 〈하우스 오브 카드〉를 계속 시청한다. 다시금 이 두 번째 버전 역시 넷플릭스의 오리지널 콘텐트와 장년층에 의한 플랫폼 이용을 유머스럽게 홍보한다.

3. 버스Autobus: 이 스팟은 디지털 전송의 특성으로서 이동성에 초점을 맞춘다. 도시형 버스를 타고 있는 주인공 소년은 아름다운 소녀와 눈빛과 미소를 서로 주고받는다. 소년은 버스에서 내리지만 갑자기 돌아서서 "기다려!"라고 소리친다. 그런 후 버스 뒤를 뛰어간다. 소녀는 소년이 자신에게 말을 걸고 싶어 한다고 생각하지만, 곧 그가 시리즈물을 스트리밍하던 휴대폰을 놓고 내렸다는 것을 깨닫는다. 소년이 마침내 다시 버스에 올라탔을 때, 소녀는 손에 휴대폰을 쥐고 있다. 그래서 그들은 넷플릭스를 함께 보기 시작한다. 특별한 이 광고 이면의 주요 아이디어는 버스를 타는 젊은 사람들이 월 단위의 구독료를 실제로 지불할 수 있다는 것을 강조하는 행위유도성affordability이다.

"넷플릭스 만세!" 광고 캠페인은 그 브랜드가 2014년 미국 추수감사절 광고Airport에 적용한 할리우드 장르로맨스, 스릴러, 호러 등 관습과 캐나다에서의 캠페인 "꼭 받아야 해, 받으려면"The Proposal, Test Result와 같은 광고와 함께을 재치 있게 참조하여 사용하고 있다. 그러면서도 그것은 또한 멕시코 환경의 현지 얼굴을 보여주면서, 멕시코 공중들에게 그 시스템의 이점을 소개하고, 즉시적 접근, 쉬운 사용법, 어포던스 등 주요한 경험적 특성을 강조한다.

넷플릭스는 2015년 초반 인지도를 끌어올리는 또 다른 전략을 실행했다. 이 회사는 2014년 브라질에서 열린 이전의 콘테스트 모델에 이어 넷플릭스 상을 조직했는데, 그것은 SNS에서 시청자들을 글로벌 카탈로그가 될 자격이 있는 독립적인 멕시코 영화에 투표하도록 초대했다. 이 유인책은 9,454개의 트위터 이용자와 21,431 페이스북 이용자의 참여를 이끌어냈다. 그들은 2013년 영화 〈12초12 Segundos〉를 수상작으로 결정했다. 이 과정을 통해 넷플릭스는 현지 인재를 육성하는 동시에 멕시코 수용자의 선호도에 대한 통찰을 제공하는 핵심적인 데이터를 얻었다.

기존 점유 사업자들의 대응

여기 마지막 분석지점은 현지 기업들이 어떻게 넷플릭스의 멕시코 진출에 대해 대응했는가이다. 이것은 불법적인 경쟁과 합법적인 경쟁 모두를 고려한다. 따라서 나는 해적행위를 탐구하는 것을 시작으로 지금까지 구독자 VODsvod 시장에 뛰어들려고 결정한 현지 기업들에 대한 개관으로 끝맺고자 한다.

불법적 경쟁으로서 해적행위

2014년 11월 멕시코 방문에서 헤이스팅스는 해적행위는 넷플릭스의 핵심 경쟁자라고 말했다.[45] 이것은 여러 가지 이유로 사실이다. 첫째, 가장 기본적인 수준에서 해적행위는 이용자들이 이 서비스에서 완전히 멀어지게끔 한다. 만연된 해적행위는 멕시코 국민들을 새로운 콘텐트 출시가 있을 때 쉽게 접근권을 얻을 수 있다는 것에 익숙해지게 한다. 대부분의 영화는 거리에서 판매되는 DVD에서 매우 값싸게 볼 수 있고, 많은 멕시코인들은 최근에 개봉한 영화뿐만 아니라 가장 성공적인 텔레비전 시리즈 전체 시즌을 'PelículasID'와 'Cuevana2'와 같은 불법 스트리밍 사이트에서 손쉽게 시청할 수 있다는 것을 안다. 해적행위에 대한 법적인 규제 조항에도 불구하고, 개인 소비자에 대한 어떠한 실질적인 처벌이나 조사도 극히 미비하다. 결국 해적행위는 중산층과 상층부 사회 계급에서조차 널리 퍼져 있을 정도로 보통의 일로 간주되고 있다. 이런 태도는 마할리아 잭크먼Mahalia Jackman과 트로이 로드Troy Lorde가 자신들의 논문에서 진단한 국제적 수준의 파일 공유에서 나타나는 디지털 해적행위의 심리적·사회적·경제적 요인에서 찾아볼 수 있다. 그들은 해적행위가 범죄행위가 아니라, 인터넷이 범법자들에게 보이는 무심함으로 인해 생겨나는 희생자 없는 하찮은 위반쯤으로 간주한다고 설명한다.[46] 해적행위가 넷플릭스에 위협적인 두 번째 이유는 그것이 회사로 하여금 최근 상영작을 - 그래서 더 값비싼 - 포함하도록 강제하기 때문이다. 실제로 해당 서비스를 거절하는 첫 번째 이유 중 하나는 "인터넷에서 무료로 새로운 영화를 발견하는 데 왜 오래된 영화에 돈을 지불해야 하는가?"였다.[47] 그 결과 넷플릭스는 자신의 라이브러리를 업데이트하고, 보다 더 현지화하고, 보다 더 문화적으로 타당하게 유지하고자 애썼다.

넷플릭스는 이 이슈를 진즉에 깨달은 것으로 보인다. 왜냐하면 넷플릭스는 현지 콘텐트의 출시와 나란히 일부 신제품도 제공하기 시작했기 때문이다. 특별히 눈에 띄는 것은 〈헝거 게임 : 캐칭 파이어The Hunger Games: Catching Fire〉2013의 멕시코 출시를 위한 광고 캠페인이었다. 이 광고는 DVD 출시 당일 스트리밍이 가능하고 미국에서보다 5개월 일찍 볼 수 있다고 했다.[48] 이후 넷플릭스는 영화 극장에서 상영됨과 동시에 넷플릭스에서도 볼 수 있는 〈버틀러 : 대통령의 집사The Butler〉2013라는 영화를 만들었다. 회사는 성질 급한 현지 시청자들을 달래기 위해 특별히 고안된 이런 식의 움직임으로, 넷플릭스가 오래된 영화와 텔레비전을 보는 곳일 뿐이라는 생각을 바꾸고자 했다. 실제로 넷플릭스는 할리우드 스튜디오들이 오랫동안 멕시코에서 큰 기대를 받고 있는 영화에 적용했던 조기 개봉과 동일한 전략을 고수했다. 그것은 해적행위를 깨뜨리기 위해 그들이 미국보다 앞서 영화를 볼 수 있게 하는 것이다. 이런 움직임은 넷플릭스가 다른 공간에서는 다르게 운영한다는 것을 분명하게 보여주는 증거이다. 이 경우, 저작권이 엄격하게 집행되지 않는 곳과 그리고 사람들이 이미 최신의 콘텐트에 즉각적으로 접근하는 것에 익숙해진 곳, 바로 그런 시장에 맞춰가는 것을 말한다.

마지막으로, 해적행위는 자신들의 오리지널 작품을 불법적으로 유포함으로써 직접적으로 넷플릭스에게 고통을 가한다. 넷플릭스 오리지널 시리즈 〈하우스 오브 카드〉, 〈오렌지〉 그리고 〈마르코 폴로〉 등은 현지 경쟁사를 통해서 볼 수 없지만 'cuevana2.tv', 'miratuserie.tv', 'seriales.us', 그리고 'seriespepito.com' 등과 같은 이 지역의 인기 해적 스트리밍 웹사이트에서는 접속가능하다. 슬픈 일이지만 해적행위는 이미 멕시코 시청문화의 아주 많은 부문을 차지하고 있다. 넷플릭스는 자신의 브랜드와 오리지널 시리즈를 홍보하는 것, 그리고 가격을 저렴하게 유지하는 것 외에 이런 문화적 습관과 싸울 능력을 거의 가지고 있지 않다.

SVOD 시장을 위한 멕시코 경쟁자

넷플릭스가 멕시코에 왔을 때 그것은 월 단위 요금을 받는 최초의 스트리밍 서비스였고, 그런 종류의 서비스 시장을 열었다. 언론보도에 따르면, 유사한 서비스들이 수개월 내에 넷플릭스의 진출을 뒤따르면서 싹을 틔웠다. 현재 현지 기업과 글로벌 기업 모두를 포함해 멕시코에서 합법적으로 넷플릭스와 경쟁하는 기업들이 빠르게 성장하고 있다.[49] 멕시코 영토에서 텔레비전과 영화의 디지털

경쟁자	진출연도	모기업	비즈니스 모델	지리적 도달범위	월 요금	콘텐트
Netflix	09/2011-	Netflix, Inc.	SVOD	국제	(멕시코 페소 단위) $89 (1 스크린 SD) $99-109 (2 스크린 HD) $149 (4 스크린 HD)	영화와 텔레비전 -할리우드/국제/현지/현지 오리지널
Yuzu	09/2011-	Maxcom (Grupo Radio Centro)	SVOD + TV Everywhere	멕시코	$149	영화와 텔레비전 -할리우드/국제/성인물
Total Movie (서비스 종료)	11/2011-3/2014	TV Azteca (GrupoSalinas)	SVOD + PPV	남미	$107	영화와 텔레비전 -할리우드/국제
Klic (가입으로 확대)	05/2013-02/2015	Cinépolis (Organización Ramirez)	SVOD + PPV	멕시코	$89	영화 -할리우드/국제/현지
Claro Video	11/2013-	América Móvil	SVOD + PPV	남미	$69 (텔멕스 고객에게 1년 무상)	영화와 텔레비전 -할리우드/국제/현지/현지 오리지널
Veo (Blim에 통합)	01/2014-03/2015	Grupo Televisa	SVOD + TV Everywhere	멕시코	$99 (텔레비전 페이TV 고객에게는 $89)	영화와 텔레비전 -할리우드/국제/현지 오리지널
Blim	02/2016-	Grupo Televisa	SVOD	남미	$109	영화와 텔레비전 -할리우드/국제/현지 오리지널

전송과 관련된 완전한 기업 리스트는 인터넷을 통한 PPV 사업자예컨대, iTunes, PlayStation Video, TV Everywhere 시스템예컨대, Dish Móvil, Fox Play, HBO Go, Max Go, Blue to Go, Video Everywhere, 그리고 Crackle과 같은 광고기반 시스템 등이 포함된다. 그러나 이 글의 목적상 나는 나의 분석을 구독subscription 계획을 제공하는 멕시코 기업으로 — 독자적인 서비스일 수도 있고 PPV나 TV Everywhere와 같이 또 다른 모델의 혼합형일 수도 있는 — 한정했다. 이에 따라 6개의 메이저 경쟁자로 압축되는데, 위 표에서 보는 바와 같다출시 당시의 자료임. 나는 쉽게 비교하기 위해 넷플릭스도 표에 포함시켰다.

현지 경쟁 기업들은 규모와 도달범위 면에서 무척 다양하다. 초기 사업자인 Yuzu는 거의 알려져 있지 않은데, 멕시코의 중심 지역만을 커버하는 유료 텔레비전 시스템Maxcom Telecommunication으로 번들화되어 있다. 그루포 살리나스Grupo Salinas의 Total Movie는 채 3년도 되지 않아 갑작스레 문을 닫은 초기 시장 약탈자였다. 시네폴리스Cinépolis의 Klic은 2015년 2월 온라인 영화 대여월마트의 Vudu와 손잡고 사이트가 되면서 가입 서비스를 중단했다. 시작부터 Klic은 자신을 수상작 영화 수집자로 내세웠다. 그러므로 Klic은 텔레비전 시리즈를 제공하지 않았기 때문에 부차적인 경쟁자였을 뿐이었다. 이 모든 환경을 고려해 보면, 최후에 시작한 세 개의 서비스만이 — Claro Video, Veo, Blim — 가장 직접적으로 비교할 만한 가치가 있어 보인다. 이들 서비스들은 또한 보다 큰 미디어와 통신 대기업들의 방계로서, 멕시코와 라틴 아메리카의 넷플릭스에 실질적인 적수가 될 만큼 충분한 힘과 경쟁력을 가진 기업이다.

Claro Video

아메리카 모빌의 디지털 전송 서비스는 멕시코에서 2012년 11월 30일 개시했다.[50] Claro Video는 DLA Inc.를 통해 운영된다. 이 기업은 2011년 하반기에 아메리카 모빌이 자신의 통신 비즈니스를 OTT 서비스로 가져가기 위해 구매한 것으로, 마이애미에 본사를 두고 있고 디지털 콘텐트로 특화되어 있다.[51] 멕시코에서 Claro Video는 월 69페소로 신용카드/직불카드로 지불할 수도 있고 자매 기업인 텔멕스의 전화 청구서에 묶어서 지불할 수도 있다. 실제로 개시할 당시 텔멕스는 자신의 모든 광대역망 가입자에게 Claro Video을 1년 동안 무상으로 이용할 수 있는 시험판을 제공했다. 그 제공은 텔멕스가 2015년 1월 결국 아메리카 모빌을 텔레비사와 직접 경쟁하게 한 새로운 방송통신법의 시행으로 재개한 것이었다.

넷플릭스보다 더 낮은 가격 외에 이 경쟁자의 강점 중 하나는 우편 청구 서비스이다. 과거에 텔멕스는 유료 텔레비전 시스템인 Dish로 고객들을 유인하기 위해 이 모델을 사용했는데, 이에 따라 케이블 회사의 수중에서 상당한 수준의 시장을 빠르게 빼앗았다. Claro Video는 지금 똑같은 전략을 – 아주 낮은 가격, 텔멕스 청구 시스템을 통한 직접 우편 발송, 그리고 그 회사에서 제공하는 다른 특화 서비스와의 편리한 묶음 상품 등 – 적용하고 있는 것으로 보인다.

아메리카 모빌은 이미 멕시코에서 넷플릭스에게 만만찮은 적수가 되고 있다. 왜냐하면 그것이 텔멕스의 920만 광대역 가입자의 포로가 된 수용자에게 직접적으로 제공하고 있기 때문이다.[52] 실제로 이들 가입자들이 월간 청구서를 첨부한 홍보자료를 통해 그 서비스에 지속적으로 노출되었던 것으로 보아, 그들은 아메리카 모빌의 예상 이용자 리스트에 자동적으로 이름이 추가되었다. 결제 방식에 대한 넷플릭스의 우려를 고려하면, 우편 요금 청구서는 결정적인 장점이다. 그에 따라 멕시코 시장에서 Claro Video가 빠르게 시장침투를 할 수 있다. 그 외에 이 기업은 휴대폰 서비스 Telcel의 7,180만 고객 모두에게 한 달간의 무료 서비스를 제공하고 있다.[53]

더 나아가 아메리카 모빌은 "아메리카 지역에서 가장 큰 휴대폰 회사"인데, 이것은 그 회사가 SVOD 영역에서 지역 내 영향력자가 되도록 성장할 수 있음을 뜻한다.[54] Claro Video가 개시되던 시점에 블룸버그는 "라틴 아메리카 텔레비전 업계는 전화기와 인터넷 서비스에서 아메리카 모빌의 지배력을 염려하여 아메리카 모빌의 시장 진출에 대해 우려의 목소리를 높였다"라고 보도했다.[55] 2016년 중반 컨설팅 업체 데이터식스Dataxis 보고서는 Claro Video를 그 지역의 멕시코, 콜롬비아, 칠레, 브라질, 그리고 많은 여타 국가에서 볼 수 있는 두 번째로 가장 인기 있는 SVOD 사업자로 위치지었다.[56]

2014년까지 Claro Video는 주로 BBC 작품과 스페인 시리즈, 일본 애니메이션 등을 포함하여 할리우드 작품과 국제적인 상영작의 애그리게이터aggregator였기 때문에 현지 콘텐트가 가장 큰 약점이었다. 그것의 모기업은 기본적으로 시리즈 형식의 픽션 제작에 개입하지 않았고, 그 나라의 어떤 종류의 영화나 텔레비전 스튜디오와의 관계도 알려져 있지 않은 통신회사였다. 그러나 2015년 11월 Claro Video는 〈엘 토리토El Torito〉2015~라는 첫 번째 오리지널 작품을 출시했다. 멕시코 거대 통신업체가 비용의 문제에 개의치 않고 넷플릭스 모델을 따르겠다고 결정했던 것으로 보인다[57]

Veo와 Blim

텔레비사는 멕시코에서 두 종류의 OTT 브랜드를 론칭했다. 첫 번째가 Veo로서 전국 800만명의 유료 TV 서비스 Cablevisión, Cablemás, Sky 회원들을 위해 TV Everywhere 서비스로 제공했다.[58] 2016년 2월 텔레비사는 해당 지역의 SVOD 서비스 Blim 서비스를 시작한다고 발표했다. 이 서비스는 라틴아메리카 전체 지역에서 이용가능하다. 멕시코에서 이 두 서비스는 할리우드와 국제적인 영화, 텔레비전은 물론, 텔레비사의 카탈로그 타이틀과 새로운 작품들을 취급할 수 있었기 때문에 대규모의 현지 콘텐트를 제공했다. 2016년 첫 3개월 만에 Blim이 Veo를 대체했다. 또한 Veo와 Blim의 모회사가 멕시코에서 가장 큰 영향력자라서, 대량의 시청자들에게 텔레노벨라, 스포츠, 리얼리티 쇼, 뉴스캐스트 등을 보낼 수 있다는 점도 유념해야 한다. 2013년 6월 이후 Nielsen-IBOPE의 계산에 따르면, "텔레비사 채널의 수용자 점유율은 43.3%이고, 그 뒤로 케이블/위성방송이 27.4%, TV 아즈테카가 19.5%로 뒤따르고 있다."[59] 이에 따르면, 그것은 미국의 히스패닉 시장을 포함해 지리언어학적 지역을 통틀어 강력한 발판을 가진, 멕시코 텔레비전에 있어서 지금까지 가장 중요한 현지 콘텐트 생산자이고 세계에서 가장 큰 스페인어 콘텐트 창작자 중 하나이다.[60]

확실히 콘텐트는 SVOD 영역 경쟁자로서 텔레비사의 가장 강력한 부문일 것이다. 넷플릭스와 협상하던 시기에 발표된 언론보도에서, 이 멕시코 회사는 콘텐트가 "디지털 배급을 통해 5만 시간 이상의 콘텐트 라이브러리를 수익화하려는 텔레비사의 계획에서 중요한 첫 번째 단계"라고 발표했다.[61] Veo와 Blim은 논리적으로 그 다음의 단계였던 것으로 보인다. 이미 2016년 중반까지 Blim은 지상파 TV예컨대 코미디 〈관료Burócratas〉2016~, 〈40y20〉2016~, 그리고 텔레노벨라 〈야고Yago〉2016~로 방송되기 전부터 독점적인 콘텐트를 제공하고 있었는데, 이는 국가의 시청 창구를 상당한 수준에서 변화시킬 수 있는 움직임이었다.

만약 내가 아메리카 미디어 회사들을 서로 비교해야 한다면, 텔레비사는 멕시코의 컴캐스트와 동급일 것이다. 최근의 법률 개정 덕분에 텔레비사는 수직적 통합을 이뤄냈다. 이에 따라 텔레비사는 위성과 케이블 기반시설에 큰 관심을 가지게 되었고, 멕시코의 미디어 생산에 있어 선도적인 회사를 소유하게 되었으며, 지금은 Izzi 텔레콤이라는 브랜드로 전화와 인터넷, 디지털 콘텐트 묶음상품도 제공할 수 있게 되었다. 게다가 텔레비사는 방송채널, 편집물, 케이블 아울렛 등을 통해 잘 기름질 된 광고 머신을 소유하고 있어서 브랜드 인지도의 차별화를 꾀하고, 새로운 채택자들을 SVOD

기술로 유인해낼 수 있다. 마지막으로 중요한 것은 텔레비사가 연방정부와 "공통의 이해관계"라는 것이다. 텔레비사는 엔리케 페냐 니에토Enrique Peña Nieto가 대통령직에 오르는 데 도움을 준 것에 대한 보상으로 편애를 받고 있다고 계속해서 비난받아 왔다.[62] 이 마지막 요소는 향후 디지털 전송 사업에 대한 규제에서 매우 중요해질 수 있다.

넷플릭스는 텔레비사의 주력 사업인 방송에 직접적인 위협이 되지 않는 한 카탈로그 콘텐트의 부수적인 수입원으로, 그리고 마이클 커틴Michael Curtin과 제니퍼 홀트Jennifer Holt, 케빈 샌슨Kevin Sanson 등이 이 기업과 아메리카 지역 콘텐트 제공업체와의 관계를 특징지으면서 사용한 용어였던 "불편한 동맹"으로 남아 있을 수 있다.[63] 멕시코 미디어 환경에서 여러 조건들이 바뀌기 시작할 때 – 공개 텔레비전이 2013년 이래 수용자의 15%를 잃어버렸을 때 – 지역의 거대 기업들 또한 자신의 포지션을 바꾸면서 협력의 종언을 선언했다.[64]

현지 경쟁에 맞서는 넷플릭스의 강점

지역 내 점유 사업자들의 경쟁우위를 고찰한 후에는 멕시코에서 넷플릭스가 가지고 있는 강점을 탐구하는 것이 유용하다. 기술적인 측면에서 볼 때, 이 서비스는 비디오 게임 콘솔, 스마트 텔레비전, 태블릿, 컴퓨터, 휴대폰, 애플 TV, 그리고 로쿠 등 가장 광범위한 플랫폼에서 이용 가능하다. 그러므로 대부분의 장비에서 해당 서비스로 접근하는 데 기여한 애플리케이션이 무엇인지를 찾는 것은 매우 단순하다. 아직 응용 프로그램이 초기 개발 단계에 있는 현지 경쟁자들의 경우는 그렇지가 못하다. 더욱이 넷플릭스는 가장 혁신적인 이용자 인터페이스를 제공한다. 그것은 떠오르는 후발 서비스의 기본 모델이 될 정도의 수준이다. 시리즈의 다음 회 연속 시청을 보다 쉽게 해주는 "후 재생"과 같은 기능은 이미 라이벌 서비스에서 모방하고 있다.

수용자에 대한 다방면의 지식은 그것이 알고리즘에 입각한 콘텐트 추천을 제공하기 때문에 넷플릭스의 주요 강점이다. 이로 인해 점점 더 수용자 만족도와 충성도가 향상되고 있다. 프로필 피처를 가지고 추천하는 것은 계정을 공유하는 그들 시청자에게 훨씬 더 정확해지고 있다. 넷플릭스의 고도화된 추적 툴은 그 회사가 사람들이 가장 많이 시청하는 것이 무엇인지 정확하게 알 수 있게 한다. 이는 특히 권리를 구매하고 오리지널 콘텐트를 제작하는 데 생생한 정보를 제공하기 때문에, 차별적인 문화적 특성을 지닌 시장에서 결정적인 요인이다.

최근 넷플릭스는 소셜 네트워크 플랫폼과 보다 큰 통합을 보여주었다. 이용자가 자신이 최근에 본 것을 공유하게 해줄 뿐만 아니라 친구들에게 콘텐트를 추천할 수 있게 해주었다. 이렇게 넷플릭스는 자신들의 이용자와 그들의 사회적 네트워크에 대해 더 많은 데이터를 모으는 데 보다 유리한 위치를 가지게 되었다. 두 말할 필요도 없이 이용자의 참여적 활동은 서비스 자체를 매우 좋게 만든다. 마지막으로, 넷플릭스의 오리지널 콘텐트와 할리우드와의 그 연계점은 핵심적인 강점이 되었다. 왜냐하면 이 회사가 영화와 텔레비전의 주류 생산자와 연계를 맺고 있는 미국 미디어 회사라는 명성을 가지고 있기 때문이다. 이러한 인식은 Blim의 진입 과정에서 확인되었는데, 그 때 텔레비사 시리즈와 새로운 서비스를 조롱하는 수 십 개의 밈이 웹에서 범람했었다.

넷플릭스의 현재 위치

2014년 11월 넷플릭스의 CEO 헤이스팅스는 멕시코 시티 여행 중에 넷플릭스 서비스가 라틴 아메리카를 통틀어 500만 가입자에 이르렀다고 발표했다. 거기서 그는 "광대역 가구와 인터넷 연결 면에서 세계에서 가장 빠르게 성장하는 곳 중 하나"이기 때문에, 라틴아메리카 지역이 계속해서 전략적으로 우선시된다고 분명히 했다.[65] 브라질과 함께 멕시코는 향후 OTT 서비스의 거대한 성장 잠재력을 보여주는 가장 큰 시장 중 하나이다. 데이터식스에 따르면, 멕시코에서 OTT 가입은 2013년에서 2014년 한 해 동안 121% 성장했다. 또한 Digital TV Research는 해당 지역에서 넷플릭스 가입자가 2012년 12월 이래 18개월 동안 256% 성장했다고 말했다.[66] 멕시코에서 넷플릭스의 현재 위치는 비록 Claro Video

가 빠르게 저변을 다지고 있지만 여전히 매우 긍정적으로 보인다. 2014년 6월 레포르마Reforma는 넷플릭스가 멕시코 OTT 시장을 68% 지배하고 있다고 보도했다. 그 뒤를 Claro Video가 10%로 멀리서 뒤따르고 있다애플의 아이튠스와 Veo는 각각 8%, 6%로 그 다음 가장 근접한 경쟁자들이었다. 데이터식스는 2015년 1월까지 "넷플릭스는 64%, Claro Video는 32%의 시장 점유율을 보였다"고 말했다.[67] 그러면서 "6월 말까지 Claro Video는 39.7%로 상승한 데 반해, 미국 회사는 55.7%로 떨어졌다"고 말했다.[68] 하지만 이런 수치는 적어도 Claro Video가 무상으로 서비스를 제공하는 해가 끝날 때까지 주의해서 읽어야 한다. 후자의 서비스는 너무 저렴해서 많은 가구들이 동시에 두 OTT 서비스 모두를 쉽게 둘 수 있다. 멕시코에서의 시장 지배력에도 불구하고, 넷플릭스가 재정적 측면에서 지속가능성에 도달했는지는 아직 분명하게 밝히지 않고 있다. 2014년 3/4분기 투자자 레터에서 그 회사는 "올해 이전에 론칭한 그곳의 국제 시장은 현재 기여 기준에서 집합적으로 이익을 내고 있어서 우리가 새로운 시장에 자금을 조달하는 데 계속해서 도움이 될 것입니다"라고 말했지만 멕시코에 대한 특별한 정보는 없었다.[69]

경쟁과 관련해 볼 때, 넷플릭스는 아주 좋은 때에 그리고 자신이 견고하게 안정된 상태에서 멕시코 미디어 시장에 진입했지만, 현지 회사와의 진짜 싸움은 이제 막 시작한 상태이다. 현지의 거대 미디어이자 통신업자인 텔레비사와 아메리카 모빌은 넷플릭스가 직면했던 도전에서 배우고자 참고 기다렸다. 다시 말해, 그들은 넷플릭스 모델을 흉내냈고, 그런 다음 케이블/위성방송 가입자 기반, 광고 수입, 청구 서비스 등 방송 아울렛에서 현지의 강점을 활용한 자신들만의 서비스들을 출범했다. 멕시코의 모든 경쟁자 중에서 이들 두 회사는 현지에서나, 심지어 전체 라틴아메리카 지역 수준에서 넷플릭스로부터 상당한 비율을 빼앗을 수 있는 위치에 있다. 아메리카 모빌이 통신 분야에서 기왕의 지배적인 영향력자라면, 텔레비사는 현지의 취향과 자신에게 유리한 정치적 힘에 맞춰진 오리지널 콘텐트를 보유하고 있다. 성장하는 멕시코 OTT 시장에서 새로운 가입을 위한 진짜 경쟁은 넷플릭스와 Claro Video, Blim 사이에서 벌어질 것으로 기대된다본문과 달리 지난 3년간 멕시코 시장의 변화는 토종 OTT의 약세, 넷플릭스의 우세로 귀결된다. The Competitive Intelligence Unit의 조사에 따르면, 텔레비사의 Blim 서비스는 2016년 12월 이미 Claro Video를 제치고 사용자 17.5%를 차지했으며 아메리카 모빌의 플랫폼은 6월 말 28.7%에서 3분기 말 9.3%로 떨어졌다. Blim은 2015년 5월 1.5%에서 점유율을 높였다. 동일한 조사 그룹의 2018년 말 자료에 의하면, 넷플릭스는 그해 하반기 830만 가입자로 SVOD 시장의 80%를 차지한다. 이는 당시 멕시코 케이블 유료 TV 가입자 전체에 맞먹는 수치이다. 예측이 쉽지 않은 변화무쌍한 OTT 시장의 단면을 엿볼 수 있다. ─역자 주.

결론: 글로벌한 것과 현지의 것의 균형잡기

　　넷플릭스는 멕시코와 라틴아메리카 시장에서 맞닥뜨린 도전에 적응하기에 충분할 정도의 융통성을 보여주었다. 비즈니스 모델은 대금 청구와 관련된 몇 가지 제공방식과 함께 대체로 똑같이 적용했다. 가격은 낮은 상태로 유지했고 계정을 유연성 있게 사용하여

가족이나 친구들과 공유할 수 있게 허용했다. 이런 실무적 관행의 전환은 넷플릭스에게 시청 습관과 선호에 대한 광범위한 데이터를 제공했다. 멕시코 미디어 환경에 미친 넷플릭스의 충격은 이미 가시적이다. 미국 영화와 텔레비전 시리즈의 배급주기를 바꾸었고, 콘텐트 전송에서, 특히 유료 TV 시스템 콘텐트에서 현지 기업의 패권을 적어도 어느 정도까지 깨트려 놓았다. 보다 폭넓은 수준에서 볼 때, 넷플릭스는 거대 현지 미디어와 통신 기업들이 디지털 전송 비즈니스에 대한 욕구를 가지게끔 자극하는 글로벌 신생기업이다. 스페인어로 제작된 현지 콘텐트를 포함해 독점 콘텐트와 오리지널 콘텐트는 넷플릭스가 지속적인 성장을 위해 선택한 최선인 것으로 보인다. 높은 "문화적 근접성"의 콘텐트를 제공하는 현지화 전략은 이미 넷플릭스를 멕시코 미디어 생산자들의 직접적인 경쟁자가 되게 했다. 그것은 또한 브랜드 인지도를 높이고, 국가와 지역에서 향후 추가될 새로운 광대역 사용자들 사이에서 자신을 대중화하는 데 효과를 볼 것이다.

　멕시코에서 넷플릭스의 존재를 둘러싼 모든 요인들의 분석에서 나타나는 근원적인 주제는 디지털 유통의 새로운 틀에서 현지의 것the local과 지역의 것the regional, 그리고 글로벌한 것the global의 절합 articulation 이다 절합 또는 접합으로 번역되는 articulation은 서로 분리된 것의 결합 또는 분리를 통해 의미를 생성 또는 재생성하는 것을 일컫는다. 동물의 소리와 달리 인간의 언어가 음소로 절합된 것이라 할 때, 현지적인 것 또는 지역적인 것과 글로벌적인 것의 유기적인 절합 방식이 곧 글로벌 시대 OTT 콘텐트 사업의 핵심 전략이다. ‒역자 주. 넷플릭스가 그 나라에서 하는 것, 다시 말해 비즈니스 모델의 적용부터 콘텐트 제작에 이르기까지 모든 수준에서 하고 있는 것은 정교한 현지화 과정이다. 하지만 이 특별한 사례에서 적용된 많은 콘텐트들은 또한 스페인어를 사용하는 아메리카미국을 포함해의 모든 지리언어학적 지역에서도 통해야 한다. 넷플릭스는 멕시코를 전체 지리언어학적 지역에 도달하기 위한 플랫폼 중 하나로 활용하는데, 그것은 미디어 수출국으로서 멕시코의 전통적인 지위 위에 구축하는 것이다. 그런 의미에서 〈클럽 디 쿠에르보스〉의 제작은 히스패닉 라틴 아메리카의 모든 사람들에게 친근한 재능과 주제를 활용하는 지역적 비전을 가진 전략으로 보인다.

멕시코에서 넷플릭스는 새로운 시장에 진출하고, 그들의 문화와 접촉하고, 그 과정에 의해 변화되는 글로벌 기업을 연구하기에 좋은 사례이다. 오늘날 넷플릭스는 현지의 인재와 지역적 취향을 가진 능숙한 콘텐트 선별자를 지원하는 이중의 영향력 있는 커미셔너의 역할을 맡고 있다. 성급하게 말하는 것이지만, 문화적 관점에서 보면 라틴 아메리카는 넷플릭스가 매우 차별적인 문화와 강한 현지 제작자가 있는예컨대 프랑스, 스페인, 이탈리아 등 다른 시장으로의 진출 준비를 위해 다양한 현지화 전략을 시험해 볼 수 있는 실험실로 기능했을지도 모른다. 거기에 더해 넷플릭스는 멕시코와 라틴아메리카를 위한 현지화에 힘쓰는 한편, 현지의 풍미가 더해진 강력한 고품질의 스토리를 창작함으로써, 국내 시장에서는 물론이거니와 전 세계의 수용자를 끌어들일 수 있다는 것을 발견했다. 이는 넷플릭스의 미래 성장을 위해 중요한 전략이다.[70]

글로벌/현지의 역학은 또 다른 이슈를 통해서도 드러난다. 무척이나 재미있게도 누군가가 오직 콘텐트에 기반를 두고 Claro Video

의 국적을 추측해야 했다면 그것은 글로벌한 것으로 간주될 것이다. 그에 반해 넷플릭스의 피드는 보다 "멕시코적"아니면 적어도 라틴아메리카적이라고 느낄 것이다. 왜냐하면 보다 문화적으로 근접하고, 그럼으로써 보다 스며들 수 있도록 글로벌과 현지 간의 균형을 위해 노력하기 때문이다. 현지 기업이 할리우드와 국제 상영물에 베팅을 할 때 가장 글로벌한 SVOD 기업은 현지 문화를 자신의 동맹으로 만들었다.

한편으로 넷플릭스 같은 서비스는 멕시코 시청자들에게 최근의 영국 미니시리즈, 브라질 영화, 스페인 시리즈, 콜롬비아 텔레노벨라 등과 같이 예전에는 보지 않았던 온디맨드 콘텐트를 보게 한다. 전 지구적 확장으로 넷플릭스가 제공하는 다양한 콘텐트는 더 많이 팽창할 것으로 기대된다. 이것이 접근성에서 주요한 변화인데, 이는 전통적인 사업자들에게 두 가지 전선에서 위협적이다. 첫째, 새로운 타이틀의 출시 시간을 조절하기 때문에 게이트키핑 기능을 갉아먹는다. 둘째, 수용자들의 취향에 변화를 가져와 미래의 현지 제작을 위한 새로운 요건을 양산한다. 다른 한편으로, 모든 SVOD 사업자들은 그들의 서비스를 유지하기 위해 주류 할리우드에 과도하게 의존함으로써, 현지 수용자들을 해적행위 없이 안전하고, 값싸며, 합법적이고, 손쉬운 방식으로 미국 콘텐트에 접근할 수 있게 한다. 결과적으로 이것은 미국 상영작에 대한 기존의 두드러진 선호를 강화할 수 있다.[71] 이렇게 복잡한 시나리오는 디지털 배급의 새로운 영역에서 현지의 힘과 글로벌의 힘이 부딪히는 것에서 발생한다. 실제로 멕시코에서 넷플릭스의 시작은 이미 그 국가 내의 영화와 텔레비전 콘텐트 소비와 관련해 보다 폭넓은 문화적 역학에 영향을 미쳤다. 전 세계에 쉼 없이 배급이 이뤄짐에 따라, 라틴 아메리카와 같은 사례 연구는 넷플릭스가 얼마나 더 지배적인 문화산업의 세력으로 성장할 것인지에 대한 청사진을 보여줄 것으로 보인다.

지은이 소개

조이미 베이커 Djoymi Baker는 호주의 스윈번공과대학교, 멜버른대학교에서 강의한다. 그녀는 《The Encyclopedia of Epic Films》2014의 저자이다. 그녀의 작업은 《Popular Culture Review, Senses of Cinema》 같은 저널에 수록되었고, 《Millennial Mythmaking》, 《Star Trek as Myth》모두 2010 콜렉션을 편집했다.

코리 바커 Cory Barker는 인디애나대학교의 커뮤니케이션과 문화학과의 박사 과정을 거치고 현재 브래들리대학교의 교수로 재직 중이다. 그의 연구는 텔레비전과 소셜미디어의 교차점, 특히 현대 텔레비전 네트워크가 어떻게 핵심적인 산업적 전략의 재확정을 위해 소셜미디어를 이용하는지에 초점을 두고 있다. 그의 작업은 《Television & New Media》, 《The Popular Culture Studies Journal》, 《The Projector》 등에 수록되었다.

마리아 비안치니 Maíra Bianchini는 브라질의 바히아연방대학교UFBA; Federal University of Bahia의 현대 커뮤니케이션과 문화 후기 대학원 프로그램 박사 과정생이다. 그녀는 또한 UFBA의 텔레비전 픽션 분석 연구소A-Tevê 회원이기도 하다.

엘리아 마르가리타 코넬리오 마리 Elia Margarita Cornelio-Mari는 멕시코

빌라에르모사에 있는 타바스코 후아레스 자치대학의 조교수이다. 그녀의 주요 연구 분야는 여러 나라를 가로지르는 텔레비전의 흐름이다. 특히 국내 시청자들이 외국 프로그램을 어떻게 이해하는지에 강조점을 두고 있다.

조셉 도니카 Joseph Donica는 뉴욕시립대학교의 브롱스 공동체대학에서 영문학 조교수이다. 그는 미국문학, 문학비평, 이론과 작문을 가르친다. 그는 미국 건축, 9/11 문학, 아랍 미국문학, 허리케인 카트리나, 그리고 장애 연구에 대한 책을 출판했다.《Superhero Synergies》2014 공동 편집자이다. 그의 작업은《Communication and Critical/Cultural Studies》,《Television & New Media》,《New Media and Society》등에서 출판되었다.

제임스 N. 길모어 James N. Gilmore 인디애나대학교 커뮤니케이션과 문화학과 박사과정생이다. 그는《Superhero Synergies》2014의 공동 편집자이다. 그의 작업은《Communication and Critical/Cultural Studies》,《Television & New Media》,《New Media and Society》등에 출판되었다.

저스틴 그랜디네티 Justin Grandinetti는 노스캐롤라이나 주립대학교의 커뮤니케이션, 레토릭과 디지털 미디어학과의 박사 과정생이다. 그의 작업은 새로운 커뮤니케이션 테크놀로지와 관련한 네트워크, 이동성, 환경감시, 빅데이터, 디바이드와 통제 등에 초점을 두고 있다. 그는 스트리밍 미디어를 아상블라주로 이해하는 미디어 고고학적 접근방식을 취하고 있다.

마리아 카르멘 야콥 드 수자 Maria Carmem Jacob de Souza는 바히아연방대학교UFBA; Federal University of Bahia의 커뮤니케이션학과, 현대 커뮤니케이션과 문화 후기 대학원 프로그램의 교수이다. 그녀는 또한 UFBA 텔레비전 픽션 분석 연구소A-Tevê의 코디네이터이기도 하다.

앨리슨 N. 노박 Alison N. Novak은 로완대학교 홍보 및 광고학과의 조교수이다. 그녀의 작업은 미디어와 정치에 있어서 밀레니얼 세대의 참여를 탐구한다. 그녀는 《Media, Millennials, and Politics》2016의 저자이고, 《First Monday》, 《Review of Communication and The Journal of Information》, 《Technology, & Politics》 등에 게재했다.

마리아 산 필리포 Maria San Filippo는 가우처대학의 커뮤니케이션과 미디어 연구의 조교수이자, 《The B Word: Bisexuality in Contemporary Film and Television》2013의 저자이다. 이 책은 람다 문학상Lambda Literary Award을 수상했다. 그녀는 21세기 영화 매체의 성적 도발에 대해 새로운 책 프로젝트를 진행 중이다.

에밀 스타이너 Emil Steiner는 템플대학교의 미디어와 커뮤니케이션 대학의 박사 과정생이다. 그는 《The Washington Post》의 편집자이자 리포터로 활동했으며 2008년 퓰리처 특종보도상을 수상한 뉴스룸의 멤버이기도 하다. 그는 BBC, CNN, MSNBC, NPR 등의 방송에 출연하기도 했다.

비비 테오도로파울루 Vivi Theodoropoulou는 사이퍼러스공과대학교의 커뮤니케이션과 인터넷 연구학과에서 연구원이자 네아폴리스대학교 파포스의 방문강사다. 그녀는 뉴미디어와 문화 양식, 팬덤, 뉴미디어와 일상생활, 미디어 진화, 그리고 디지털 엔터테인먼트에서 빅데이터와 알고리즘 커뮤니케이션의 사회적 차원에 대해 관심을 두고 있다.

마이크 비아트로스키 Myc Wiatrowski는 인디애나대학교의 민속과 윤리학과의 학술 고문 겸 부강사이다. 그의 연구 분야는 민속학과 인터넷, 설화문학, 대중문화와 정치학, 민속의학과 인권, 비판적 민족학 등이다.

미주

프롤로그

1   Nathan mcAlone, "Netflix Just launched in 130 more countries, and the stock Is soaring," Business Insider, January 6, 2016, accessed January 20, 2017, http://www.businessinsider. com/netflix-just-launched-in-130-countries-more-countries-2016-1.

2   Jeff dunn, "Netflix Is Booming on the Back of subscribers outside of the u.s.," Business Insider, october 18, 2016, accessed January 20, 2017, http://www.businessinsider.com/ netflix-subscribers-us-international-chart-2016-10.

3   According to the october 2016 quarterly report, Netflix vowed to spend more than $6 billion on its original series productions in 2017. see lauren gensler, "Netflix Is still spending money like There's No Tomorrow," Forbes, october 18, 2016, accessed January 20, 2017, http://www.forbes.com/sites/laurengensler/2016/10/18/netflix-cash-flow-original-content/ #6fdd970a4f52.

4   Cynthia littleton, "NBc embraces Binge- Viewing, releasing All 'Aquarius' episodes online After Premiere," Variety, April 29, 2015, accessed January 20, 2017, http://variety.com/2015/ tv/news/nbc-embraces-binge-viewing-releasing-all-aquarius-episodes-onlineafter-premiere-1201484383/.

5   "Cutting the cord," The Economist, July 16, 2016, accessed January 20, 2017, http:// www.economist.com/news/business/21702177-television-last-having-its-digital-revolutionmoment-cutting-cord.

6   For more on the progress of cable's attempts to combat Netflix see daniel B. kline,"can Netflix save cable?" The Motley Fool, November 7, 2016, accessed January 20, 2017, https:// www.fool.com/investing/2016/11/07/can-netflix-save-cable.aspx and kenneth ziffren, "How TV can Weather the 'skinny Bundle' storm of streaming services," The Hollywood Reporter, october 13, 2016, accessed January 20, 2017, http://www.hollywood reporter. com/news/ how-tv-can-weather-skinny-937142.

7   Derek kompare, "Past media, Present flows," Flow 21 (2014), https://www.flowjournal. org/2014/09/past-media-present-flows/.

8   Edward Wyatt and Noam cohen, "comcast and Netflix reach deal on service," New York Times, february 23, 2014, accessed January 20, 2017, https://www.nytimes.com/2014/02/24/ business/media/comcast-and-netflix-reach-a-streaming-agreement.html?_r=0.

9   Julia Alexander, "Netflix's chief Has every right to Be Worried About Net Neutrality in a Trump Administration," Polygon, december 1, 2016, accessed January 20, 2017, http:// www.polygon.com/2016/12/1/13806052/netflix-streaming-net-neutrality-att.

10 Julia greenberg, "Netflix's VPN Ban Isn't good for Anyone—especially Netflix," Wired, January 16, 2016, accessed January 20, 2017, https://www.wired.com/2016/01/netflixs-vpn-ban-isnt-good-for-anyone-especially-netflix/; evan elkins, "The united states of America: geoblocking in a Privileged market," in Geoblocking and Global Video Cultures, ed. ramon

lobato and James meese (Amsterdam: Institute of Networked cultures, 2016), 190–199.

11 Mike mcPhate, "california Today: fretting over the 'Netflix Tax,'" New York Times, November 28, 2016, accessed January 20, 2017, https://www.nytimes.com/2016/11/28/us/california-today-netflix-tax–video-streaming.html; roberto Baldwin, "chicago kicks in 'cloud Tax' on streaming services like Netflix," Engadget, July 2, 2015, accessed January 20, 2017, https://www.engadget.com/2015/07/02/chicago-netflix-tax/.

12 Lisa gitelman, Always Already New: Media, History, and the Data of Culture (cambridge: mIT Press, 2006), 5.

13 Ibid., 7

1부

Chapter 1

1 Andy Greenwald, "isolated Power," Grantland, March 6, 2013, accessed november 3, 2014, http://grantland.com/features/netflix-house-cards-gamble/.

2 Ralph Cintron, "'Gates locked' and the Violence of fixation," in Towards a Rhetoric of Everyday Life: New Directions in Research on Writing, Text, and Discourse, ed. Martinnystrand and John Duffy (Madison: university of Wisconsin Press, 2003), 14.

3 Gerard Hauser, "attending the Vernacular. a Plea for an ethnographical rhetoric," in The Rhetorical Emergence of Culture, ed. Christian Meyer and felix Girke (new York: Berghahn Books, 2011), 164.

4 Hauser, "attending the Vernacular," 169.

5 Kelly West, "unsurprising: netflix survey indicates People like to Binge- Watch tV," Cinema Blend, 2014, accessed October 27, 2015, http://www.cinemablend.com/television/unsurprising-netflix-survey-indicates-People-like-to-Binge-Watch-tV-61045.html.

6 Andrew romano, "Why You're addicted to tV," Newsweek, May 15, 2013, accessed november 3, 2014, http://www.newsweek.com/2013/05/15/why-youre-addicted-tv-237340.html.

7 Ibid.

8 Paul Booth, "Memories, temporalities, fictions: temporal Displacement in Contemporary television," Television & New Media 12.4 (2011): 373.

9 Cintron, "'Gates locked' and the Violence of fixation," 5.

10 Lilly irani, robin Jeffries, and andrea Knight, "rhythms and Plasticity: television temporality at Home," Personal & Ubiquitous Computing 14.7 (2010): 621.

11 Booth, "Memories, temporalities, fictions," 375.

12 Irani, Jeffries, and Knight, "rhythms and Plasticity," 631.

13 Ibid., 630.

14 Ibid., 622.

15 Gerard Hauser and erin Daina McClellan, "Vernacular rhetoric and social Movements: Performances and resistance in the rhetoric of the everyday," in Active Rhetoric:Composing A Rhetoric of Social Movements, ed. sharon Mackenzie stevens and Patricia M.Malesh

(albany: state university of new York Press, 2009), 29.

16 Rembert Browne, "Who Won 2013?" Grantland, December 30, 2013, accessed november 3, 2014, http://grantland.com/features/rembert-browne-year-end-bracket/.

17 Greenwald, "the Year tV Got small," Grantland, December 18, 2013, accessed november 3, 2014, http://grantland.com/features/breaking-bad-black-mirror-year-television/.

18 Greenwald, "the Great Orange Is the New Black is suddenly the Best netflix series Yet," Grantland, July 15, 2013, accessed november 3, 2014, http://grantland.com/hollywoodprospectus/the-great-orange-is-the-new-black-is-suddenly-the-best-netflix-binge-watchseries-yet/.

19 Hauser, "attending the Vernacular," 169.

20 D. Yvette Wohn and eun- Kyung na, "tweeting about tV: sharing television Viewing experiences via social Media Message streams," First Monday 16.3–7 (2011), accessed December 9, 2014, http://www.firstmonday.org/ojs/index.php/fm/article/view/3368.

21 Ibid.

22 Nick Couldry, "liveness, 'reality', and the Mediated Habitus from television to the Mobile Phone," Communication Review 7 (2004): 355.

23 Ibid., 355–356.

24 Graeme turner, "'liveness' and 'sharedness' Outside the Box," Flow 13.11 (2011).

25 Chuck tryon, On-Demand Culture: Digital Delivery and the Future of Movies (new Brunswick: rutgers university Press, 2013).

26 Couldry, "liveness, 'reality', and the Mediated Habitus," 360.

27 Jessica Goldstein, "television Binge- Watching: if it sounds so Bad Why Does it feel so Good?" The Washington Post, June 6, 2013, accessed november 3, 2014, https://www.washingtonpost.com/lifestyle/style/television-binge-watching-if-it-sounds-so-bad-whydoes-it-feel-so-good/2013/06/06/fd658ec0-c198-11e2-ab60-67bba7be7813_story.html.

28 Ibid.

29 Hauser and McClellan, "Vernacular rhetoric and social Movements," 26.

30 Hauser, "attending the Vernacular," 159.

31 Ana Marie Cox, "Arrested Development recap: a slow- Binge on season 4, episode 1: 'flight of the Phoenix,'" Grantland, May 28, 2013, accessed november 3, 2014, http://grantland.com/hollywood-prospectus/arrested-development-recap-a-slow-binge-on-season-4-episode-1-flight-of-the-phoenix/.

32 Amos Barshad, "Mitch Hurwitz Psa: talk to Your Kids about Watching Arrested Development in Order, and One at a time," Grantland, May 22, 2013, accessed november 3, 2014, http://grantland.com/hollywood-prospectus/mitch-hurwitz-psa-talk-to-your-kidsabout-watching-arrested-development-in-order-and-one-at-a-time/.

33 Hauser and McClellan, "Vernacular rhetoric and social Movements," 33.

34 Hauser, "attending the Vernacular," 157.

35 Hauser and McClellan, "Vernacular rhetoric and social Movements," 29.

36 Hauser, "attending the Vernacular," 169. From Primetime to Anytime (Grandinetti) 29 This pdf file is intended for review purposes only. Malesh (albany: state university of new York

Press, 2009), 29.

37 "Netflix Has Changed Viewing Habits," Advanced Television, september 30, 2011, accessed november 3, 2014, http://advanced-television.com/2011/09/30/netflix-has-changedviewing-habits/.38. Ibid.

39 Andrew leonard, "How netflix is turning Viewers into Puppets," Salon, february 1, 2013, accessed november 3, 2014, http://www.salon.com/2013/02/01/how_netflix_is_turning_viewers_into_puppets/.

40 Brian lowry, "TV review: 'House of Cards'—season two," Variety, January 30, 2014, accessed May 28, 2015, http://variety.com/2014/digital/reviews/review-house-of-cards1201076822/.

41 Pam Brown, "so ruthless He Gets it Done," The West Australian, february 10, 2014, accessed May 28, 2015, https://au.news.yahoo.com/thewest/entertainment/a/21383587/soruthless-he-gets-it-done/.

42 Willa Paskin, "House of Cards' second season is even More ridiculous than the last One. thank Goodness for that," Slate, february 13, 2014, accessed May 28, 2015, http://www.slate.com/articles/arts/television/2014/02/house_of_cards_season_2_reviewed_net flix_s_prestige_drama_embraces_its_own.html.

43 Olivia armstrong, "netflix introduces new "trending now" suggestions," Decider, april 14, 2015, accessed May 28, 2015, http://decider.com/2015/04/14/netflix-trending-nowsuggestions/.

44 Dominic Patten, "netflix in talks for third season Of 'House of Cards,'" Deadline, October 26, 2013, accessed May 1, 2015, http://deadline.com/2013/10/netflixin-talks-forthird-season-of-house-of-cards-620952/.

Chapter 2

1 I would like to express my thanks to Dr. Diana sandars at the university of Melbourne, australia, for her comments on this essay.

2 Bob Verini, "Marathon Viewing is forcing showrunners to evolve," Variety, June 19, 2014, accessed June 1, 2015, http://variety.com/2014/tv/awards/binge-viewing-is-forcingshowrunners-to-evolve-1201221668/.

3 "New Words added to OxfordDictionaries.com today include Binge- Watch, Cray, and Vape," OxfordWords Blog, august 2014, accessed June 1, 2015, http://blog.oxforddictionaries.com/press-releases/new-words-added-oxforddictionaries-com-august-2014/.

4 http://www.OxfordDictionaries.com includes more regular updates on current english, whereas the Oxford english Dictionary (http://www.oed.com) is a historical dictionary, and as such tends to be more conservative in its introduction of new words. at the time of writing, binge- watch had been added to the former but not the latter.

5 Rachel Herring, Virginia Berridge, and Betsy thorn, "Binge Drinking: an exploration of a Confused term," Journal of Epidemiology and Community Health 62.6 (2008):476.

6 Jim lemon, "Comment on the Concept of Binge Drinking," Journal of Addictions Nursing

18.3 (2007): 147–148.

7   Debra ramsay, "Confessions of a Binge Watcher," Critical Studies in Television, October 4 (2013) http://cstonline.tv/confessions-of-a-binge-watcher.

8   Matt Hills, "from the Box in the Corner to the Box set on the shelf: tViii and the Cultural/ textual Valorizations of DVD," New Review of Film and Television Studies 5.1 (2007): 41–60; John ellis, Visible Fictions: Cinema:Television:Video (london: routledge, 1982), 128, 161–162.

9   Jay David Bolter and richard Grusin, Remediation: Understanding New Media (Cambridge: Mit Press, 1999).

10 Erik Barnouw, Tube of Plenty: The Evolution of American Television, 2nd ed. (new York: Oxford university Press, 1990), 20, 73.

11 Ibid., 114.

12 Lynn spigel, "installing the television set: Popular Discourses on television and Domestic space, 1948–1955," in Private Screenings: Television and the Female Consumer, ed. lynn spigel and Denise Mann (Minneapolis: university of Minnesota Press, 1992), 13–15.

13 Spigel, Make Room for TV: Television and the Family Ideal in Postwar America (Chicago: university of Chicago Press, 1992), 23.

14 John Hartley and tom O'regan, "Quoting not science but sideboards," in Teleology: Studies in Television, ed. John Hartley (london & new York: routledge, 1992), 206.

15 Ibid.

16 Ellis, Visible Fictions, 113.

17 see for example ellis, Visible Fictions, 128, 161–162.

18 Ibid., 128. similarly, roland Barthes argues that television is "the opposite experience" of cinema. Quoted in sandy flitterman- lewis, "Psychoanalysis, film, and television," in Channels of Discourse, Reassembled, ed. robert C. allen (london: routledge, 1992), 217.

19 "Kevin spacey Mactaggart lecture—video," The Guardian, august 23, 2013, accessed June 1, 2015, http://www.theguardian.com/media/video/2013/aug/23/kevin-spacey-mactaggart-lecture-video. a full transcript, which is slightly different to the delivered lecture, is also available. "Kevin spacey Mactaggart lecture—full text," The Guardian, august 23, 2013, accessed June 1, 2015, http://www.theguardian.com/media/interactive/2013/aug/22/kevin-spacey-mactaggart-lecture-full-text. the version quoted here refers to the lecture as it was delivered.

20 Amanda D. lotz, The Television Will Be Revolutionized (new York: new York university Press, 2007), 2–3.

21 Ibid., 17.

22 Stephen e. Dinehart, "transmedial Play: Cognitive and Cross- Platform narrative," The Narrative Design Explorer: A Publication Dedicated to Exploring Interactive Storytelling, May 14, 2008, accessed June 1, 2015, http://narrativedesign.org/2008/05/transmedial-playcognitive-and-cross-platform-narrative/. see also the discussion of transmedia and VuPs in angela ndalianis, The Horror Sensorium: Media and the Senses (Jefferson, nC: Mcfarland, 2012), 172–173.

23 Michael Z. newman and elana levine, Legitimating Television: Media Convergence and

Cultural Status (new York: routledge, 2012), 141.

24 Hills, "from the Box in the Corner to the Box set on the shelf," 58.

25 amanda D. lotz, "rethinking Meaning Making: Watching serial tV on DVD," Flow 4.12 (2006), http://flowtv.org/2006/09/rethinking-meaning-making-watching-serialtv-on-dvd/.

26 Thus Matt Hills argues fandom studies tend to be too singular in their focus on fandom of a specific text. a fan might move from one text to the next, or may be a fan of several texts at once. see Hills, "Patterns of surprise: the 'aleatory Object' in Psychoanalytic ethnography and Cyclical fandom," American Behavioral Scientist 48 (2005): 801–821.

27 Bob Verini, "Marathon Viewing is forcing showrunners to evolve"; Henry Jenkins, Fans, Bloggers, and Gamers: Exploring Participatory Culture (new York: new York university Press, 2006), 134–151; Matt Hills, "Defining Cult tV: texts, inter- texts and fan audiences," in The Television Studies Reader, ed. robert C. allen and annette Hill (london: routledge, 2004), 509–523; Joshua Green and Henry Jenkins, "the Moral economy of Web 2.0," Media Industries: History, Theory, and Method, ed. Jennifer Holt and alisa Perren (Oxford: WileyBlackwell, 2009), 216, 222.

28 "Netflix Original series—the future of television is Here," YouTube, posted by netflix, september 3, 2013, accessed June 1, 2015, https://www.youtube.com/watch?v=_kOvuu MowVs.Terms of Excess (Baker) 49 Visible Fictions, 113.

29 Vivian sobchack, "'surge and splendor': a Phenomenology of the Hollywood Historical epic," Representations 29 (1990): 37.

30 Ibid., 29–30.

31 "Samsung uHD tV netflix Promotion 1," YouTube, posted by samsung australia, May 10, 2015, accessed June 1, 2015, https://www.youtube.com/watch?v=-twCGh8KsPY(video discontinued).

32 Philiana ng, "'transparent' team talks Binge Viewing, Defends Digital Platform Pay," The Hollywood Reporter, July 12, 2014, accessed June 1, 2015, http://www.hollywoodreporter. com/live-feed/transparent-team-talks-binge-viewing-718157; Michael O'Connell,"nBC releasing Complete 'aquarius' season on Premiere Day," The Hollywood Reporter, april 29, 2015, accessed June 1, 2015 http://www.hollywoodreporter.com/live-feed/nbc-releasing-complete-aquarius-season-792478.

33 Sobchack, "'surge and splendor,'" 41. for a more extensive history of the miniseries, see John De Vito and frank tropea, Epic Television Miniseries: A Critical History (Jefferson,nC: Mcfarland, 2010).

34 Sobchack, "'surge and splendor,'" 41.

35 Ibid., 42.

36 Djoymi Baker, "'the illusion of Magnitude': adapting the epic from film to television," Senses of Cinema 41 (2006), http://sensesofcinema.com/2006/film-history-conference- papers/ adapting-epic-film-tv/.

37 Ibid.

38 Sobchack, "'surge and splendor,'" 37.

39 Ibid., 37–8.

40 Ibid., 39. Writing in 1990, sobchack suggests that "in the electronic era of the television and

the VCr, temporality is transformed" in that "one can materially and literally manipulate time," a factor that she discusses in terms of postmodern approaches to history. this relates particularly to her broader argument about the historical epic's ability create the feeling of "being-in-History" (rather than merely being in time), a genre- specific argument that i will not examine here for reasons of scope. Ibid., 42.

41 Verini, "Marathon Viewing is forcing showrunners to evolve."

42 Sobchack, "'surge and splendor,'" 29.

43 For example, australian streaming service stan advertises "hundreds of series including complete box sets." "stan. the Biggest Deal in entertainment," stan, 2015, https://www. stan. com.au/.

44 At the time of writing, the netflix australia tagline had changed to "Watch tV shows & movies anytime, anywhere." netflix australia, accessed June 21, 2015, https:// www.netflix. com/au/; Ben Grubb, "How the australian netflix Differs from the u.s. service," Sydney Morning Herald, March 24, 2015, accessed June 1, 2015, http://www.smh.com.au/ digitallife/hometech/how-the-australian-netflix-differs-from-the-us-service-20150324-1m60g8.

45 Quoted in Michael idato, "House of Cards season 3 launches on u.s. netflix, Will australians Be Watching?" Sydney Morning Herald, february 27, 2015, accessed June 1, 2015, http:// www.smh.com.au/entertainment/tv-and-radio/house-of-cards-season-3-launches-onus-netflix-will-australians-be-watching-20150227-13qc1k.html.

46 A new term has even arisen to explain continued viewing of a program we do not like: purge- watching. adam sternbergh, "Make it stop: When Binge- Watching turns to Purge- Watching," Vulture, april 21, 2015, accessed June 1, 2015, http://www.vulture. com/2015/04when-binge-watching-turns-to-purge-watching.html.

47 Lotz, "rethinking Meaning Making."

48 Verini, "Marathon Viewing is forcing showrunners to evolve."

49 Sobchack, "'surge and splendor,'" 37–38.

50 Megan Mullen, The Rise of Cable Programming in the United States: Revolution or Evolution? (austin: university of texas Press, 2003), 167–168; Barbara Klinger, "24/7: Cable television, Hollywood, and the narrative feature film," in The Wiley- Blackwell History of American Film, ed. Cynthia lucia, roy Grundmann, and art simon (Oxford: WileyBlackwell, 2012), 302.

51 The term cannonballing appears not to have been adopted in scholarly work as yet,

52 Jason Gilbert, "netflix's 'Post-Play' feature Will suck You into More tV show Marathons," Huffington Post, august 16, 2012, accessed June 1, 2015, http://www.huffingtonpost. com/2012/08/16/netflix-unveils-post-play_n_1789111.html.

53 See Jonathan Gray, Show Sold Separately: Promos, Spoilers, and Other Media Paratexts (new York: new York university Press, 2009), 23–46.

54 Hills, "from the Box in the Corner to the Box set on the shelf," 58.

55 Lotz, "rethinking Meaning Making."

56 Raymond Williams, Television: Technology and Cultural Form (Glasgow: fontana/Collins, 1974), 89–90.

57 Ibid., 89. see also, Gregory a. Waller, "flow, Genre, and the television text," in In the Eye of the Beholder: Critical Perspectives in Popular Film and Television, ed. Gary r. edgerton, Michael t. Marsden, and Jack nachbar (Bowling Green, OH: Bowling Green state university Press, 1997), 59–61.

58 Hills, "from the Box in the Corner to the Box set on the shelf," 45.

59 "Netflix Quick Guide: What is streaming and Why is it Better?" YouTube, posted by netflix, May 21, 2013, accessed June 1, 2015, https://www.youtube.com/watch?v= IW9Blmjzi_4&list=PlvahqwMqn4M3HhxOhaybp03ysb6uxBxuf&index=1.

60 Sobchack, "'surge and splendor,'" 42.

61 Verini, "Marathon Viewing is forcing showrunners to evolve."

62 Ibid.

63 Quoted in lotz, "rethinking Meaning Making"; thus simon Blackwell, co- executive producer of Veep (2012–) argues that it would be preferable to adopt binge- viewing as the default position, because it would negate the need for too much exposition referring back to earlier events—you would just assume that your audience remembered. see Verini, "Marathon Viewing is forcing showrunners to evolve." elsewhere Jason Mittell discusses the now- famous false teasers for Arrested Development that are never shown in the series itself. see Mittell, "narrative Complexity in Contemporary american television," The Velvet Light Trap 58 (2006): 34. this gag predates the series move to netflix but becomes more obvious in successive viewing on DVD or streaming.

64 More broadly, lotz argues that there can be a "profound difference in meaning available to those who watch a season or even an entire series over the course of a few days or even a month," particularly as viewers can forget plot details if watching a complex series over a period of years. see lotz, "rethinking Meaning Making."

65 Mittell, "narrative Complexity in Contemporary american television," 34.

66 Mareike Jenner, "a semi- Original netflix series: thoughts on narrative structure in Arrested Development season 4," Critical Studies in Television, June 6, 2013, http://www.cstonline.tv/semi-original-netflix-arrested-development.

67 Ibid.

68 Sobchack, "'surge and splendor,'" 37. Despite this, Mitch Hurwitz suggests the rewards for successive viewing may be genre specific, and perhaps not ultimately suited for comedy if a tired viewer starts missing jokes. this had not occurred to him until in- house test screenings of the completed season. the issue of the genre- specific pleasures of successive viewing is one that warrants future detailed consideration. see Denise Martin, "Mitch Hurwitz explains His Arrested Development rules: Watch new episodes in Order, and not all at Once," Vulture, May 22, 2013, accessed June 1, 2015, http://www.vulture.com/2013/05/mitchhurwitz-dont-binge-watch-arrested-development.html. Michael Z. newman suggests we be wary of this shift in consumption given the loss of connection with weekly viewers watching the same thing at the same time. Michael Z. newman, "tV Binge, Flow 9.05 (2009), http://www.flowjournal.org/2009/01/tv-binge-michael-z-newman-university-of-wisconsinmilwaukee/.

69 Mittell, "narrative Complexity in Contemporary american television," 32.

70   Ibid., 38, 35. see also Mittell, "the Qualities of Complexity: Vast Versus Dense Terms of
     Excess (Baker) 51 ton, Michael t. Marsden, and Jack nachbar (Bowling Green, OH: Bowling
     Green state university Press, 1997), 59–61.

71   it is worth noting, however, that the limited availability of the actors was the deciding factor
     in the character- specific structure of the fourth season. lacey rose, "'arrested Development'
     stars' surprising salaries revealed," The Hollywood Reporter, May 22, 2013, accessed June 1,
     2015, http://www.hollywoodreporter.com/live-feed/arrested-development-stars-surprising-
     salaries-526530.

72   Martin, "Mitch Hurwitz explains His Arrested Development rules."

73   "Kevin spacey Mactaggart lecture—video."

74   Lotz writes, "the u.s. television audience now can rarely be categorized as a mass audience;
     instead, it is more accurately understood as a collection of niche audiences" and has
     changed to "a narrowcast medium—one targeted to distinct and isolated subsections of the
     audience." see lotz, The Television Will be Revolutionized, 5. it is on this basis that netflix
     uses its considerable customer data to develop niche- directed series such as House of
     Cards.

75   While House of Cards is predominantly structured to minimize exposition, a noticeable
     exception occurs when dialog late in the penultimate episode ("Chapter 38" [2015]) of
     season three is repeated at the beginning of the final episode ("Chapter 39" [2015]), creating
     a jarring temporal loop when viewed continuously. the predominant netflix textual model
     becomes more noticeable in these small moments of irregularity.

76   Timothy M. todreas, Value Creation and Branding in Television's Digital Age (Westport,
     Ct: Quorum Books, 1999), 7. for reasons of scope this article will not delve into the
     periodization of television history, but a number of scholars chart the transition from
     tVi(the broadcast era), tVii (sometimes referred to as the cable era), and the current tViii(the
     post- network era) in which todreas locates this shift to content. see lotz, The Television Will
     Be Revolutionized, and ellis, Seeing Things: Television in the Age of Uncertainty (london:i.B.
     tauris, 2000).

77   Robin nelson uses the term high- end television to denote "big budgets and the high
     production values associated with them." see nelson, State of Play: Contemporary "HighEnd"
     TV Drama (Manchester: Manchester university Press, 2007), 2; shawn shimpach, Tele-
     vision in Transition (Oxford: Wiley- Blackwell, 2010), 134–135. for reasons of scope, the
     full history of "quality tV" as a term will not be extensively outlined here, but rather will
     remain focused on its relationship with netflix and binge- viewing in particular.

78   See for example al auster, "HBO's approach to Generic transformation," in Thinking
     Outside the Box: A Contemporary Television Genre Reader, ed. Gary edgerton and Brian
     rose (lexington: university Press of Kentucky, 2005), 226–227; Jane feuer, "the MtM style,"
     in MTM: Quality Television, ed. Jane feuer, Paul Kerr, and tise Vahimagi (london: British
     film institute, 1984), 34, 56.

79   Mario Klarer, "Putting television 'aside': novel narration in House of Cards," New Review of
     Film and Television Studies 12.2 (2014): 204.

80   John Plunkett and Jason Deans, "Kevin spacey: television has entered a new Golden age,"

The Guardian, august 23, 2013, accessed June 1, 2015, http://www.the guardian.com/media/2013/aug/22/kevin-spacey-tv-golden-age.

81 Newman and levine, Legitimating Television, 36.

82 Ibid., 141.

83 Sobchack, "'surge and splendor,'" 29–30, 37.

84 Alexandros Maragos, "andrew Geraci interview. netflix—House of Cards: the Making of the Opening sequence," Momentum: Visuals, Aesthetics, Sounds, february 2013, accessed June 1, 2015, http://www.alexandrosmaragos.com/2013/02/andrew-geraci-interview.html.

85 Ellis, "Whatever Happened to the title sequence?" Critical Studies in Television, april 1, 2011, http://www.cstonline.tv/letter-from-america-4. Compare also ellis's earlier work on the broadcast era where he calls the television title sequence "a commercial for the programme itself." see ellis, Visible Fictions, 119–120.

86 Indeed, for some programs, such as netflix original Grace and Frankie (2015–), the post-play function automatically skips the title sequence, except upon returning after a break on another day.

87 Ivan radford, "10 things We learned from the House of Cards Director's Commentary," Vodzilla: The UK's Only Video On- Demand Magazine, January 5, 2014, accessed June 1, 2015, http://vodzilla.co/blog/features/10-things-we-learned-from-the-house-of-cardsdirectors-commentary/.

88 For a side- by-side comparison of shots, see David friedman, "House of Cards season 2 Opening Credits Comparison in animated Gifs," Ironic Sans, february 21, 2014, accessed June 1, 2015, http://www.ironicsans.com/2014/02/house_of_cards_season_ 2_ openin.html.

89 In the united Kingdom, the government has made the link between cinematic television and high- end costs overt, planning tax breaks to what it calls "cinematic television dramas" such as Downton Abbey, defined as "those that cost at least £1m an hour to film."Brett Mills, "What Does it Mean to Call television 'Cinematic'?" in Television Aesthetics and Style, ed. steven Peacock and Jason Jacobs (new York: Bloomsbury academic, 2013), 64.

90 We might similarly include netflix's promotion of high profile directors and actors, such as Sense8 (2015–) creators lily and lana Wachowski, or Brad Pitt's involvement in War Machine (2017).

91 Mills, "What Does it Mean to Call television 'Cinematic'?" 64. see also robin nelson, who equates the "cinematic look" of quality tV with increased budgets and technological equipment to achieve a comparable visual aesthetic. nelson, "Quality tV Drama:estimations and influences through time and space," in Quality TV: Contemporary American Television and Beyond, ed. Janet McCabe and Kim akass (london: i.B. tauris, 2007), 43, 48.

92 Deborah l. Jaramillo argues, "'Cinematic' should be a contentious word in the field of television studies." see Jaramillo, "rescuing television from 'the Cinematic': the Perils of Dismissing television style," in Television Aesthetics and Style, ed. steven Peacock and Jason Jacobs (new York: Bloomsbury academic, 2013), 67.

93 Mills, "What Does it Mean to Call television 'Cinematic'?" 63.

94 David Carr, "Barely Keeping up in tV's new Golden age," New York Times, March 9, 2014,

accessed June 1, 2015, http://www.nytimes.com/2014/03/10/business/media/fencedin-by-televisions-excess-of-excellence.html?_r=0.

95   John ellis similarly argues that on demand television can leave us with "choice fatigue" and "time famine," an anxious feeling of not being able to fit everything in. see ellis, Seeing Things, 170–171.

96   The press has conveniently picked up on this branding. see for example Ken auletta, "Outside the Box: netflix and the future of television," New Yorker, february 3, 2014, accessed June 1, 2015, http://www.newyorker.com/magazine/2014/02/03/outside-thebox-2.

97   Jaramillo, "rescuing television from 'the Cinematic,'" 68.

98   Ashley lee, "nYtVf: Arrested Development's Mitch Hurwitz Wants a Bluth Movie and season 5 at netflix," The Hollywood Reporter, October 22, 2013, accessed June 1, 2015, http://www.hollywoodreporter.com/news/nytvf-arrested-developments-mitch-hurwitz650002. such comparisons are by no means new. Writing in 1999, Vincent Canby at the New York Times suggested that surely when conceived as a whole, with its expansive narrative arc, The Sopranos should not be seen as a television series at all, but rather a "megamovie" on the scale of epic novels and films. Vincent Canby, "from the Humble Mini- series Comes the Magnificent Megamovie," New York Times, October 31, 1999, accessed June 1, 2015, http://www.nytimes.com/1999/10/31/arts/from-the-humble-mini-series-comes-the-magnificentmegamovie.html. see also robert thompson, "Preface," in Quality TV: Contemporary American Television and Beyond, ed. Janet McCabe and Kim akass (london: i.B. tauris, 2007), xix–xx. More recently, scholar Mario Klarer has made similar claims of House of Cards, comparing the series to a novel or "an epic movie." see Klarer, "Putting television 'aside,'" 215.

99   Verini, "Marathon Viewing is forcing showrunners to evolve."

100 Vinnie Mancuso, "Creators and Cast of 'Marco Polo' Discuss their Worldspanning, $90 Million show," New York Observer, December 11, 2014, accessed June 1, 2015, http://observer.com/2014/12/creators-and-cast-of-marco-polo-discuss-their-world-spanning90-million-production/.

101 Emily steel, "How to Build an empire, the netflix Way," New York Times, novemTerms of Excess (Baker) 53

102 Todd spangler, "'Marco Polo' Premiere: netflix launches Bid for 13th Century empire to Conquer the Globe," Variety, December 2, 2014, accessed June 1, 2015, http://variety.com/2014/scene/news/marco-polo-premiere-netflix-launches-bid-for-13th-centuryempire-to-conquer-the-globe-1201368034/.

103 Ibid.

104 Sobchack, "'surge and splendor,'" 29; emphasis in original.

105 Ibid., 31; emphasis in original.

106 Ibid., 41–42.

107 Ibid., 30.

108 Brian lowry, "tV review: 'Marco Polo,'" Variety, november 25, 2014, accessed June 1, 2015, http://variety.com/2014/digital/reviews/tv-review-marco-polo-1201360750/.

109 Sobchack, "'surge and splendor,'" 27.

110 Ibid., 35.

111 Lewis's comments about Transparent mirror those discussed in this essay around netflix titles: "it's novelistic; it's not episodic…. We've never looked at this as anything but a continuous piece of five- hour entertainment." Joe lewis, quoted in Philiana ng, "'transparent' team talks Binge Viewing

Chapter 3

1 There is an inherent challenge in writing essays about issues that are still under debate that the writing may come across as ripped- from-the-headlines. While the legal and popular discussion of the netflix/Comcast deal is ongoing, this essay is meant to contextualize the debate within the context of the development of the internet as well as larger discussions about netflix's current and potential role in maintaining an open internet

2 Johnny ryan, A History of the Internet and the Digital Future (london: reaktion Books, 2010), 7.

3 Jeff sommer, "Defending the Open internet," New York Times, May 10 2014, Bu1.

4 Ibid.

5 Lily Hay newman, "Mark Zuckerberg: 'it's not sustainable to Offer the Whole internet for free," Slate, May 4, 2015, accessed May 4, 2015, http://www.slate.com/blogs/ future_tense/2015/05/04/zuckerberg_announces_changes_to_internet_org_responding_to_net_neutral ity.html.

6 The sunlight foundation, a nonpartisan non- profit that has tasked itself with holding the government and corporations that control data more accountable and transparent, has developed a list of thirty- one policy recommendations for more transparency in data sharing and management by government agencies. see sunlight foundation, "Open Data Policy Guidelines," sunlight foundation, accessed January 3, 2016, http://sunlight foundation.com/opendataguidelines/.

7 Physics Department university of Virginia, "Centrifugal force," university of Virginia Physics show, accessed January 2, 2016, http://phun.physics.virginia.edu/topics/cen trifugal. html.

8 Ryan, A History of the Internet, 8.

9 Ibid.

10 Ibid.

11 Ibid., 14.

12 Ibid.

13 Keenan Mayo and Peter newcomb, "How the Web Was Won," Vanity Fair, July 2008, accessed January 2, 2016, http://www.vanityfair.com/news/2008/07/internet200807.

14 Paul Baran, On Distributed Communication Networks (santa Monica, Ca, 1962), 40.

15 Ryan, A History of the Internet, 32.

16 Steve Crocker, "How the internet Got its rules," New York Times, april 6, 2009, a29.

17 Ryan, A History of the Internet, 92.

18 Lily Hay newman, "iCann Got Hacked," Slate, December 18, 2014, accessed December

19, 2014, http://www.slate.com/blogs/future_tense/2014/12/18/icann_hacked_in_spear_phishing_campaign.html.

19   Thomas Piketty, Capital in the Twenty- First Century (Cambridge: Harvard university Press, 2014), 209.

20   "Protection for private blocking and screening of offensive material," Cornell university law school, accessed December 12, 2014, http://www.law.cornell.edu/ uscode/text/47/230.

21   Craig Calhoun, "Public," New Keywords: A Revised Vocabulary of Culture and Society, ed. tony Bennett, lawrence Grossberg, and Meaghan Morris (Malden, Ma: Blackwell Publishing, 2005), 282.

22   William D. nordhaus, "Paul samuelson and Global Public Goods: a Commemorative essay for Paul samuelson," speech, Yale university, new Haven, Ct, May 5 2005, 2.

23   Michael Wines and John schwartz, "unsafe lead levels in tap Water not limited to flint," New York Times, february 8, 2016, accessed March 10, 2016, http://www. nytimes.com/2016/02/09/us/regulatory-gaps-leave-unsafe-lead-levels-in-water-nationwide. html?_r=0.

24   Frank Webster, "network," New Keywords: A Revised Vocabulary of Culture and Society, ed. tony Bennett, lawrence Grossberg, and Meaghan Morris (Malden, Ma: Blackwell Publishing, 2005), 241.

25   Gautham nagesh, fCC net neutrality Plan Draws fire from Within," Wall Street Journal, february 10, 2015, accessed January 3, 2016, http://www.wsj.com/articles/fcc-netneutrality-plan-draws-fire-from-within-1423610580.

26   Zachary seward, "the inside story of How netflix Came to Pay Comcast for internet traffic," Quartz, august 27, 2014, accessed December 1, 2014. http://qz.com/256586/theinside-story-of-how-netflix-came-to-pay-comcast-for-internet-traffic/.

27   Ibid.

28   Warren richey, "supreme Court to Decide Case on animal Cruelty and free speech," Christian Science Monitor, October 5, 2009.

29   "How netflix is Changing the tV industry," Investopedia, november 3, 2015, accessed January 3, 2016, http://www.investopedia.com/articles/investing/060815/how-netflix-changing-tv–industry.asp.

30   Larry Magid, "What are sOPa and PiPa and Why all the fuss?" Forbes, January 18, 2012, accessed December 26, 2014, http://www.forbes.com/sites/larrymagid/2012/01/18/what-are-sopa-and-pipa-and-why-all-the-fuss/.

31   Jim Puzzanghera, "fCC asking if free- Data Plans from t- Mobile, at&t, and Comcast Break internet rules," Los Angeles Times, December 17, 2015, accessed January 2, 2016, http://www.latimes.com/business/la-fi-fcc-tmobile-free-video-20151217-story.html.

32   Greg elmer, Critical Perspectives on the Internet (lanham, MD: rowan & littlefield, 2002), 28.

33   Digital agenda for europe, european Commission, accessed December 1, 2014.

34   Center for the Digital future, usC annenberg school for Communication and Journalism, accessed December 1, 2014, http://www.digitalcenter.org/.

35   Harvardx, "Digital futures Consortium Meeting," Harvard university, accessed March 10, 2016, http://harvardx.harvard.edu/event/digital-futures-consortium-meeting-1.

36　Malcolm Gladwell, "Does egypt need twitter?" The New Yorker, february 2, 2011, accessed December 1, 2014. http://www.newyorker.com/news/news-desk/does-egypt-needtwitter.

37　Reed Hastings, "Culture," Slideshare, accessed December 1, 2014, http://www.slideshare.net/reed2001/culture-1798664.

38　"Netflix Prize," accessed December 1, 2014. http://www.netflixprize.com/.

39　The netflix tech Blog, "netflix Hack Day—autumn 2015," november 9, 2015, accessed January 2, 2016, http://techblog.netflix.com/2015/11/netflix-hack-day-autumn2015.html.

40　Adam epstein, "the ideas for improving netflix's ui were all invented by netflix," Quartz, november 12, 2015, accessed January 2, 2016, http://qz.com/548058/the-best-ideasfor-improving-netflixs-ui-were-all-invented-by-netflix/.

41　Alex fitzpatrick, "internet access is a Human right, says united nations," Mashable, July 6, 2012, accessed May 24, 2015, http://mashable.com/2012/07/06/internet-humanright/.

42　Ryan, A History of the Internet, 33.

43　"How Political and social Movements form on the internet and How they Change Over time," institute for Homeland security solutions, november 2009, accessed December 1, 2014, http://sites.duke.edu/ihss/files/2011/12/irW-literature-reviews-Political-andsocial-Movements.pdf.

44　Marguerite reardon, "Comcast vs. netflix: is this really about net neutrality?" CNET, May 15, 2014, accessed May 24, 2015, http://www.cnet.com/news/comcast-vs-netflixis-this-really-about-net-neutrality/.

45　Ibid.

46　Ibid.

47　Reed Hastings, "internet tolls and the Case for strong net neutrality," Netflix, March 20, 2014, accessed May 24, 2015, http://blog.netflix.com/2014/03/internet-tolls-andcase-for-strong-net.html.

48　Ibid.

49　Bridgett shrivell, "15 Predictions for the future of the internet," PBS Newshour, March 11, 2014, accessed December 1, 2014, http://www.pbs.org/newshour/rundown/15-predictions-future-internet/.

50　Ibid.

51　Ibid.

52　John Dilley, "internet and inequality: the Digital Divide Gets Personal," betanews, October 8, 2014, accessed December 1, 2014, http://betanews.com/2014/10/08/internet-andinequality-the-digital-divide-gets-personal/.

53　Mark Graham, "the Machines and Virtual Portals: the spatialities of the Digital Divide," Progress in Development Studies 11.3 (2011): 211–227.

54　Colleen a. reilly, "teaching Wikipedia as Mirrored technology," First Monday 16.1–3 (2011), http://www.firstmonday.org/ojs/index.php/fm/article/view/2824.55. Ibid.

56　Digital Divide, iCt information Communications technology—50x15 initiative, March 21 2014, accessed april 13, 2014, http://www.internetworldstats.com/links10.htm.

57　Denis Keseris, "net neutrality: the struggle for the future of the internet Has Only Just Begun," The Telegraph, May 23, 2015, accessed May 24, 2015, http://www.telegraph.co.uk/

technology/news/11624917/net-neutrality-the-struggle-for-the-future-of-the-internet-hasonly-just-begun.html.

58   David Morley, "Communication," New Keywords: A Revised Vocabulary of Culture and Society, ed. tony Bennett, lawrence Grossberg, and Meaghan Morris (Malden, Ma:Blackwell Publishing, 2005), 50.

59   Richard Johnson, "alternative," New Keywords: A Revised Vocabulary of Culture and Society, ed. tony Bennett, lawrence Grossberg, and Meaghan Morris (Malden, Ma: Blackwell Publishing, 2005), 4.

2부

Chapter 1

this essay is expanded from and inspired by a brief visual essay i published as part of an Orange Is the Black theme week in In Media Res, and i am indebted to my co- contributors and our respondents within that forum for their valuable insights. see Maria san filippo, "Doing time: Queer temporalities in Orange Is the New Black," In Media Res, March 10, 2014, accessed January 22, 2016, http://mediacommons.futureofthebook.org/imr/ 2014/03/10/doing-time-queer-temporalities-and-orange-new-black.

1   J. Halberstam, In a Queer Time and Place: Transgender Bodies, Subcultural Lives(new York: new York university Press, 2005), 2.

2   "A Better son/Daughter," the first track on the 2002 album The Executioner of All Things, was recorded when lewis was the frontwoman for the band rilo Kiley.

3   OITNB creator Jenji Kohan referred to Piper as "my trojan horse" on Fresh Air, NPR, august 13, 2013, accessed february 16, 2016, http://www.npr.org/2013/08/13/211639989/orange-creator- jenji-kohan-piper-was-my-trojan-horse.

4   Quoted in Gary needham, "scheduling normativity: television, the family, and Queer temporality," in Queer TV: Theories, Histories, Politics, ed. Glyn Davis and Gary needham (new York: routledge, 2009), 144.

5   Kohan, Fresh Air.

6   Victor luckerson, "after Disaster, netflix is Back from the Brink," Time, October 21 2013, ccessed January 22, 2016, http://business.time.com/2013/10/21/how-netflix-cameback-from-the-brink/.

7   Sonali Basak, "'Orange is the new Black' Vaults netflix Past 50 Million users," Bloomberg, July 21, 2014, accessed January 22, 2016, http://www.bloomberg.com/news/2014-07-21/-orange-is-new-black-vaults-netflix-past-50-million-subs.html.

8   Amy Villarejo, Ethereal Queer: Television, Historicity, Desire (Durham: Duke university Press, 2014), 77.

9   Ken auletta, "Outside the Box," The New Yorker, february 3, 2014, 54.

10 Nancy Hass, "and the award for the new HBO Goes to," GQ, february 2013, accessed January 22, 2016, http://www.gq.com/entertainment/movies-and-tv/201302/netflixfounder-reed-hastings-house-of-cards-arrested-development.

11 Needham, "scheduling normativity," 145.

12 Ibid.

13 Ibid.

14 Tim Wu, "netflix's War on Mass Culture," New Republic, December 4, 2013, accessed January 22, 2016, http://www.newrepublic.com/article/115687/netflixs-war-mass-culture.

15 Kohan, Fresh Air.

16 Emma Daly, "How Many People are Watching netflix?" RadioTimes, february 27, 2014 accessed January 22, 2016, www.radiotimes.com/news/2014-02-27/how-many-peopleare-watching-netflix.

17 "Comments," in san filippo, "Doing time."

18 Aaron is careful to clarify that this notion of queer viewership as non- monogamous "is not to associate it with promiscuity … i am not rendering queer untrue, only uncontained, and in doing so bringing into relief the normative logic that it offsets." Michele aaron, "towards Queer television theory," in Queer TV: Theories, Histories, Politics, ed. Glyn Davis and Gary needham (new York: routledge, 2009), 71–72.

19 See Jaap Kooijman, "Cruising the Channels: the Queerness of Zapping," in Queer TV: Theories, Histories, Politics, ed. Glyn Davis and Gary needham (new York: routledge, 2009), 159–171.

20 Aaron, "towards Queer television theory," 72.

21 Unbreakable Kimmy Schmidt was originally slated for broadcast on nBC but was sold to netflix.

22 Margaret lyons, "lesbians are Having the Best summer ever on tV," Vulture, July 25, 2013, accessed January 22, 2016, http://www.vulture.com/2013/07/lesbians-are-having-the-best-summer-ever-on-tv.html.

23 "Comments," in san filippo, "Doing time."

24 Villarejo, Ethereal Queer, 90.

25 See, for example, Jim Pagels, "stop Binge- Watching tV," Slate, July 9, 2012, accessed January 22, 2016, http://www.slate.com/blogs/browbeat/2012/07/09/binge_watching_tv_why_you_need_to_stop.html.

26 Timothy stenovec, "One of the 'Most talked about tV shows' of 2014 Wasn't on tV," Huffington Post, December 9, 2014, accessed January 22, 2016, http://www.huffingtonpost.com/2014/12/09/orange-is-the-new-black-most-talked-about-facebook_n_6291114.html.

27 Kohan, Fresh Air.

28 Phillip Maciak, "streaming Pam Beesley," Los Angeles Review of Books, October 9, 2013, accessed January 22, 2016, http://blog.lareviewofbooks.org/deartv/streaming-pambeesly/; emphasis in original.

29 Lili loofbourow, "How recaps Changed the Way We think about tV—and Our lives," the Guardian, november 4, 2014, accessed January 22, 2016, http://www.theguardian.com/tv-and-radio/2014/nov/04/how-recaps-changed-the-way-we-think-about-tv.

30 Quoted in elizabeth freeman, Time Binds: Queer Temporalities, Queer Histories (Durham: Duke university Press, 2010), 3.

31 Carla freccero, et al., "theorizing Queer temporalities: a roundtable Discussion," GLQ, 13.2–3

(2007): 187.

32   Lauren Berlant, Cruel Optimism (Durham: Duke university Press, 2011), 98.

33   I thank Vernon shetley for making me aware of Pryor's routine, viewable at(accessed february 16, 2016) http://www.dailymotion.com/video/xc501v_richard-pryor-onarizona-penitentia_shortfilms.

34   I thank Daisy Ball for bringing this issue of the shackling of pregnant prisoners to my attention; see Ball, "the essence of a Women's Prison: Where Orange Is the New Black falls short," In Media Res, March 14, 2014, accessed January 22, 2016, http://media commons. futureofthebook.org/imr/2014/03/14/essence-womens-prison-where-orange-new-black-fallsshort. for the international Human rights Clinic's report, see https://ihrclinic.uchicago. edu/page/shackling-pregnant-prisoners-united-states.

35   Halberstam, In a Queer Time and Place, 1–2.

36   Michael Warner, Publics and Counterpublics (new York: Zone Books, 2005), 55–57 66.

37   Freeman, Time Binds, 54.

38   Thomas schatz, "HBO and netflix—Getting Back to the future," Flow 19 (2014), http://flowtv.org/2014/01/hbo-and-netflix-%e2%80%93-getting-back-to-the-future/.

39   Villarejo, Ethereal Queer, 90.

40   Maria san filippo, The B Word: Bisexuality in Contemporary Film and Television (Bloomington: indiana university Press, 2013), 203–204; emphasis in original.

41   See Ben Davies and Jana funke, "introduction: sexual temporalities." in Sex, Gender and Time in Fiction and Culture (new York: Palgrave Macmillan, 2011), 3.

42   Sasha t. Goldberg, "'Yeah, Maybe a lighter Butch': Outlaw Gender and female Masculinity in Orange Is The New Black," In Media Res, March 12, 2014, accessed January 22,2016, http://mediacommons.futureofthebook.org/imr/2014/03/12/yeah-maybe-lighter-butchoutlaw-gender-and-female-masculinity-orange-new-black.

43   San filippo, The B Word, 130, 132.

44   Freeman, Time Binds, 5.

45   See lauren Berlant and Michael Warner, "sex in Public," Critical Inquiry 24.2 (1998):547–566.

46   Quoted in Davies and funke, "introduction: sexual temporalities," 9. see also lee edelman, No Future: Queer Theory and the Death Drive (Durham: Duke university Press,2004).

47   This section heading references the tom Waits track "C'mon up to the House" that plays over the closing moments of Piper's furlough episode, when she finds herself alone and alienated from her former life, and thus however improbably drawn back to the new normal of prison ("40 Oz. of furlough" [2014]).

48   Halberstam, In a Queer Time and Place, 154.

49   aleida gradually redeems herself in expectation of becoming a grandmother, such that Daya "has two mommies": biological mother aleida and adoptive mother Gloria (selenis leyva).

50   Berlant and Warner, "sex in Public," 558.

51   for a cogent discussion of OITNB's treatment of race, see Jennifer l. Pozner, "tV Can Make america Better," Salon, august 29, 2013, accessed January 22, 2016, http://www.salon. com/2013/08/29/tv_can_make_america_better/.

52 Matt Zoller seitz, "Department of Corrections," New York, June 2–8, 2014, 95.

53 Maureen turim, Flashbacks in Film: Memory and History (new York: routledge, 1989), 2.

54 William faulkner, Requiem for a Nun (new York: Vintage, 2011), 73.

55 J. Halberstam, The Queer Art of Failure (Durham: Duke university Press, 2011), 94.

56 Edelman, No Future.

57 I am referencing the it Gets Better Project, a public service campaign founded in 2010 by Dan savage and terry Miller, aimed at preventing suicide among bullied lGBt youth. José esteban Muñoz, Cruising Utopia: The Then and There of Queer Futurity (new York: nYu Press, 2009), 11.

58 Dustin Bradley Goltz, "it Gets Better: Queer futures, Critical frustrations, and radical Potentials," Critical Studies in Media Communication 30.2 (2013): 139.

59 Dustin Bradley Goltz, Queer Temporalities in Gay Male Representation: Tragedy, Normativity, and Futurity (new York: routledge, 2010), 151.

60 Freeman, Time Binds, 10, 46, 49.

61 See, for example, auletta, "Outside the Box," 61.

62 See Marguerite reardon, "13 things You need to Know about the fCC's net neutrality regulation," CNET, March 14, 2015, accessed January 22, 2016, http://www.cnet. com/news/13-things-you-need-to-know-about-the-fccs-net-neutrality-regulation/.

63 Quoted in Wu, "netflix's War on Mass Culture."

64 Aueletta, "Outside the Box," 61.

Chapter 2

1 Producer Brian Grazer has confirmed a fifth season for Arrested Development, and netflix's Chief Content Officer, ted sarandos, stated that the negotiations with the cast and crew are underway. elizabeth Wagmeister, "'arrested Development' season 5? ted sarandos teases new netflix episodes," Variety, July 28, 2015, accessed January 30, 2017, http://variety. com/2015/tv/news/arrested-development-new-season-5-netflix-1201549902/.

2 Brett Mills, The Sitcom (edinburgh: edinburgh university Press, 2009); Jason Mittell, Complex TV: The Poetics of Contemporary Television Storytelling (new York: new York university Press, 2015).

3 Examples of Arrested Development fan communities that explore the participants' collective intelligence to discuss and discover new information about the series are the Wiki-pedia page for Arrested Development, in http://arresteddevelopment. wikia.com/ wiki/ Main_ Page, the interactive websites that map out recurring jokes and gags from the series, such as Previously, on Arrested Development (http://apps.npr.org/arrested-development/) and Recurring Developments (http://recurringdevelopments.com/), as well as the series' forum on reddit (https://www.reddit.com/r/arresteddevelopment).

4 Emil nielsen, "Arrested Development—Behind the scenes season 1," YouTube video, October 3, 2012, accessed January 30, 2017, https://www.youtube.com/watch?v=PWsaG_ hyj9e.

5 Pierre Bourdieu, As Regras da Arte: Gênese e Estrutura do Campo Literário (são Paulo:

Companhia das letras, 2005), 245.

6   Jean-Pierre esquenazi, As Séries Televisivas (lisbon: edições texto&grafia, 2011); Mittell, Complex TV.

7   Esquenazi, As Séries Televisivas; tara Burnett, Showrunners: The Art of Running a TV Show (london: titan Books, 2014).

8   Alan sepinwall, The Revolution Was Televised: The Cops, Crooks, Slingers, and Slayers Who Changed TV Drama Forever (new York: touchstone, 2013); Gary edgerton and Jeffrey Jones, ed., The Essential HBO Reader (lexington: university Press of Kentucky, 2008).

9   Michael Curtin and Jane shattuc, The American Television Industry (london: British film institute, 2009).

10 David Hesmondhalgh, "Bourdieu, the Media and Cultural Production," Media, Culture & Society 28.2 (2006): 211–231.

11 Nancy Hass, "and the award for the next HBO Goes to," GQ. January 29, 2013, accessed January 30, 2017, http://www.gq.com/entertainment/movies-and-tv/201302/ netflixfounder-reed-hastings-house-of-cards-arrested-development.

12 Whitney friedlander, "'transparent,' amazon Break new Ground with emmy Wins," Variety, september 20, 2015, accessed January 30, 2017, http://variety.com/2015/tv/news/ transparent-amazon-break-new-ground-with-emmy-wins-1201598229/; todd spangler, "Yahoo loses $42 Million on 'Community,' 2 Other Original series," Variety, October 20, 2015, accessed January 30, 2017, http://variety.com/2015/digital/news/yahoo-missesq3-earnings-marissa-mayer-narrower-product-focus-1201622483/.

13 Michael Curtin, Jennifer Holt, and Kevin sanson, ed., Distribution Revolution: Conversations About the Digital Future of Film and Television (Oakland: university of California Press, 2014).

14 Curtin, Holt, and sanson, ed., Distribution Revolution.

15 Dawn C. Chmielewski, "More Mainstream Movies for netflix Online," Los Angeles Times, October 1, 2008, accessed January 30, 2017, http://latimeblogs.latimes.com/enter tainmentnewsbuzz/2008/10/more-mainstream.html.

16 Curtin, Holt, and sanson, Distribution Revolution.

17 Brian stelter, "netflix to stream films from Paramount, lions Gate, MGM," New York Times, august 10, 2010, accessed January 30, 2017, http://mediadecoder.blogs.nytimes.com/ 2010/08/10/netflix-to-stream-films-from-paramount-lionsgate-mgm/?_r=0.

18 Curtin, Holt, and sanson, Distribution Revolution, 134.

19 Ibid., 141.

20 Lacey rose, "netflix's ted sarandos reveals His 'Phase 2' for Hollywood," The Hollywood Reporter, May 22, 2013, accessed January 30, 2017, http://www.hollywoodreporter.com/ news/netflixs-ted-sarandos-reveals-his-526323?page=1.

21 Tiffany Kaiser, "netflix says 'House of Cards' is the reason for subscriber Growth," Daily Tech, april 23, 2013, accessed January 30, 2017, http://www.dailytech.com/ netflix+says+ House+of+Cards+is+the+reason+for+subscriber+Growth/article30404.htm.

22 Andy Greene, "'Arrested Development' Creator Mitch Hurwitz on His two- Year Odyssey to revive the show," Rolling Stone, May 20, 2013, accessed January 30, 2017, http://www.

rollingstone.com/movies/news/arrested-development-creator-mitch-hurwitzon-his-two-year-odyssey-to-revive-the-show-20130520#ixzz3liCiMpCi.

23 Rose, "netflix's ted sarandos reveals His 'Phase 2' for Hollywood."

24 Ibid.

25 Emily farache, "steven spielberg, ron Howard Go POP," E! Online, October 26, 1999 accessed January 30, 2017, http://www.eonline.com/news/38906/steven-spielberg-ronhoward-go-pop.

26 Emmy tV legends, "ron Howard interview Part 6 of 6—emmytVlegends.Org," YouTube video, august 31, 2009, accessed January 30, 2017, https://www.youtube.com/ watch?v=q9CYOOpvwKY.

27 Ethan thompson, "Comedy Verité? the Observational Documentary Meets the televisual sitcom," The Velvet Light Trap 60 (2007): 70.

28 The Arrested Development Documentary Project, directed by Jeff smith (2013; losangeles: 20th Century fox, 2013), DVD.

29 Jason Mittell, "notes on rewatching," Just TV, January 27 2011, accessed January 30, 2017, http://justtv.wordpress.com/2011/01/27/notes-on-rewatching/.

30 Ibid.

31 Ibid.

32 Mittell, "narrative Complexity in Contemporary american television," The Velvet Light Trap 58 (2006).

33 Ibid., 34–35.

34 Mills, "Comedy Verité: Contemporary sitcom form," Screen 45.1 (2004): 63–78; thompson, "Comedy Verité?"

35 Marcel Vieira Barreto silva, "sob o riso do real," Ciberlegenda 1 (2012): 30.

36 Christian Hugo Pelegrini, "sujeito engraçado: a Produção da Comicidade pela instância de enunciação em Arrested Development," Dissertation, university of são Paulo(eCa/usP), 2014.

37 Greene, "'arrested Development' Creator Mitch Hurwitz on His two- Year Odyssey to revive the show."

38 Willa Paskin, "Arrested Development Creator on the future of tV and Bringing Back the Bluths," Wired, May 2013, accessed January 30, 2017, http://www.wired. com/2013/05/arrested-development-creator-mitch-hurwitz/.

39 Christina radish, "Mitch Hurwitz talks arrested Development season 4, Bringing Michael Cera into the Writer's room, and status of the Movie," January 10, 2013, accessed January 30, 2017, http://collider.com/arrested-development-movie-season-4-mitch-hurwitz/.

40 Michael Groves, "'Chalk One up for the internet: it Has Killed Arrested Development': the series' revival, Binge Watching, and fan/Critic antagonism," in A State of Arrested Development: Critical Essays on the Innovative Television Comedy, ed. Kristin M. Barton (Jefferson, nC: Mcfarland, 2015), 224–236.

41 Jaime Costa nicolás, "la serialidad ergódica en Arrested Development: el espectador/usuario en el Medio Digital," Pompeu fabra university, 2014, 60.

42 Matt Zoller seitz, "Matt Zoller seitz's 10 Best tV shows of 2013," Vulture, December 9, 2013,

accessed January 30, 2017, http://www.vulture.com/2013/12/matt-zoller-seitzs10-best-tv-shows-of-2013.html.

43 Espen J. aarseth, Cybertext: Perspectives on Ergodic Literature (Baltimore: John Hopkins university Press, 1997).

44 Nicolás, "la serialidad ergódica en Arrested Development," 56.

Chapter 3

1 Tim Markham, "social Media, Protest Cultures and Political subjectivities of the arab spring," Media, Culture & Society 36.1 (2014): 90.

2 Zeynep tufekci and Christopher Wilson, "social Media and the Decision to Participate in Political Protest: Observations from tahrir square," Journal of Communication 62(2013): 366.

3 Neal romanek, "Youtube runs netflix Oscar nom the square in egypt," TVB Europe, March 4, 2014, accessed March 15, 2014, http://www.tvbeurope.com/youtube-runsnetflix-oscar-nom-the-square-in-egypt-2/.

4 W.J.t. Mitchell, Cloning Terror: The War of Images, 9/11 to the Present (Chicago:university of Chicago Press, 2011), 123.

5 As of this writing, the most recent information on network bandwidth comes from May 2014. see further: todd spangler, "netflix remains King of Bandwidth usage, While Youtube Declines," Variety, May 14, 2014, accessed December 16, 2014, http://variety. com/2014/digital/news/netflix-youtube-bandwidth-usage-1201179643/.

6 Chuck tryon, On-Demand Culture: Digital Delivery and the Future of Movies (new Brunswick: rutgers university Press, 2013). tryon charts a shift in cinema culture towards an increasing desire for instantaneity and evolving of flows of media through downstream windows.

7 Henry Jenkins, Convergence Culture: Where Old and New Media Collide (new York:new York university Press, 2006), 208.

8 See further: Douglas Kellner, Media Spectacle and Insurrection, 2011: From the Arab Uprising to Occupy Everywhere (new York: Bloomsbury, 2012); Manual Castells, Networks of Outrage and Hope: Social Movements in the Internet Age (Malden, Ma: Polity Press, 2012);and slavoj Žižek, The Year of Dreaming Dangerously (new York: Verso, 2012).

9 Mark Warschauer, Technology and Social Inclusion: Rethinking the Digital Divide (Cambridge: Mit Press, 2003), 38; emphasis in original.

10 Joel Penney and Caroline Dadas, "(re)tweeting in the service of Protest: Digital Composition and Circulation in the Occupy Wall street Movement," New Media & Society 16.1 (2014): 75.

11 Jan a.G.M. van Dijk, The Deepening Divide (thousand Oaks, Ca: sage Publications, 2005), 173.

12 Manuel Castells, Networks of Outrage and Hope, 56.

13 Henri lefebvre, The Production of Space, trans. Donald nicholson- smith (Malden, Ma: Blackwell Publishing, 1984 [1974]), 26.

14   Castells, Networks of Outrage and Hope, 57.

15   Paolo Gerbaudo, Tweets and the Streets: Social Media and Contemporary Activism(london: Pluto Press, 2012), 11.

16   Gerbaudo, Tweets and the Streets, 5.

17   Nick Couldry and anna McCarthy, "introduction: Orientations: Mapping Mediaspace," in MediaSpace: Place, Scale and Culture in a Media Age, ed. nick Couldry and anna McCarthy (new York: routledge, 2004), 2.

18   Castells, Networks of Outrage and Hope, 10.

19   Ibid., 57. Castells argues the burgeoning ordinariness of cell phone use in egypt further contributed to this. this point certainly has resonances with Henry Jenkins's goal of blurring the boundaries between producers and consumers/users, or the somewhat popular emergence of the word "produser," which collapses any sense of boundary between the two. see further alex Burns, "towards Produsage: futures for user- led Content Production," 2006 accessed December 15, 2014, http://eprints.qut.edu.au/4863/1/4863_1.pdf; and s. elizabeth Bird "are We all Produsers now?" Cultural Studies 25.4–5 (2011): 502–516.

20   Castells, Networks of Outrage and Hope, 61.

21   Philip n. Howard and Malcolm r. Parks, "social Media and Political Change: Capacity, Constraint, and Consequence," Journal of Communication 62 (2013): 360.

22   Zeynep tufekci and Christopher Wilson, "social Media," 370.

23   Merlyna lim, "Clicks, Cabs, and Coffee Houses: social Media and Oppositional Movements in egypt, 2004–2011," Journal of Communication 62 (2013): 232.

24   This also has resonances with lawrence lessig's distinction between a "read only" culture of consumption, and a "read write" culture where users are actively encouraged to add to or otherwise change the media objects they encounter. see lessig, Remix: Making Art and Commerce Thrive in the Hybrid Economy (london: Bloomsbury, 2008).

25   Henry Jenkins, sam ford, and Joshua Green, Spreadable Media: Creating Value and Meaning in a Networked Culture (new York: new York university Press, 2013), 2

26   Ibid., 3, 6.

27   Ibid., 7.

28   Carolin Gerlitz and anne Helmond have developed similar ideas in their concept of the "like economy," where "user interactions are instantly transformed into comparable forms of data and presented to other users in a way that generates more traffic and engagement" through a case study of facebook's "like" and "share" buttons. see further Carolin Gerlitz and anne Helmond, "the like economy: social Buttons and the Data- intensive Web," New Media & Society 15.8 (2013), 1349.

29   Joseph turow, "introduction: On not taking the Hyperlink for Granted," in The Hyperlinked Society: Questioning Connections in the Digital Age, ed. Joseph turow and lokman tsui (ann arbor: the university of Michigan Press, 2008), 3.

30   Jussi Parikka, "Contagion and repetition: On the Viral logic of network Culture,"Ephemera 7.2 (2007): 288.

31   Ibid., 289. see also steven shaviro, Connected, or What It Means to Live in the Network Society (Minneapolis: university of Minnesota Press, 2003).

32 Jenkins, ford, and Green, Spreadable Media, 21.

33 Ibid., 28.

34 Henri lefebvre, Everyday Life in the Modern World, trans. sacha rabinovitch (new York: Harper and row, 1987).

35 Jenkins, ford, and Green, Spreadable Media, 39.

36 Ibid., 155.

37 Ganaele langlois, "Participatory Culture and the new Governance of Communication: the Paradox of Participatory Media," Television & New Media 14.2 (2012): 92.

38 See further Michel de Certeau, The Practice of Everyday Life (Berkeley and los angeles: university of California Press, 1984), 29–42.

39 Rita raley, Tactical Media (Minneapolis: university of Minnesota Press, 2009), 3.

40 Ibid., 6.

41 Ibid., 10.

42 Michel de Certeau, The Practice of Everyday Life, 37.

43 Raley, Tactical Media, 14.

44 Evgeny Morozov, The Net Delusion: The Dark Side of Internet Freedom (new York: Public affairs, 2012), 190.

45 Ibid., 276.

46 Ibid., 185.

47 Henry Jenkins and nico Carpentier, "theorizing Participatory intensities: a Conversation about Participation and Politics," Convergence: The International Journal of Research into New Media Technologies 19.3 (2013): 266.

48 Ibid., 281.

49 See further David MacDougall, Transcultural Cinema (Princeton: Princeton university Press, 1998), and thomas Waugh, "introduction: Why Documentaries Keep trying to Change the World, or Why People Changing the World Keep Making Documentaries," in Show Us Life: Toward a History and Aesthetics of the Committed Documentary, ed. thomas Waugh (Metuchen, nJ: scarecrow Press, 1984), xi–xxvii.

50 Merrit Kennedy, "an Oscar nominee, but unwelcome at Home in Cairo," NPR, february 5, 2014, accessed March 15, 2014, http://www.npr.org/2014/02/05/271517965/anoscar-nominee-but-unwelcome-at-home-in-cairo.

51 Jenkins, ford, and Green, Spreadable Media, 219.

52 Chuck tryon, On-Demand Culture. this stands somewhat at odds with the way Charles r. acland has theorized the continued importance of cinema culture in the wake of downstream revenue windows. see acland, Screen Traffic: Movies, Multiplexes, and Global Culture (Durham: Duke university Press, 2003).

53 Tryon, On-Demand Culture, 14.

54 Ibid., 41.

55 Merrit Kennedy, "an Oscar nominee, but unwelcome at Home in Cairo"; alex ritman, "Jehane noujaim's 'the square' Makes Debut in egypt," The Hollywood Reporter, June 7, 2014, accessed May 5, 2015, http://www.hollywoodreporter.com/news/jehane-noujaim-ssquare-makes-710046.

56 Neal romanek, "Youtube runs netflix Oscar nom the square in egypt."

57 Blake Hallinan and ted striphas, "recommended for You: the netflix Prize and the Production of algorithmic Culture," New Media & Society 18.1 (2014): 129; emphasis added.

58 Eli Pariser has called this kind of practice a "you loop," where the only content that gets directed at an online user is content that user has already expressed agreement or interest in. see Pariser, The Filter Bubble: What the Internet Is Hiding from You (new York: Penguin Press, 2011).

59 Thierry Kuntzel, "the film Work," Enclitic 2.1 (1978): 38–61.

60 "Watch the square Online," Netflix, accessed april 10, 2014. http://www.netflix.com/WiMovie/the_square/70268449?

61 Ibid.

62 Ibid.

63 Ibid.

64 Ibid.

65 Ibid.

66 Ibid.; emphasis added.

67 Ibid.

68 Ibid.

69 Ibid.

70 Ibid.

71 Ibid.; emphasis in original.

72 Ibid.

73 Jane Gaines, "Political Mimesis," Collecting Visible Evidence, ed. Jane Gaines and Michael renov (Minneapolis: university of Minnesota Press, 1999), 88.

74 Jane Gaines, "Political Mimesis," 92.

75 For more information on Virunga, see steve Pond, "'Virunga' is netflix Documentary Gem: How filmmakers are trying to Bring Down Big Oil," The Wrap, november 7, 2014, accessed Dec. 19, 2014, http://www.thewrap.com/virunga-is-netflix-documentary-gemhow-filmmakers-are-trying-to-bring-down-big-oil/. for more information about the adam sandler deal, see todd spangler, "netflix signs adam sandler to exclusive four- Movie Deal," Variety, October 1 2014, accessed December 19, 2014, http://variety.com/2014/digital/news/netflix-signs-adam-sandler-to-exclusive-four-movie-deal-1201319066/.

76 Hallinan and striphas, "recommended for You," 128.

3부

Chapter 1

1 Xfinity, "Celebrities Binge- Watch tV too," accessed March 28, 2014, https://www.youtube.com/watch?v=arulpPitWrs.

2 Ibid. the spot also aired on a Comcast's on- demand main menu during the same period.

3   "Oxford Dictionaries Word of the Year 2013," accessed february 24, 2016, http://blog.
     oxforddictionaries.com/press-releases/oxford-dictionaries-word-of-the-year-2013/.

4   Collins language, "'Binge-Watch'—Collins Word of the Year 2015," Collins Dictionary,
     accessed february 24, 2016, https://www.collinsdictionary.com/word-lovers-blog/new/
     binge- watch-collins-word-of-the-year-2015,251,HCB.html

5   Deloitte, "Digital Democracy survey: a Multi- Generational View of Consumer
     technology, Media and telecom trends," Digital Democracy Survey, 9th Edition. (2015),
     11, accessed february 24, 2016, http://www2.deloitte.com/us/en/pages/technology-
     media-andtelecommunications/articles/digital-democracy-survey-generational-media-
     consumptiontrends. html.

6   HuffPOst tV, "Which tV shows Does Obama Watch?" The Huffington Post, December 30,
     2013, accessed february 24, 2016, http://www.huffingtonpost.com/2013/12/30/ obamatv_
     n_4518832.html; "Hillary Clinton Binge- Watches The Good Wife," The Late Show with
     Stephen Colbert, accessed May 1, 2016, https://www.youtube.com/watch?v=_by4nut narY.

7   Xfinity, "Celebrities Binge- Watch tV too!"

8   Amishi arora and Khushbu sahu, "Celebrity endorsement and its effect on Consumer
     Behavior," International Journal of Retailing & Rural Business Perspectives 3.2 (2014):866–
     869.

9   Theodor adorno, "How to look at television," in The Culture Industry, ed. Jay M.Bernstein
     (new York: routledge, 2001), 158.

10   Ibid., 160. see also Max Horkheimer and theodor adorno, "the Culture industry:
     enlightenment as Mass Deception," in Mass Communication and Society, ed. James Curran,
     Michael Gurevitch, and Janet Woollacott (Beverley Hills: sage, 1977), 349–383.

11   Elihu Katz, "the end of television?" The Annals of the American Academy of Political and
     Social Science 625.1 (2009): 6–18.

12   Paul lazarsfeld, Bernard Berelson, and Hazel Gaudet, The People's Choice (new York:
     Columbia university Press, 1944); George Gerbner, "toward "Cultural indicators": the
     analysis of Mass Mediated Message systems," AV Communication Review 17 (1969): 137;
     Joan D. schleuder, alice V. White, and Glen t. Cameron, "Priming effects of television news
     Bumpers and teasers on attention and Memory," Journal of Broadcasting & Electronic
     Media 37.4 (1993): 437; albert Bandura, Dorothea ross, and sheila a. ross, "imitation of
     filmMediated aggressive Models," Journal of Abnormal and Social Psychology 66 (1963): 3.

13   Jason Mittell, "the Cultural Power of an anti- television Metaphor: Questioning the 'Plug-in
     Drug' and a tV- free america," Television & New Media 1.2 (2000): 215–238;laurie Ouellette
     and Justin lewis, "Moving Beyond the 'Vast Wasteland': Cultural Policy and television
     in the united states," Television & New Media 1.1 (2000): 95–115; Harold Mendelsohn,
     "socio-Psychological Construction and the Mass Communication effects Dialectic,"
     Communication Research 16.6 (1989): 813–823; Katz does point out that early "theorizing
     by David sarnoff (1941) … went on to predict that the new medium would bring people
     "home," integrate the nation, and raise cultural standards, while also warning against the
     potential of political "showmanship," the power of audiovisual advertising, and the danger
     of ideological propaganda." see Katz, "the end of television," 8.

14   Tony Bennett, "Popular Culture and the 'turn to Gramsci,'" in Cultural Theory and Popular
      Culture: A Reader, 4th edition, ed. John storey (Harlow, uK: Pearson education limited,
      2009), 82.

15   Ibid., 84.

16   Ibid., 86.

17   Ibid., 83.

18   Chris Weedon, "feminist Practice and Poststructuralist theory," in Cultural Theory and
      Popular Culture: A Reader, 4th edition, ed. John storey (Harlow, uK: Pearson education
      limited, 2009), 320.

19   David Morley, Television, Audiences, and Cultural Studies (new York: taylor and francis,
      1992), 18.

20   Janice radway, "reading Reading the Romance," in Cultural Theory and Popular Culture: A
      Reader 4th edition, ed. John storey (Harlow, uK: Pearson education limited, 2009), 199.

21   Jacqueline Bobo, "the Color Purple: Black Women as Cultural readers," in Cultural Theory
      and Popular Culture: A Reader 4th edition, ed. John storey (Harlow, uK: Pearson education
      limited, 2009), 367.

22   Katherine sender, The Makeover: Reality Television and Reflexive Audiences (new York:
      new York university Press, 2012), 2.

23   For instance, see: ethan thompson and Jason Mittell, How to Watch Television (new York:
      new York university, 2013), 2; Mark andrejevic, "Watching television Without Pity: the
      Productivity of Online fans," Television & New Media 9.1 (2008): 24; and sarah Banet-
      Weiser, Authentic™: The Politics of Ambivalence in a Brand Culture (new York: new York
      university Press, 2012), 64; sender, The Makeover, 24.

24   Mareike Jenner, "is this tViV? On netflix, tViii and Binge- Watching," New Media & Society
      (2014): 3.

25   Ally, "Binge-Watching is the new normal," Fandom Obsessed, January 20, 2014, accessed
      february 24, 2016, http://fandomobsessed.com/binge-watching-is-the-new-normal/.

26   Raymond Williams, The Country and the City (new York: Oxford university Press, 1973), 58.

27   Sender, The Makeover, 165.

28   James Carey, Communication as Culture, Revised Edition (new York: routledge, 2008), 12.

29   emil steiner, "Binge-Watching framed: textual and Content analyses of the Media Coverage
      and rebranding of Habitual Video Consumption" (unpublished manuscript, temple
      university, 2014).

30   Ien ang, Desperately Seeking the Audience (new York: routledge, 1991), 68.

31   Amanda D. lotz, "assessing Qualitative television audience research: incorporating feminist
      and anthropological theoretical innovation," Communication Theory 10.4(2000): 447–467.

32   Mary H.K. Choi, "in Praise of Binge tV Consumption," Wired, December 27, 2011,
      accessed february 24, 2016, http://www.wired.com/2011/12/pl_column_tvseries/.

33   Jason Mittell, "serial Boxes," Just TV, accessed february 24, 2016, https://justtv.wordpress.
      com/2010/01/20/serial-boxes/.

34   For an examination of VCr and cable tV's effect on network viewing see Dean M.Krugman
      and roland t. rust, "the impact of Cable and VCr Penetration on network Viewing: assessing

the Decade," Journal of Advertising Research 33.1 (1993): 67–73.

35 For cultural impacts of digital delivery see Chuck tryon, On-Demand Culture: Digital Delivery and the Future of Movies (new Brunswick: rutgers university Press, 2013).

36 Marc leverette, Brian l. Ott, and Cara louise Buckley, ed., It's Not TV: Watching HBO in the Post- Television Era (new york: routledge, 2008), 37. see also: thompson and Mittell, How to Watch Television, 312.

37 Leverette, Ott, and Buckley, It's Not TV, 2.

38 Sam laird, "How streaming Video is Killing the DVD," Mashable, 2012, accessed february 24, 2016, http://mashable.com/2012/04/20/streaming-video-dvd-infographic/.

39 The first "set-top boxes" were actually video game consoles, though these lacked synchronicity with robust digital content services initially.

40 Saurabh Goel, "Cloud-Based Mobile Video streaming techniques," International Journal of Wireless & Mobile Networks 5.1 (2013): 85–93.

41 A viewer can watch, as i did, the first four episodes of House of Cards at home and then pause in the middle of the fifth episode to be dragged to the mall, but continue watching that episode on his/her cell phone in the car and then catch the sixth episode on an iPad at the apple store.

42 Zac stockton, "netflix Won't Own Binge- Viewing for Much longer," reels, July 21, 2014, accessed february 24, 2016, http://www.reelseo.com/netflix-wont-own-binge-viewing/.

43 Mary Mcnamara, "Critic's notebook: the side effects of Binge television," Los Angeles Times, January 15, 2012, 1.

44 Google searches for: "binge-watching," Worldwide, Google Trends (2004-present), accessed february 24, 2016, http://www.google.com/trends/ explore#q=binge%20 watching&cmpt=q.

45 "Netflix Declares Binge Watching is the new normal," PRNewswire, December 13, 2013.

46 "Oxford Dictionaries Word of the Year 2013."

47 Brian stelter, "new Way to Deliver a Drama: all 13 episodes in One sitting," New York Times, february 1, 2013, sec. a; Business/financial Desk; steiner, "Binge-Watching framed," 4.

48 "Oxford Dictionaries Word of the Year 2013."

49 Isabella Biedenharn, "netflix's Binge- Watching Warnings are the Best april fool's Prank," Entertainment Weekly, april 1, 2014, accessed february 24, 2016, http://www. ew.com/ article/ 2015/04/01/netflix-binge-watching-psa.

50 "Netflix Declares."

51 Kathy Charmaz, Constructing Grounded Theory, 2nd Edition (los angeles: sage, 2014), 109–224.

52 Ibid.

53 Choi, "in Praise of Binge tV Consumption."

54 Despite the claims made in "Celebrities," food and eating was not claimed to be an integral part of binge- watching rituals by my interviewees.

55 Ally, "Binge-Watching is the new normal"; Marcus Wohlsen, "When tV is Obsolete, tV shows Will enter their real Golden era," Wired, May 15, 2014.

56 PwC, "feeling the effects of the Videoquake," 6.

57 In "Binge-Watching framed," i argue that the distinction between marathon watching and

binge- watching is in the consistency of content. a movie marathon, for instance, may be many different movies, but binge- watching is always the same show.

58   For more on reality tV audience satisfaction and motives, see lisa r. Godlewski and elizabeth M. Perse, "audience activity and reality television: identification, Online activity, and satisfaction," Communication Quarterly 58.2 (2010): 148–169.

59   Grant McCracken, "5 things You Don't Know about Binge Viewing" (unpublished manuscript, Harvard university, 2013), 1.

60   Patrick Barwise and andrew ehrenberg, Television and Its Audience (london: sage,1988), 127.

61   This format may have started with DVDs where the digital technology was better suited to jumping between sections than the smooth rewind and fast- forward of mechanized VCrs.

62   Ian Christie, Audiences: Defining and Researching Screen Entertainment Reception(amsterdam:amsterdam university Press, 2013), 159. for a deeper discussion of passive/addictive narrative see seth finn, "television addiction?" an evaluation of four Competing Media- use Models, Journalism Quarterly 69.2 (1992): 422–435; Mittell, "the Cultural Power of an anti- television Metaphor."

63   Jenner, "is this tViV," 5.

64   John fiske, Television Culture (new York: Methuen, 1987), 309.

65   Pierre Bourdieu, "television," European Review 9.3 (2001): 251.

66   For more on the integration of audience in and through new television technology see elizabeth evans, Transmedia Television: Audiences, New Media, and Daily Life (new York: routledge, 2011); Christine Quail, "television Goes Online: Myths and realities in the Contemporary Context," Global Media Journal 12.20 (2012). for more on digital discrimination see Joseph turow, Niche Envy: Marketing Discrimination in the Digital Age (Cambridge: Mit Press, 2006); steinar ellingsen, "seismic shifts: Platforms, Content Creators, and spreadable Media" Media International Australia, Incorporating Culture & Policy 150 (2014): 106–113.

67   Storey, Cultural Theory and Popular Culture, 98.

68   C. Wright Mills, "the sociological imagination," in Social Theory: The Multicultural and Classic Readings, ed. Charles lemert (Boulder: Westview, 1999), 351–352.

Chapter 2

1   "Netflix Prize," Netflix, n.d., accessed October 1, 2014, http://www.netflixprize. com/rules

2   Tom Vanderbilt, "the science Behind the netflix algorithms that Decide What You'll Watch next," Wired, august 7, 2013, accessed september 1, 2014, http://www.wired.com/2013/08/qq_netflix-algorithm/.

3   Suchan Chae and Daniel flores, "Broadcasting versus narrowcasting," Information, Economics, and Policy 10 (1998): 45.

4   Vanderbilt, "the science Behind the netflix algorithms."

5   Ibid.

6   Ibid.

7   Blake Hallinan and ted striphas, "recommended for You: the netflix Prize and the Production of algorithmic Culture, New Media & Society 18.1 (2014): 117–137.

8   Tony Cheng- Kui Huang, ing- long Wu, Chih- Chung Chou, "investigating use Continuance of Data Mining tools," International Journal of Information Management 33.5 (2013): 791–801.

9   Steve lohr, "netflix Cancels Contest after Concerns are raised about Privacy," New York Times, March 12, 2010, accessed October 1, 2014, http://www.nytimes.com/ 2010/03/ 13/ technology/13netflix.html.

10 Dustin D. Berger, "Balancing Consumer Privacy with Behavioral targeting," Santa Clara Computer & High Technology Law Journal 27.1 (2010): 3–21.

11 Felix salmon, "netflix's Dumbed- Down algorithms," Reuters, January 3, 2014, accessed June 10, 2014, http://blogs.reuters.com/felix-salmon/2014/01/03/netflixs-dumbeddown-algorithms/.

12 Megan Mullen, "the rise and fall of Cable narrowcasting," Convergence: The International Journal of Research into New Media Technologies 8.2 (2002): 65.

13 Ibid.

14 Beretta e. smith- shomade, "narrowcasting in the new World information Order:a space for the audience?" Television and New Media 5 (2004): 75.

15 Ibid.

16 Susan tyler eastman, sydney W. Head, and lewis Klein. Broadcast/Cable Programming: Strategies and Practices (Belmont, Ca: Wadsworth, 1985).

17 Ibid.

18 Smith-shomade, "narrowcasting in the new World information Order," 75.

19 Eileen Meehan, "Why We Don't Count: the Commodity audience," in Logics of Television: Essays in Cultural Criticism, ed. Patricia Mellencamp (Bloomington: indiana university Press, 1990), 117–37.

20 Smith-shomade, "narrowcasting in the new World information Order," 75.

21 Syed M. Khatih, "the exclusionary Mass Media: 'narrowcasting' Keeps Cultures apart," Black Issues in Higher Education 13.11 (1996): 26.

22 Peter ludes, Convergence and Fragmentation: Media Technology and the Information Society (new York: intellect Books, 2008).

23 R. Kelly Garrett and Paul resnick, "resisting Political fragmentation on the internet," Daedalus 4 (2011): 108.

24 Ibid.

25 Zvezdan Vukanovic, "Global Paradigm shift: strategic Management of new and Digital Media in new and Digital economics," International Journal on Media Management 11 (2009): 200.

26 Philip n. Howard, "Deep Democracy, thin Citizenship: the impact of Digital Media in Political Campaign strategy," The Annals of the American Academy of Political and Social Science 597 (2005): 153.

27 Zvezdan Vukanovic, "Global Paradigm shift," 81.

28 Ibid.

29 Helen Wood, "television is Happening: Methodological Considerations for Capturing Digital television reception," European Journal of Cultural Studies 10.4 (2007): 485.

30 "Narrowcasting revenues expected to triple by 2009," TechWeb, 2009, accessed June 10, 2014, https://business.highbeam.com/138350/article-1G1-127480743/narrowcastingrevenues-expected-triple-2009-revenues.

31 "Research and Markets Offers report on '2007 trends to Watch: Media & Broadcasting technology,'" Marketsensus, 2007, accessed June 10 2014, http://marketsensus.com/2007-trends-to-watch-media-broadcasting-technology.

32 Jennifer Gillan, Television and New Media: Must- Click TV (new York: routledge,2010).

33 "Advertising and Marketing Companies: How audience size affects Word of Mouth," Marketing Weekly News, april 2010, accessed June 10, 2014, http://www.mckinsey.com/insights/marketing_sales/a_new_way_to_measure_word-of-mouth_marketing.

34 D.t.Z. Mindich, Tuned Out: Why Americans Under 40 Don't Follow the News (new York: Oxford university Press, 2005).

35 Debora s. Vidali, "Millennial encounters with Mainstream television news: excess, Void, and Points of engagement," Linguistic Anthropology 10 (2010): 275.

36 Alison n. novak, "Millennials, Citizenship, and How I Met Your Mother," in Parasocial Politics: Audience, Pop Culture, and Politics, ed. Jason Zenor (new York: lexington Books,2014), 200.

37 Nick Couldry, sonia livingstone, and tim Markham, Media Consumption and Public Engagement: Beyond the Presumption of Attention (london: Palgrave MacMillan, 2007).

38 Laura Harvey, "intimate reflections: Private Diaries in Qualitative research," Qualitative Research 11 (2011): 664–684.

39 Niall Bolger, angelina Davis, and eshkol rafaeli, "Diary Methods: Capturing life as it is lived," Annual Review of Psychology 54.1 (2003): 579–619.

Chapter 3

1 Vivi theodoropoulou, "the introduction of Digital television in the uK: a study of its early audience," dissertation, london school of economics and Political science, london, england, 2012, http://etheses.lse.ac.uk/349/.

2 Nathan rosenberg, Exploring the Black Box: Technology, Economics, and History (Cambridge: Cambridge university Press, 1994), 9–10.

3 Ofcom, "infrastructure report: Ofcom's second full analysis of the uK's Communications infrastructure," 2014, accessed January 25, 2015, http://stakeholders.ofcom.org.uk/binaries/research/infrastructure/2014/infrastructure-14.pdf.

4 Everett M. rogers, Diffusion of Innovations (new York: the free Press, 1962).

5 Elizabeth evans and Paul McDonald, "Online Distribution of film and television in the uK: Behavior, taste, and Value," in Connected Viewing: Selling, Streaming and Sharing Media in the Digital Era, ed. Jennifer Holt and Kevin sanson (london: routledge, 2014),158–180. Having said that and despite the success of online services, it is important to mention that traditional television or "linear broadcasting" as it is now called, remains the most popular

way of watching television for most viewers. see Ofcom "infrastructure report" and Jennifer Gillan, Television and New Media: Must- Click TV (new York: routledge, 2011).

6   Jennifer Holt and Kevin sanson, "Mapping Connections," in Connected Viewing: Selling, Streaming and Sharing Media in the Digital Era, ed. Jennifer Holt and Kevin sanson(london: routledge, 2014), 1–15; evans and McDonald, "Online Distribution of film and television."

7   Raymond Williams, Television: Technology and Cultural Form (london: routledge, 2003).

8   Chuck tryon, "tV Got Better: netflix's Original Programming strategies and Binge Viewing," Media Industries Journal 2.2 (2015); lauren Johnson, "netflix is now a 'Global tV network' after launching in 130 new Countries," Adweek, January 6, 2016, accessed January 25, 2016, http://www.adweek.com/news/technology/netflix-now-global-tv-network-afterlaunching-130-new-countries-168862; Jon lafayette, "netflix admits it faces Challenges," Broadcasting and Cable, December 11, 2015, accessed December 14, 2015, http://www.broadcast ingcable.com/sites/default/files/public/lead-in.pdf.

9   Elizabeth evans, Transmedia Television: Audiences, New Media and Daily Life (london: routledge, 2011); amanda D. lotz, The Television Will Be Revolutionized (new York:new York university Press, 2007); Yu- Kei tse, "television's Changing role in social togetherness in the Personalized Online Consumption of foreign tV," New Media & Society 18.8 (2016): 1547–1562; William uricchio, "tV as time Machine: television's Changing Heterochronic regimes and the Production of History," in Relocating Television: Television in the Digital Context, ed. Jostein Gripsrud (london: routledge, 2010), 27–40; Ofcom, "infrastructure report," 2014.

10   Lotz, The Television Will Be Revolutionized; William uricchio, "the future of a Medium Once Known as television," in The YouTube Reader, ed. Pelle snickars and Patrick Vonderau (stockholm: national library of sweden, 2009), 24–29; Jenna Bennett, "introduction: television as Digital Media," in Television as Digital Media, ed. Jenna Bennett and niki strange (Durham: Duke university Press, 2011), 1–27.

11   Evans, Transmedia Television.

12   As i state elsewhere, "in the late 90s and early years of 2000s, DtV was introduced in the united Kingdom given the planned switch- off of analog television and europe- wide policies for a total transition to digital broadcasting. it was also launched as an attempt to converge the functions of television with those of the computer, and to potentially bridge digital divides and offer internet- like services and access across the population. in the early days of DtV services, the united Kingdom was considered the most developed market in the world." see Vivi theodoropoulou, "Convergent television and 'audience Participation':the early Days of interactive Digital television in the uK," VIEW Journal of European Television History and Culture 3.6 (2014): 69–77.

13   PPV was providing a choice of up to 25 films per night with a frequency/starting time of every 15 minutes.

14   The survey research was conducted using a simple random sample of 1986 sky digital subscribers. it achieved a response rate of 35.25 percent and a total of 700 responses.

15   Theodoropoulou, "Convergent television." see also theodoropoulou, "the introduction of Digital television" and theodoropoulou, "Consumer Convergence: Digital television and the

early interactive audience in the uK," in Broadcasting and Convergence: New Articulations of the Public Service Remit, ed. taisto Hujanen and Gregory f. lowe (Gothenburg: nordicom, 2003), 285–297.

16   Theodoropoulou, "Convergent television."

17   Theodoropoulou, "the introduction of Digital television in the uK"; theodoropoulou, "Consumer Convergence."

18   Ibid.

19   By the end of 2001, the united Kingdom saw the fastest DtV penetration in the world, with an overall take- up of 37 percent. see theodoropoulou "Convergent television,"theodoropoulou, "the introduction of Digital television in the uK," and theodoropoulou,"Consumer Convergence."

20   Anonymity was ensured for all participants in the research. in the netflix interview excerpts that follow, the names used are pseudonyms. in the quotes used from the research on DtV, the gender and/or age of the interviewee is provided, in the text, as an identificationmark instead. i would like to thank all the interviewees, participating in both the netflix and DtV research for their help and valuable insight.

21   Roger silverstone and leslie Haddon, "Design and Domestication of information and Communication technologies: technical Change and everyday life," in Communication by Design: The Politics of Information and Communication Technologies, ed. robin Mansell and roger silverstone (Oxford: Oxford university Press 1996), 44–74.

22   Evans and McDonald, "Online Distribution of film and television in the uK."

23   Philip M. napoli, Audience Evolution: New Technologies and the Transformation of Media Audiences (new York: Columbia university Press, 2011), 62.

24   Hye Jin lee & Mark andrejevic, "second-screen theory: from the Democratic surround to the Digital enclosure," in Connected Viewing: Selling, Streaming and Sharing Media in the Digital Era, ed. Jennifer Holt and Kevin sanson (london: routledge, 2014), 40–61.

25   Roger silverstone, eric Hirsch, and David Morley, "information and Communication technologies and the Moral economy of the Household," in Consuming Technologies:Media and Information in Domestic Spaces, ed. roger silverstone and eric Hirsch (london:routledge, 1992), 15–31.

26   Uricchio, "tV as time Machine," 35.

27   Tse, "television's Changing role in social togetherness," 1550.

28   But, apart from the audience's or consumption side, this goes, more perhaps, for the development and design of new media technologies and offerings as well. Meikle and Young note how new convergent media are based on longer historical trajectories. see Graham Meikle and sherman Young, Media Convergence: Networked Digital Media in Everyday Life (new York: Palgrave Macmillan, 2012).

29   Wendy Van den Broeck, Jo Pierson, and Bram lievens, "Video-on-Demand: towards new Viewing Practices," Observatorio Journal 3 (2007): 39.

30   Lisa Gitelman, Always Already New: Media, History, and the Data of Culture (Cambridge: Mit Press, 2006), 6.

31   Philip Palmgreen and Jay D. rayburn, "an expectancy- Value approach to Media

Gratification," in Media Gratifications Research: Current Perspectives, ed. Karl e. rosengren,lawrence a. Wenner, and Philip Palmgreen (Beverly Hills: sage, 1985), 61–72; terje rasmussen, "new Media Change: sociological approaches to the study of new Media," in Interactive Television: TV of the Future or the Future of TV? ed. Jens f. Jensen and Cathy toscan(aalborg: aalborg university Press, 1999), 161.

32 Tryon, "tV Got Better"; evans and McDonald, "Online Distribution of film and television in the uK"; Holt and sanson, "Mapping Connections"; napoli, Audience Evolution; and Debra ramsay, "Confessions of a Binge Watcher," Critical Studies on Television, October 4 2013, accessed July 23, 2015, http://cstonline.tv/confessions-of-a-binge-watcher; William Proctor, "it's not tV, it's netflix," Critical Studies on Television, november 29, 2013, accessed July 23, 2015, http://cstonline.tv/netflix.

33 Ramsay, "Confessions of a Binge Watcher."

34 Tryon, "tV Got Better," 106.

35 Ramsay, "Confessions of a Binge Watcher."

36 Tryon, "tV Got Better," 112.

37 Theodoropoulou, "Consumer Convergence," 295.

38 Theodoropoulou, "Convergent television"; Phillip swann, TV Dot Com: The Future of Interactive Television (new York: tV Books, 2000); Michael a. noll, "tV Over the internet:technological Challenges," in Internet Television, ed. Jo Groebel and Darcy Gerbarg (Mahwah,nJ: lawrence erlbaum, 2004), 19–29.

39 theodoropoulou, "Convergent television," 74.

40 lotz, The Television Will Be Revolutionized.

Chapter 4

1 Dataxis, "VOD Ott subscribers to reach 5 Million in Mexico by end 2015," september 7, 2015, accessed november 1, 2015, http://dataxis.com/pressrelease/vod-ott-subscribers-to-reach-5-million-in-mexico-by-end-2015-nextv-summit-mexico-2015-the-mainconference-in-latin-americas-biggest-ott-and-multiscreen-market/.

2 Ramiro alonso, "netflix arrasa con negocio de Video on Demand," El Financiero, february 5, 2014, accessed november 19, 2014, http://www.elfinanciero.com.mx/ empresas/netflix-arrasa-con-negocio-de-video-on-demand.html.

3 John sinclair, Latin American Television: A Global View (new York: Oxford university Press, 1999).

4 Fortune, "Global 500 2015," accessed June 12, 2016, http://fortune.com/ global 500/america-movil-155/.

5 Chuck tryon, On-Demand Culture: Digital Delivery and the Future of Movies (new Brunswick: rutgers university Press, 2013).

6 Bradley Brook, "netflix unveils latin america service in Brazil," The Huffington Post, May 9, 2011, accessed november 20, 2014, http://www.huffingtonpost.com/2011/09/05/netflix-unveils-latin-ame_0_n_949763.html.

7 Netflix, "Q3 11 letter to shareholders," October 24, 2011, accessed December 8, 2014, http://

files.shareholder.com/downloads/nflx/3702108090x0x511277/85b155bc-69e8-4cb8-a2a3-22465e076d77/investor%20letter%20Q3%202011.pdf.

8   Matt Jarzemsky, "netflix to enter latin america," The Wall Street Journal, July 6, 2011 accessed november 20, 2014, http://www.wsj.com/articles/ sB1000142405270 2304803104 576427723424371458.

9   Brook, "netflix unveils latin america service."

10   Marisol ramírez, "llega netflix a México," El Universal, september 12, 2011, accessed December 10, 2014, http://www.eluniversal.com.mx/articulos/66048.html; "netflix llegará a México el 12 de septiembre," El Economista, september 5, 2011, accessed December 10, 2014, http://eleconomista.com.mx/tecnociencia/2011/09/05/netflix-llegara-mexico-12-septiembre; Carla Martínez, "rechaza netflix competir con tV," Reforma, september 13, 2011, accessed september 10, 2014, reforma.com.

11   OeCD, "science, technology and industry scoreboard 2015: innovation for Growth and society," accessed november 1, 2015.

12   Itu, "the state of Broadband 2015," accessed October 31, 2015, http://www.broadband commission.org/Documents/reports/bb-annualreport2015.pdf.

13   "Internet users Mexico," World Bank Indicators, accessed October 31, 2015, http://data. worldbank.org/indicator/it.net.user.P2.

14   The most recent changes in legislation did not include yet any mention of overthe-top services. the new ley de telecomunicaciones y radiodifusión, published in July 2014, is further deregulating the sector, thus opening up the possibility for more competition.

15   A report from the Central Bank of Mexico to the Mexican Congress highlights that the country is well behind the international average in use of credit cards: a Mexican would use it for 9 percent of its personal expenses, while the international average is 35 percent. the report also points out to the existence of 103 million debit cards against 26 million credit cards in the country, as of December 2013. "Pago de tarjetas de crédito en México observa rezago de 317 por ciento: Banco de México," accessed May 30, 2015, http://www5. diputados.gob.mx/index.php/esl/Comunicacion/Boletines/2014/Marzo/26/3269-Pago-de-tarjetas-decredito-en-Mexico-observa-rezago-de-317-por-ciento-Banco-de-Mexico.

16   Netflix, "Q4 11 letter to shareholders," January 25, 2012, accessed november 20, 2014. http://files.shareholder.com/downloads/nflx/3702108090x0x536469/7d1a24b7-c8cc4f19-a1dd-225a335dabc4/investor%20letter%20Q4%202011.pdf.

17   Netflix, "Q3 12 letter to shareholders," October 23, 2012, accessed november 20,2014, http://files.shareholder.com/downloads/nflx/3702108090x0x607614/6bc75664-8a60-4398-8e52-fe918b79bf67/investor%20letter%20Q3%202012%2010.23.12.pdf.

18   Netflix, "Q4 12 letter to shareholders," January 23, 2013, accessed December 8, 2014, http:// files.shareholder.com/downloads/nflx/3702108090x0x630302/e7656660-df35-4384-9f39-cb0f39e54f0b/investor%20letter%20Q42012%2001.23.13.pdf.

19   "Netflix lanza servicio de prepago en México," Forbes Mexico, november 6, 2014, accessed December 9, 2014, http://www.forbes.com.mx/netflix-lanza-servicio-de-prepagoen-mexico/.

20   According to telmex's website, the price of a basic broadband service starts at 349 pesos a

month. accessed May 30, 2015, http://www.telmex.com/web/hogar/internet-bandaancha. for the Premium options of the DtH- tV, the service of sky starts at 589 pesos a month, although lately there are lower basic alternatives starting from 169 pesos a month. accessed May 30, 2015, http://www.sky.com.mx/sky/paquetes-residenciales.

21 Jean K. Chalaby, "transnational television in europe: the role of Pan- european Channels," European Journal of Communication 17 (2002): 183–203.

22 Netflix, "Q1 12 letter to shareholders," april 23, 2012, accessed november 17, 2014, http://files.shareholder.com/downloads/nflx/3702108090x0x562104/9ebb887b-6b9b-4c86-aeff-107c1fb85ca5/investor%20letter%20Q1%202012.pdf.

23 Frederic Chaume, Audiovisual Translation: Dubbing (Manchester: st. Jerome, 2012).

24 Doblaje Wiki, accessed March 4, 2016, http://es.doblaje.wikia.com/.

25 Marmot, netflix y los títulos de anime Disponibles en latinoamérica, October 12, 2012, http://www.retornoanime.com/titulos-de-anime-disponibles-en-netflix-review/.

26 José Carlos lozano, "Consumo y apropiación de Cine y tV extranjeros por audiencias en américa latina/foreign film and television Consumption and appropriation by latin american audiences," Comunicar: Revista Científica Iberoamericana De Comunicación y Educación 15 (2008): 62–72.

27 Nielsen ibope México, "top ten—Programas de televisión abierta con Más audiencia por Canal," accessed October 31, 2015, https://www.nielsenibope.com.mx/b_topten.php.

28 Joseph straubhaar, "Beyond Media imperialism: asymmetrical interdependence and Cultural Proximity," Critical Studies in Mass Communication 8 (1991): 39–59.

29 Colin Hoskins and rolf Mirus, "reasons for the u.s. Dominance of the international trade in television Programmes," Media, Culture and Society 10 (1988): 499–515.

30 Sinclair, Latin American Television.

31 Jin lee, "telemundo, netflix ink licensing agreement," The Hollywood Reporter, august 22, 2011, accessed november 27, 2014, http://www.hollywoodreporter.com/news/telemundo-netflix-ink-licensing-agreement-225987; James Young, "netflix inks for telemundo Content," Variety, august 23, 2011, accessed november 27, 2014, http://variety.com/2011/digital/news/netflix-inks-for-telemundo-content-1118041679/.

32 "Netflix acuerda con telefe international y Caracol tV," NexTV Latam, august 12, 2011, accessed December 10, 2014, http://nextvlatam.com/netflix-closes-an-agreement-withtelefe-international-and-caracol-tv/?lang=es.

33 Elinor Comlay and tomás sarmiento, "Mexico's televisa agrees to netflix latam Deal," Reuters, May 26, 2011, accessed December 5, 2014, http://www. reuters. com/article/2011/07/26/televisa-netflix-idusn1e76P22l20110726; James Young, "netflix nabs Mexican telenovelas," Variety, July 27, 2011, accessed november 26, 2014, http://variety.com/2011/digital/news/netflix-nabs-mexican-telenovelas-1118040471/.

34 Armando Ponce, "'soy tu fan' Podrá ser Vista por 20 Millones de internautas," Proceso, December 19, 2011, accessed October 31, 2015, http://www.proceso. com.mx/?p=291992.

35 Maane Khatchatourian, "spanish-language telenovela 'Camelia la texana' to Premiere on netflix," Variety, august 14, 2014, accessed December 10, 2014, http:// variety. com/2014/digital/news/camelia-la-texana-to-premiere-on-netflix-1201284434/.

36   Arturo solís, "televisa retirará sus contenidos de netflix en 2016," Forbes México,March 3, 2016, accessed March 4, 2016,\ http://www.forbes.com.mx/televisa-retirara-con tenidos-netflix-2016/.

37   Elisa Osegueda, "netflix anuncia serie en español," Variety, april 24, 2014, accessed December 10, 2014, http://varietylatino.com/2014/digital/noticias/netflix-nueva-serie-original- espanol-gaz-alazraki-mexico-futbol-nosotros-los-nobles-25709/.

38   Todd spangler, "netflix series 'narcos' to star Wagner Moura as Drug Kingpin Pablo escobar," Variety, april 1, 2014, accessed December 10, 2014, http://variety.com/2014/digital/ news/ netflix-series-narcos-to-star-wagner-moura-as-drug-kingpin-pablo-escobar1201151156/.

39   Todd spangler, "netflix Orders 'ingobernable' Mexican Political Drama series starring Kate del Castillo," Variety, July 23, 2015, accessed October 31, 2015, http:// variety. com/2015/ digital/news/netflix–ingobernable-kate-del-castillo-1201547040/; Cynthia littleton, "netflix Orders Brazilian Drama series '3%,'" Variety, august 5, 2015, accessed november 1, 2015, http://variety.com/2015/tv/news/netflix-3-brazil-drama-series-cesar-charlone-120155 67 93/.

40   Netflix, "Q3 2014 netflix inc. earnings Call," October 15, 2014, accessed on December 14, 2014, http://files.shareholder.com/downloads/nflx/3702108090x0x786894/0ad5a8d3-c1f4-4727-9236-61adf094d52c/nflx-transcript-2014-10-15t22_00.pdf.

41   Netflix, "Q2 2012 letter to shareholders," July 24, 2012, accessed December 14, 2014, http://files.shareholder.com/downloads/nflx/3702108090x0x585175/818f7f39-011e-4227-ba2f-7d30b8ad3d23/investor%20letter%20Q2%202012%2007.24.12.pdf.

42   Juan José Ganuza and María fernanda Viecens, "Over-the-top (Ott) Content: implications and Best response strategies of traditional telecom Operators: evidence from latin america," info 16 (2014): 66.

43   John sinclair, "the De- Centering of Cultural flows, audiences, and their access to television," Critical Studies in Television 4 (2009): 35; emphasis in original.

44   Netflix, "Q1 12 letter to shareholders."

45   Francisco rubio egea, "netflix Ve en televisa a su Próximo Competidor en México,"CNNExpansión, november 25, 2014, accessed December 10, 2014, http://www.cnnexpan sion.com/tecnologia/2014/11/24/televisa-proximo-rival-de-netflix-en-video-por-internet.

46   Mahalia Jackman and troy lorde, "Why Buy When We Can Pirate? the role of intentions and Willingness to Pay in Predicting Piracy Behavior," International Journal of Social Economics 41 (2014): 801–819.

47   Ibid.

48   Jonathan Hernandez and Jimena larrea, "Pelea netflix por estrenos," Reforma, september 3, 2012, accessed October 29, 2014, reforma.com.

49   Currently, other foreign competitors also operate in Mexico, such as the advertisingbased sony Crackle (launched in april 2012), and sony Video unlimited (launched in June 2014). Walmart's Vudu was launched in august 2012 but it closed in february 2015, when it started collaboration with Cinépolis's Klic.

50   Carla Martínez, "Da aMx Video Bajo Demanda," Reforma, november 30, 2012, accessed

september 10, 2014.

51   Verónica Gómez sparrowe and tomás sarmiento, "américa Móvil Compra empresa Contenido Digital Dla," Reuters América Latina, October 17, 2011, accessed December 5, 2014, http://lta.reuters.com/article/entertainmentnews/idltasie7a7taY20111017.

52   nicolás lucas, "telmex transmuta para Competir a izzi con un nuevo infinitum," El Economista, february 16, 2015, accessed May 31, 2015, http://eleconomista.com.mx/ industrias/2015/02/16/telmex-transmuta-vencer-izzi-telecom-nuevo-infinitum.

53   Claro Video, "Condiciones de Promociones existentes," september 2, 2014, accessed november 1, 2015, https://www.clarovideo.com/fe/sitesplus/sk_ telmex/html/esp/ terminos_promociones.html; isaid Mera, "telcel le Gana a telefónica en segundo trimestre de 2015,"CNNExpansion, October 22, 2015, accessed november 1, 2015, http://www. cnnexpansion.com/negocios/2015/10/22/telcel-le-gana-a-telefonica-en-segundo-trimestre-de-2015.

54   Crayton Harrison and Cliff edwards, "netflix faces fresh Competition in Mexico,"Bloomberg, november 30, 2012, accessed December 5, 2014, http://www.bloomberg.com/news/2012– 11–29/netflix-faces-fresh-competition-in-mexico.html

55   Ibid.

56   Dataxis, "Pay-tV Operators series 2015 latin america: américa Móvil," accessed May 27, 2015, www.dataxis.com; Hernán amaya, "américa Móvil Opens Claro Video for Bra zilian Claro tV user," NextTVLatam, May 21, 2015, accessed May 30, 2015, http://nextvlatam. com/ america-movil-opens-claro-video-for-brazilian-claro-tv-users/?lang=en.

57   Anna Marie de la fuente, "Mexico's ClaroVideo Dips into Original Content Production," Variety, august 18, 2015, accessed november 1, 2015, http://variety.com/2015/digital/ news/ clarovideo-carlos-slim-el-torito-1201572828/; Columba Vértiz de la fuente, "'el torito,' nueva serie de fernando sariñana," Proceso, november 18, 2015, accessed June 12,2016, http://www.proceso.com.mx/421032/el-torito-nueva-serie-de-fernando-sarinana.

58   Hernán amaya, "netflix Has exceeded the sixth Biggest Pay tV Group in latin america," NexTV Latam, May 6, 2014, accessed December 5, 2014, http://nextvlatam.com/netflix-has-exceeded-the-sixth-biggest-pay-tv-group-in-latin-america/?lang=en.

59   Edgar sigler, "la tV mexicana entra al ciberespacio," CNNExpansion, October 2, 2013. accessed December 5, 2014,\ http://expansion.mx/negocios/2013/10/01/la-tv-mexicanasalta-a-la-web.

60   Frederic Martel, Cultura Mainstream: Cómo Nacen los Fenómenos de Masas, trans.núria Petit fonserè (Madrid: taurus, 2011), 291–292.

61   "Grupo televisa reaches Content licensing agreement with netflix," accessed november 24, 2014, http://i2.esmas.com/documents/2011/07/26/1847/grupo-televisa-reachescontent-licensing-agreement-with-netflix.pdf.

62   John sinclair explains the dominant position of televisa as follows: "as elsewhere, the national networking of television contributed to the nation- building aspirations of governments in both countries, and congenial relations with governments assisted the rise to market dominance of one major player in each case—televisa in Mexico, and Globo in Brazil—which, in turn, became the base for internationalisation." see sinclair, "the

DeCentering of Cultural flows," 34; nathaniel Parish flannery, "Mexico's Media Monopoly vs. the People," Fortune, september 14, 2012, accessed May 30, 2015, http://fortune.com/2012/09/14/mexicos-media-monopoly-vs-the-people/.

63   Michael Curtin, Jennifer Holt, and Kevin sanson, Distribution Revolution: Conversations About the Digital Future of Film and Television (Oakland: university of California Press, 2014).

64   Instituto federal de telecomunicaciones, "tercer informe trimestral estadístico 2015," accessed March 4, 2016, http://cgpe.ift.org.mx/3ite15/; arturo solís, "televisa retirará sus Contenidos de netflix en 2016."

65   John Hecht, "netflix Chief Downplays nielsen Plan to Measure streaming service Viewership," The Hollywood Reporter, november 24, 2014, accessed December 12, 2014, http://www.hollywoodreporter.com/news/netflix-chief-downplays-nielsen-plans-751931. 66. Jim O'neill, "latam Ott Growth skyrocketing with Colombia, Mexico in the lead," Videomind, July 28, 2014, accessed December 12, 2014, http://www.ooyala.com/videomind/blog/latam-ott-growth-skyrocketing-colombia-mexico-lead; O'neill, "netflix subscriptions Grow 227% in nordics, 213% in latam, since 2012," Videomind, July 24, 2014, accessed December 10, 2014, http://www.ooyala.com/videomind/blog/netflix-subscriptions-grow-227-nordics-213-latam-2012#sthash.ahnthrWq.dpuf.

67   Dataxis, "VOD Ott subscribers to reach 5 Million in Mexico."

68   Ibid.

69   Netflix, "Q3 14 letter to shareholders," October 15, 2014, accessed november 17, 2014, http://files.shareholder.com/downloads/nflx/3702108090x0x786677/6974d8e9-5cb3-4009-97b1-9d4a5953a6a5/Q3_14_letter_to_shareholders.pdf.

70   Jeremy C. Owens, "netflix stumbles upon a Potentially Huge audience," MarketWatch, July 16, 2015, accessed november 1, 2015, http://www.marketwatch.com/story/hownetflix-just-hurt-the-univision-ipo-and-found-a-new-way-to-grow-2015–07–15.

71   In 2015 Mexico was the ninth largest international box office market for u.s. films. MPaa, "theatrical Market statistics 2015," accessed June 12, 2016, http://www.mpaa.org/wpcontent/uploads/2016/04/MPaa-theatrical-Market-statistics-2015_final.pdf.

참고문헌

Aaron, Michele. "Towards Queer Television Theory." In Queer TV: Theories, Histories, Politics, edited by Glyn Davis and Gary Needham, 63–75. New York: Routledge, 2009.

Aarseth, Espen J. Cybertext: Perspectives on Ergodic Literature. Baltimore: John Hopkins University Press, 1997.

Acland, Charles R. Screen Traffic: Movies, Multiplexes, and Global Culture. Durham: Duke University Press, 2003.

Adorno, Theodor. "How to Look at Television." In The Culture Industry, edited by Jay M. Bernstein, 158–177. New York: Routledge, 2001.

Andrejevic, Mark. "Watching Television Without Pity: The Productivity of Online Fans." Television & New Media 9.1 (2008): 24–46.

Ang, Ien. Desperately Seeking the Audience. New York: Routledge, 1991.

Arora, Amishi, and Khushbu Sahu. "Celebrity Endorsement and Its Effect on Consumer Behavior." International Journal of Retailing & Rural Business Perspectives 3.2 (2014):866–869.

Auletta, Ken. "Outside the Box: Netflix and the Future of Television." New Yorker, February 3,2014. Accessed June 1, 2015. http://www.newyorker.com/magazine/2014/02/03/outsidethe-box-2.

Auster, Al. "HBO's Approach to Generic Transformation." In Thinking Outside the Box: A Contemporary Television Genre Reader, edited by Gary Edgerton and Brian Rose, 226–246. Lexington: University Press of Kentucky, 2005.

Baker, Djoymi. "'The Illusion of Magnitude': Adapting the Epic from Film to Television." Senses of Cinema 41 (2006). http://sensesofcinema.com/2006/film-history-conferencepapers/adapting-epic-film-tv/.

Ball, Daisy. "The Essence of a Women's Prison: Where Orange Is the New Black Falls Short." In Media Res, March 14, 2014. Accessed January 22, 2016. http://mediacommons.futureofthebook.org/imr/2014/03/14/essence-womens-prison-where-orange-new-black-fallsshort.

Bandura, Albert, Dorothea Ross, and Sheila A. Ross. "Imitation of Film- Mediated Aggressive Models." Journal of Abnormal and Social Psychology 66 (1963): 3–11.

Banet-Weiser, Sarah. Authentic: The Politics of Ambivalence in a Brand Culture. New York: New York University Press, 2012.

Baran, Paul. On Distributed Communications Networks. Santa Monica, CA: Rand Corporation, 1962.

Barnouw, Erik. Tube of Plenty: The Evolution of American Television, 2nd edition. New York:Oxford University Press, 1990.

Barwise, Patrick, and Andrew Ehrenberg. Television and Its Audience. London: Sage, 1988.

Bennett, Jenna. "Introduction: Television as Digital Media." In Television as Digital Media, edited by Jenna Bennett and Niki Strange, 1–27. Durham: Duke University Press, 2011.

Bennett, Tony. "Popular Culture and the 'Turn to Gramsci.'" In Cultural Theory and Popular Culture: A Reader 4th edition, edited by John Storey, 81–87. Harlow, UK: Pearson Education Limited, 2009.

Berger, Dustin D. "Balancing Consumer Privacy with Behavioral Targeting." Santa Clara Computer & High Technology Law Journal 27.1 (2010): 3–21.

Berlant, Lauren. Cruel Optimism. Durham: Duke University Press, 2011.

Berlant, Lauren, and Michael Warner. "Sex in Public." Critical Inquiry 24.2 (1998): 547–566.

Bird, S. Elizabeth. "Are We All Produsers Now?" Cultural Studies 25.4–5 (2011): 502–516.

Bobo, Jacqueline. "The Color Purple: Black Women as Cultural Readers." In Cultural Theory and Popular Culture: A Reader 4th edition, edited by John Storey, 365–373. Harlow, UK: Pearson Education Limited, 2009.

Bolter, Jay David, and Richard Grusin. Remediation: Understanding New Media. Cambridge MA: MIT Press, 1999.

Booth, Paul. "Memories, Temporalities, Fictions: Temporal Displacement in Contemporary Television." Television & New Media 12.4 (2011): 370–388.

Bourdieu, Pierre. As Regras da Arte: Gênese e Estrutura do Campo Literário/The Rules of Art: Genesis and Structure of the Literary Field. São Paulo: Companhia das Letras, 2005.

_____. "Television." European Review 9.3 (2001): 245–256.

Burnett, Tara. Showrunners: The Art of Running a TV Show. London: Titan Books, 2014.

Burns, Alex. "Towards Produsage: Futures for User- Led Content Production." 2006. Accessed December 15, 2014. http://eprints.qut.edu.au/4863/1/4863_1.pdf.

Carey, James. Communication as Culture, Revised Edition. New York: Routledge, 2008.

Carr, David. "Barely Keeping Up in TV's New Golden Age." New York Times, March 9, 2014. Accessed June 1, 2015. http://www.nytimes.com/2014/03/10/business/media/fenced-inby-televisions-excess-of-excellence.html?_r=0.

Castells, Manual. Networks of Outrage and Hope: Social Movements in the Internet Age. Malden, MA: Polity Press, 2012.

Chae, Suchan, and Daniel Flores. "Broadcasting Versus Narrowcasting." Information, Economics, and Policy 10 (1998): 41–57.

Chalaby, Jean K. "Transnational Television in Europe: The Role of Pan- European Channels." European Journal of Communication 17 (2002): 183–203.

Charmaz, Kathy. Constructing Grounded Theory, 2nd edition. Los Angeles: Sage, 2014.

Chaume, Frederic. Audiovisual Translation: Dubbing. Manchester: St. Jerome, 2012.

Cheng-Kui Huang, Tony, Ing- Long Wu, and Chih- Chung Chou. "Investigating Use Continuance of Data Mining Tools." International Journal of Information Management 33.5 (2013): 791–801.

Choi, Mary H.K. "In Praise of Binge TV Consumption." Wired, December 27, 2011. Accessed January 22, 2016. http://www.wired.com/2011/12/pl_column_tvseries/.

Christian, Aymar Jean. "The Web as Television Reimagined? Online Networks and the Pursuit of Legacy Media." Journal of Communication Inquiry 36.4 (2012): 340–356.

Christie, Ian. Audiences: Defining and Researching Screen Entertainment Reception. Amsterdam: Amsterdam University Press, 2013.

Cintron, Ralph. "'Gates Locked' and the Violence of Fixation." In Towards A Rhetoric of Everyday Life: New Directions in Research on Writing, Text, and Discourse, edited by Martin Nystrand and John Duffy, 5–37. Madison: University of Wisconsin Press, 2003.

Couldry, Nick. "Liveness, 'Reality,' and the Mediated Habitus from Television to the Mobile Phone." Communication Review 7.4 (2004): 353–361.

Couldry, Nick, and Anna McCarthy. "Introduction: Orientations: Mapping MediaSpace." In MediaSpace: Place, Scale, and Culture in a Media Age, edited by Nick Couldry and Anna McCarthy, 1–18. New York: Routledge, 2004.

Couldry, Nick, Sonia Livingstone, and Tim Markham, Media Consumption and Public Engagement: Beyond the Presumption of Attention. London: Palgrave MacMillan, 2007.

Curtin, Michael, Jennifer Holt, and Kevin Sanson. Distribution Revolution: Conversations About the Digital Future of Film and Television. Oakland: University of California Press, 2014.

Curtin, Michael, and Jane Shattuc. The American Television Industry. London: British Film Institute, 2009

Davies, Ben, and Jana Funke. "Introduction: Sexual Temporalities." In Sex, Gender and Time in Fiction and Culture, edited by Ben Davies and Jana Funke, 1–16. New York: Palgrave Macmillan, 2011. de Certeau, Michel. The Practice of Everyday Life. Translated by Steven F. Rendall. Berkeley and Los Angeles: University of California Press, 1984.

De Vito, John, and Frank Tropea. Epic Television Miniseries: A Critical History. Jefferson, NC: McFarland, 2010.

Digital Agenda for Europe. European Commission. Accessed December 1, 2014.

Digital Divide. ICT Information Communications Technology—50x15 Initiative, March 21, 2014. Accessed April 13, 2014. http://www.Internetworldstats.com/links10.htm.

Dinehart, Stephen E. "Transmedial Play: Cognitive and Cross- Platform Narrative." The Narrative Design Explorer: A Publication Dedicated to Exploring Interactive Storytelling, May 14, 2008. http://narrativedesign.org/2008/05/transmedial-play-cognitive-andcross-platform-narrative/.

Eastman, Susan Tyler, Sydney W. Head, and Lewis Klein. Broadcast/Cable Pro- gramming: Strategies and Practices. Belmont, CA: Wadsworth, 1985.

Edelman, Lee. No Future: Queer Theory and the Death Drive. Durham: Duke University Press, 2004.

Edgerton, Gary, and Jeffrey Jones, editors. The Essential HBO Reader. Lexington: University Press of Kentucky, 2008.

Elkins, Evan. "The United States of America: Geoblocking in a Privileged Market." In Geo -blocking and Global Video Cultures, edited by Ramon Lobato and James Meese, 190–199. Amsterdam: Institute of Networked Cultures, 2016.

Ellingsen, Steinar. "Seismic Shifts: Platforms, Content Creators, and Spreadable Media." Media International Australia, Incorporating Culture & Policy 150 (2014): 106–113.

Ellis, John. Seeing Things: Television in the Age of Uncertainty. London: I.B. Tauris, 2000.

_____. Visible Fictions: Cinema: Television: Video. London: Routledge, 1982.

_____. "Whatever Happened to the Title Sequence?" Critical Studies in Television, April 1, 2011. http://www.cstonline.tv/letter-from-america-4.

Elmer, Greg, editor. Critical Perspectives on the Internet. Lanham, MD: Rowan & Littlefield, 2002.

Esquenazi, Jean- Pierre. As Séries Televisivas. Lisbon: Edições Texto&Grafia, 2011.

Evans, Elizabeth. Transmedia Television: Audiences, New Media, and Daily Life. New York: Routledge, 2011.

Evans, Elizabeth, and Paul McDonald. "Online Distribution of Film and Television in the UK: Behavior, Taste, and Value." In Connected Viewing: Selling, Streaming, and Sharing Media in the Digital Era, edited by Jennifer Holt and Kevin Sanson, 158–180. London: Routledge, 2014.

Faulkner, William. Requiem for a Nun. New York: Vintage, 2011.

Feuer, Jane. "The MTM Style." In MTM: Quality Television, edited by Jane Feuer, Paul Kerr, and Tise Vahimagi, 32–60. London: British Film Institute, 1984.

Finn, Seth. "Television Addiction?" An Evaluation of Four Competing Media- Use Models. Journalism Quarterly 69.2 (1992): 422–435.

Fiske, John. Television Culture. New York: Methuen, 1987.

Flitterman-Lewis, Sandy. "Psychoanalysis, Film, and Television." In Channels of Discourse, Reassembled, edited by Robert C. Allen, 203–246. London: Routledge, 1992.

Freccero, Carla, Lee Edelman, Roderick A. Ferugson, and Carla Freccero. "Theorizing Queer Temporalities: A Roundtable Discussion." GLQ: A Journal of Lesbian and Gay Studies 13.2–3 (2007): 177–195.

Freeman, Elizabeth. Time Binds: Queer Temporalities, Queer Histories. Durham: Duke University Press, 2010.

Gaines, Jane. "Political Mimesis." In Collecting Visible Evidence, edited by Jane Gaines and Michael Renov, 84–102. Minneapolis: University of Minnesota Press, 1999.

Ganuza, Juan José, and María Fernanda Viecens. "Over-the-Top (OTT) Content: Implications and Best Response Strategies of Traditional Telecom Operators: Evidence from Latin America." info 16 (2014): 59–69

Garrett, R. Kelly, and Paul Resnick. "Resisting Political Fragmentation on the Internet." Daedalus 4 (2011): 108–120.

Gerbaudo, Paolo. Tweets and the Streets: Social Media and Contemporary Activism. London: Pluto Press, 2012.

Gerbner, George. "'Toward "Cultural Indicators': The Analysis of Mass Mediated Message Systems." AV Communication Review 17 (1969): 137–148.

Gerlitz, Carolin, and Anne Helmond. "The Like Economy: Social Buttons and the DataIntensive Web." New Media & Society 15.8 (2013): 1348–1365.

Gillan, Jennifer. Television and New Media: Must- Click TV. New York: Routledge, 2010.

Gitelman, Lisa. Always Already New: Media, History, and the Data of Culture. Cambridge: The MIT Press, 2006.

Godlewski, Lisa R., and Elizabeth M. Perse. "Audience Activity and Reality Television: Identi -fi cation, Online Activity, and Satisfaction." Communication Quarterly 58.2 (2010): 148–169.

Goel, Saurabh. "Cloud-Based Mobile Video Streaming Techniques." International Journal of Wireless & Mobile Networks 5.1 (2013): 85–93.

Goldberg, Sasha T. "'Yeah, Maybe a Lighter Butch': Outlaw Gender and Female Masculinity in

Orange Is the New Black." In Media Res, March 12, 2014. Accessed January 22, 2016. http://mediacommons.futureofthebook.org/imr/2014/03/12/yeah-maybe-lighter-butchoutlaw-gender-and-female-masculinity-orange-new-black.

Goltz, Dustin Bradley. "It Gets Better: Queer Futures, Critical Frustrations, and Radical Potentials." Critical Studies in Media Communication 30.2 (2013): 135–151.

_____. Queer Temporalities in Gay Male Representation: Tragedy, Normativity, and Futurity. New York: Routledge, 2010.

Graham, Mark. "The Machines and Virtual Portals: The Spatialities of the Digital Divide." Progress in Development Studies 11.3 (2011): 211–227.

Gray, Jonathan. Show Sold Separately: Promos, Spoilers, and Other Media Paratexts. New York: New York University Press, 2009.

Green, Joshua, and Henry Jenkins. "The Moral Economy of Web 2.0." In Media Industries: History, Theory, and Method, edited by Jennifer Holt and Alisa Perren, 213–226. Oxford: Wiley- Blackwell, 2009.

Groves, Michael. "'Chalk One Up for the Internet: It Has Killed Arrested Development': The Series' Revival, Binge Watching, and Fan/Critic Antagonism." In A State of Arrested Development: Critical Essays on the Innovative Television Comedy, edited by Kristin M. Barton, 224–236. Jefferson, NC: McFarland, 2015.

Halberstam, J. In a Queer Time and Place: Transgender Bodies, Subcultural Lives. New York: New York University Press, 2005.

_____. The Queer Art of Failure. Durham: Duke University Press, 2011.

Hallinan, Blake, and Ted Striphas. "Recommended for You: The Netflix Prize and the Production of Algorithmic Culture." New Media and Society 18.1 (2014): 117–137.

Hartley, John, and Tom O'Regan. "Quoting Not Science but Sideboards." In Tele-ology: Studies in Television, edited by John Hartley, 202–217. London & New York: Routledge, 1992.

Harvey, Laura. "Intimate Reflections: Private Diaries in Qualitative Research." Qualitative Research 11 (2011): 664–684.

Hastings, Reed. "Culture." Slideshare. Accessed December 1, 2014. http://www. slide share. net/ reed 2001/culture-1798664.

Hauser, Gerard. "Attending the Vernacular: A Plea for an Ethnographical Rhetoric." In The Rhetorical Emergence of Culture, edited by Christian Meyer and Felix Girke, 157–172. New York: Berghahn Books, 2011.

Hauser, Gerard, and Erin Daina McClellan. "Vernacular Rhetoric and Social Movement Performances and Resistance in the Rhetoric of the Everyday." In Active Voices: Composing a Rhetoric of Social Movements, edited by Sharon McKenzie Stevens and Patricia M. Malesh, 23–46. Albany: State University of New York Press, 2009.

Herring, Rachel, Virginia Berridge, and Betsy Thorn. "Binge Drinking: An Exploration of a Confused Term." Journal of Epidemiology and Community Health 62.6 (2008): 476–479.

Hesmondhalgh, David. "Bourdieu, the Media, and Cultural Production." Media, Culture & Society 28.2 (2006): 211–231.

Hills, Matt. "Defining Cult TV: Texts, Inter- texts, and Fan Audiences." In The Television Studies Reader, edited by Robert C. Allen and Annette Hill, 509–523. London: Routledge, 2004.

_____. "From the Box in the Corner to the Box Set on the Shelf: TVIII and the Cultural/Textual Valorizations of DVD." New Review of Film and Television Studies 5.1 (2007): 41–60.

_____. "Patterns of Surprise: The 'Aleatory Object' in Psychoanalytic Ethnography and Cyclical Fandom." American Behavioral Scientist 48 (2005): 801–821.

Holt, Jennifer, and Kevin Sanson. "Mapping Connections." In Connected Viewing: Selling, Streaming, and Sharing Media in the Digital Era, edited by Jennifer Holt and Kevin Sanson, 1–15. London: Routledge, 2014.

Horkheimer, Max, and Theodor Adorno, "The Culture Industry: Enlightenment as Mass Deception." In Mass Communication and Society, edited by James Curran, Michael Gurevitch, and Janet Woollacott, 349–383. Beverley Hills, CA: Sage, 1977.

Hoskins, Colin, and Rolf Mirus. "Reasons for the US Dominance of the International Trade in Television Programmes." Media, Culture and Society 10 (1988): 499–515. "How Political and Social Movements Form on the Internet and How They Change Over Time," Institute for Homeland Security Solutions. November 2009. Accessed December 1, 2014. http://sites.duke.edu/ihss/files/2011/12/IRW-Literature-Reviews-Politicaland-Social-Movements.pdf.

Howard, Philip N. "Deep Democracy, Thin Citizenship: The Impact of Digital Media in Political Campaign Strategy." The Annals of the American Academy of Political and Social Science 597 (2005): 153–170.

Howard, Philip N., and Malcolm R. Parks. "Social Media and Political Change: Capacity, Constraint, and Consequence." Journal of Communication 62 (2013): 359–362.

Irani, Lilly, Robin Jeffries, and Andrea Knight. "Rhythms and Plasticity: Television Temporality at Home." Personal & Ubiquitous Computing 14.7 (2010): 621–632.

Jackman, Mahalia, and Troy Lorde. "Why Buy When We Can Pirate? The Role of Intentions and Willingness to Pay in Predicting Piracy Behavior." International Journal of Social Economics 41 (2014): 801–819.

Jaramillo, Deborah L. "Rescuing Television from 'The Cinematic': The Perils of Dismissing Television Style." In Television Aesthetics and Style, edited by Steven Peacock and Jason Jacobs, 67–75. New York: Bloomsbury Academic, 2013.

Jenkins, Henry. Convergence Culture: Where Old and New Media Collide. New York: New York University Press, 2006.

_____. Fans, Bloggers, and Gamers: Exploring Participatory Culture. New York: New York University Press, 2006.

Jenkins, Henry, and Nico Carpentier. "Theorizing Participatory Intensities: A Conversation About Participation and Politics." Convergence: The International Journal of Research into New Media Technologies 19.3 (2013): 265–286.

Jenkins, Henry, Sam Ford, and Joshua Green. Spreadable Media: Creating Value and Meaning in a Networked Culture. New York: New York University Press, 2013.

Jenner, Mareike. "Is This TVIV? On Netflix, TVIII, and Binge- Watching." New Media & Society 18.2 (2014): 257–273.

_____. "A Semi- Original Netflix Series: Thoughts on Narrative Structure in Arrested Development Season 4." Critical Studies in Television, June 6, 2013. http://www.cston line.

tv/semi-original-netflix-arrested-development.

Johnson, Richard. "Alternative." In New Keywords: A Revised Vocabulary of Culture and Society, edited by Tony Bennett, Lawrence Grossberg, and Meaghan Morris, 3–5. Malden, MA: Blackwell Publishing, 2005.

Katz, Elihu. "The End of Television?" The Annals of the American Academy of Political and Social Science 625.1 (2009): 6–18.

Kellner, Douglas. Media Spectacle and Insurrection, 2011: From the Arab Uprising to Occupy Everywhere. New York: Bloomsbury, 2012.

Khatih, Syed M. "The Exclusionary Mass Media: 'Narrowcasting' Keeps Cultures Apart." Black Issues in Higher Education 13.11 (1996): 26–29.

Klarer, Mario. "Putting Television 'Aside': Novel Narration in House of Cards." New Review of Film and Television Studies 12.2 (2014): 203–220.

Klinger, Barbara. "24/7: Cable Television, Hollywood, and the Narrative Feature Film." In The Wiley- Blackwell History of American Film, edited by Cynthia Lucia, Roy Grundmann, and Art Simon, 296–317. Oxford: Wiley- Blackwell, 2012.

Kompare, Derek. "Past Media, Present Flows." Flow 21 (2014), https://www.flowjournal. org/2014/09/past-media-present-flows/.

Kooijman, Jaap. "Cruising the Channels: The Queerness of Zapping." In Queer TV: Theories, Histories, Politics, edited by Glyn Davis and Gary Needham, 159–171. New York: Routledge, 2009.

Krugman, Dean M., and Roland T. Rust. "The Impact of Cable and VCR Penetration on Network Viewing: Assessing the Decade." Journal of Advertising Research 33.1 (1993): 67–73.

Kuntzel, Thierry. "The Film Work." Enclitic 2.1 (1978): 38–61.

Langlois, Ganaele. "Participatory Culture and the New Governance of Communication: The Paradox of Participatory Media." Television & New Media 14.2 (2012): 91–105.

Lazarsfeld, Paul, Bernard Berelson, and Hazel Gaudet. The People's Choice. New York: Columbia University Press, 1944.

Lee, Hye Jin, and Mark Andrejevic. "Second-Screen Theory: From the Democratic Surround to the Digital Enclosure." In Connected Viewing: Selling, Streaming and Sharing Media in the Digital Era, edited by Jennifer Holt and Kevin Sanson, 40–61. London: Routledge, 2014.

Lefebvre, Henri. Everyday Life in the Modern World. Translated by Sacha Rabinovitch. New York: Harper and Row, 1987.

_____. The Production of Space. Translated by Donald Nicholson- Smith. Malden, MA: Blackwell Publishing, 1984 [1974].

Lemon, Jim. "Comment on the Concept of Binge Drinking." Journal of Addictions Nursing 18.3 (2007): 147–148.

Lessig, Lawrence. Remix: Making Art and Commerce Thrive in the Hybrid Economy. London: Bloomsbury 2008.

Leverette, Marc, Brian L. Ott, and Cara Louise Buckley, editors. It's Not TV: Watching HBO in the Post- Television Era. New York: Routledge, 2008.

Lim, Merlyna. "Clicks, Cabs, and Coffee Houses: Social Media and Oppositional Movements in Egypt, 2004–2011." Journal of Communication 62 (2013): 231–248.

Lotz, Amanda D. "Assessing Qualitative Television Audience Research: Incorporating Feminist and Anthropological Theoretical Innovation." Communication Theory 10.4 (2000): 447–467.

_____. "Rethinking Meaning Making: Watching Serial TV on DVD." Flow 4.12 (2006). http://flowtv.org/2006/09/rethinking-meaning-making-watching-serial-tv-on-dvd/.

_____. The Television Will Be Revolutionized. New York: New York University Press, 2007.

Lozano, José Carlos. "Consumo y Apropiación de Cine y TV Extranjeros por Audiencias en América Latina." Comunicar: Revista Científica Iberoamericana De Comunicación y Educación 15 (2008): 62–72.

Ludes, Peter. Convergence and Fragmentation: Media Technology and the Information Society. New York: Intellect Books, 2008.

MacDougall, David. Transcultural Cinema. Princeton: Princeton University Press, 1998.

Markham, Tim. "Social Media, Protest Cultures, and Political Subjectivities of the Arab Spring." Media, Culture & Society 36.1 (2014): 89–104.

Martel, Frederic. Cultura Mainstream: Cómo Nacen Los Fenómenos de Masas, translated by Núria Petit Fonserè. Madrid: Taurus, 2011.

McKeague, Matthew T. "The 21st Century Addiction: User Generated Content Dependency and Media Aesthetic Expectations as Experienced through YouTube." ProQuest, UMI Dissertations Publishing, 2011.

McLuhan, Marshall. Understanding Media: The Extensions of Man. New York: McGraw- Hill, 1964.

Meehan, Eileen. "Why We Don't Count: The Commodity Audience." In Logics of Television: Essays in Cultural Criticism, edited by Patricia Mellencamp, 117–137. Bloomington: Indiana University Press, 1990.

Meikle, Graham, and Sherman Young. Media Convergence: Networked Digital Media in Everyday Life. New York: Palgrave Macmillan, 2012.

Mendelsohn, Harold. "Socio-Psychological Construction and the Mass Communication Effects Dialectic." Communication Research 16.6 (1989): 813–823.

Mills, Brett. "Comedy Verité: Contemporary Sitcom Form." Screen 45.1 (2004): 63–78.

_____. The Sitcom. Edinburgh: Edinburgh University Press, 2009.

_____. "What Does It Mean to Call Television 'Cinematic'?" In Television Aesthetics and Style, edited by Steven Peacock and Jason Jacobs, 57–66. New York: Bloomsbury Academic, 2013.

Mills, C. Wright. "The Sociological Imagination." In Social Theory: The Multicultural and Classic Readings, edited by Charles Lemert, 348–52. Boulder: Westview, 1999.

Mindich, D.T.Z. Tuned Out: Why Americans Under 40 Don't Follow the News. New York: Oxford University Press, 2005.

Mitchell, W.J.T. Cloning Terror: The War of Images, 9/11 to the Present. Chicago: The University of Chicago Press, 2011.

Mittell, Jason. Complex TV: The Poetics of Contemporary Television Storytelling. New York: New York University Press, 2015.

_____. "The Cultural Power of an Anti- Television Metaphor: Questioning the "Plug-in Drug" and a TV- Free America." Television & New Media 1.2 (2000): 215–238.

_____. "Narrative Complexity in Contemporary American Television." The Velvet Light Trap 58 (2006): 29–40.

_____. "Notes on Rewatching." Just TV, January 27, 2011. Accessed January 30, 2017. http://justtv.wordpress.com/2011/01/27/notes-on-rewatching/.

_____. "The Qualities of Complexity: Vast Versus Dense Seriality in Contemporary Television." In Television Aesthetics and Style, edited Steven Peacock and Jason Jacobs, 45–56. New York: Bloomsbury Academic, 2013.

Morley, David. "Communication." In New Keywords: A Revised Vocabulary of Culture and Society, edited by Tony Bennett, Lawrence Grossberg, and Meaghan Morris, 47–50. Malden, MA: Blackwell Publishing, 2005.

_____. Television, Audiences, and Cultural Studies. New York: Taylor and Francis, 1992.

Morozov, Evgeny. The Net Delusion: The Dark Side of Internet Freedom. New York: Public Affairs, 2012.

Mullen, Megan. "The Rise and Fall of Cable Narrowcasting." Convergence: The International Journal of Research into New Media Technologies 8.2 (2002): 62–83.

_____. The Rise of Cable Programming in the United States: Revolution or Evolution? Austin, TX: University of Texas Press, 2003.

Muñoz, José Esteban. Cruising Utopia: The Then and There of Queer Futurity. New York: New York University Press, 2009.

Napoli, Philip M. Audience Evolution: New Technologies and the Transformation of Media Audiences. New York: Columbia University Press, 2011.

Ndalianis, Angela. The Horror Sensorium: Media and the Senses. Jefferson, NC: McFarland, 2012.

Needham, Gary. "Scheduling Normativity: Television, the Family, and Queer Temporality." In Queer TV: Theories, Histories, Politics, edited by Glyn Davis and Gary Needham, 143–158. New York: Routledge, 2009.

Nelson, Robin. "Quality TV Drama: Estimations and Influences through Time and Space." In Quality TV: Contemporary American Television and Beyond, edited by Janet McCabe and Kim Akass, 38–51. London: I.B. Tauris, 2007.

_____. State of Play: Contemporary 'High-End' TV Drama. Manchester: Manchester University Press, 2007.

Newman, Michael Z. "TV Binge." Flow 9.05 (2009). http://flowtv.org/2009/01/tv-bingemichael-z-newman-university-of-wisconsin-milwaukee/.

Newman, Michael Z., and Elana Levine. Legitimating Television: Media Convergence and Cultural Status. Oxon; New York: Routledge, 2012.

Nicolás, Jaime Costa. "La Serialidad Ergódica en Arrested Development: El Espectador/Usuario en el Medio Digital." Dissertation, Pompeu Fabra University, 2014

Noll, Michael A. "TV Over the Internet: Technological Challenges." In Internet Television, edited by Eli Noam, Jo Groebel, and Darcy Gerbarg, 19–29. Mahwah, NJ: Lawrence Erlbaum, 2004.

Novak, Alison N. "Millennials, Citizenship, and How I Met Your Mother." In Parasocial Politics: Audience, Pop Culture, and Politics, edited by Jason Zenor, 117–132. New York:

Lexington Books, 2014.

Ouellette, Laurie, and Justin Lewis. "Moving Beyond the 'Vast Wasteland': Cultural Policy and Television in the United States." Television & New Media 1.1 (2000): 95–115.

Palmgreen, Philip, and Jay D. Rayburn. "An Expectancy- Value Approach to Media Grati - fication." In Media Gratifications Research: Current Perspectives, edited by Karl E.

Rosengren, Lawrence A. Wenner, and Philip Palmgreen, 61–72. Beverly Hills, CA: Sage, 1985.

Parikka, Jussi. "Contagion and Repetition: On the Viral Logic of Network Culture." Ephemera 7.2 (2007): 287–308.

Pariser, Eli. The Filter Bubble: What the Internet Is Hiding from You. New York: Penguin Press, 2011.

Pelegrini, Christian Hugo. "Sujeito Engraçado: A Produção da Comicidade pela Instância de Enunciação em Arrested Development." Dissertation. University of São Paulo (ECA/USP), 2014.

Penney, Joel, and Caroline Dadas. "(Re)Tweeting in the Service of Protest: Digital Composition and Circulation in the Occupy Wall Street Movement." New Media & Society 16.1(2014): 74–90.

Piketty, Thomas. Capital in the Twenty- First Century. Cambridge: Harvard University Press, 2014.

Proctor, William. "It's Not TV, It's Netflix." Critical Studies on Television, November 29, 2013. http://cstonline.tv/netflix. "Protection for Private Blocking and Screening of Offensive Material." Cornell University Law School. Accessed December 12, 2014. http://www.law. cornell. edu/uscode/text/ 47/ 230.

Quail, Christine. "Television Goes Online: Myths and Realities in the Contemporary Context." Global Media Journal 12.20 (2012): 1–15.

Radway, Janice. "Reading Reading the Romance." In Cultural Theory and Popular Culture: A Reader, 4th edition, edited by John Storey, 199–215. Harlow, UK: Pearson Education Limited, 2009.

Raley, Rita. Tactical Media. Minneapolis: University of Minnesota Press, 2009.

Ramsay, Debra. "Confessions of a Binge Watcher." Critical Studies in Television, October 4, 2013. http://cstonline.tv/confessions-of-a-binge-watcher.

Rasmussen, Terje. "New Media Change: Sociological Approaches to the Study of New Media." In Interactive Television: TV of the Future or the Future of TV? edited by Jens F. Jensen and Cathy Toscan, 149–168. Aalborg: Aalborg University Press, 1999.

Reilly, Colleen A. "Teaching Wikipedia as Mirrored Technology." First Monday 16.1–3 (2011). http://www.firstmonday.org/ojs/index.php/fm/article/view/2824.

Rogers, Everett M. Diffusion of Innovations. New York: The Free Press, 1962.

Rosenberg, Nathan. Exploring the Black Box: Technology, Economics, and History. Cambridge: Cambridge University Press, 1994.

Ryan, Johnny. A History of the Internet and the Digital Future. London: Reaktion Books, 2010.

San Filippo, Maria. The B Word: Bisexuality in Contemporary Film and Television. Bloomington: Indiana University Press, 2013.

_____. "Doing Time: Queer Temporalities in Orange Is the New Black." In Media Res, March 10, 2014. Accessed January 22, 2016. http://mediacommons.futureofthebook.org/

imr/2014/03/10/doing-time-queer-temporalities-and-orange-new-black.

Schatz, Thomas. "HBO and Netflix—Getting Back to the Future." Flow 19 (2014). http:// flowtv. org/2014/01/hbo-and-netflix-%E2%80%93-getting-back-to-the-future/.

Schleuder, Joan D., Alice V. White, and Glen T. Cameron. "Priming Effects of Television News Bumpers and Teasers on Attention and Memory." Journal of Broadcasting & Electronic Media 37.4 (1993): 437–452.

Sender, Katherine. The Makeover: Reality Television and Reflexive Audiences. New York: New York University Press, 2012.

Sepinwall, Alan. The Revolution Was Televised: The Cops, Crooks, Slingers, and Slayers Who Changed TV Drama Forever. New York: Touchstone, 2013.

Shaviro, Steven. Connected: Or What It Means to Live in the Network Society. Minneapolis:University of Minnesota Press, 2003.

Shimpach, Shawn. Television in Transition. Oxford: Wiley- Blackwell, 2010.

Silva, Marcel Vieira Barreto. "Sob o Riso do Real." Ciberlegenda 1 (2012): 23–33.

Silverstone, Roger, and Leslie Haddon. "Design and Domestication of Information and Communication Technologies: Technical Change and Everyday Life." In Communication by Design: The Politics of Information and Communication Technologies, edited by Robin Mansell and Roger Silverstone, 44–74. Oxford: Oxford University Press, 1996.

Silverstone, Roger, Eric Hirsch, and David Morley. "Information and Communication Technologies and the Moral Economy of the Household." In Consuming Technologies: Media and Information in Domestic Spaces, edited by Roger Silverstone and Eric Hirsch, 15–31. London: Routledge, 1992.

Sinclair, John. "The De- Centering of Cultural Flows, Audiences, and Their Access to Television." Critical Studies in Television 4 (2009): 26–38.

_____. Latin American Television: A Global View. New York, Oxford: Oxford University Press, 1999.

Smith-Shomade, Beretta E. "Narrowcasting in the New World Information Order: A Space for the Audience?" Television and New Media 5 (2004): 69–81.

Sobchack, Vivian. "'Surge and Splendor': A Phenomenology of the Hollywood Historical Epic." Representations 29 (1990): 24–49.

Spigel, Lynn. "Installing the Television Set: Popular Discourses on Television and Domestic Space, 1948–1955." In Private Screenings: Television and the Female Consumer, edited by Lynn Spigel and Denise Mann, 3–38. Minneapolis: University of Minnesota Press, 1992.

_____. Make Room for TV: Television and the Family Ideal in Postwar America. Chicago: University of Chicago Press, 1992.

Steel, Emily. "How to Build an Empire, the Netflix Way." New York Times, November 29, 2014. Accessed June 1, 2015. http://www.nytimes.com/2014/11/30/business/media/how-tobuild-an-empire-the-netflix-way-.html?_r=0.

Steiner, Emil. "Binge-Watching Framed: Textual and Content Analyses of the Media Coverage and Rebranding of Habitual Video Consumption." Unpublished manuscript, Temple University, 2014.

Sternbergh, Adam. "Make It Stop: When Binge- Watching Turns to Purge- Watching." Vulture,

April 21, 2015. Accessed June 1, 2015. http://www.vulture.com/2015/04/when-bingewatching-turns-to-purge-watching.html.

Storey, John, editor. Cultural Theory and Popular Culture: A Reader. 4th edition. Harlow, UK: Pearson Education Limited, 2009.

Straubhaar, Joseph. "Beyond Media Imperialism: Asymmetrical Interdependence and Cultural Proximity." Critical Studies in Mass Communication 8 (1991): 39–59.

Swann, Phillip. TV Dot Com: The Future of Interactive Television. New York: TV Books, 2000. Theodoropoulou, Vivi. "Consumer Convergence: Digital television and the Early Interactive Audience in the UK." In Broadcasting and Convergence: New Articulations of the Public

Service Remit, edited by Taisto Hujanen and Gregory F. Lowe, 285–297. Gothenburg: Nordicom, 2003.

———. "Convergent Television and 'Audience Participation': The Early Days of Interactive Digital Television in the UK." VIEW Journal of European Television History and Culture 3.6 (2014): 69–77. http://www.viewjournal.eu/index.php/view/article/ view/ JETHC 071/171. Accessed January 27, 2015.

———. "The Introduction of Digital Television in the UK: A Study of Its Early Audience." Dissertation, London School of Economics and Political Science, 2012. http://etheses.lse.ac.uk/349/.

Thompson, Ethan. "Comedy Verité? The Observational Documentary Meets the Televisual Sitcom." The Velvet Light Trap 60 (2007): 63–72

Thompson, Ethan, and Jason Mittell. How to Watch Television. New York: New York University, 2013.

Thompson, Robert. "Preface." In Quality TV: Contemporary American Television and Beyond, edited by Janet McCabe and Kim Akass, xvii–xx. London: I.B. Tauris, 2007.

Todreas, Timothy M. Value Creation and Branding in Television's Digital Age. Westport, CT: Quorum Books, 1999.

Tryon, Chuck. On-Demand Culture: Digital Delivery and the Future of Movies. New Bruns-wick: Rutgers University Press, 2013.

———. "TV Got Better: Netflix's Original Programming Strategies and Binge Viewing" Media Industries Journal 2.2 (2015): 104–116.

Tse, Yu- Kei. "Television's Changing Role in Social Togetherness in the Personalized Online Consumption of Foreign TV." New Media & Society 18.8 (2014): 1547–1562.

Tufekci, Zeynep, and Christopher Wilson. "Social Media and the Decision to Participate in Political Protest: Observations from Tahrir Square." Journal of Communication 62 (2013): 363–379.

Turim, Maureen. Flashbacks in Film: Memory and History. New York: Routledge, 1989.

Turner, Graeme. "'Liveness' and 'Sharedness' Outside the Box." Flow 13.11 (2011). http://flowtv.org/2011/04/liveness-and-sharedness-outside-the-box/.

Turow, Joseph. "Introduction: On Not Taking the Hyperlink for Granted." In The Hyperlinked Society: Questioning Connections in the Digital Age, edited by Joseph Turow and Lokman Tsui, 1–23. Ann Arbor: The University of Michigan Press, 2008.

_____. Niche Envy: Marketing Discrimination in the Digital Age. Cambridge, Mass: MIT Press, 2006.

Uricchio, William. "The Future of a Medium Once Known as Television." In The YouTube Reader, edited by Pelle Snickars and Patrick Vonderau, 24–29. Stockholm: National Library of Sweden, 2009.

_____. "TV as Time Machine: Television's Changing Heterochronic Regimes and the Production of History." In Relocating Television: Television in the Digital Context, edited by Jostein Gripsrud, 27–40. London: Routledge, 2010.

Van den Broeck, Wendy, Jo Pierson, and Bram Lievens. "Video-On-Demand: Towards New Viewing Practices." Observatorio Journal 3 (2007): 23–44.

Van Dijk, Jan A.G.M. The Deepening Divide. Thousand Oaks, CA: Sage Publications, 2005.

Vidali, Debora S. "Millennial Encounters with Mainstream Television News: Excess, Void, and Points of Engagement." Linguistic Anthropology 10 (2010): 372–388.

Villarejo, Amy. Ethereal Queer: Television, Historicity, Desire. Durham: Duke University Press, 2014.

Vukanovic, Zvezdan. "Global Paradigm Shift: Strategic Management of New and Digital Media in New and Digital Economics." International Journal on Media Management 11 (2009): 81–90.

Wachter, Cynthia, J., and John R. Kelly. "Exploring VCR Use as a Leisure Activity." Leisure Sciences 20.3 (1998): 213–227.

Waller, Gregory A. "Flow, Genre, and the Television Text." In In the Eye of the Beholder: Critical Perspectives in Popular Film and Television, edited by Gary R. Edgerton, Michael T. Marsden, and Jack Nachbar, 55–66. Bowling Green, OH: Bowling Green State University Press, 1997.

Warner, Michael. Publics and Counterpublics. New York: Zone Books, 2005.

Warschauer, Mark. Technology and Social Inclusion: Rethinking the Digital Divide. Cambridge: MIT Press, 2003.

Waugh, Thomas. "Introduction: Why Documentaries Keep Trying to Change the World, or Why People Changing the World Keep Making Documentaries." In Show Us Life: Toward a History and Aesthetics of the Committed Documentary, edited by Thomas Waugh, xi–xxvii. Metuchen, NJ: Scarecrow Press, 1984.

Webster, Frank. "Network." In New Keywords: A Revised Vocabulary of Culture and Society, edited by Tony Bennett, Lawrence Grossberg, and Meaghan Morris, 239–240. Malden, MA: Blackwell Publishing, 2005.

Weedon, Chris. "Feminist Practice and Poststructuralist Theory." In Cultural Theory and Popular Culture: A Reader, 4th edition, edited by John Storey, 320–331. Harlow, UK: Pearson Education Limited, 2009.

Williams, Raymond. The Country and the City. New York: Oxford University Press, 1973.

_____. Television: Technology and Cultural Form. Glasgow: Fontana/Collins, 1974.

Wohn, D. Yvette, and Eun- Kyung Na. "Tweeting About TV: Sharing Television Viewing Experiences via Social Media Message Streams." First Monday 16.3–7 (2011). http://www.firstmonday. org/ojs/index.php/fm/article/view/3368.

Wood, Helen. "Television Is Happening: Methodological Considerations for Capturing Digital Television Reception." European Journal of Cultural Studies 10.4 (2007): 485–506.

Wu, Tim. "Netflix's War on Mass Culture." New Republic, December 4, 2013. Accessed January 22, 2016. http://www.newrepublic.com/article/115687/netflixs-war-mass-culture.

Žižek, Slavoj. The Year of Dreaming Dangerously. New York: Verso, 2012

넷플릭스의 시대

초판 1쇄 발행 2019년 9월 27일
초판 2쇄 발행 2020년 3월 30일

글쓴이 코리 바커, 마이크 비아트로스키 외
옮긴이 임종수

펴낸이 박세현
펴낸곳 팬덤북스

기획 위원 김정대 김종선 김옥림
기획 편집 윤수진
디자인 이새봄
마케팅 전창열

주소 (우)14557 경기도 부천시 부천로 198번길 18, 202동 1104호
전화 070-8821-4312 | **팩스** 02-6008-4318
이메일 fandombooks@naver.com
블로그 http://blog.naver.com/fandombooks

출판등록 2009년 7월 9일(제2018-000046호)

ISBN 979-11-6169-093-3 93320